SELBSTZEUGNISSE –

HERAUSGEGEBEN UND ERLÄUTERT VON

HEINRICH ALEXANDER STOLL

ABENTEUER MEINES LEBENS

HEINRICH SCHLIEMANN
ERZÄHLT

VEB F. A. BROCKHAUS VERLAG LEIPZIG

ISBN 3-325-00054-1

4. Auflage

Lizenz-Nr. 455/150/4/87 · LSV 5008
Lektor: Vera Winkler
Gesamtgestaltung: Bernhard Dietze
Printed in the German Democratic Republic
Lichtsatz: INTERDRUCK Graphischer Großbetrieb Leipzig – III/18/97
Druck: LVZ-Druckerei »Hermann Duncker«, Leipzig III/18/138
Redaktionsschluß: 28. 2. 86
Bestell-Nr. 587 172 3
0[redacted]

INHALT

VORWORT

Seit dem Zeitpunkt, wo der fast sechzigjährige Heinrich Schliemann über die Entstehung und den komplizierten, abenteuerreichen Weg der Verwirklichung seines Traumes von Troja berichtete, ist über ein Jahrhundert vergangen. Ein Jahrhundert, in dem die Archäologie dank der Anwendung und Entwicklung seiner Methoden von Erfolg zu Erfolg schritt. Sie befreite sich damit selbst aus der aufziehenden Gefahr einer Stagnation durch die vorwiegend kunstwissenschaftlich orientierte Forschung und wies dem Stifter der Archäologie als Spatenwissenschaft seinen ihm gebührenden Platz zu. Es war aber auch ein Jahrhundert, in dem das von Schliemann selbst gezeichnete Bild seiner Person zunehmend verklärt wurde und in dem sich letztlich dennoch eine Darstellung des Kaufmanns und Wissenschaftlers in differenzierter, kritischer und vor allem realistischer Form herausbildete.

Differenziert und kritisch bedeutet dabei aber nicht, die frühen Anfeindungen der Wissenschaft gegen den »Außenseiter« Schliemann nachträglich zu rechtfertigen oder zu reaktivieren. Schließlich wurde das Antlitz seiner historischen Persönlichkeit geprägt durch die materiellen und kulturellen Bedingungen seiner Umwelt, durch die gesellschaftlichen Interessen, denen er stets verpflichtet blieb – das verdeutlichen im höchsten Maße Autobiographie und Reiseberichte sowie sein umfangreicher Briefwechsel.

Heinrich Schliemann wurde in eine Zeit geboren, in der das auf den Kenntnissen der griechisch-römischen Geschichte und Kultur erbaute Bildungsideal noch voll wirksam war und in der zudem die Wissenschaft durch die Anforderungen des Kapitalismus der freien Konkurrenz einen bedeutenden Schritt zur modernen Wissenschaft vollzog. In seiner Person verkörpern sich par excellence jene beiden Aspekte: Ob als Kaufmann oder als Archäologe – er vermag stets früher und tiefer als andere jene Aufgaben zu erkennen, die bei Bewältigung für ihn einen Gewinn beinhalten mußten. Dies erfolgte scheinbar intuitiv, nachweislich aber oft auch erst im Ergebnis sorgfältiger Analysen. Mag ein Gewinn als Profit zur Zeit kaufmännischer Tätigkeit vor allem an seine Person gebunden gewesen sein, so ist er auf archäologischem Gebiet für die gesamte Menschheit wirksam geworden. In diesem Sinne zeichnet sich seine Persönlichkeit in historischer Sicht aus.

Aus den hier vorgelegten »Selbstzeugnissen« geht deutlich hervor, daß Schliemann unbewußt seine Bedeutung erkannt hatte. Im Stile seiner Zeit – und letztlich sicher erheblich durch die ihm zuteil gewordene Ablehnung der etablierten Wissenschaftler bedingt – betreibt er eine nicht immer an der Wahrheit orientierte, dafür aber stets wahrhaftig klingende Image-Pflege. So entwickelt er sechzigjährig das bis heute verbreitete Bild des homergläubigen Kindes. Erwachsen nutzt es die Möglichkeiten des Kapitalismus als Mittel, um – ursprünglich aus ärmlichen Verhältnissen stammend – als vielfacher Millionär schließlich den Kindheitstraum zu verwirklichen und Troja auszugraben.

Die Schliemann-Forschung, die anläßlich des 150. Geburtstages des Wegbereiters einer neuen Wissenschaft Anfang der siebziger Jahre eine neue Qualitätsstufe erzielte, vermochte es, dem fast mystischen Bild des Heinrich Schliemann neue Realität zu verleihen. Durch seine intensive wissenschaftliche Beschäftigung mit dem umfangreichen Nachlaß Schliemanns hat der 1977 verstorbene Heinrich Alexander Stoll einen nicht unerheblichen Beitrag hierzu geleistet. Selbst ursprünglich vom überlieferten Schliemann-Bild gefangen, befreite er es von vielerlei Verzerrungen. Daß dies nur langsam und stufenweise geschehen konnte, liegt in der Heinrich Schliemann eigenen, fast perfekten Verschmelzung von Dichtung und Wahrheit begründet.

Man vergleiche nur die Schilderung des am 11./12. Dezember 1841 vor der niederländischen Küste erlittenen Schiffbruchs mit der Darstellung des gleichen Ereignisses in dem Brief an seine Schwestern Wilhelmine und Doris vom 20. Februar 1842. Auch sein Amerika-Tagebuch ist hiervon nicht frei, wie es die erfundene Geschichte seines Besuches beim Präsidenten der Vereinigten Staaten dokumentiert. Im Falle der Darstellung seiner recht innigen Jugendfreundschaft zu Minna Meincke sichert er sich brieflich bei dieser ab: »Solltest Du finden, daß ich unsere Freundschaft vor 50 Jahren übertrieben habe, so mußt Du es nicht übel nehmen ...« (Der reichhaltige Briefwechsel Schliemanns liegt heute übrigens in einer von Ernst Meyer besorgten Auswahl in drei Bänden vor.)

Es wäre jedoch falsch, die Persönlichkeit Schliemanns aus diesen oder anderen Beispielen her zu bewerten. Es gilt lediglich, Vorsicht gegenüber den Äußerungen zur Person Schliemanns aus seinem eigenen Munde walten zu lassen. Seine Autobiographie ist von ihm bewußt in einer Form konzipiert worden, die dem Leser die ganze Arbeit seines Lebens als unabweisbar, durch die frühen Kindheitserlebnisse bedingt vermitteln sollte. Das Leben und Wirken als Kaufmann wurde den zweifellos großen wissenschaftlichen Erfolgen als Mittel zum Zweck untergeordnet. Ein Aspekt, der an Wahrscheinlichkeit gewinnen mußte, berücksichtigt man die auch schon damals enormen Kosten archäologischer Feldforschung.

Aber wie hätte es auch auf seine durch das Streben nach persönlichem Reichtum geprägte Umwelt gewirkt, wenn er den »Ekel« vor dem kapitalistischen Handelsgeschäft, wenn er die Überzeugung, daß das »wahre Glück nicht im Geld« zu finden sei, als Motivation für eine Lebensaufgabe genannt hätte, die er nachweislich erst mit 45 Jahren aus dieser Einstellung heraus sich selbst in der Form stellte, wie er sie dann auch verwirklichen konnte? Heute aber ist es auch dieser Aspekt, der uns für die Persönlichkeit Schliemanns eine Achtung und Wertschätzung abverlangt, die er zudem durch den oft bis zur physischen Erschöpfung reichenden Einsatz für seine umfangreiche und höchst schöpferische wissenschaftliche Arbeit verdient.

Berlin 1982 — Stefan Grunert

EINFÜHRUNG

SCHLIEMANN UND SEINE ZEIT

Zwischen Wäldern und Seen, sachten Hügeln und den Breiten der Wiesen und Kornfelder liegt Schliemanns geliebte Kinderheimat, Ankershagen. An einem Ende des Dorfes steht das Schloß, in dem im 16. Jahrhundert der berüchtigte Raubritter Henning Bradenkirl sein Unwesen trieb und in dem, zweihundertfünfzig Jahre danach, der junge Johann Heinrich Voß Hauslehrer war; am anderen Ende liegt auf einem Hügel die kleine frühgotische Kirche, aus Hau- und Backsteinen gebaut, und gleich daneben, jenseits der Straße, der schöne Pfarrhof, im Viereck um ein Rasenrondell das Pfarrhaus, das Witwenhaus, Stall und Scheune. Dahinter dehnt sich der weite Garten mit seinem sagenumwobenen Teich, dem Silberschälchen, unter vielhundertjährigen Ulmen und Weiden.

In diesem weltabgeschiedenen mecklenburgischen Dorf, das zur Zeit von Schliemanns Kindheit kaum mehr als hundert oder allenfalls hundertfünfzig Einwohner gehabt hat, ist der Mann aufgewachsen, dessen Name dann mit goldenen Buchstaben in das große Buch der Forschungen und Funde eingetragen werden sollte. In diesem Pfarrhaus faßte der Achtjährige den Entschluß: »Wenn ich groß bin, will ich Troja ausgraben!«

Dreifach war die Anregung, die der Junge empfangen hatte. Da waren die Sagen des Dorfes und seiner näheren Umgebung, die zu den sagenreichsten im Lande gehört, Sagen von vergrabenen Schätzen, Hünengräbern mit goldenen Wiegen und was dergleichen mehr ist. Hinzu kam die Erinnerung an Voß – im Witwenhaus wohnte die achtzigjährige Tochter eines früheren Ankershäger Pastors, die ihn gut gekannt hatte, als er noch kein berühmter Mann gewesen war, sondern mit Leid und Wut »das Ankershäger Diensthaus« ertrug und die Launen seiner Brotgeberin, der »gnädigen Furie«, wie er sie nannte – und die eifrige Lektüre seiner unsterblichen Nachdichtungen der Epen Homers, der Odyssee und der Ilias. Und endlich das lebhafte Interesse eines sonst wenig rühmlichen Vaters für das klassische Altertum; abendelang erzählte er von den Ausgrabungen in den Vesuvstädten Pompeji und Herculaneum.

Schließlich war ja das ganze neunzehnte Jahrhundert, das Schliemanns Leben umspannt (1822–1890), das Zeitalter der großen archäologischen

Entdeckungen. Gewiß, die Archäologie war keine Erfindung des neunzehnten Jahrhunderts, aber es gab ihr eine neue Richtung und neuen Aufschwung, indem es die Ideen verwirklichte, die der Vater der Altertumswissenschaft, Johann Joachim Winckelmann, in der Mitte des achtzehnten vorgetragen hatte.

An zwei Punkten der Welt zugleich setzte das neunzehnte Jahrhundert an: in Ägypten, angeregt durch den Feldzug Napoleons – das einzige Mal, daß ein Raubkrieg auch gute Früchte reifen ließ –, und in Griechenland durch Lord Elgin, der die Akropolis plünderte und ihre Friese nach London schaffte. Wenig später wurden die Grabungen am Vesuv, deren Anfänge Winckelmann in seinen Herculanischen Sendschreiben geschildert hatte, wieder aufgenommen, und die Gelehrten, vor allem die englischen, begannen Griechenland zu durchforschen und zu entdecken: 1811 die Giebelgruppen von Aigina, 1812 den Fries von Bassai, 1820 die Aphrodite von Melos. 1829, ein Jahr bevor der achtjährige Heinrich Schliemann zum ersten Mal den Traum von Troja träumte, bildete sich in Rom eine Gesellschaft von Freunden des Altertums, aus der dann das Deutsche Archäologische Institut erwuchs; im gleichen Jahr begannen die Franzosen ihre Ausgrabungsarbeit am Zeustempel von Olympia und verwirklichten damit einen unerfüllten Traum, der Winckelmann durch seine römischen Jahre begleitet hatte. 1830 fand man die Spuren der Griechen bei Kertsch in Südrußland, entdeckte man die Spuren der Römer in Nordafrika, wurden das Berliner Antikenmuseum und die Münchener Glyptothek eröffnet. 1831 wurde in Pompeji das Mosaik der Alexanderschlacht gefunden, 1832 schuf Thomsen die Einteilung Steinzeit, Bronzezeit, Eisenzeit, 1833 begann Texier Kleinasien zu bereisen und überall Schätze der antiken Welt zu finden, während in Athen Ludwig Roß die Akropolis aufzuräumen anfing, bevor er die griechischen Inseln für die Wissenschaft entdeckte. In den vierziger Jahren kam ein neues Gebiet hinzu, das Zwischenstromland: 1843 fand der Konsularagent Botta den Palast von Chorsabad, 1845 Layard – gleichfalls kein Mann vom Fach – Nimrud. Und so ging es weiter. 1849 fand man in Rom den Apoxyomenos des Lysippos, 1849 auch die Calixtus-Katakomben, 1851 das Serapeum von Memphis, 1852 das Heraion von Argos, 1853 die Nekropole (Totenstadt) von Villafranca, 1855 die Stabianer Thermen in Pompeji, 1857 das Mausoleum in Halikarnassos, 1863 die Nike von Samothrake, 1869 das Artemision von Ephesos.

Nebenher und fundamentierend liefen die Arbeiten der Gelehrten, die nicht selbst auf die Ausgrabungsfelder zogen, sondern durch ihre Schriften den Praktikern das nötige Rüstzeug gaben, und die in der Theorie die Welt der Antike der Gegenwart zurückeroberten: Friedrich August Wolf, August Boeckh, Gottfried Hermann in Deutschland, Porson und Dobree in England, Boissonade in Frankreich.

Ende der sechziger Jahre war die Welt aufgeteilt. Die verschiedenen Völker hatten ihre archäologischen Domänen im weiten Raum zwischen Nordafrika und der Donau, Spanien und dem Euphrat und Tigris. Was getan werden konnte, war getan, dachte man, oder würde bald zum Abschluß gebracht werden können.

Da trat Heinrich Schliemann auf den Plan. Der zweiundvierzigjährige vielfache Millionär liquidierte seine weitgespannten Handelsunternehmungen, die ihm – bei seinesgleichen – mehr oder weniger Respekt, vielfach aber auch einen gefürchteten Namen verschafft hatten. Schliemann war in einer Zeit der kapitalistischen Entwicklung aufgewachsen, in welcher der einzelne sich in rücksichtslosem Konkurrenzkampf durchzusetzen versuchte. In der zweiten Hälfte des 19. Jahrhunderts begann in vielen Ländern, auch in Deutschland, ein rascher Aufschwung des Wirtschaftslebens, der durch eine Reihe bahnbrechender technischer Erfindungen beschleunigt wurde.

Auch Deutschland profitierte von dieser Situation, die durch das neue Freihandelssystem in England und Frankreich noch begünstigt wurde. Seine Industrie vermochte nun auf dem Weltmarkt gegen die Erzeugnisse aus den alten Industrieländern zu konkurrieren; die Bourgeoisie nahm ihre Chance tatkräftig wahr. Der deutsche Handel, der sich von 1800 bis 1850 verdoppelt hatte, verdreifachte sich von 1850 bis 1870. Die Industrieproduktion nahm in diesen Jahren den doppelten Umfang an.

Mit den wirtschaftlichen Erfolgen und Expansionsbestrebungen erstarkte auch der deutsche Nationalismus im allgemeinen; deutsche Vormachtansprüche wurden auf allen Gebieten, auch in Wissenschaft und Forschung, Kunst und Kultur erhoben.

Schliemann bestand im wirtschaftlichen Konkurrenzkampf. Sein unbezähmbarer Wille, es zu etwas zu bringen und zu verdienen, trieb ihn als Kaufmann zu gewagten, für die Zeit charakteristischen Spekulationen an, deren Erfolg seine Reisen und archäologischen Ausgrabungen möglich machte. Er folgte zunächst dem Trieb, die Welt kennenzulernen, und machte eine Weltreise nach Indien, China und Japan, aber dann, mit vierundvierzig Jahren, setzte er sich unter die Studenten der Pariser Sorbonne.

Und dann war es soweit: Der werdende Archäologe, der so gern ein Forscher und Entdecker sein wollte, reiste in die Heimat der Helden und der Geschichten, die ihm die winterliche Stube im Pfarrhaus von Ankershagen mit der Sonne Homers erhellt hatten, reiste nach Griechenland und Kleinasien. 1871, drei Jahre nach seinem ersten Besuch am Hügel von Hissarlik, hatte er endlich die Erlaubnis zum Graben erwirkt und stand nun da, mit acht Arbeitern am ersten Tag der Grabung, dem elften Oktober, mit fünfunddreißig am zweiten, mit vierundsiebzig am dritten. Und grub drauflos.

Halten wir uns dies vor Augen: Schon im Zeitalter der Renaissance, schon zur Zeit Winckelmanns und erst recht im klassischen Jahrhundert der Altertumswissenschaft, dem neunzehnten, hatte es Dutzende und Hunderte von Ausgrabungen gegeben. Man grub nach Schätzen, um reich zu werden, nach Statuen, um sie in die Museen zu stellen, nach Tempeln und Königsburgen, um ein Buch darüber zu schreiben und allen und jeden plastischen Zierat, den man dabei fand, aus Sonne und Himmel ihrer Heimat in das trübe Licht der Museen zu verschleppen. Auf den Gedanken, eine ganze Stadt auszugraben (die sowieso nicht existieren konnte, da es sie nach der alleinseligmachenden Meinung der Fachleute nicht geben durfte), war noch niemand gekommen. Schliemann war der erste. Er fand die Stadt, und er grub sie aus, nicht nach den Gesichtspunkten und mit den Methoden, die die Altertumswissenschaft heute hat, sondern so, wie er, der Pionier, es für richtig und zweckmäßig hielt. Aus seinen Fehlern lernte er, selbstkritisch wie kaum ein zweiter – bei aller Überzeugtheit, auf dem richtigen Wege zu sein –, und mehr noch lernte die Wissenschaft von ihm, nachdem sie sich mit dem großen Bahnbrecher und Einzelgänger ausgesöhnt und seine Leistung anerkannt hatte, und aus seiner Energie und aus seinen Irrtümern entwickelte sie dann die archäologische Praxis des zwanzigsten Jahrhunderts.

1873 fand Schliemann den sogenannten »Schatz des Priamos«, das große Golddepot eines Herrschers, der mit seiner Stadt untergegangen war, und Schliemann war von einem Tag auf den anderen aus einem verlachten

Narren zur Tagesberühmtheit und zur Weltsensation geworden und blieb es bis zu seinem Tode. Denn auf Troja folgten 1876 die goldgefüllten Schachtgräber von Mykene, 1884 die homerische Königsburg von Tiryns.

Er fand nicht nur die Spuren der Vorzeit. Er fand auch die Männer, die sich mit ihm verbündeten, Virchow und Dörpfeld vor allen anderen: Virchow, den gleichaltrigen großen Arzt und liberalen Politiker, der seine freie Zeit der Erforschung der Vor- und Frühgeschichte widmete, Dörpfeld (den man nicht ohne Grund Schliemanns beste Entdeckung genannt hat), den um dreißig Jahre jüngeren Architekten, der sich dann aus der Zusammenarbeit mit Schliemann und als Fortsetzer von dessen Lebenswerk zum maßgebenden Vertreter der deutschen Archäologie entwickelte und zum Vorbild und Lehrer aller Altertumsforscher der Welt wurde. Bevor Schliemann aber seine große Lebensaufgabe begonnen hatte, hatte er in seiner zweiten Frau die wahre Lebensgefährtin gefunden, in der schönen Griechin Sophia, die mit ihm in die Fiebersteppe zog und mit ihm die Funde der mykenischen Königsgräber barg.

Schliemanns Werk ist ein Torso geblieben, wenn auch ein gewaltiger Torso. Er hat Troja gefunden und ausgegraben, aber eine seltsame Tragik wollte es, daß es nicht das homerische Troja war, das zu suchen und zu finden der achtjährige Schuljunge beschlossen hatte. Es war eine tausend Jahre ältere Schicht. Und auch die Gräber von Mykene waren nicht, wie der Forscher und Finder meinte, die Ruhestätten Agamemnons und der Seinen: auch sie waren um Jahrhunderte älter. Erst Dörpfeld fand das »richtige« Troja und legte es frei. Das Grab Agamemnons ist bis heute noch nicht gefunden worden. Aber überall im Gebiete der antiken Welt sind die Ausgräber am Werk, überall können heute oder morgen die wichtigsten Entdeckungen gemacht werden, die Schliemanns Traum zur vollen Realität werden lassen. Die Forscher arbeiten in Schliemanns Geist und auf seinen unvergänglichen Spuren. Er hat der Welt ein Jahrtausend griechischer und damit Menschheitsgeschichte geschenkt, und seine zahlreichen Nachfolger aus allen Nationen schaffen daran, Lücken auszufüllen, das Bild zu ergänzen, neue Erkenntnisse und Kenntnisse den alten hinzuzufügen, weitere Jahrhunderte oder gar Jahrtausende in die Vergangenheit zurückzustoßen. Wahre Wissenschaft kennt keinen Neid und keine von Menschen gezogenen Grenzen, und so arbeiten sie nebeneinander und miteinander, Deutsche und Engländer, Amerikaner, Franzosen, Russen, Italiener und Griechen,

Schweden und Schweizer an dem großen Werk des Friedens und des Fortschritts, denn jeder Fortschritt in die Vergangenheit ist zugleich ein Fortschritt in die Zukunft.

SCHLIEMANN UND SEIN VERLEGER BROCKHAUS

Wenn dieses Buch auf dem Titelblatt die Namen Schliemann und Brockhaus vereinigt, so knüpft es damit an eine gute alte Tradition an, denn Eduard Brockhaus war Schliemanns deutscher Verleger und auch sonst recht eng mit Person und Werk des Forschers verbunden. Schliemanns erstes Buch, La Chine et le Japon au temps présent (China und Japan heute), war eine reine Reisebeschreibung, die nur in einer französischen Ausgabe in Paris erschien. Das zweite Werk, Ithaka, der Peloponnes und Troja, 1869 im französischen Original in Paris und gleichzeitig in deutscher Übersetzung erschienen, enthält sowohl Reisebilder als auch Berichte über archäologische Forschungen. Der deutsche Verlag dieses Buches war Giesecke & Devrient in Leipzig. Schliemann trug sämtliche Kosten, und der Verlag zahlte dem Autor fünfzig Prozent des Preises für jedes verkaufte Exemplar. Über die Beziehungen zu diesem Verlag sowie über den buchhändlerischen Erfolg oder Mißerfolg ist wenig bekannt. Es scheint, als habe Schliemann, der auch als Forscher Kaufmann blieb, dem Verleger bisweilen nachweisen müssen, daß dieser sich zu eigenen Gunsten verrechnet hatte.

1871 begann Schliemann sein Lebenswerk in Troja. Und bald darauf setzten auch die Beziehungen zu Brockhaus ein, die bis zum Tode des Forschers währten. (Vgl. H. A. Stoll, Schliemann und sein Verleger Brockhaus. Börsenblatt für den deutschen Buchhandel, Nr. 14, 7. 4. 1956.) In achtzehn Jahren schrieb Schliemann rund 900 Briefe an seinen Verleger. Das Archiv des Brockhausverlages, mit dem sich an Wichtigkeit und Wert in Deutschland wohl nur das Cottasche messen konnte, ist im Bombenbrand untergegangen. Zum Glück hatte die Verlagsleitung Anfang der dreißiger Jahre Ernst Meyer Einsicht in die Briefe Schliemanns gewährt, so daß in Meyers ›Briefe von Heinrich Schliemann‹, Berlin-Leipzig 1936, siebenunddreißig zum gekürzten und auszugsweisen Abdruck kamen. Das ist immerhin besser als nichts.

Von welcher Seite der Briefwechsel begonnen wurde, geht aus der lückenhaften Edition Meyers nicht eindeutig hervor. Es scheint aber, als ob der Anstoß von Brockhaus ausgegangen wäre, denn die Brockhaus-Festschrift von 1905 betont, daß sich der Verlag »Schliemann in Bewunderung seiner Lebensaufgabe, die er sich gestellt, Troja auszugraben, zur Veröffentlichung seiner Nachforschungen angeboten hatte«. Mit dem Scharfblick eines erfahrenen Buchhändlers und Kaufmanns wird Brockhaus erkannt haben, daß Schliemanns Forschungen nicht zu denen gehörten, die sich nur für einen kleinen Kreis von Fachgelehrten abwickeln. Dabei war er ohne Zweifel bereit, für seinen neuen Autor große Opfer zu bringen, und seine Verdienste um die Popularisierung und Verbreitung von Schliemanns Forschungsergebnissen sind größer als die vieler anderer deutscher Verleger jener Zeit um ihre Autoren.

Wie schon die erstaunlich hohe Gesamtzahl der Schliemannbriefe an Brockhaus beweist, war die Verbindung außerordentlich rege. Der erste Brief datiert vom 18. Januar 1873, der letzte – und einer der letzten, die Schliemann überhaupt geschrieben hat – vom 10. Dezember 1890, also zwei Wochen vor dem Tode. Dazwischen gibt es Jahre, in denen die Korrespondenz auf ein Minimum zusammenschrumpft, zum Beispiel 1876 auf vier, 1888 auf acht Briefe. Den Höhepunkt bilden die Jahre 1880 mit 120 und 1885 mit 111 Briefen. Ungeduldig und in der Fülle der auf ihn einstürmenden Gedanken, wartete Schliemann oft nicht erst die Antwort seines Verlegers, ja bisweilen auch nicht den folgenden Tag ab.

In seinem ersten Brief an Brockhaus, Athen, 18. Januar 1873, hält Schliemann es für zweckmäßig, sein neues Buch (Trojanische Altertümer) auch gleich französisch herauszubringen. Brockhaus möge also in Leipzig »für einen ganz billigen Preis« einen guten Übersetzer suchen. »Wie Sie bei Ansicht des Manuskriptes sehen werden, decke ich in diesem Werke für die Archäologie eine neue Welt auf.«

Troja, 14. März 1873, erkennt Schliemann mit Dank an, daß sich der Verlag der Übersetzung annimmt und daß Heinrich Brockhaus sich sofort auf den Weg gemacht und Troja besucht hat, »denn er kann nur angenehme Erinnerungen von hier mitgenommen haben, und Sie werden die Sache mit soviel lebhafterem Interesse betreiben ... Gegenüber Ihrer großen Erfahrung und gediegenen Sachkenntnis ist es mir unmöglich, mich in Diskussionen einzulassen, und ganz so, wie Sie den Druck zu machen am besten finden, so heiße ich es dankend gut ... Ich habe keine literarischen Pläne, mein einziger Wunsch ist, daß die Sache allgemein bekannt wird, die falschen Theorien zerstört und allgemeinen Enthusiasmus für Ilium hervorruft.«

Troja, 1. April 1873, schickt Schliemann die Fortsetzung des Manuskriptes ... »Bei dem wilden hiesigen Leben und den übermenschlichen Arbeiten ist es möglich, daß sich in mein Manuskript Fehler oder Widersprüche eingeschlichen haben, und hoffe ich, daß Sie bei dem großen persönlichen Interesse, womit Sie die Aufdeckung Trojas verfolgen, mir meine Bitte nicht abschlagen werden, meine Aufsätze genau durchzulesen und darin zu verbessern, was Sie für nötig finden« – gewiß eine starke Zumutung für einen Verleger, der ja schließlich nicht Archäologe ist! Da Schliemann einen Aufsatz seines Freundes Calvert über Troja sehr irrig findet, widerlegt er ihn in einem Nachtrag zum Manuskript. »Bitte, sagen Sie mir, ob Sie meine kurze Antwort in Ordnung finden? Ich glaube, ich bin höflich genug gewesen.«

In dem eben zitierten Brief hatte Schliemann den endgültigen Abbruch der Grabungen in Troja angekündigt. Einen Tag vor diesem Termin fand er dann jedoch den sogenannten »Schatz des Priamos«, der Schliemann zum Tagesgespräch zweier Kontinente und zur Pressesensation machte, und meinte am 5. Juli 1873, der große Schatz und die Rehabilitierung Homers »wird in der ganzen zivilisierten Welt eine unbeschreibliche Aufregung hervorbringen und in einem Nu werden Sie die 2000 Exemplare, die Sie in beiden Sprachen [deutsch und französisch] zusammen drucken lassen wollen, verkaufen ... Die Kunde von dem Schatz hat sich wie ein Lauffeuer ... verbreitet ...«

Athen, 25. Oktober 1875, hat Schliemann zum ersten Male Todesgedanken. »Meine Jahre sind gezählt«, schreibt er, während er doch noch so viele »großartige Pläne für Ausgrabungen« habe, und drängt daher auf beschleunigte Veröffentlichung seines Werkes. Am 1. November erkennt er dann Vorwürfe des Verlegers an: »Allerdings haben Sie vollkommen recht, daß ich bei der neuen Ausgabe systematischer zu Werke gehen muß.«

Nach den großen Erfolgen in Troja hoffte Schliemann, daß die griechische Regierung ihm die Ausgrabung von Olympia anvertrauen würde. Der Neid der griechischen Archäologen hintertrieb das, und die Grabung wurde demonstrativ an Preußen übertragen. Nichts war natürlicher, als daß Schliemanns Temperament mit ihm durchging und daß er wortgewaltige Protestkundgebungen beschloß. Brockhaus riet jedoch entschieden ab, und Schliemann nahm trotz seines Zornes über die erlittenen Beschimpfungen seinen Rat an und zerriß seine Eingabe an das griechische Parlament.

Unerquicklicher als der Schmutz, mit dem Schliemann im ›Kladderadatsch‹ und im ›Neuen Reich‹ beworfen wurde, war das Geschrei, mit dem die Schreibtischgelehrten über den erfolgreichen Außenseiter herfielen. Griechische und deutsche Professoren schimpften lauter als weiland die homerischen Helden. In dem Kampf gegen sie erwies sich Brockhaus als treuer und guter Verbündeter. Als die Augsburger Allgemeine Zeitung eine Schliemannsche Replik auf ein Pamphlet Professor Starks nicht aufgenommen hatte, bat Schliemann, Brockhaus möge seine »gelindere Entgegnung« in der Leipziger oder in der Jenaer Literaturzeitung unterbringen.

1876 beginnt die Ausgrabung Mykenes. Athen, 23. Juli 1876: »und werde ich Sorge tragen, daß auch das Werk, welches ich darüber schreibe, in jeder Hinsicht befriedigt«, was die ›Trojanischen Altertümer‹ und mehr noch der dazugehörige Bildband nicht getan hatten. So kann es denn am 24. Dezember 1876 aus Athen heißen: »Ich begreife nicht, wie Sie nur einen Augenblick daran zweifeln konnten, daß ich nicht durch Schaden klug gemacht, diesmal das Äußerste daran setzen würde, das Werk in jeder Hinsicht vorzüglich zu machen und die herrlichsten Photographien zu besorgen. Es ist ja eine ganz neue, gar nicht geahnte Welt, die ich hier für die Archäologie aufdeckte ... Das Buch wird daher zu vielen Tausenden von Exemplaren zu verkaufen sein, nicht nur auf englisch, sondern auch in den Übersetzungen. Hinsichtlich letzterer müssen wir uns einigen.«

Mehr noch als nach dem Funde des »Schatzes des Priamos« war Schliemann nach der Aufdeckung des »Grabes Agamemnons« der Held des Tages. Von allen Seiten wurde er um Aufsätze bestürmt. Auch Brockhaus bat ihn um einen Artikel für seine Zeitschrift ›Unsere Zeit‹. Schliemann lehnte jedoch ab. Die feindliche Haltung der gesamten deutschen Presse habe ihn veranlaßt, seine Beiträge hauptsächlich an die ›Times‹ zu geben, die sie auch annahm.

Aus London forderte Schliemann am 26. November 1877 Brockhaus auf, jemanden ausfindig zu machen, der eine geharnischte Entgegnung auf die gehässigen Äußerungen Professor Wernickes schriebe, »denn dieses niederträchtige Libell [Schmähschrift] muß notwendigerweise dem Absatz des Buches [›Mykene‹] schaden«. Diese außerordentlich geschickte Methode, den Verleger durch Absatzsorgen zum Eingreifen in einen gelehrten Streit zu veranlassen, scheint Erfolg gehabt zu haben, denn 1878 und 1881 wiederholte Schliemann diesen Schachzug bei ähnlichen Anlässen.

Um diese Zeit hatte Brockhaus, offenbar als Propagandamaterial, biographische Angaben von Schliemann erbeten. In seiner Antwort, Athen, 17. August 1878, verweist Schliemann auf die kurze Selbstbiographie in seinem Ithakabuch und ergänzt dann diese Angaben mit derselben Ausführlichkeit und zum Teil mit denselben Worten wie in der 1881 dem Werk ›Ilios‹ vorangeschickten Selbstbiographie, die Brockhaus dann auch mit großem Erfolg gesondert herausbrachte – so daß wir also die verlegerische Neugier nach Nam' und Art seines Autors als Ursprung einer der reizvollsten Selbstdarstellungen betrachten dürfen, die wir in deutscher Sprache besitzen.

Vor dem Erscheinen des ›Ilios‹ scheint Brockhaus zeitweilig geschwankt zu haben, es zu verlegen, denn während Schliemann in einem Brief an Virchow vom 7. September 1879 den englischen, amerikanischen, französischen Verleger nennt, bemerkt er: »nur wegen des Verlages der deutschen [Ausgabe] bin ich noch frei«. Brockhaus dürfte wegen der großen Kosten in Zweifel gewesen sein, denn ein Buch, das dann fünfundvierzig Mark kostete, mußte nur schwer abzusetzen sein. Immerhin hat er wohl bald erkannt, daß er trotzdem auf seine Kosten kommen würde, denn wenn Murray am ersten Tage 600 Exemplare der englischen Ausgabe verkaufte, ist kaum anzunehmen, daß der geschäftliche Erfolg in Deutschland wesentlich geringer war. Die Vermutung von persönlichen Mißhelligkeiten in jener Zeit wird durch einen prachtvoll menschlichen Brief Schliemanns an Brockhaus vom 7. Oktober 1881 aus Konstantinopel bestätigt: »Aus Ihrem Stillschweigen ersehe ich mit größtem Bedauern, daß ein Mißverständnis zwischen uns obwaltet. Sollte ich Sie ohne mein Wissen beleidigt haben, so bitte ich Sie tausendmal um Vergebung. Nichts in der Welt konnte ferner von meinen Gedanken sein, als Ihnen zu nahe zu treten. Sollte ich in der Abmachung mit F. Didot [dem französischen Verleger von ›Ilios‹] nicht in Ihrem Sinne gehandelt, sollte ich etwas verfehlt haben und sollte somit eine Differenz vorliegen, die mit Zahlen ausgeglichen werden kann, so rufe ich

Sie selbst zum alleinigen Schiedsrichter auf und unterschreibe im voraus Ihr Urteil. Der Verlust Ihrer Freundschaft würde mich ebenso sehr schmerzen als der Verlust der Freundschaft der Herren John Henry Schröder & Co. in London und Hamburg, mit denen ich seit sechsunddreißig Jahren in regem Verkehr stehe. Viele Mißverständnisse sind in jener langen Zeit vorgekommen; aber bei gegenseitigem heißem Verlangen, zu tun, was recht und billig ist, hat die Ausgleichung keines derselben mehr als einen Brief gekostet.«

Kaum war der große Rechenschaftsbericht ›Ilios‹ erschienen, gingen die Grabungen weiter, als deren Frucht dann 1884 ›Troja‹ veröffentlicht wurde, wieder gleichzeitig deutsch, englisch und französisch geschrieben und veröffentlicht – wobei der amerikanische Verleger Harper die nicht uninteressante Bedingung stellte, »das Buch soll nicht einen beleidigenden Ausdruck enthalten«, weswegen »ich meine englische Antwort an Jebb [Professor in Glasgow] höflicher gemacht, dagegen in der deutschen meiner Wut freieren Ausdruck gegeben; ich habe, auf Ihren Wink, aber auch diese der englischen gleichgemacht« (an Virchow, Sandown, 19. September 1883). Noch aber lag dieses Werk nicht im Druck vor, als Schliemann schon wieder eine neue Arbeit begonnen hatte, die Ausgrabung von Tiryns.

Am 22. April 1884 schrieb er an seinen Verleger: »und hatte das Vergnügen, Ihren Herrn Dr. Eduard Brockhaus und Herrn Arnold Brockhaus in Nauplia und Tiryns bei mir zu sehen. Diese Herren sind Zeugen meiner Entdeckung eines höchst merkwürdigen Palastes gewesen, der die ganze obere Burg von Tiryns einnimmt ... So gibt ... das bis jetzt erzielte Resultat Stoff genug für eine interessante Broschüre, die durch Dr. Dörpfelds Pläne und vielleicht 100 Abbildungen der wunderbarsten Sachen von besonderer Wichtigkeit wird. Die Pläne und Abbildungen müssen einfach schwarz gegeben werden, die wichtigsten Wandgemälde aber, nach Dr. Dörpfelds Meinung, in denselben Farben, mit denen sie aufgetragen sind ...« Schliemann bittet seinen Verleger, für einen Vortrag auf dem Anthropologischen Kongreß in Breslau Pläne und Abbildungen vergrößern zu lassen. »Denn lasse ich mich dort in eingehende Erörterungen ein, dann schade ich natürlich der Publikation« – die keineswegs eine Broschüre wurde, sondern ein umfängliches, grundgelehrtes und prächtig ausgestattetes Buch (1886).

Paris, 14. Oktober 1885, kündigt Schliemann »eine Liste der für meine Rechnung zu versendenden Exemplare« an. »Es sind aber andere, deren

Rezensionen Ihnen den Verkauf enorm erleichtern, denen ich aber auch enorm dafür bezahle; diesen müssen Sie für Ihre Rechnung Exemplare schicken.« Das heißt mit anderen Worten: vom Autor bezahlte Besprechungen – Geschäftspraktiken also, die sowohl Schliemanns als auch Brockhaus' unwürdig waren.

Daß Schliemann sich in jeder Weise für seine Freunde und Bekannten einsetzte, ist bekannt. Manchmal muß Brockhaus ihm dabei helfen. Als Dörpfeld 1885 auf der Akropolis von Athen das Hekatompedon (›Dörpfeldtempel‹) entdeckt hat, bittet Schliemann seinen Verleger, es in der Presse bekanntzugeben, um damit Dörpfelds Position gegenüber der Griechischen Archäologischen Gesellschaft zu stärken. Am 18. Januar 1886 erhält Brockhaus den Auftrag, sofort Schliemanns Schwager, der gerade in Leipzig studiert, rufen zu lassen und ihm »auf recht schonende Weise« den Tod der Mutter bekanntzugeben. Am 13. Juni 1886 schickt er archäologische Informationen von seinem Kretabesuch und bittet Brockhaus, sie Professor Wachsmuth zu übermitteln – keineswegs aus besonderen Sympathien für Wachsmuth, sondern weil er zuständiger Referent in der Promotion des genannten Schwagers ist!

1886 taucht zum ersten Male der Gedanke auf, »das Interessanteste aus meinen verschiedenen Werken herauszuziehen und dasselbe mit zahlreichen Abbildungen dem Publikum vorzulegen«. Berater meinten nun, das geplante Buch »würde unter meinen Händen zu groß werden. Sie raten daher dringend, einen gediegenen Archäologen zur Hilfe zu nehmen, der die Arbeit unter meiner Leitung macht.« Für diesen Plan sei ihm der junge Dr. Carl Schuchhardt empfohlen worden. Nach einigem Hin und Her, ob eine mehr populäre oder mehr wissenschaftliche Fassung vorzuziehen sei, blieb es dabei, daß Schuchhardt dieses gute und erfolgreiche Buch schrieb (›Schliemanns Ausgrabungen in Troja, Tiryns, Mykene, Orchomenos, Ithaka im Lichte der heutigen Wissenschaft‹, 1889, 2. Aufl. 1891). Am 20. Mai 1890 schreibt Schliemann an Brockhaus: »Es ist mir angenehm, aus Ihrem Schreiben ... zu ersehen, daß Dr. Schuchhardts Buch große Anerkennung und guten Absatz findet.« Im gleichen Brief bittet er um einen persönlichen Rat: »Ich erwarte begierig Ihre Nachricht, ob es jetzt einen berühmten Ohrenarzt in Deutschland gibt ... Ich kehre ... heute schon nach Troja zurück, um mich nach Beendigung der Ausgrabungen, im August der Operation zu unterziehen.«

Nach Beendigung der Grabung des Jahres 1890 schreibt Schliemann noch sein letztes, kleines Buch ›Bericht über die Ausgrabungen in Troja im Jahre 1890‹ und schickt das Manuskript an Brockhaus. Darauf fährt er nach Halle und unterzieht sich der Operation, deren Folgen nach wenigen Wochen zu seinem Tode führten. Am 13. November fand die Operation statt. Schon am 15. schrieb Schliemann wieder an Brockhaus – »bin Ihnen für Ihre warme Teilnahme an meinem Leiden aufs dankbarste verbunden ... Natürlich würde ich mich gar sehr freuen, Sie zu sehen, bin aber eigentlich ganz außerstande, Sie zu empfangen, da ich auf beiden Ohren taub bin, und mein Kopf mit dicken Bandagen umhüllt ist. Dieser Zustand wird aber nicht lange anhalten, und hoffe ich, Sie bald in Leipzig begrüßen zu können.« Operation und Schmerzen hinderten den Forscher übrigens keinen Augenblick, die Korrekturen des Berichts zu lesen. Bevor Schliemann dann Halle verließ, um die Reise in den Tod anzutreten, schrieb er noch einmal und das letzte Mal an Brockhaus, 10. Dezember 1890. Er dankte Eduard Brockhaus für die Einladung auf Sonntag – »ich kann aber zu meinem größten Bedauern keinen Gebrauch davon machen, da ich bloß nach Leipzig komme, um Sie zu begrüßen, und am Sonnabendnachmittag ... weiterreise.« Auch »bin ich noch nicht im Stande, viel zu sprechen. Zur Zeit, wenn die Arbeiten wieder anfangen, werde ich, so die Götter wollen, am Platze sein.«

SCHLIEMANN IN DIESEM BUCH

›Abenteuer meines Lebens. Heinrich Schliemann erzählt‹ lautet der Titel dieses Buches. Als es geplant wurde, hatte der Verlag zunächst Sorge, daß es sich mit dem im Paul List Verlag erschienenen Schliemann-Roman des Herausgebers ›Der Traum von Troja‹ zu sehr überschneiden könnte. Selbstverständlich gibt es nicht wenig Dinge, die hier wie dort zur Sprache kommen. Das ist unvermeidbar und gilt für alle Veröffentlichungen über ein und dasselbe Thema. Andererseits untersteht ein Roman, auch wenn er mit größtmöglicher historischer Treue den Begebenheiten eines Menschenlebens folgt, ganz anderen Gesetzen als eine rein sachliche Darstellung. In einem Roman zeichnet der Autor seinen Helden so, wie er ihn sieht, und die Distanz zwischen Dargestelltem und Darsteller bleibt immer irgendwie spürbar; in diesem Buch dagegen sieht der Leser Schliemann so, wie er sich und sein Leben selbst sah. Seine eigenen Worte bilden also die Substanz, in einem selbstbiographischen Rückblick, in Tagebüchern und Briefen. Der Herausgeber tritt nur in den Einleitungen zu den einzelnen Abschnitten sowie auch in den nicht unwichtigen Kommentaren in Erscheinung.

Es ist selbstverständlich, daß bei der ungeheuren Fülle des in seinem Großteil noch immer unerschlossenen schriftlichen Nachlasses von Schliemann hier nur ein Ausschnitt gegeben werden konnte, der keinen Anspruch auf nur andeutungsweise Vollständigkeit erheben darf. Solange Schliemanns schriftlicher Nachlaß nicht allgemein zugänglich gemacht wird, solange bleiben alle Teilveröffentlichungen Stückwerk. Aber auch ein Teil, eine Handvoll der Mosaiksteinchen, die das große gültige Bild formen, kann eine geschlossene Einheit, kann von Wert und Bedeutung sein, für die Wissenschaft ebenso wie für den interessierten Nichtfachmann. Das gilt um so mehr, wenn es diesem Teil gelingt, möglichst viel von der Prismatik des Dargestellten zu erfassen und zugleich solche Texte der Öffentlichkeit darzubieten, die sich bisher ganz oder zum Teil der allgemeinen Kenntnis entzogen haben.

Dieses Buch enthält in seinem ersten Abschnitt die Selbstbiographie der Jugend und der kaufmännischen Laufbahn, wie sie Schliemann auf der Höhe seines Ruhms, als nahezu Sechzigjähriger, seinem Buch ›Ilios‹ voranschickte. Wenn sie auch häufig wieder aufgelegt wurde, so erscheint sie in dieser Ausgabe zum erstenmal seit dem Erstdruck in vollständigem Wortlaut.

Der zweite Abschnitt bringt das Amerika-Tagebuch von 1850/52, das in sehr kleiner, halbprivater Ausgabe während des zweiten Weltkrieges im englischen Originaltext erschienen und in Europa nur mit großer Mühe aufzufinden ist.

Der dritte Abschnitt bietet einen großen Teil von Schliemanns Ostasien-Tagebuch nach der nahezu verschollenen französischen Buchausgabe, die Schliemann im Jahre 1867 als sein opus 1 veröffentlichte.

Die Abschnitte zwei und drei sind insofern Rückblendungen, als der in ihnen behandelte Zeitraum auch in der Selbstbiographie des ersten Abschnittes enthalten ist.

Der vierte Abschnitt bringt die Erstveröffentlichung eines Komplexes von neunundsechzig Briefen, die Schliemann in der Zeit von 1868 bis kurz vor seinem Tode an seinen Jugendfreund Rust schrieb und die sein Leben in diesem Zeitraum plastisch widerspiegeln.

Von Schliemann ursprünglich deutsch geschrieben sind nur die Selbstbiographie und die Briefe an Rust. Das Amerika-Tagebuch schrieb er hauptsächlich englisch, einige Teile davon spanisch, während der Bericht über Ostasien von ihm in französischer Sprache abgefaßt wurde. Diese Stücke werden dem Leser also in Übersetzung vorgelegt.

Die vom Herausgeber in die Originale eingeblendeten Zwischentexte erläutern die Punkte, die dem Leser unverständlich bleiben könnten, und vermitteln ein geschlosseneres Bild von Schliemanns Leben und Werk, als es die weit über die Jahrzehnte verteilten Briefe zu tun vermöchten. Alles, was für den Zusammenhang und die Rundung des Gesamtbildes nicht erforderlich war, wurde in den Anmerkungen gesagt, auf die jeweils die kleingedruckten Zahlen im Text verweisen. Anmerkungen und Zwischentexte enthalten eine Fülle von schwer zugänglichen oder wenig bekannten Aussagen Schliemanns. Der Herausgeber hofft, daß deshalb auch nicht nur die speziell interessierten Leser sich mit ihnen befreunden werden. – Über Personen und Orte gibt das ausführliche Namens- und Sachregister Auskunft.

Noch eines mag an dieser Stelle und in diesem Zusammenhang gesagt werden. Manche sachlichen Irrtümer Schliemanns werden in den Anmerkungen richtiggestellt. Seine bisweilen auftretenden schiefen oder einseitigen Urteile in jedem Falle als solche zu erweisen erschien dagegen überflüssig. Die Leser wissen es schließlich, daß jeder Mensch ein Kind seiner Zeit ist und daß man ihn aus ihr heraus verstehen muß. Einen Menschen des neunzehnten Jahrhunderts mit den Erkenntnissen des zwanzigsten zu messen ist nicht nur unrichtig, sondern zuweilen sogar lächerlich. Schliemann ist Kapitalist und Bürger, ja, er ist sogar als ein »Held des bürgerlichen Zeitalters« anzusehen. Für die große Politik hat er keinen Blick oder nur höchst selten, und auch die innenpolitischen Probleme eines Volkes oder Staates sieht er nicht selten falsch – abgesehen davon, daß sein Urteil sich naturgemäß im Laufe der Jahre wandelt. Die Tagebuchaufzeichnungen des Reisenden verallgemeinern oft erschreckend. Dieses Buch wurde schließlich nicht herausgegeben, um einen Helden ohne Furcht und Tadel auf hohen Denkmalssockel zu stellen, sondern um einen wirklichen

Menschen zu zeigen, der seine Schwächen und Stärken, seine richtigen und falschen Meinungen, seine guten und seine schlechten Seiten hat.

Ein kleines Beispiel aus dem privaten Sektor: Wer die Worte Schliemanns liest, die er in seiner Selbstbiographie über den Vater schrieb, und wer die Auswahl der Briefe an den Vater liest, die Ernst Meyer in seinem letzten Briefband gegeben hat, erhält ein ganz und gar falsches Bild von dem Vater und von dem Verhältnis zwischen Vater und Sohn. Schliemann hat den Vater schon als Kind gehaßt, denn der hatte die geliebte Mutter in ihr frühes Grab gebracht und hatte ihm selbst den Wunsch zu lernen zerschlagen. Wenn Schliemann das in seiner Selbstbiographie nicht zum Ausdruck brachte, so ist das durchaus begreiflich, denn die Abneigung war eine interne Familienangelegenheit und ging das breite Publikum nichts an. Nach außen hin war gerade die Familie für Schliemann ein Heiligtum, an das nicht gerührt werden durfte – und das gilt nicht nur für den Vater, sondern ebenso für die Brüder, die er nach außen hin als liebevoll besorgter Älterer, in Wirklichkeit als Familientyrann und Generalvormund machtvoll und zuweilen unerträglich regierte. Bis zu seinem Tode hat Schliemann es dem Jugendgespielen Ernst Meincke nicht vergeben, daß dieser als Zwölf- oder Dreizehnjähriger böse Spottverse auf Schliemann und den tiefen Fall seines Vaters gemacht hatte. Aber im gleichen Atemzug schickte er dem gleichen Ernst Meincke – »er war nie mein Freund!« – Geld und immer wieder Geld (aber n i e einen Brief!), als der durch den Schwindel der Gründerjahre oder eigene Unvernunft in Not gekommen war.

Schnell im Zorn ist er, von mimosenhafter Empfindlichkeit, durch eine winzige Kleinigkeit tödlich beleidigt – aber auch ebenso schnell zum Lieben, zum Sichversöhnen bereit. Wenn wir die Reihe von Schliemanns Freunden oder Helfern durchmustern, so finden wir wohl keinen, mit dem es nicht einmal zu Zerwürfnissen, zu Schwierigkeiten, zu Krisen und tiefgreifenden Meinungsverschiedenheiten gekommen wäre, ob sie nun Virchow oder Dörpfeld, Sophia oder Minna hießen. Nur eine Ausnahme gibt es (abgesehen vielleicht von dem zum Freund gewordenen Gönner der frühen Amsterdamer Zeit, Hepner, aber was aus diesem Verhältnis bekannt ist, ist zu fragmentarisch, als daß ein sicheres Urteil möglich wäre): das ist der Freund gemeinsamer Schuljahre, Wilhelm Rust. Gewiß, auch hier erhebt Schliemann bisweilen vormundhafte Forderungen, aber ohne Schärfe und nur aus gutem und fürsorglichem Herzen.

Kurzum, wer die vielen und vielseitigen Selbstzeugnisse liest, die in diesem Buche gesammelt sind, wird Hepner recht geben, der 1866 an Schliemann schrieb: »Unwillkürlich mußte ich mir nach Durchlesung Ihres Briefes wiederholen; welch ein interessanter Mensch, als das lebendige Beispiel, was fester Wille und Ausdauer zu schaffen vermag, und ein beneidenswerter Mensch im Überfluß selbsterworbener irdischer wie geistiger Güter, denn auch Zufriedenheit und Ruhe scheinen mehr wie sonst Ihr Eigentum geworden zu sein, und ich kann nicht umhin, Freund, Ihnen von Herzen zu gratulieren, Ihnen aber auch offen zu bekennen, daß ich mit einer Art Stolz mich unserer näheren Bekanntschaft rühme.«

SELBSTBIOGRAPHIE: KINDHEIT UND KAUFMANNSJAHRE (1822-1868)

Unter den zahlreichen Selbstdarstellungen ihrer Kindheit und Jugendzeit, die berühmte Männer und Frauen gegeben haben, gehört diejenige Schliemanns gewiß zu den interessantesten.

Schliemann hat mehrfach selbstbiographische Skizzen gegeben, die erste bisher bekannte im Amerika-Tagebuch; als der Dreißigjährige wieder nach St. Petersburg zurückgekehrt war, stellte er sie den achtzig Seiten des Tagebuchs voran. Eine weitere schrieb er in der Einleitung des Ithaka-Buches, eine dritte 1878 in einem Brief an seinen Verleger Brockhaus – und aus ihr wuchs dann die ausführlichste Darstellung hervor, die er 1881, also nahezu sechzigjährig und auf der Höhe seines Ruhmes, seinem großen Ilios-Werke voranstellte.

Von Schliemanns Büchern hat in Deutschland keines eine zweite Auflage erlebt – die Selbstbiographie aus ›Ilios‹ aber ist oft nachgedruckt worden, und zwar zumeist in der vervollständigten Fassung, die die Witwe des Forschers ein Jahr nach seinem Tode unter dem Titel ›Selbstbiographie‹ im Brockhaus-Verlag herausgab. Das genannte Buch ist nun keineswegs eine Selbstbiographie im eigentlichen Sinne. Das ist nur das erste Kapitel, also etwa ein Fünftel des Gesamtumfangs. Die restlichen vier Fünftel schrieb im Auftrag der Witwe Dr. Alfred Brückner, der in Schliemanns letzten Lebensjahren sein Helfer bei der Verarbeitung der Vasenfunde geworden war und dann den Kerameikos – einen Stadtteil des klassischen Athens – ausgrub. Für diese sogenannte ›Selbstbiographie‹ stellte Brückner kurzerhand die autobiographischen Äußerungen Schliemanns aus seinen ersten archäologischen Büchern, die sowieso fast Tagebuchcharakter haben, zusammen und verband sie mit Zwischentexten zu einem übersichtlichen Ganzen. Von der dritten Auflage an betreute Ernst Meyer diese Ausgabe, und zwar bis zur 7. Auflage bei Schliemanns Verleger Brockhaus in Leipzig; die achte erschien in Wiesbaden 1955.

In unsere Ausgabe wurde nur die wirkliche Selbstbiographie des ersten Kapitels aufgenommen, aber auch sie nicht auf Grund jenes Büchleins. Der Herausgeber hält es vielmehr für seine Aufgabe, den originalen und vollständigen Text wiederherzustellen, da die meist politisch bedingten Kürzungen Meyers in keiner Weise zu rechtfertigen sind. Unsere Ausgabe bringt also den von Schliemann selbst kontrollierten Wortlaut aus dem Eingangskapitel des ›Ilios‹ und muß fortan als die einzig authentische gelten.

Verschiedentlich ist der biographisch-historische Wert dieser Selbstdarstellung

Schliemanns angefochten worden, zuletzt von Emil Ludwig und Ernst Meyer. Daß dieser Vorwurf unberechtigt ist, hat der Herausgeber schon in seinem Schliemann-Roman gesagt und wird es in den Kommentaren an einigen markanten Punkten beweisen. Damit ist natürlich nicht gesagt, daß nun jedes Wort Schliemanns zuverlässig wie ein Evangelium wäre. Vor Gedächtnisfehlern ist kein Mensch gefeit und schon gar nicht einer, der einen so bewegten Lebenslauf hat wie Schliemann. Ein psychologisches Moment kommt hinzu: ein Dreißigjähriger sieht seine Kindheit und Jugend mit anderen Augen als ein Sechzigjähriger, ein emporstrebender Kaufmann anders als ein weltberühmter Forscher. So versteht es sich von selbst, daß der Ausgräber von Troja den Traum seiner Kindheit, der ihn zu seinem großen Werke trieb, ausführlicher schilderte als der Kaufmann, dem Troja noch im Nebel einer fernen Zukunft lag.

Wenn ich dieses Werk *[Ilios]* mit einer Geschichte des eigenen Lebens beginne, so ist es nicht Eitelkeit, die dazu mich veranlaßt, wohl aber der Wunsch, klar darzulegen, daß die ganze Arbeit meines späteren Lebens durch die Eindrücke meiner frühesten Kindheit bestimmt worden, ja, daß sie die notwendige Folge derselben gewesen ist; wurden doch sozusagen Hacke und Schaufel für die Ausgrabung Trojas und der Königsgräber von Mykene schon in dem kleinen deutschen Dorfe geschmiedet und geschärft, in dem ich acht Jahre meiner ersten Jugend verbrachte. So erscheint es mir auch nicht überflüssig, hier zu erzählen, wie ich allmählich in den Besitz der Mittel gelangt bin, vermöge derer ich im Herbste des Lebens die großen Pläne ausführen konnte, die ich als armer kleiner Knabe entworfen hatte. Wohl darf ich hoffen, daß die Art und Weise, in der ich meine Zeit und Mittel verwendet habe, allgemeine Anerkennung finden und daß für alle Zukunft auch die Geschichte meines Lebens etwas dazu beitragen wird, unter dem gebildeten Publikum aller Nationen die Freude an jenen großen und schönen Bestrebungen zu verbreiten, die, wie sie mich während so mancher harter Prüfungen aufrecht erhalten haben, mir auch den Rest meiner Tage noch erheitern soll.

Ich wurde am 6. Januar 1822 in dem Städtchen Neubukow in Mecklenburg-Schwerin geboren, wo mein Vater, Ernst Schliemann, protestantischer Prediger war und von wo er im Jahre 1823 in derselben Eigenschaft an die Pfarre von Ankershagen, einem in demselben Großherzogtum zwischen Waren und Penzlin gelegenen Dorfe, berufen wurde. In diesem

Dorfe verbrachte ich die acht folgenden Jahre meines Lebens, und die in meiner Natur begründete Neigung für alles Geheimnisvolle und Wunderbare wurde durch die Wunder, welche jener Ort enthielt, zu einer wahren Leidenschaft entflammt. In unserem Gartenhause sollte der Geist von meines Vaters Vorgänger, dem Pastor von Rußdorf, »umgehen«, und dicht hinter unserm Garten befand sich ein kleiner Teich, das sogenannte »Silberschälchen«, dem um Mitternacht eine gespenstische Jungfrau, die eine silberne Schale trug, entsteigen sollte. Außerdem hatte das Dorf einen kleinen, von einem Graben umzogenen Hügel aufzuweisen, wahrscheinlich ein Grab aus heidnischer Vorzeit, ein sogenanntes Hünengrab, in dem der Sage nach ein alter Raubritter sein Lieblingskind in einer goldenen Wiege begraben hatte. Ungeheure Schätze aber sollten neben den Ruinen eines alten Turmes in dem Garten des Gutseigentümers verborgen liegen; mein Glaube an das Vorhandensein aller dieser Schätze war so fest, daß ich jedesmal, wenn ich meinen Vater über seine Geldverlegenheiten klagen hörte, verwundert fragte, weshalb er denn nicht die silberne Schale oder die goldene Wiege ausgraben und sich dadurch reich machen wollte. Auch ein mittelalterliches Schloß befand sich in Ankershagen, mit geheimen Gängen in seinen sechs Fuß starken Mauern und einem unterirdischen Wege, der eine starke deutsche Meile lang sein und unter dem See bei Speck durchführen sollte; es hieß, furchtbare Gespenster gingen da um, und alle Dorfleute sprachen nur mit Zittern von diesen Schrecknissen. Einer alten Sage nach war das Schloß einst von einem Raubritter namens Henning von Holstein bewohnt worden, der, im Volke »Henning Bradenkirl« genannt, weit und breit im Lande gefürchtet wurde, da er, wo er nur konnte, zu rauben und zu plündern pflegte. So verdroß es ihn denn auch nicht wenig, daß der Herzog von Mecklenburg manchen Kaufmann, der an seinem Schlosse vorbeiziehen mußte, durch einen Geleitbrief gegen seine Vergewaltigungen schützte, und um dafür an dem Herzog Rache nehmen zu können, lud er ihn einst mit heuchlerischer Demut auf sein Schloß zu Gaste. Der Herzog nahm die Einladung an und machte sich an dem bestimmten Tage mit einem großen Gefolge auf den Weg. Des Ritters Kuhhirte jedoch, der von seines Herrn Absicht, den Gast zu ermorden, Kunde erlangt hatte, verbarg sich in dem Gebüsch am Wege, erwartete hier, hinter einem etwa eine viertel Meile von unserem Haus gelegenen Hügel den Herzog und verriet demselben Hennings verbrecherischen Plan. Der Herzog kehrte augenblicklich um. Von diesem Ereignis sollte der Hügel seinen jetzigen Namen »der Wartensberg« erhalten haben. Als aber der Ritter entdeckte, daß der Kuhhirte seine Pläne durchkreuzt hatte, ließ er den Mann bei lebendigem Leibe langsam in einer großen eisernen Pfanne braten und gab dem Unglücklichen, erzählt die Sage weiter, als er in Todesqualen sich wand, noch einen letzten grausamen Tritt mit dem linken Fuße. Bald danach kam der Herzog mit einem Regiment Soldaten, belagerte und stürmte das Schloß, und als Ritter Henning sah, daß an kein Entrinnen mehr für ihn zu denken sei, packte er all seine Schätze in einen großen Kasten und vergrub denselben dicht neben dem runden Turme in seinem Garten, dessen Ruinen heute noch zu sehen sind. Dann gab er sich selbst den Tod. Eine lange Reihe flacher Steine auf unserm Kirchhofe sollte des Missetäters Grab bezeichnen, aus dem jahrhundertelang sein linkes, mit einem schwarzen Seidenstrumpfe bekleidetes Bein immer wieder herausgewachsen war. Sowohl der Küster Prange als auch der Totengräber Wöllert beschworen hoch und teuer, daß sie als Knaben selbst das Bein abgeschnitten und mit dem Knochen Birnen von den Bäumen abgeschlagen hätten, daß aber im Anfange dieses Jahrhunderts das Bein plötzlich zu wachsen aufgehört habe. Natürlich glaubte ich auch all dies in kindlicher Einfalt, ja, bat sogar oft genug meinen Vater, daß er das Grab selber öffnen oder auch mir nur erlauben möge, dies zu tun, um endlich sehen zu können, warum das Bein nicht mehr herauswachsen wolle.

Einen ungemein tiefen Eindruck auf mein empfängliches Gemüt machte auch ein Tonrelief an einer der Hintermauern des Schlosses, das einen Mann darstellte und nach dem Volksglauben das Bildnis des Henning Bradenkirl war. Keine Farbe wollte auf demselben haften, und so hieß es denn, daß es mit dem Blute des Kuhhirten bedeckt sei, das nicht weggetilgt werden könne. Ein vermauerter Kamin im Saale wurde als die Stelle bezeichnet, wo der Kuhhirte in der eisernen Pfanne gebraten worden war. Trotz aller Bemühungen, die Fugen dieses schrecklichen Kamins verschwinden zu machen, sollten dieselben stets sichtbar geblieben sein – und auch hierin wurde ein Zeichen des Himmels gesehen, daß die teuflische Tat niemals vergessen werden sollte. Noch einem Märchen schenkte ich Glauben, wonach Herr von Gundlach, der Besitzer des benachbarten Gutes Rumpshagen, einen Hügel neben der Dorfkirche aufgegraben und darin große Fässer, die starkes altrömisches Bier enthielten, vorgefunden hatte.

Obgleich mein Vater weder Philologe noch Archäologe war, hatte er ein leidenschaftliches Interesse für die Geschichte des Altertums; oft erzählte er mir mit warmer Begeisterung von dem tragischen Untergange von Herculaneum und Pompeji und schien denjenigen für den glücklichsten Menschen zu halten, der Mittel und Zeit genug hätte, die Ausgrabungen, die dort vorgenommen wurden, zu besuchen. Oft auch erzählte er mir bewundernd die Taten der homerischen Helden und die Ereignisse des Trojanischen Krieges, und stets fand er dann in mir einen eifrigen Verfechter der Sache Trojas. Mit Betrübnis vernahm ich von ihm, daß Troja so gänzlich zerstört worden, daß es, ohne eine Spur zu hinterlassen, vom Erdboden verschwunden sei. Aber als er mir, dem damals beinahe achtjährigen Knaben, zum Weihnachtsfeste 1829 Dr. Georg Ludwig Jerrers »Weltgeschichte für Kinder« schenkte und ich in dem Buche eine Abbildung des brennenden Trojas fand, mit seinen ungeheuren Mauern und dem Skaiischen Tore, dem fliehenden Aineias, der den Vater Anchises auf dem Rücken trägt und den kleinen Askanios an der Hand führt, da rief ich voller Freude: »Vater, du hast dich geirrt! Jerrer muß Troja gesehen haben, er hätte es ja sonst hier nicht abbilden können.« »Mein Sohn«, antwortete er, »das ist nur ein erfundenes Bild.« Aber auf meine Frage, ob denn das alte Troja wirklich so starke Mauern gehabt hatte, wie sie auf jenem Bilde dargestellt waren, bejahte er dies. »Vater«, sagte ich darauf, »wenn solche Mauern einmal gewesen sind, so können sie nicht ganz vernichtet sein, sondern sind wohl unter dem Staub und Schutt von Jahrhunderten verborgen.« Er behauptete das Gegenteil, aber ich blieb fest bei meiner Ansicht, und wir kamen überein, daß ich dereinst Troja ausgraben sollte.

Wes das Herz voll ist, sei es nun Freude oder Schmerz, des gehet der Mund über, und eines Kindes Mund vorzugsweise; so geschah es denn, daß ich meinen Spielkameraden bald von nichts anderem mehr erzählte als von Troja und den geheimnisvollen wunderbaren Dingen, deren es in unserem Dorfe eine solche Fülle gab. Sie verlachten mich alle miteinander, bis auf zwei Mädchen, Luise und Minna Meincke, die Töchter eines Gutspächters in Zahren, einem etwa eine viertel Meile von Ankershagen entfernten Dorfe; die erste war sechs Jahre älter, die zweite aber ebenso alt wie ich. Sie dachten nicht daran, mich zu verspotten: im Gegenteil! stets lauschten sie mit gespannter Aufmerksamkeit meinen wunderbaren Erzählungen. Minna war es vorzugsweise, die das größte Verständnis für mich zeigte und die bereitwillig und eifrig auf alle meine gewaltigen Zukunftspläne einging. So wuchs eine warme Zuneigung zwischen uns auf, und in kindlicher Einfalt gelobten wir uns bald ewige Liebe und Treue. Im Winter 1829–30 vereinte uns ein gemeinsamer Tanzunterricht abwechselnd in dem Hause meiner kleinen Braut, in unserer Pfarrwohnung oder in dem alten Spukschloß, das damals von dem Gutspächter Heldt bewohnt wurde und in dem wir mit lebhaftem Interesse Hennings blutiges Steinbildnis, die verhängnisvollen Fugen des schrecklichen Kamins, die geheimen Gänge in den Mauern und den Zugang zu dem unterirdischen Wege betrachteten. Fand die Tanzstunde in unserem Hause statt, so gingen wir wohl auf den Kirchhof vor unserer Tür, um zu sehen, ob noch immer nicht Hennings Fuß wieder aus der Erde wüchse, oder wir staunten mit ehrfürchtiger Bewunderung die alten Kirchenbücher an, die von der Hand Johann Christian und Gottfriederich Heinrichs von Schröder (Vater und Sohn) geschrieben worden waren, die vom Jahre 1709–99 als meines Vaters Amtsvorgänger gewirkt hatten; die ältesten Geburts-, Ehe- und Totenlisten hatten für uns einen ganz besonderen Reiz. Manchmal auch besuchten wir des jüngern Pastors von Schröder Tochter, die damals vierundachtzig Jahre alt, dicht neben unserem Hause wohnte, um sie über die Vergangenheit des Dorfes zu befragen oder die Porträts ihrer Vorfahren zu betrachten, von denen dasjenige ihrer Mutter, der im Jahre 1795 verstorbenen Olgartha Christine von Schröder, uns vor allen anderen anzog, weil es uns als ein Meisterwerk der Kunst erschien, dann aber auch, weil es eine gewisse Ähnlichkeit mit Minna zeigte *[Die fünf Familienbilder gelangten später in Schliemanns Besitz und erhielten einen Ehrenplatz in der Bibliothek seines Athener Hauses.]*

Nicht selten statteten wir dann auch dem Dorfschneider Wöllert, der einäugig war, nur ein Bein hatte und deshalb allgemein »Peter Hüppert« genannt wurde, einen Besuch ab. Er war ohne jegliche Bildung, hatte aber ein so wunderbares Gedächtnis, daß er, wenn er Vater predigen gehört hatte, die ganze Rede Wort für Wort wiederholen konnte. Dieser Mann, der, wenn ihm der Weg zu Schul- und Universitätsbildung offengestanden hätte, ohne Zweifel ein bedeutender Gelehrter geworden wäre, war voll Witz und regte unsere Wißbegier im höchsten Maße durch seinen unerschöpflichen Vorrat von Anekdoten an, die er mit bewundernswertem oratorischem Geschick zu erzählen verstand. Ich gebe hier nur eine derselben wieder: So erzählte er uns, daß, da er immer gewünscht habe, zu erfahren, wohin die Störche im Winter zögen, er einmal noch bei Lebzeiten des Vorgängers meines Vaters, des Pastors von Rußdorf, einen der Störche, die auf unserer Scheune zu bauen pflegten, eingefangen und ihm ein Stück Pergament an den Fuß gebunden habe, auf welches der Küster Prange seinem Wunsche gemäß niedergeschrieben hatte, daß er, der Küster, und Wöllert, der Schneider des Dorfes Ankershagen in Mecklenburg-Schwerin, hierdurch die Eigentümer des Hauses, auf dem der Storch sein Nest im Winter habe, freundlich ersuchten, ihnen den Namen seines Landes mitzuteilen. Als er im nächsten Frühjahr den Storch wieder einfing, fand sich ein anderes Stück Pergament an dem Fuße des Vogels befestigt, mit folgender, in schlechten deutschen Versen abgefaßten Antwort:

Schwerin, Mecklenburg, ist uns nicht bekannt,
das Land, wo sich der Storch befand,
nennt sich Sankt-Johannes-Land.

Natürlich glaubten wir dies alles und würden Jahre unseres Lebens darum gegeben haben, nur um zu erfahren, wo das geheimnisvolle Sankt-Johannes-Land sich befände. Wenn diese und ähnliche Anekdoten unsere Kenntnis der Geographie auch nicht gerade bereichern konnten, so regten sie wenigstens den Wunsch in uns an, dieselbe zu lernen, und erhöhten noch unsere Leidenschaft für alles Geheimnisvolle.

Von dem Tanzunterricht hatten weder Minna noch ich den geringsten Nutzen, wir lernten beide nichts; sei es nun, daß uns die natürliche Anlage fehlte, oder daß wir durch unsere wichtigen archäologischen Studien und unsere Zukunftspläne zu sehr in Anspruch genommen wurden. Es stand zwischen uns schon fest, daß wir, sobald wir erwachsen wären, uns heiraten würden und daß wir dann unverzüglich alle Geheimnisse von Ankershagen erforschen, die goldene Wiege, die silberne Schale, Hennings ungeheure Schätze und sein Grab, zuletzt aber die Stadt Troja ausgraben wollten. Nichts Schöneres konnten wir uns vorstellen, als so unser ganzes Leben mit dem Suchen nach den Resten der Vergangenheit zuzubringen.

Gott sei es gedankt, daß mich der feste Glaube an das Vorhandensein jenes Troja in allen Wechselfällen meiner ereignisreichen Laufbahn nie verlassen hat! – aber erst im Herbste meines Lebens und dann auch ohne Minna – und weit, weit von ihr entfernt – sollte ich unsere Kinderträume von vor fünfzig Jahren ausführen dürfen.

Mein Vater konnte nicht Griechisch, aber er war im Lateinischen gut bewandert und benutzte jeden freien Augenblick, auch mich darin zu unterrichten. Als ich kaum neun Jahre alt war, starb meine geliebte Mutter: es war dies ein unersetzlicher Verlust und wohl das größte Unglück, das mich und meine sechs Geschwister treffen konnte.

Meiner Mutter Tod fiel mit einem anderen schweren Mißgeschick zusammen, infolge dessen alle unsere Bekannten uns plötzlich den Rücken wandten und den Verkehr mit uns aufgaben.

Gemeint ist das Disziplinarverfahren des Konsistoriums gegen Schliemanns Vater, das sich von 1832 bis 1837 hinzog und mit seiner Amtsentlassung endete; der Aktenstapel erreicht eine Höhe von anderthalb Metern! Vom Beginn des Verfahrens an war Schliemann jede Amtshandlung untersagt, während er bis zum Abschluß im Pfarrhaus wohnen bleiben durfte. Das später erwähnte neue »sehr schwere Unglück« bezieht sich darauf, daß um jene Zeit der Prozeß vom Konsistorium an das Oberappellationsgericht in Parchim ging und fortan für den Vater hoffnungslos erschien.

Ich grämte mich nicht so sehr um die übrigen, aber daß ich die Familie Meincke nicht mehr sehen, daß ich mich ganz von Minna trennen, sie nie wiedersehen sollte – das war mir tausendmal schmerzlicher als meiner Mutter Tod, den ich denn auch bald in dem überwältigenden Kummer um Minnas Verlust vergaß. In meinem späteren Leben habe ich in verschiedenen Teilen der Welt noch mannigfache und große Trübsal zu bestehen gehabt, aber nie wieder hat mir ein schweres Geschick auch nur den tausendsten Teil jenes tiefen Schmerzes verursacht, den ich im zarten Alter von neun Jahren bei der Trennung von meiner kleinen Braut empfunden habe. In Tränen gebadet stand ich täglich stundenlang allein vor dem Bilde Olgarthas von Schröder und gedachte voll Trauer der glücklichen Tage, die ich in Minnas Gesellschaft verlebt hatte. Die ganze Zukunft erschien mir finster und trübe, alle geheimnisvollen Wunder von Ankershagen, ja, Troja selbst hatte eine Zeitlang keinen Reiz mehr für mich. Mein Vater, dem meine tiefe Niedergeschlagenheit nicht entging, schickte mich nun auf zwei Jahre zu seinem Bruder, dem Prediger Friedrich Schliemann, der die Pfarre des Dorfes Kalkhorst in Mecklenburg innehatte. Hier wurde mir ein Jahr lang das Glück zuteil, den Kandidaten Andreß aus Neustrelitz zum Lehrer zu haben; unter der Leitung dieses vortrefflichen Philologen machte ich so bedeutende Fortschritte, daß ich schon zu Weihnachten 1832 meinem Vater einen, wenn auch nicht korrekten lateinischen Aufsatz über die Hauptereignisse des Trojanischen Krieges und die Abenteuer des Odysseus und Agamemnon als Geschenk überreichen konnte. Im Alter von elf Jahren kam ich auf das Gymnasium von Neustrelitz, wo ich nach Tertia gesetzt wurde. Aber gerade zu jener Zeit traf unsere Familie ein sehr schweres Unglück, und da ich fürchtete, daß meines Vaters Mittel nicht ausreichen würden, um mich noch eine Reihe von Jahren auf dem Gymnasium und dann auf der Universität zu unterhalten, verließ ich ersteres nach drei Monaten schon wieder, um in die Realschule der Stadt überzugehen, wo ich sogleich in die zweite Klasse aufgenommen wurde.

Zu Ostern 1835 in die erste Klasse versetzt, verließ ich im Frühjahr 1836 im Alter von vierzehn Jahren die Anstalt, um in dem Städtchen Fürstenberg in Mecklenburg-Strelitz als Lehrling in den kleinen Krämerladen von Ernst Ludwig Holtz einzutreten.

Das Michaeliszeugnis 1835 lautete:

Aufführung: gut
Religion: bemerkt [eine um diese Zeit sonst nicht nachweisbare Wertung, vermutlich = bemerkenswert]
Geometrie: | bemerkt, doch wird er bei größerer Anstren-
Arithmetik: | gung schneller und leichter auffassen
Physik und Chemie: fehlen meist, doch auch hier muß er selbst denken
Naturgeschichte: zufrieden, zeigt Teilnahme
Geographie: geht an
Geschichte: zufrieden
Deutsche Sprache: die Aufsätze waren meist fleißig gearbeitet
Französische Sprache: zufrieden
Lateinische Sprache: befriedigt nicht; die Übersetzung flüchtig und schwülstig
Englische Sprache: geht an
Zeichnen: langsam
Lesen: unbedeutend
Kalligraphie: erfreuliche Fortschritte.

Im Abgangszeugnis steht zu lesen: »Sein Betragen und sein Fleiß waren zur Zufriedenheit der Lehrer. Auch hat er sich in den meisten Unterrichtsgegenständen, namentlich in Mathematik, Physik, Chemie, Geschichte, Geographie und in den Sprachen genügende Kenntnisse erworben, wobei ihm freilich noch immer die rechte Umsicht und Klarheit abgeht.«

Besonders bedeutungsvoll werden diese Zeugnisse, wenn man sie mit gewissen Äußerungen Schliemanns vergleicht, in denen er, um sein Selfmademantum stärker herauszustreichen, sich selbst in hohem Maße verkleinert und die Sache so darstellt, als sei er als vollkommener Ignorant nach Amsterdam gekommen!

Einige Tage vor meiner Abreise aus Neustrelitz, am Karfreitag 1836, traf ich in dem Hause des Hofmusikus C. E. Laue zufällig mit Minna Meincke zusammen, die ich seit mehr denn fünf Jahren nicht gesehen hatte. Nie werde ich dieses, das letzte Zusammentreffen, das uns überhaupt werden sollte, je vergessen! Sie war jetzt vierzehn Jahre alt und, seitdem ich sie zuletzt gesehen, sehr gewachsen. Sie war einfach schwarz gekleidet, und gerade diese Einfachheit der Kleidung schien ihre bestrickende Schönheit noch zu erhöhen. Als wir einander in die Augen sahen, brachen wir beide in einen Strom von Tränen aus und fielen, keines Wortes mächtig, einander in die Arme. Mehrmals versuchten wir zu sprechen, aber unsere Aufregung war zu groß; wir konnten kein Wort hervorbringen. Bald jedoch traten Minnas Eltern ins Zimmer, und so mußten wir uns trennen – aber es währte eine geraume Zeit, ehe ich mich von meiner Aufregung wieder erholt hatte. Jetzt war ich sicher, daß Minna mich noch liebte, und dieser Gedanke feuerte meinen Ehrgeiz an: Von jenem Augenblick an fühlte ich eine grenzenlose Energie und das feste Vertrauen in mir, daß ich durch unermüdlichen Eifer in der Welt vorwärtskommen und mich Minnas würdig zeigen werde. Das einzige, was ich damals von Gott erflehte, war, daß sie nicht heiraten möchte, bevor ich mir eine unabhängige Stellung errungen haben würde.

Fünf und ein halbes Jahr diente ich in dem kleinen Krämerladen in Fürstenberg: das erste Jahr bei Herrn Holtz und später bei seinem Nachfolger, dem trefflichen Herrn Theodor Hückstaedt. Meine Tätigkeit bestand in dem Einzelverkauf von Heringen, Butter, Kartoffelbranntwein, Milch, Salz, Kaffee, Zucker, Öl, Talglichtern usw., in dem Mahlen der Kartoffeln für die Brennerei, in dem Ausfegen des Ladens und ähnlichen Dingen. Unser Geschäft war so unbedeutend, daß unser ganzer Absatz jährlich kaum 3000 Taler betrug; hielten wir es doch für ein ganz besonderes Glück, wenn wir einmal im Laufe eines Tages für zehn bis fünfzehn Taler

Materialwaren verkauften. Natürlich kam ich hierbei nur mit den untersten Schichten der Gesellschaft in Berührung. Von fünf Uhr morgens bis elf Uhr abends war ich in dieser Weise beschäftigt, und mir blieb kein freier Augenblick zum Studieren. Überdies vergaß ich das wenige, was ich in meiner Kindheit gelernt hatte, nur zu schnell, aber die Liebe zur Wissenschaft verlor ich trotzdem nicht – verlor ich sie doch niemals –, und so wird mir auch, solange ich lebe, jener Augenblick unvergeßlich bleiben, an dem ein betrunkener Müller, Hermann Niederhöffer, in unseren Laden kam. Es war der Sohn eines protestantischen Predigers in Röbel (Mecklenburg) und hatte seine Studien auf dem Gymnasium von Neuruppin beinahe vollendet, als er wegen schlechten Betragens aus der Anstalt verwiesen wurde. Sein Vater, der nicht gewußt, was mit ihm anfangen, hatte ihn darauf bei dem Pächter Langermann im Dorfe Dambeck in die Lehre gegeben; und da auch hier sein Betragen manches zu wünschen übrig ließ, übergab er ihn dem Müller Dettmann in Güstrow als Lehrling; hier blieb er zwei Jahre und wanderte danach als Müllergesell. Mit seinem Schicksal unzufrieden, hatte der junge Mann leider schon bald sich dem Trunke ergeben, dabei jedoch seinen Homer nicht vergessen; denn an dem obenerwähnten Abend rezitierte er uns nicht weniger als hundert Verse dieses Dichters und skandierte sie mit vollem Pathos. Obgleich ich kein Wort davon verstand, machte doch die melodische Sprache den tiefsten Eindruck auf mich, und heiße Tränen entlockte sie mir über mein unglückliches Geschick. Dreimal mußte er mir die göttlichen Verse wiederholen, und ich bezahlte ihn dafür mit drei Gläsern Branntwein, für die ich die wenigen Pfennige, die gerade mein Vermögen ausmachten, gern hingab. Von jenem Augenblick an hörte ich nicht auf, Gott zu bitten, daß er in seiner Gnade mir das Glück gewähren möge, einmal Griechisch lernen zu dürfen.

Doch schien sich mir nirgends ein Ausweg aus der traurigen und niedrigen Stellung eröffnen zu wollen, bis ich plötzlich wie durch ein Wunder aus derselben befreit wurde. Durch Aufheben eines zu schweren Fasses zog ich mir eine Verletzung der Brust zu – ich warf Blut aus und war nicht imstande, meine Arbeit zu verrichten. In meiner Verzweiflung ging ich zu Fuß nach Hamburg, wo es mir auch gelang, eine Anstellung mit einem jährlichen Gehalt von 180 Mark zu erhalten: zuerst in dem Materialwarenladen von Lindemann junior am Fischmarkte in Altona; danach in dem von E. L. Deycke junior, an der Ecke der Mühren und Mattentwiete in Hamburg. Da ich aber wegen meines Blutspeiens und der heftigen Brustschmerzen keine schwere Arbeit tun konnte, fanden mich meine Prinzipale bald nutzlos, und so verlor ich jede Stellung wieder, wenn ich sie kaum acht Tage innegehabt hatte. Ich sah wohl ein, daß ich einen derartigen Dienst nicht mehr versehen konnte, und von der Not gezwungen, mir durch irgendwelche, wenn auch die niedrigste Arbeit mein tägliches Brot zu verdienen, versuchte ich es, eine Stelle an Bord eines Schiffes zu erhalten; auf die Empfehlung eines gutherzigen Schiffsmaklers J. F. Wendt hin, der, aus Sternberg in Mecklenburg gebürtig, mit meiner verstorbenen Mutter aufgewachsen war, glückte es mir, als Kajütenjunge an Bord der kleinen Brigg »Dorothea« angenommen zu werden; das Schiff, das den Kaufleuten Wachsmuth und Kroogmann in Hamburg gehörte, wurde von dem Kapitän Simonsen geführt und war nach La Guayra in Venezuela bestimmt.

Ich war immer schon arm gewesen, aber doch nie so gänzlich mittellos wie gerade zu jener Zeit: mußte ich doch meinen einzigen Rock verkaufen, um mir eine wollene Decke anschaffen zu können! Am 28. November 1841 verließen wir Hamburg mit gutem Winde; nach wenigen Stunden jedoch schlug derselbe um, und wir mußten drei volle Tage in der Elbe unweit von Blankenese liegenbleiben. Erst am 1. Dezember trat wieder günstiger Wind ein: Wir passierten Cuxhaven und kamen in die offene See, waren aber kaum auf der Höhe von Helgoland angelangt, als der Wind wieder nach Westen umsprang und bis zum 12. Dezember fortdauernd westlich blieb. Wir lavierten unaufhörlich, kamen aber wenig oder gar nicht vorwärts, bis wir in der Nacht vom 11. zum 12. Dezember bei einem furchtbaren Sturme auf der Höhe der Insel Texel an der Bank, die den Namen »de Eilandsche Grond« führt, Schiffbruch litten. Nach zahllosen Gefahren und nachdem wir neun Stunden lang in einem sehr kleinen offenen Boote von der Wut des Windes und der Wellen umhergetrieben waren, wurde unsere ganze aus neun Personen bestehende Mannschaft doch schließlich gerettet. Mit größtem Dank gegen Gott werde ich stets des freudigen Augenblickes gedenken, da unser Boot von der Brandung auf eine Sandbank unweit der Küste von Texel geschleudert wurde und nun alle Gefahr endlich vorüber war. Welche Küste es war, an die wir geworfen worden, wußte ich nicht – wohl aber, daß wir uns in einem »fremden Lande« befanden. Mir war, als flüsterte mir eine Stimme dort auf der Sandbank zu, daß jetzt die Flut in meinen irdischen Angelegenheiten eingetreten sei und daß ich ihren Strom benützen müsse. Und noch derselbe Tag bestätigte mir diesen frohen Glauben; denn während der Kapitän und meine Gefährten ihren ganzen Besitz bei dem Schiffbruch eingebüßt hatten, wurde mein kleiner Koffer, der einige Hemden und Strümpfe sowie mein Taschenbuch und einige mir von Herrn Wendt verschaffte Empfehlungsbriefe nach La Guayra enthielt, unversehrt auf dem Meere schwimmend gefunden und herausgezogen. Infolge dieses sonderbaren Zufalls erhielt ich den Beinamen »Jonas«, bei dem ich, solange wir auf Texel blieben, genannt wurde. Von den Konsuln Sonderdorp und Ram wurden wir hier auf das freundlichste aufgenommen, aber als dieselben mir den Vorschlag machten, mich mit der übrigen Mannschaft über Harlingen nach Hamburg zurückzuschicken, lehnte ich es entschieden ab, wieder nach Deutschland zu gehen, wo ich so namenlos unglücklich gewesen war, und erklärte ihnen, daß ich es für meine Bestimmung hielte, in Holland zu bleiben, und daß ich die Absicht hätte, nach Amsterdam zu gehen, um mich als Soldat anwerben zu lassen; denn ich war ja vollständig mittellos und sah für den Augenblick wenigstens keine andere Möglichkeit vor mir, meinen Unterhalt zu erwerben. So bezahlten denn die Konsuln Sonderdorp und Ram auf mein dringendes Bitten zwei Gulden (etwa 3,50 M) für meine Überfahrt nach Amsterdam. Da der Wind jetzt ganz nach Süden herumgegangen war, mußte das kleine Schiff, auf welchem ich befördert wurde, einen Tag in der Stadt Enkhuizen verweilen, und so brauchten wir nicht weniger als drei Tage, um die holländische Hauptstadt zu erreichen. Infolge meiner mangelhaften und ganz unzureichenden Kleidung hatte ich auf der Überfahrt sehr zu leiden, und auch in Amsterdam wollte das Glück mir zuerst nicht lächeln. Der Winter hatte begonnen, ich hatte keinen Rock und litt furchtbar unter der Kälte. Meine Absicht, als Soldat einzutreten, konnte nicht so schnell, wie ich gedacht hatte, ausgeführt werden, und die wenigen Gulden, die ich auf der Insel Texel und in Enkhuizen als Almosen gesammelt, waren bald mit den zwei Gulden, die ich von dem mecklenburgischen Konsul, Herrn Quack, erhalten hatte, in dem Wirtshaus der Frau Graalman in der Ramskoy von Amsterdam verzehrt, wo ich mein Quartier aufschlug. Als meine geringen Mittel erschöpft waren, fingierte ich eine Krankheit und wurde demgemäß in ein Hospital aufgenommen. Aus dieser schrecklichen Lage aber befreite mich wieder der oben erwähnte Schiffsmakler J. F. Wendt aus Hamburg, dem ich von Texel aus geschrieben hatte, um ihm Nachricht von unserem

Schiffbruch zu geben und ihm gleichzeitig mitzuteilen, daß ich nun mein Glück in Amsterdam zu machen gedächte. Ein glücklicher Zufall hatte es gewollt, daß mein Brief ihm gerade überbracht wurde, als er mit einer Anzahl seiner Freunde bei einem festlichen Mahle saß. Der Bericht über das neue Mißgeschick, das mich betroffen, hatte die allgemeine Teilnahme erregt, und eine sogleich von ihm veranstaltete Sammlung die Summe von 240 Gulden ergeben, die er mir nun durch Konsul Quack übersandte. Zugleich empfahl er mich auch dem trefflichen preußischen Generalkonsul, Herrn W. Hepner in Amsterdam, der mir bald in dem Kontor von F. C. Quien eine Anstellung verschaffte.

In meiner neuen Stellung war meine Beschäftigung, Wechsel stempeln zu lassen und sie in der Stadt einzukassieren, Briefe nach der Post zu tragen und von dort zu holen. Diese mechanische Beschäftigung war mir sehr angenehm, da sie mir ausreichende Zeit ließ, an meine vernachlässigte Bildung zu denken.

Zunächst bemühte ich mich, mir eine leserliche Handschrift anzueignen, und in zwanzig Stunden, die ich bei dem berühmten Brüsseler Kalligraphen Magnée nahm, glückte mir dies auch vollständig; darauf ging ich, um meine Stellung zu verbessern, eifrig an das Studium der modernen Sprachen. Mein Jahresgehalt betrug nur 800 Francs, wovon ich die Hälfte für meine Studien ausgab – mit der anderen Hälfte bestritt ich meinen Lebensunterhalt, und zwar kümmerlich genug. Meine Wohnung, für die ich monatlich 8 Francs bezahlte, war eine elende, unheizbare Dachstube, in der ich im Winter vor Frost zitterte, im Sommer aber unter der glühendsten Hitze zu leiden hatte. Mein Frühstück bestand aus Roggenmehlbrei, das Mittagessen kostete mir nie mehr als 16 Pfennig. Aber nichts spornt mehr zum Studieren an als das Elend und die gewisse Aussicht, sich durch angestrengte Arbeit daraus befreien zu können. Dazu kam für mich noch der Wunsch, mich Minnas würdig zu zeigen, der einen unbesiegbaren Mut in mir erweckte und entwickelte. So warf ich mich denn mit besonderem Fleiße auf das Studium des Englischen, und hierbei ließ mich die Not eine Methode ausfindig machen, welche die Erlernung jeder Sprache bedeutend erleichtert. Diese einfache Methode besteht zunächst darin, daß man sehr viel laut liest, keine Übersetzungen macht, täglich eine Stunde nimmt, immer Ausarbeitungen über uns interessierende Gegenstände niederschreibt, diese unter der Aufsicht des Lehrers verbessert, auswendig lernt und in der nächsten

Stunde aufsagt, was man am Tage vorher korrigiert hat. Mein Gedächtnis war, da ich es seit der Kindheit gar nicht geübt hatte, schwach, doch benutzte ich jeden Augenblick und stahl sogar Zeit zum Lernen. Um mir sobald als möglich eine gute Aussprache anzueignen, besuchte ich sonntags regelmäßig zweimal den Gottesdienst in der englischen Kirche und sprach bei dem Anhören der Predigt jedes Wort derselben leise für mich nach. Bei allen meinen Botengängen trug ich, selbst wenn es regnete, ein Buch in der Hand, aus dem ich etwas auswendig lernte; auf dem Postamte wartete ich nie, ohne zu lesen. So stärkte ich allmählich mein Gedächtnis und konnte schon nach drei Monaten meinen Lehrern, Mr. Taylor und Mr. Thompson, mit Leichtigkeit alle Tage in jeder Unterrichtsstunde zwanzig gedruckte Seiten englischer Prosa wörtlich hersagen, wenn ich dieselben vorher dreimal aufmerksam durchgelesen hatte. Auf diese Weise lernte ich den ganzen »Vicar of Wakefield« von Goldsmith und Walter Scotts »Ivanhoe« auswendig. Vor übergroßer Aufregung schlief ich nur wenig und brachte alle meine wachen Stunden der Nacht damit zu, das am Abend Gelesene noch einmal in Gedanken zu wiederholen. Da das Gedächtnis bei Nacht viel konzentrierter ist als bei Tage, fand ich auch diese nächtlichen Wiederholungen von größtem Nutzen; ich empfehle dies Verfahren jedermann. So gelang es mir, in der Zeit von einem halben Jahre mir eine gründliche Kenntnis der englischen Sprache anzueignen.

Dieselbe Methode wendete ich auch beim Studium der französischen Sprache an, die ich in den folgenden sechs Monaten bemeisterte. Von französischen Werken lernte ich Fénelons »Aventures de Télémaque« und »Paul et Virginie« von Bernardin de Saint-Pierre auswendig. Durch diese anhaltenden übermäßigen Studien stärkte sich mein Gedächtnis im Laufe eines Jahres dermaßen, daß mir die Erlernung des Holländischen, Spanischen, Italienischen und Portugiesischen außerordentlich leicht wurde und ich nicht mehr als sechs Wochen gebrauchte, um jede dieser Sprachen fließend sprechen und lesen zu können.

Hatte ich es nun dem vielen Lesen mit lauter Stimme zu danken oder dem wohltätigen Einfluß der feuchten Luft Hollands, ich weiß es nicht: genug, mein Brustleiden verlor sich schon im ersten Jahre meines Aufenthaltes in Amsterdam und ist auch später nicht wiedergekommen.

Aber meine Leidenschaft für das Studium ließ mich meine mechanische Beschäftigung als Bürodiener bei F. C. Quien vernachlässigen, besonders als ich anfing, sie als meiner unwürdig anzusehen. Meine Vorgesetzten wollten mich indes nicht befördern; dachten sie doch wahrscheinlich, daß jemand, der sich im Amte eines Kontordieners untauglich erwies, für irgendeinen höheren Posten ganz unbrauchbar sein müsse.

Endlich, am 1. März 1844, glückte es mir, durch die Verwendung meiner Freunde Louis Stoll in Mannheim und J. H. Ballauf in Bremen, eine Stellung als Korrespondent und Buchhalter in dem Kontor der Herren B. H. Schröder & Co. in Amsterdam zu erhalten: Hier wurde ich zuerst mit einem Gehalt von 1 200 Francs engagiert, als aber meine Prinzipale meinen Eifer sahen, gewährten sie mir noch eine jährliche Zulage von 800 Francs als weitere Aufmunterung. Diese Freigebigkeit, für welche ich ihnen stets dankbar bleiben werde, sollte denn in der Tat auch mein Glück begründen; denn da ich glaubte, durch die Kenntnis des Russischen mich noch nützlicher machen zu können, fing ich an, auch diese Sprache zu studieren. Die einzigen russischen Bücher, die ich mir verschaffen konnte, waren eine alte Grammatik, ein Lexikon und eine schlechte Übersetzung der »Aventures de Télémaque«. Trotz aller meiner Bemühungen aber wollte es mir nicht gelingen, einen Lehrer des Russischen aufzufinden; denn außer dem russischen Vizekonsul, Herrn Tannenberg, der mir keinen Unterricht geben wollte, befand sich niemand in Amsterdam, der ein Wort dieser Sprache verstanden hätte. So fing ich denn mein neues Studium ohne Lehrer an und hatte auch in wenigen Tagen mit Hilfe der Grammatik mir schon die russischen Buchstaben und ihre Aussprache eingeprägt. Dann nahm ich meine alte Methode wieder auf, verfaßte kurze Aufsätze und Geschichten und lernte dieselben auswendig. Da ich niemand hatte, der meine Arbeiten verbesserte, waren sie ohne Zweifel herzlich schlecht; doch bemühte ich mich, meine Fehler durch praktische Übungen vermeiden zu lernen, indem ich die russische Übersetzung der »Aventures de Télémaque« auswendig lernte. Es kam mir vor, als ob ich schnellere Fortschritte machen würde, wenn ich jemand bei mir hätte, dem ich die Abenteuer Telemachs erzählen könnte: so engagierte ich einen armen Juden, der für vier Francs pro Woche allabendlich zwei Stunden zu mir kommen und meine russischen Deklamationen anhören mußte, von denen er keine Silbe verstand.

Da die Zimmerdecken in den gewöhnlichen holländischen Häusern meist nur aus einfachen Brettern bestehen, so kann man im Erdgeschoß oft alles vernehmen, was im dritten Stock gesprochen wird. Mein lautes Rezitieren wurde deshalb bald den anderen Mietern lästig, sie beklagten sich beim Hauswirte, und so kam es, daß ich in der Zeit meiner russischen Studien zweimal die Wohnung wechseln mußte. Aber alle diese Unbequemlichkeiten vermochten meinen Eifer nicht zu vermindern, und nach sechs Wochen schon konnte ich meinen ersten russischen Brief an Wassili Plotnikow schreiben, den Londoner Agenten der großen Indigohändler Gebrüder M. P. N. Malutin in Moskau; auch war ich imstande, mich mit ihm und den russischen Kaufleuten Matwejew und Frolow, die zu den Indigoauktionen nach Amsterdam kamen, fließend in ihrer Muttersprache zu unterhalten.

Als ich mein Studium des Russischen vollendet hatte, begann ich mich ernstlich mit der Literatur der von mir erlernten Sprachen zu beschäftigen.

Im Januar 1846 schickten mich meine vortrefflichen Prinzipale als ihren Agenten nach St. Petersburg, und hier sowohl als auch in Moskau wurden schon in den ersten Monaten meine Bemühungen von einem Erfolge gekrönt, der meiner Chefs und meine eignen größten Hoffnungen noch weit übertraf[1]. Kaum hatte ich in dieser meiner neuen Stellung mich dem Hause B. H. Schröder & Co. unentbehrlich gemacht und mir dadurch eine ganz unabhängige Lage geschaffen, als ich unverzüglich an den obenerwähnten Freund der Familie Meincke, C. E. Laue in Neustrelitz schrieb, ihm alle meine Erlebnisse schilderte und ihn bat, sogleich um Minnas Hand anzuhalten. Wie groß war aber mein Entsetzen, als ich nach einem Monat die betrübende Antwort erhielt, daß sie vor wenigen Tagen eine andere Ehe geschlossen habe. Diese Enttäuschung erschien mir damals das schwerste Schicksal, das mich überhaupt treffen konnte: ich fühlte mich vollständig unfähig zu irgendwelcher Beschäftigung und lag krank danieder. Unaufhörlich rief ich mir alles, was sich zwischen Minna und mir in unserer ersten Kindheit begeben hatte, ins Gedächtnis zurück, alle unsere süßen Träume und großartigen Pläne, zu deren Ausführung ich jetzt eine so glänzende Möglichkeit vor mir sah; aber wie sollte ich nun daran denken, sie ohne Minnas Teilnahme auszuführen? Dann machte ich mir auch wohl die bittersten Vorwürfe, daß ich nicht schon, als ich mich nach Petersburg begab, um ihre Hand angehalten hatte – aber immer wieder mußte ich mir selber sagen, daß ich mich dadurch lächerlich gemacht haben würde; war ich doch in Amsterdam nur Kommis in einer durchaus unselbständigen und von der Laune meiner Prinzipale abhängigen Stellung gewesen und hatte ich doch überdies keinerlei Gewähr gehabt, daß es mir in Petersburg glücken würde, wo statt des Erfolges ja auch gänzliches Mißlingen meiner warten konnte. Es schien mir ebenso unmöglich, daß Minna an der Seite eines andern Mannes glücklich werden, wie daß ich jemals eine andere Gattin heimführen würde. Warum mußte das grausame Schicksal sie mir gerade jetzt entreißen, da ich, nachdem ich sechzehn Jahre lang nach ihrem Besitze gestrebt, endlich geglaubt hatte, sie errungen zu haben? Es war uns beiden in Wahrheit so ergangen, wie es uns so oft im Traume zu ergehen pflegt: wir wähnen, jemand rastlos zu verfolgen, und sobald wir glauben, ihn erreicht zu haben, entschlüpft er uns immer von neuem. Wohl dachte ich damals, daß ich den Schmerz über Minnas Verlust nie würde verwinden können; aber die Zeit, die alle Wunden heilt, übte endlich ihren wohltätigen Einfluß auch auf mein Gemüt, und wenn ich auch jahrelang noch um die Verlorene trauerte, konnte ich doch allmählich meiner kaufmännischen Tätigkeit wieder ohne Unterbrechung obliegen[2].

Schon im ersten Jahre meines Aufenthalts in Petersburg war ich bei meinen Geschäften so vom Glück begünstigt gewesen, daß ich bereits zu Anfang des Jahres 1847 in die Gilde als Großhändler mich einschreiben ließ. Neben dieser meiner neuen Tätigkeit blieb ich in unveränderter Beziehung zu den Herren B. H. Schröder & Co. in Amsterdam, deren Agentur ich fast elf Jahre lang behielt. Da ich in Amsterdam eine gründliche Kenntnis von Indigo erhalten hatte, beschränkte ich meinen Handel fast ausschließlich auf diesen Artikel, und solange mein Vermögen noch nicht 200 000 Francs erreichte, gab ich nur Firmen von bewährtestem Rufe überhaupt Kredit. So mußte ich mich freilich mit kleinem Gewinne begnügen, riskierte aber auch nichts.

Da ich lange nichts von meinem Bruder Ludwig Schliemann gehört hatte, der im Beginn des Jahres 1849 nach Californien ausgewandert war, so begab ich mich im Frühjahr 1850 dorthin und erfuhr, daß er verstorben war.

Ludwig Schliemann, 1823–1850, war gleichfalls Kaufmann geworden und auf den Rat des Älteren nach Amsterdam gegangen. Während dieser Zeit überwies Schliemann ihm monatlich vierzig Gulden, wollte ihn aber nicht wie den jüngeren Bruder Paul in sein Petersburger Geschäft aufnehmen, »weil er zu sehr von seinen Kenntnissen, deren er wenige hat, eingenommen ist und große Ansprüche macht, ohne zu bedenken, daß vier Jahre vergehen würden, ehe er Russisch lernt, und somit vier Jahre, ehe er mir nützen kann« (Schliemann an den Vater, 16. Dezember 1848). Kurz darauf wanderte Ludwig gegen den Willen des Bruders nach Amerika aus. Seine sehr interessanten Briefe an den Bruder hat Meyer auszugsweise abgedruckt. Bei der Begründung seiner Reise vereinfacht Schliemann den Sachverhalt. Er fuhr nicht nach Californien, weil er n i c h t s von seinem Bruder gehört, sondern w e i l er dessen Tod erfahren hatte. Am 20. Juli 1850 teilte er seinem Vetter Wachenhusen mit, daß Ludwig am 21. Mai in Sacramento an Typhus gestorben sei. Er habe in den wenigen Monaten seines Aufenthalts in Californien 7000 Dollar verdient, die für die Schwestern gerettet werden müßten.

Ich befand mich noch in Californien, als dasselbe am 4. Juli 1850 zum Staate erhoben wurde, und da alle an jenem Tage im Lande Verweilenden ipso facto naturalisierte Amerikaner wurden, so wurde auch ich Bürger der Vereinigten Staaten[3]. Gegen Ende des Jahres 1852 etablierte ich in Moskau eine Filiale für den Engrosverkauf von Indigo, zuerst unter der Leitung des vortrefflichen Agenten Alexei Matwejew, nach dessen Tode aber unter der seines Dieners Jutschenko, den ich zum Range eines Kaufmanns der zweiten Gilde erhob; denn aus einem geschickten Diener kann ja leicht ein guter Direktor werden, wenn auch aus einem Direktor nie ein brauchbarer Diener wird.

Da ich in Petersburg immer mit Arbeit überhäuft war, konnte ich meine Sprachstudien nicht weiter betreiben, und so fand ich erst im Jahre 1854 ausreichende Zeit, mir die schwedische und die polnische Sprache anzueignen.

Die göttliche Vorsehung beschützte mich oft in der wunderbarsten Weise, und mehr als einmal wurde ich nur durch einen Zufall vom gewissen Untergange gerettet. Mein ganzes Leben lang wird mir der Morgen des 4. Oktober 1854 in der Erinnerung bleiben. Es war in der Zeit des Krimkrieges *[1853–1856]*. Da die russischen Häfen blockiert waren, mußten alle für Petersburg bestimmten Waren nach den preußischen Häfen von Königsberg und Memel verschifft und von dort zu Lande weiter befördert werden. So waren denn auch mehrere hundert Kisten Indigo und eine große Partie anderer Waren von den Herren J. Henry Schröder & Co. in London und B. H. Schröder & Co. in Amsterdam für meine Rechnung auf zwei

Dampfern an meine Agenten, die Herren Meyer & Co., in Memel abgesandt worden, um von dort zu Lande nach Petersburg transportiert zu werden. Ich hatte den Indigo-Auktionen in Amsterdam beigewohnt und befand mich nun auf dem Wege nach Memel, um dort nach der Expedition meiner Waren zu sehen. Spät am Abend des 3. Oktober im Hôtel de Prusse in Königsberg angekommen, sah ich am folgenden Morgen ... auf dem Turme des nahen Grünen Tores folgende ominöse Inschrift in großen, vergoldeten Lettern mir entgegenleuchten:

> Vultus fortunae variatur imagine lunae:
> crescit, decrescit, constans persistere nescit.
> *[Das Glück ist wechselhaft wie der Mond,*
> *es nimmt zu und nimmt ab,*
> *beständig ist es nicht.]*

Ich war nicht abergläubisch, aber doch machte diese Inschrift einen tiefen Eindruck auf mich, und eine zitternde Furcht wie vor einem nahen, unbekannten Mißgeschick bemächtigte sich meiner[4]. Als ich meine Reise mit der Post fortsetzte, vernahm ich auf der ersten Station hinter Tilsit zu meinem Entsetzen, daß die Stadt Memel am vorhergegangenen Tage von einer furchtbaren Feuersbrunst eingeäschert worden sei, und vor der Stadt angekommen, sah ich die Nachricht in der traurigsten Weise bestätigt. Wie ein ungeheurer Kirchhof, auf dem die rauchgeschwärzten Mauern und Schornsteine wie große Grabsteine, wie finstere Wahrzeichen der Vergänglichkeit alles Irdischen sich erhoben, lag die Stadt vor unseren Blicken. Halbverzweifelt suchte ich zwischen den rauchenden Trümmerhaufen nach Herrn Meyer. Endlich gelang es mir, ihn aufzufinden – aber auf meine Frage, ob meine Güter gerettet wären, wies er ... auf seine noch glimmenden Speicher und sagte: »Dort liegen sie begraben.« Der Schlag war sehr hart: Durch die angestrengte Arbeit von acht und einem halben Jahre hatte ich mir in Petersburg ein Vermögen von 150000 Talern erworben – und nun sollte dies ganz verloren sein. Es währte indessen nicht lange, so hatte ich mich auch mit diesem Gedanken vertraut gemacht, und gerade die Gewißheit meines Ruins gab mir meine Geistesgegenwart wieder.

Das Bewußtsein, niemandem etwas schuldig zu sein, war mir eine große Beruhigung; der Krimkrieg hatte nämlich erst vor kurzem begonnen, die Handelsverhältnisse waren noch sehr unsicher, und ich hatte infolgedessen nur in bar gekauft. Ich durfte wohl erwarten, daß die Herren Schröder in London und Amsterdam mir Kredit gewähren würden, und so hatte ich die beste Zuversicht, daß es mir mit der Zeit gelingen werde, das Verlorene wieder zu ersetzen. Es war noch am Abend des nämlichen Tages: Ich stand im Begriffe, meine Weiterreise nach Petersburg mit der Post anzutreten und erzählte eben den übrigen Passagieren von meinem Mißgeschick, da fragte plötzlich einer der Umstehenden nach meinem Namen und rief, als er denselben vernommen hatte, aus: »Schliemann ist ja der einzige, der nichts verloren hat! Ich bin der erste Kommis bei Meyer & Co. Unser Speicher war schon übervoll, als die Dampfer mit Schliemanns Waren anlangten, und so mußten wir dicht daneben noch einen hölzernen Schuppen bauen, in dem sein ganzes Eigentum unversehrt geblieben ist.« Der plötzliche Übergang von schwerem Kummer zu großer Freude ist nicht leicht ohne Tränen zu ertragen: ich stand einige Minuten sprachlos; schien es mir doch wie ein Traum, wie ganz unglaublich, daß ich allein aus dem allgemeinen Ruin unbeschädigt hervorgegangen sein sollte! Und doch war dem so; und das Wunderbarste dabei, daß das Feuer im massiven Speicher von Meyer & Co. auf der nördlichen Seite der Stadt aufgekommen war, von wo es bei einem heftigen, orkanartigen Nordwind sich schnell über die ganze Stadt verbreitet hatte; dieser Sturm war denn auch die Rettung für den hölzernen Schuppen gewesen, der, nur ein paar Schritt nördlich vom Speicher gelegen, ganz unversehrt geblieben war.

Meine glücklich verschont gebliebenen Waren verkaufte ich nun äußerst vorteilhaft, ließ dann den Ertrag wieder und immer wieder arbeiten, machte große Geschäfte in Indigo, Farbhölzern und Kriegsmaterialien (Salpeter, Schwefel und Blei) und konnte so, da die Kapitalisten Scheu trugen, sich während des Krimkrieges auf größere Unternehmungen einzulassen, beträchtliche Gewinne erzielen und im Laufe eines Jahres mein Vermögen mehr als verdoppeln. Wesentlich wurde ich in meinen Operationen während des Krimkrieges durch die große Umsicht und Geschicklichkeit meines Agenten und lieben Freundes Isidor Lichtenstein, des älteren Teilhabers des geachteten Hauses Marcus Cohn & Sohn in Königsberg, und seines jüngeren Kompagnons, Herrn Ludwig Leo, unterstützt, welche mir meine Transitogüter, die infolge der Zerstörung Memels alle über Königsberg gingen, mit einer wirklich wunderbaren Promptheit expedierten.

Ich hatte immer sehnlichst gewünscht, Griechisch lernen zu können; vor dem Krimkriege aber war es mir nicht ratsam erschienen, mich auf dieses Studium einzulassen; denn ich mußte fürchten, daß der mächtige Zauber der herrlichen Sprache mich zu sehr in Anspruch nehmen und meinen kaufmännischen Interessen entfremden möchte. Während des Krieges aber war ich mit Geschäften dermaßen überbürdet, daß ich nicht einmal dazu kommen konnte, eine Zeitung, geschweige denn ein Buch zu lesen. Als aber im Januar 1856 die ersten Friedensnachrichten in Petersburg eintrafen, vermochte ich meinen Wunsch nicht länger zu unterdrücken und begab mich unverzüglich mit größtem Eifer an das neue Studium; mein erster Lehrer war Herr Nikolaos Pappadakes, der zweite Herr Theokletos Vimpos, beide aus Athen, wo der letztere heute Erzbischof ist. Wieder befolgte ich getreulich meine alte Methode, und um mir in kurzer Zeit den Wortschatz anzueignen, was mir noch schwieriger vorkam als bei der russischen Sprache, verschaffte ich mir eine neugriechische Übersetzung von »Paul et Virginie« und las dieselbe durch, wobei ich dann aufmerksam jedes Wort mit dem gleichbedeutenden des französischen Originals verglich. Nach einmaligem Durchlesen hatte ich wenigstens die Hälfte der in dem Buche vorkommenden Wörter inne, und nach einer Wiederholung dieses Verfahrens hatte ich sie beinahe alle gelernt, ohne dabei auch nur eine Minute mit Nachschlagen in einem Wörterbuche verloren zu haben. So gelang es mir, in der kurzen Zeit von sechs Wochen die Schwierigkeiten des Neugriechischen zu bemeistern; danach aber nahm ich das Studium der alten Sprache vor, von der ich in drei Monaten genügende Kenntnisse erlangte, um einige der alten Schriftsteller und besonders den Homer verstehen zu können, den ich mit größter Begeisterung immer und immer wieder las.

Schon am 17. März 1856, also zwei Wochen vor dem Frieden von Paris, der den Krimkrieg beendete, schrieb Schliemann an seinen Vater, er wolle nun »das Vaterland meines Lieblings Homer besuchen, besonders, da ich die neugriechische Sprache wie Deutsch spreche«, und am 13. Oktober an denselben: »Meine Leidenschaft für Sprachen dauert immer noch fort, und übersetze ich jetzt zu meinem Vergnügen die Ilias und die Odyssee ins Neugriechische, natürlich in Prosa; außerdem lese ich mit Entzücken den Sophokles und den Peloponnesischen Krieg von Thukydides ...«

Nun beschäftigte ich mich zwei Jahre lang ausschließlich mit der altgriechischen Literatur, und zwar las ich während dieser Zeit beinahe alle alten Klassiker kursorisch, die Ilias und Odyssee aber mehrmals. Von griechischer Grammatik lernte ich nur die Deklinationen und die regelmäßigen und unregelmäßigen Verba, mit dem Studium der grammatischen Regeln aber verlor ich auch keinen Augenblick Zeit. Denn da ich sah, daß kein einziger von all den Knaben, die in den Gymnasien acht Jahre hindurch, ja, oft noch länger, mit langweiligen grammatischen Regeln gequält und geplagt werden, später imstande ist, einen griechischen Brief zu schreiben, ohne darin Hunderte der gröbsten Fehler zu machen, mußte ich wohl annehmen, daß die in den Schulen befolgte Methode eine durchaus falsche war; meiner Meinung nach kann man sich eine gründliche Kenntnis der griechischen Grammatik nur durch die Praxis aneignen, d. h. durch aufmerksames Lesen klassischer Prosa und durch Auswendiglernen von Musterstücken aus derselben. Indem ich diese höchst einfache Methode befolgte, lernte ich das Altgriechische wie eine lebende Sprache. So schreibe ich es denn auch vollständig fließend und drücke mich ohne Schwierigkeiten darin über jeden beliebigen Gegenstand aus, ohne die Sprache je zu vergessen. Mit allen Regeln der Grammatik bin ich vollkommen vertraut, wenn ich auch nicht weiß, ob sie in den Grammatiken verzeichnet stehen oder nicht. Und kommt es vor, daß jemand in meinen griechischen Schriften Fehler entdecken will, so kann ich jedesmal den Beweis für die Richtigkeit meiner Ausdrucksweise dadurch erbringen, daß ich ihm diejenigen Stellen aus den Klassikern rezitiere, in denen die von mir gebrauchten Wendungen vorkommen.

Unterdessen nahmen meine kaufmännischen Geschäfte in Petersburg und Moskau einen stets günstigen Fortgang. Ich war als Kaufmann ungemein vorsichtig; und obgleich ich bei dem schrecklichen Krach der furchtbaren Handelskrisis des Jahres 1857 auch von einigen harten Schlägen betroffen wurde, so taten mir dieselben doch keinen erheblichen Schaden, und selbst jenes unglückliche Jahr brachte mir schließlich noch einigen Gewinn.

»Wie im letzten Herbste die Krisis losbrach, hatte ich von meinen eigenen Tratten reichlich drei Millionen Taler... laufen. Was ich von Anfang November bis Ende Januar ausstand, ist unbeschreiblich, und die entsetzliche Angst machte mir graue

Haare im Alter von 36. Mit reichlich 350–400 000 Talern wurde ich bei ausländischen Bankrotten beteiligt, welche Summe mich zwar nicht ruinierte, aber einen großen Teil meines sauer erworbenen Vermögens verschluckte« (an Lenz).

Die Handelskrise war eine Folge des Krimkrieges 1853–56, in dem Rußland gegen die politische und wirtschaftliche Einflußnahme Frankreichs und Englands auf dem Balkan focht. Sie wurde verstärkt durch die starke Verschuldung Rußlands nach dem verlorenen Krieg und das Absinken des russischen Einflusses auf dem Balkan.

Im Sommer 1858 nahm ich mit meinem verehrten Freunde Professor Ludwig von Muralt in Petersburg meine Studien der lateinischen Sprache wieder auf, die fast fünfundzwanzig Jahre lang geruht hatten. Jetzt, wo ich Neu- und Altgriechisch konnte, machte mir das Lateinische wenig Mühe, und ich hatte es mir bald angeeignet.

So möchte ich denn für Gegenwart und Zukunft allen Direktoren von Gymnasien dringend empfehlen, die von mir befolgte Methode in ihren Anstalten einzuführen, die Kinder zuerst von Lehrern, die geborene Griechen sind, im Neugriechischen unterrichten und sie Altgriechisch erst anfangen zu lassen, wenn sie die moderne Sprache geläufig sprechen und schreiben können, was in ungefähr sechs Monaten erreichbar sein wird. Dieselben Lehrer können dann auch den Unterricht in der alten Sprache erteilen; wenn sie meine Methode befolgen, werden sie intelligente Knaben schon in einem Jahre dahin bringen, alle Schwierigkeiten bewältigt, das Altgriechische wie eine lebende Sprache erlernt zu haben, alle Klassiker verstehen und sich mit Leichtigkeit schriftlich über jedes in ihrem Bereich liegende Thema ausdrücken zu können.

Ich verfechte hier nicht leere Theorien, sondern verteidige unwiderlegliche Tatsachen; und deshalb verdiene ich wohl gehört zu werden. Für ein schreiendes Unrecht erkläre ich es, daß man heute noch Knaben acht lange Jahre hindurch mit dem Studium einer Sprache plagt, von der sie beim Verlassen der Schule im allgemeinen kaum mehr wissen als am Anfang. Was speziell die englischen Anstalten betrifft, so ist bei ihnen der Hauptgrund des Übels zunächst in der willkürlich angenommenen abscheulichen englischen Aussprache des Altgriechischen zu suchen; dann aber in der grundfalschen Methode, nach welcher die Schüler alle Akzente als ganz überflüssig, ja als bloßes Hindernis zu betrachten lernen, während dieselben doch gerade eines der wesentlichsten Hilfsmittel bei der Erlernung der Sprache darbieten. Man denke, von wie vorteilhaftem Einfluß auf die allgemeine Bildung, wie fördernd für alles wissenschaftliche Streben es sein müßte, wenn fähige Knaben in achtzehn Monaten sich eine gründliche Kenntnis der neugriechischen sowohl als auch der von Homer und Platon gesprochenen schönen, göttlichen, wohlklingenden altgriechischen Sprache aneignen könnten, die sie wie eine lebende Sprache erlernen und somit nicht wieder vergessen würden! Und wie leicht und mit wie geringen Kosten würde eine dahinzielende Umänderung der Schulanstalten sich bewerkstelligen lassen! Gibt es doch in Griechenland einen Überfluß an hochgebildeten, studierten Männern, die außer ihrer Muttersprache auch der Sprache ihrer Vorfahren vollkommen mächtig, daneben mit der ganzen klassischen Literatur wohlvertraut sind, und die gern und unter mäßigen Bedingungen derartige Stellungen im Auslande annehmen würden. Wie sehr die Kenntnis des Neugriechischen dem Schüler das Erlernen der alten Sprache erleichtert, wird wohl am besten durch eine Tatsache bewiesen, die ich selber mehr als einmal in Athen zu beobachten Gelegenheit gehabt habe; daß nämlich Handlungsgehilfen, die, des Kaufmannsstandes überdrüssig, den Laden mit der Studierstube vertauscht hatten, schon in Zeit von vier Monaten im Stande waren, den Homer und selbst den Thukydides zu lesen.

Was die lateinische Sprache anbetrifft, so sollte dieselbe meiner Meinung nach nicht vor, sondern immer erst nach der griechischen gelehrt werden.

Diese Prinzipien des Sprachstudiums hat Schliemann sein ganzes Leben lang vertreten, vor allem gegenüber den Schulmännern, wie etwa in seiner wertvollen Denkschrift für die amerikanische Philologenversammlung, Indianopolis, 29. Mai 1869, aber, wie nicht anders zu erwarten, ohne jeden Erfolg. (Vgl. den Aufsatz des Herausgebers »Der altsprachliche Unterricht in Schliemanns Praxis und Theorie« in der Zeitschrift »Das Altertum«, 1958, Nr. 1.)

Im Jahre 1858 schien mir mein erworbenes Vermögen groß genug, und ich wünschte mich deshalb gänzlich vom Geschäft zurückzuziehen. Ich reiste zunächst nach Schweden, Dänemark, Deutschland, Italien und Ägypten, wo ich den Nil bis zu den zweiten Katarakten in Nubien hinauffuhr. Hierbei benutzte ich die günstige Gelegenheit, Arabisch zu lernen, und reiste dann durch die Wüste von Kairo nach Jerusalem. Darauf besuchte ich Petra *[Transjordanien]*, durchstreifte ganz Syrien und hatte so fortdauernd Gelegenheit, eine praktische Kenntnis des Arabischen zu erwerben; ein eingehendes Studium der Sprache nahm ich erst später in Petersburg vor. Nach der Rückkehr aus Syrien besuchte ich im Sommer 1859 Smyrna, die Kykladen und Athen und war eben im Begriff, nach der Insel Ithaka aufzubrechen, als ich vom Fieber befallen wurde. Zugleich kam mir auch die Nachricht aus Petersburg zu, daß der Kaufmann Stepan Solowjew, der falliert hatte und nach einer zwischen uns getroffenen Vereinbarung die bedeutenden Summen, die er mir schuldete, innerhalb vier Jahren, und zwar in jährlichen Raten zurückzahlen sollte, nicht nur den ersten Termin nicht innegehalten, sondern überdies bei dem Handelsgericht einen Prozeß gegen mich angestrengt hatte.

Unverzüglich kehrte ich nach Petersburg zurück, die Luftveränderung kurierte mich vom Fieber, und in kürzester Zeit gewann ich den Prozeß.

»Ich kann Ihnen nicht beschreiben, wie sehr ich gelitten habe bei meinem heißblütigen Charakter in all dieser Zeit. In der Tat, recht oft habe ich in einer einzigen Nacht für eine Million Ärger und Wut in mich hineingeschluckt. Viel lieber hätte ich zehnmal den strittigen Betrag bezahlt, als all diese Unannehmlichkeiten zu erleiden; nachdem aber meine Ehre außerordentlich bloßgestellt war, konnte ich nicht auf einen einzigen Bajocco [alte italienische Münze, etwa »Sechser«] verzichten«, schreibt Schliemann an Graf Bassi, 15. Juni 1861.

Nun aber appellierte mein Gegner bei dem Senat, wo kein Prozeß in weniger als drei bis vier Jahren zur Entscheidung gelangen kann, und da meine persönliche Gegenwart unumgänglich notwendig war, nahm ich meine Handelsgeschäfte, sehr wider Willen, von neuem auf, und zwar diesmal in weit größerem Maßstabe als je zuvor. Vom Mai bis Oktober 1860 belief sich der Wert der von mir importierten Waren auf nicht weniger als zehn Millionen Mark. Außer in Indigo und Olivenöl machte ich in den Jahren 1860 und 1861 auch in Baumwolle sehr bedeutende Geschäfte, die durch den amerikanischen Bürgerkrieg und die Blockade der südstaatlichen Häfen begünstigt wurden und großen Gewinn gaben. Als die Baumwolle aber zu teuer wurde, gab ich sie auf und machte Geschäfte in Tee, dessen Einfuhr auf dem Seewege vom Mai 1862 an gestattet wurde. Meine erste

Tee-Ordre an die Herren J. Henry Schröder & Co. in London war auf dreißig Kisten; als diese vorteilhaft verkauft waren, ließ ich tausend und darauf 4000 und 6000 Kisten kommen, kaufte auch zu billigen Preisen das ganze Teelager von Herrn J. E. Günzburg in St. Petersburg, der sich ganz vom Warenhandel zurückziehen wollte, und verdiente in den ersten sechs Monaten 140000 Mark an Tee, indem ich außerdem noch 6 Prozent Zins vom Kapital hatte. Als aber im Winter von 1862 auf 1863 die Revolution in Polen ausbrach und die Juden die dort herrschende Unordnung benutzten, um riesige Quantitäten Tee nach Rußland einzuschmuggeln, konnte ich, der ich immer den hohen Einfuhrzoll bezahlen mußte, nicht die Konkurrenz dieser Leute aushalten und zog mich wieder vom Teehandel zurück. *[In der Revolution von 1862/63 kämpfte das polnische Kleinbürgertum gemeinsam mit dem niederen Adel gegen die Unterdrückung durch das zaristische Rußland, das aus Kongreßpolen eine unterworfene Provinz gemacht hatte. Die Antwort der russischen Regierung war ein Programm verstärkter Russifizierung im ganzen Lande, nachdem 1863 der Aufstand blutig niedergeschlagen worden war.]* Ich hatte damals noch 6000 Kisten auf Lager, die ich mühsam mit geringem Gewinn loswurde.

Da ich wegen des niedrigen Landzolls allen Tee über Königsberg importierte, so gewährte mir das Teegeschäft die Freude, meine seit dem Kriege unterbrochene Geschäftsverbindung mit den Herren Marcus Cohn & Sohn in Königsberg zu erneuern und von denselben viele neue Beweise ihrer Umsicht und außerordentlichen Gewandtheit zu erhalten. Meine Hauptstapelware aber blieb der Indigo; denn da ich eine gründliche Kenntnis dieses Artikels besaß und von den Herren J. Henry Schröder in London immer mit auserlesener und billiger Ware versehen wurde, dazu auch selbst große Quantitäten direkt von Kalkutta importierte und nie, wie die übrigen Indigohändler in Petersburg, den Verkauf des Indigo meinen Kommis oder Dienern überließ, sondern stets selbst im Speicher stand, um den Händlern die Ware zu zeigen und die Engrosverkäufe abzuschließen, so hatte ich keine Konkurrenz zu fürchten und durchschnittlich einen jährlichen Reingewinn von 200000 Mark an Indigo und außerdem 6 Prozent Zins vom Kapital.

Da der Himmel fortfuhr, allen meinen kaufmännischen Unternehmungen ein wunderbares Gelingen zu schenken, befand ich mich schon gegen Ende des Jahres 1863 im Besitze eines Vermögens, das an Größe alles übertraf, was ich in meinen kühnsten Träumen je zu erstreben gewagt hatte. Inmitten allen Gewühls des geschäftlichen Lebens aber hatte ich nie aufgehört, an Troja zu denken und an die 1830 mit meinem Vater und Minna getroffene Übereinkunft, es dereinst auszugraben. Wohl hing mein Herz jetzt am Gelde, aber nur, weil ich dasselbe Mittel zur Erreichung dieses meines großen Lebenszweckes betrachtete. Außerdem hatte ich nur mit Widerwillen und weil ich für die Zeit des langwierigen Prozesses mit Solowjew eine Beschäftigung brauchte, meine kaufmännische Tätigkeit wieder aufgenommen.

Schon am 7. Februar 1861 schrieb er an Bahlmann: »Das Gewühl des großen Geschäfts macht mir kein Vergnügen mehr ... Ich fing ja die Geschäfte auch nur zum Zeitvertreib wieder an, weil mein Ehrgefühl mich zwang, solange hierzubleiben als die Prozeßsache währt. Der Verdienst auf Baumwolle ... war ... großartig, aber ich möchte nicht mehr solches Gewühl wie im vorigen Jahr um mich haben ... ich komme körperlich dabei um.«

Daß Schliemann trotzdem noch zweieinhalb Jahre lang sein Geschäft fortführte, kann nicht damit begründet werden, daß er die letzte Zahlung Solowjews erwartete – wie er selbst weiter unten andeutet –, die für Schliemann ganz unbedeutend war, sondern ganz einfach damit, daß er wieder Geschmack am Verdienen gewonnen und daß er während seiner ersten Orientreise erkannt hatte, daß er mehr Kapital brauchte, als er bisher gehabt hatte, um seine archäologischen Pläne in die Praxis umzusetzen. Erst für Ende 1863 kündet er Schwester Wilhelmine die Liquidierung an.

Als daher der Senat die Appellation meines Gegners abgewiesen und dieser mir im Dezember 1863 die letzte Zahlung geleistet hatte, fing ich sofort an, mein Geschäft zu liquidieren. Bevor ich mich jedoch gänzlich der Archäologie widmete und an die Verwirklichung des Traumes meines Lebens ging, wollte ich noch etwas mehr von der Welt sehen. So reiste ich im April 1864 nach Tunis, nahm die Ruinen von Karthago in Augenschein und ging von dort über Ägypten nach Indien. Der Reihe nach besuchte ich die Insel Ceylon, Madras, Kalkutta, Benares, Agra, Luknow, Delhi, das Himalaya-Gebirge, Singapore, die Insel Java, Saigon in Cochinchina und verweilte dann zwei Monate in China, wo ich nach Hongkong, Kanton, Amoy, Futschu, Shanghai, Tin-Sin, Peking und bis zur Chinesischen Mauer kam. Dann begab ich mich nach Yokohama und Yedo in Japan und von hier auf einem kleinen englischen Schiff über den Stillen Ozean nach San Francisco in Californien. Unsere Überfahrt dauerte 50 Tage, während deren ich mein erstes Buch »La Chine et le Japon« schrieb. Von San Francisco ging ich über Nicaragua nach den östlichen Vereinigten Staaten, von denen ich die meisten durchreiste; dann besuchte ich noch Havanna und die Stadt Mexico und ließ mich endlich im Frühjahr 1866 in Paris nieder, um mich dauernd dem Studium der Archäologie zu widmen, das ich von nun an nur durch gelegentliche kurze Reisen nach Amerika unterbrach.

AMERIKA-TAGEBUCH
(1850-1852)

Schliemanns Bruder Ludwig war in Sacramento, Californien, dem zwei Jahre zuvor entdeckten Goldgräberdistrikt, plötzlich an Typhus verstorben. Der Drang in die Weite der Welt, auch die Lust zum Abenteuer, die aus den frühesten bekannten Vorfahren Schiffsreeder, Seefahrer und Kaufleute gemacht hatte, brach in mehreren Gliedern der jüngeren Generation wieder durch, nachdem drei Generationen der Schliemanns Pastoren gewesen waren. Schon als achtzehnjähriger Fürstenberger Kaufmannsgehilfe hatte Heinrich Schliemann nach den Vereinigten Staaten, mit neunzehn Jahren nach Südamerika auswandern wollen, um aus dem europäischen Trott, der europäischen Misere herauszukommen. Statt dessen war er nach Holland gegangen und von dort nach Rußland, das dem Mitteleuropäer der vierziger Jahre ebenso fern lag, das ebenso unheimlich und lockend, ebenso »exotisch« war wie Afrika oder Asien. Nicht genug damit; sooft es Zeit und Geschäft erlaubten, reiste Schliemann – 1846 über Lübeck, Hamburg, Bremen, Amsterdam und Rotterdam nach London, dann nach Liverpool, Le Havre, Paris, Brüssel, Köln, Koblenz, Düsseldorf, Krefeld, Amsterdam, Hamburg und Berlin nach St. Petersburg zurück –, eine enorme physische Leistung, wenn man sich die Verkehrsmittel jener Zeit vergegenwärtigt. Reisen war ihm Bildungselement, zugleich aber auch kam darin die ihm sein ganzes Leben lang anhaftende Unruhe zum Ausdruck.

Eine ähnliche Unruhe steckte in seinem nächstjüngeren Bruder Ludwig, der es in den Stellungen, die der Ältere ihm in Amsterdam beschafft hatte, nicht aushielt, obwohl sie ihm die besten Chancen boten. »Zürne nicht auf mich, wenn ich ganz gegen deinen Willen handelte und … nach dem schönen Amerika, welches ich wenn irgend möglich nie wieder verlassen werde, gehe! Ich bin gesund an Körper und Geist und werde mich … schon durchzuschlagen suchen«, schrieb er einige Stunden vor der Abreise an den Bruder (Amsterdam, 8. Juni 1848). Er schlug sich durch, in manchen Berufen, in New York als Lehrer und dann wieder in mehreren Stellungen als Kaufmann, im eben als Goldland entdeckten Californien als Goldgräber und als Gastwirt. Er machte sogar sein Glück und kam zu Geld. Wie mußte es auf Heinrich Schliemann wirken, wenn der Jüngere die innersten Gedanken des Älteren aussprach, indem er am 6. August 1848 aus New York schrieb: »Arbeit schändet keinen Menschen! Der Mensch gilt hier nur als Mensch etwas, nur seine Tätigkeit macht Ehre, und da, wo die ist, ist echter Menschenadel! … Die neue Welt ist das Asyl der alten! Amerika ist der

Morgenstern der Nationen, der hoffnungsvolle, schöne und gütige«; wenn Ludwig am 27. März 1850 aus Sacramento von seinen Erfahrungen als Goldgräber berichtete und erzählte, daß Bargeld wenigstens sieben bis zehn Prozent und auch mehr Zinsen trage und oft sogar zwanzig und fünfundzwanzig Prozent – und das nicht etwa im Jahr, sondern in einem Monat!

War Reichwerden, schnell Reichwerden zu jener Zeit nicht das Ziel Schliemanns? Und boten sich, selbst wenn der Bruder stark übertrieben hatte, in der Neuen Welt nicht ganz großartige Chancen, dieses Ziel mit unwahrscheinlicher Geschwindigkeit zu erreichen? Selbst die Gefahren, von denen Ludwig schrieb – hatten nicht auch sie etwas Verlockendes gegenüber dem langweiligen Kleinkram, der Stagnation, dem ewigen Einerlei im Leben des soliden, seriösen Großhändlers Erster Gilde?

Und dann, ganz unerwartet, schickte der Geschäftspartner des Bruders eine Zeitung, die Ludwigs Tod meldete. Nun kam zu dem lockenden goldenen Abenteuer ein zweites Moment hinzu und ein drittes: das erworbene Vermögen des Toten für die Schwestern zu retten, die alle noch unverheiratet und bislang ganz auf die Zuwendungen des ältesten Bruders angewiesen waren, und für Ludwigs Grab zu sorgen. Es ist merkwürdig, sein Leben lang ist Schliemann geradezu ein Fanatiker der Familienverbundenheit gewesen, er, der seit seinem neunten Jahr ohne Familie gelebt hatte, um den sich weder der Vater noch die Geschwister gekümmert hatten, solange er arm und im Unglück gewesen war. Wie das Grabkreuz für die Mutter das Erste gewesen war, was er erspart, so wollte er nun auch dem Bruder ein anständiges Grab sichern, der Würde des Namens Schliemann entsprechend.

Aber Schliemann ging anders zu Werke als sein verstorbener Bruder. Er ließ nicht wie dieser alles stehen und liegen, um der goldenen Chimäre nachzujagen und der Pietät zu genügen. Fast ein halbes Jahr bereitete er sich sorgsam vor. Mit der Liquidierung seines russischen Geschäfts zunächst, durch eine rege Korrespondenz mit amerikanischen Geschäftsleuten sodann. Wie würde man »zuerst sein Geld mit vollkommenster Sicherheit placieren können? und zu welchem Vorteile? Bitte haben Sie die Güte, mir so umständlich wie möglich über dies alles zu berichten und mir auch über den Handel in San Francisco möglichst ausführlich zu erzählen.« Ist es zweckmäßiger, das Betriebskapital in Waren mitzunehmen oder in Silber und »wieviel Gewinn ist bei Silber wohl zu erzielen? Würde es vielleicht nicht auch vorteilhafter auskommen, anstatt von England Wechsel auf New York mitzuführen, sich in London Dollars (in Silber) einzuwechseln und diese mitzunehmen?« fragt er am 19. Oktober 1850 aus Petersburg bei C. D. Behrens in New York an.

Erst als alles bis ins kleinste vorbereitet und bedacht war, machte Schliemann sich auf den Weg. Wie er auf Reisen gewöhnt war, führte er auch auf dieser bisher weitesten ein Tagebuch, manchmal am gleichen Tage das Erlebte notierend, manchmal, wenn wenig geschah, an einem der folgenden. Und wie er es gleichfalls schon gewöhnt war, schrieb er in der Sprache des Landes, in dem er sich gerade befand. In diesem Falle also Englisch – aber wenn er an den Isthmus von Panama kommt oder in ein noch Spanisch sprechendes entlegenes Tal Californiens, fällt er seitenweise ins Spanische.

Dieses Tagebuch umfaßt achtzig engbeschriebene Seiten, denen Schliemann nach seiner Rückkehr dann noch acht Seiten vorheftete, auf denen er, gleichfalls in englischer Sprache, in kurzen Zügen sein bisheriges Leben erzählte.

Aus der großen Zahl der erhaltenen Tagebücher ist dieses bisher als einziges vollständig veröffentlicht, aber damit leider nicht einem größeren Publikum zugänglich gemacht worden. Aus dem überreichen schriftlichen Nachlaß Schliemanns im Gennadion Institut in Athen publizierte es der damalige Bibliothekar des Instituts, Professor Shirley H. Weber, 1942. Die Ausgabe entspricht allen Wünschen, die die Wissenschaft stellen kann; ein paar kleine, Weber unterlaufene Irrtümer werden in den Anmerkungen berichtigt.

Weber bezeichnet Schliemanns Englisch als »excellent«. Dieser Auffassung kann man freilich nur mit Einschränkungen zustimmen. Gewiß, das Grammatische ist in Ordnung, und sprachliche Schnitzer finden sich ziemlich wenige – aber der Stil ist schlechterdings abscheulich. Das liegt nun allerdings nicht an Schliemanns Englisch, sondern am ganzen Menschen, denn selbst der größte und voreingenommenste Bewunderer Schliemanns wird doch niemals zu behaupten wagen, daß er ein guter Stilist gewesen wäre. So wie er Kaufmannsdeutsch schrieb, schrieb er auch Kaufmannsenglisch. Das wird in diesen Aufzeichnungen des Achtundzwanzigjährigen noch viel deutlicher als in den späteren des reifen Forschers, der allmählich auch einen weit größeren Wortschatz erworben hat. Um diese Zeit ist das Vokabular nicht eben reichhaltig assortiert (um es kaufmännisch auszudrücken) – ein kleines Beispiel mag genügen: »... coast in sight, covered with very high rocks, amongst which we discovered one covered with snow«. Nur ganz selten bricht ein Funke durch diese Sprachasche – wieder ein Beispiel: »My bank ist from early till late constantly jammed, crammed and rammed full of people.«

Noch mäßiger als Schliemanns Englisch ist sein Spanisch, vor allem recht unorthographisch – das ist begreiflich, denn Schliemann, der Vielsprachige, war ja ein Mann des Wortes und noch nicht der Feder. Aus solchen Mängeln ihm also einen Vorwurf machen zu wollen wäre ungerecht.

Hinzu kommen weitere Eigentümlichkeiten der Schliemannschen Schreibweise. In erster Linie wäre sein Hang zum Superlativ zu nennen. Das Tagebuch wimmelt von »most« und »very« und »greatest« und dergleichen. Das Bild, das er gerade vor sich sieht, ist nicht gerade immer, aber peinlich oft das schönste, das er je gesehen hat, und der Mann, mit dem er sich gerade unterhalten hat, ist der klügste oder interessanteste Mensch, den er je kennengelernt. Daß er wenige Seiten zuvor dasselbe von einem anderen Bild und einem anderen Manne gesagt hat, weiß er schon nicht mehr in seiner naiven Freude und Begeisterung. Er ist wie ein Schwamm, der mit ungeheurer Gier alle Eindrücke in sich saugt, er ist begeisterungsfähig und unermüdlich wie ein Junge.

Als zweites wäre das zu nennen, was der Herausgeber schon in seinem Roman Schliemanns Manie des Messens und Wiegens, seinen Zahlenspleen genannt hat. Diese Dinge treten im Tagebuch so aufdringlich hervor, daß sie monoton und oft sogar ausgesprochen langweilig werden. Jede Entfernung wird genau aufgezeichnet, jeder gezahlte Preis, jede Abfahrts- und Ankunftszeit und sogar bisweilen die Nummer des Hotelzimmers. Deshalb erschien es dem Herausgeber richtig, hier zu mildern, d. h. nur einige wenige typische Beispiele stehenzulassen, den Großteil solcher Angaben aber zu streichen, ebenso die bisweilen vorkommenden Namenskataloge der Mitreisenden.

Auch das muß sich der Leser bei der Lektüre vor Augen halten: Als Schliemann dieses Tagebuch schrieb, war er alles andere als der berühmte Mann, den die Welt kennt. Das, was ihm später einen Namen machte, klingt in diesen Aufzeichnungen nur sehr schwach an – beispielsweise in seinem lebhaften Interesse für die untergegangene Stadt Panama. Auch reich war er nicht, als er nach Amerika kam; höchstens kann man ihn wohlhabend nennen, aber seinen ganzen Besitz, rund 50000 Taler, hatte er mitgebracht, um ihn auf eine Karte zu setzen. Daß er es mit Erfolg tat, ist bekannt und kommt zum Schlusse des Tagebuches auch zum Ausdruck.

Gewiß ist es lehrreich, in diesen Tagebuchblättern einen Geschäftsmann kennenzulernen, der zwar kein Spekulant, kein Hasardeur, kein Businessman im neuen amerikanischen Stil ist, wohl aber ein junger Kaufmann mit unzähmbarem Willen zum Vorwärtskommen. Aber lehrreicher ist es entschieden, den jungen Mann zu beobachten, der mit genau so unbezähmbarem Drang die Welt und die Menschen beobachtet, um zu lernen. Hemmungen kennt er nicht, dieser Niemand, der mit naiver Unverfrorenheit den Präsidenten der Vereinigten Staaten besucht und den Gouverneur von Panama, um Näheres über das Land zu erfahren; der ebenso selbstverständlich den Mann von der Straße interviewt, um die Sitten und Gebräuche kennenzulernen. Da ist das Wort gefallen: interviewt. Ist dieser junge Schliemann des Amerika-Tagebuchs nicht eigentlich schon das, was es damals noch gar nicht gab, ein geborener Reporter? Ist er nicht vielleicht sogar ein »rasender Reporter«, der mit unglaublicher Wendigkeit und unglaubwürdiger Geschwindigkeit an einem Tage in Washington an einer Sitzung des Kongresses teilnimmt und am anderen auf dem Isthmus von Panama in einer Indio-Hütte übernachtet, sich heute in den Claims der Digger, dem Goldgräberbezirk, und morgen in den Quecksilbergruben umsieht? Müdigkeit kennt er nicht, und Ausruhen ist ein unbekanntes Wort für ihn. Nach anstrengendster Seereise mit böser Havarie jagt er nach Dublin, das er noch nicht kennt, rast nach Liverpool, eilt ins Theater, erledigt am anderen Tage seine Geschäfte, fährt nachts nach London, kommt um fünf Uhr früh dort an, ist um elf schon wieder bei seinem Agenten und hetzt nach Amsterdam. In der Bahn benutzt er schnell die Gelegenheit und fragt einen Mitreisenden nach Californien aus. Noch mehr tritt das nach der Rückkehr aus Amerika in Erscheinung: er eilt von Paris nach England, um die ihm unbekannten Eltern eines gelegentlichen Reisegefährten für einen Tag zu besuchen, fährt wieder nach Frankreich und gleich darauf wieder nach England. Oder die krankhafte, hektische Ruhelosigkeit, mit der er kreuz und quer und immer nur für Stunden bleibend durch die mecklenburgische Heimat jagt.

Bei aller Hast entgeht seinen Augen fast nichts, und was die Augen gesehen haben, notiert der nimmermüde Stift. Wahrscheinlich nicht nur für sich selbst, denn manche Stellen des Tagebuchs erwecken den Eindruck, als habe der Schreiber die Absicht gehabt, seine Aufzeichnungen nach der Heimkehr den Freunden in Rußland zugänglich zu machen.

Ein junger Mann – und ein junger Reporter – hat keineswegs den Einblick, den ein älterer haben kann. Wenn Schliemanns gelehrte Werke später in ihrem Wissensfundament mehr in die Breite als in die Tiefe gingen, so dürfen wir uns nicht wundern, wenn wir in diesem Tagebuch ähnliches beobachten. Nicht selten erinnert er in seinen Notizen an jene Leute, die ein paar Wochen in irgendeinem Lande verweilen und dann gleich ein Buch darüber schreiben, das natürlich von

Verallgemeinerungen und Vereinfachungen wimmelt, wenn nicht gar von offenkundigen Fehlern. Manches in diesem Tagebuch ist ausgesprochen oberflächlich. »Die Mexikaner sind falsch, dumm, eingebildet«, schreibt er so ungerecht wie apodiktisch. Ein anderes Beispiel: Über die Negeremanzipation hört er die ehemaligen Sklavenhalter, nicht die Befreiten selbst, und gutgläubig schwatzt er nach, was damals allgemeine Meinung in den herrschenden Schichten war. Auch politischer Scharfblick eignete Schliemann zur Zeit des Amerika-Tagebuchs noch nicht, zu schweigen davon, daß er sich auf diesem Gebiet auch später selten eine eigene Meinung gebildet hat. Und auch auf einem anderen Sektor ist er der gleiche wie dreißig oder vierzig Jahre später: zugleich Kosmopolit und eng mit der Heimat verwurzelt. Im Tagebuch ist er ganz Amerikaner — »unsere« Stadt ist in Gefahr, »unsere« Stadt wird wieder aufgebaut — und doch hängt er mit der gleichen Liebe, die er der Kinderheimat und später der Wahlheimat Griechenland entgegenbrachte, an seinem innig geliebten Rußland und seinem wunderschönen Petersburg.

Alles in allem: das Amerika-Tagebuch gibt uns ein vorzügliches Charakter- und Lebensbild des jungen Schliemann und daneben eine nicht immer »richtige«, aber interessante Zeichnung von Land und Leuten und Zeitverhältnissen.

Am 18. Februar 1850 reiste ich zum sechsten Mal nach Moskau und am 4. März über Kowno, Gumbinnen, Königsberg und Berlin nach Amsterdam. Dort blieb ich eine Woche und fuhr dann nach London und Edinburgh in Schottland, besuchte Glasgow und fuhr dann mit dem Dampfer über Greenock nach Liverpool, dann nach Chester und Bangor, um die Britannia-Brücke zu sehen, und endlich über London, Havre, Paris, Amsterdam, Hamburg und Lübeck zurück nach St. Petersburg. *[Die Britannia-Brücke führt über die Menai-Straße zwischen dem Festland von Wales und der Insel Anglesey.]*

Das unwiderstehliche Verlangen, zu reisen und die Welt zu sehen, bewog mich, St. Petersburg am 10. Dezember wieder zu verlassen. Es war ein kalter Tag; die Newa war schon seit Anfang Oktober mit dickem Eis bedeckt gewesen, und seit vielen Wochen hatte die gesamte Hauptstadt die beste Schlittenbahn. Als ich nach dem Abschiedsessen, das ich meinen Freunden gab, im Schlitten über den Isaaksplatz fuhr, sah ich noch einmal den großen Zarenpalast vor mir, die Admiralität, die Reiterstatue Peters des Großen und die Isaakskathedrale; diese herrlichen Meisterwerke der

Kunst boten mir einen höchst imponierenden Anblick, und ich dachte, daß ich sie vielleicht zum letzten Mal in meinem Leben sah. Meine Freunde Lyshin und Melin begleiteten mich bis zum Posthaus, wo mich zwei meiner Diener mit dem Gepäck erwarteten.

Punkt sieben Uhr fuhren wir ab. Ich hatte drei Reisegefährten, echte Engländer. Ich muß sagen, sie waren höchst höfliche, liebenswürdige und interessante Leute, und so verbrachten wir die Zeit recht angenehm miteinander. Bald passierten wir das Triumphtor, und damit löste sich das letzte Band, das mich mit Petersburg verknüpfte. Wir hatten Räder an unserem Postwagen[5] und konnten daher durch den tiefen Schnee nur langsam vorwärts kommen. Am nächsten Tage um zwei Uhr nachmittags erreichten wir die Festung Narwa, die Peter der Große den Schweden in der berühmten Schlacht von Narwa abnahm. Am folgenden Tage kamen wir durch Dorpat, das durch seine ausgezeichnete Universität berühmt ist, und am vierten Tage unserer Reise langten wir in Riga an der Düna an, der Hauptstadt von Kurland, und stiegen zum Mittagessen im Hotel London ab.

Da das Eis der Düna nicht stark genug war, um Postwagen tragen zu können, hatte man vor einigen Tagen eine Rinne für Boote ausgehackt, und so wurden wir mitsamt unserm Gepäck über den Fluß gerudert. Auf der anderen Seite stand ein anderer Postwagen mit Pferden bereit. Am fünften Tage erreichten wir Tauroggen und passierten eine Stunde später die russische Grenze. Nun waren wir in Preußen, wo die hübsch bestellten Felder und die netten Dörfer einen mächtigen Gegensatz zu den Schneewüsten und den seltenen Siedlungen Rußlands bildeten. Am 15. Dezember ... abends erreichten wir die preußische Stadt Tilsit und fuhren sofort nach Königsberg weiter ...

Über Elbing und Dirschau geht es nach Woldenberg und von dort mit der Eisenbahn über Stettin, Berlin, Hannover nach Köln. Der Postwagen bringt Schliemann nach Amsterdam.

Um elf Uhr langte ich in der Hauptstadt Hollands an und nahm, wie üblich, im Hotel des Pays Bas Wohnung. Mit großer Freude ging ich an den schönen Kanälen entlang und durch die sauberen Straßen, die tausend alte und liebe Erinnerungen ins Gedächtnis zurückriefen; auch wenn man sich in der Vergangenheit mit tausend Schwierigkeiten und Bedrängnissen herumgeschlagen hat, sehen diese Dinge, wenn man sie von einer späteren Periode des Lebens aus betrachtet, so angenehm und gefällig aus, als wären sie mit einem rosa Schleier bedeckt. Die Glockenspiele, die jede Viertelstunde von allen Kirchtürmen Amsterdams erklangen, hatten einen besonderen Zauber für mich, und unwillkürlich kam mir der Gedanke, daß, obwohl in architektonischer Hinsicht Petersburg jeden anderen Ort der Welt schlägt, Amsterdam gewiß mehr Lebenskomfort bietet als die russische Hauptstadt, der große Koloß des Nordens. Da ich neun Tage und zehn Nächte ständig in Postkutschen und Eisenbahnwagen gefahren war, fühlte ich mich so erregt, daß ich in dieser Nacht kein Auge schließen konnte; deshalb schrieb ich die ganze Nacht hindurch an meine Freunde in St. Petersburg. Nachdem ich meine Geschäfte in Amsterdam erledigt und mich mit vielen Empfehlungsschreiben meiner Freunde B. H. Schröder & Co., Amsterdam, für Amerika versehen hatte, reiste ich am 21. Dezember um halb fünf Uhr mit der Eisenbahn nach Rotterdam, wo ich im Bath Hotel abstieg, und am 22. Dezember um acht Uhr morgens fuhr ich mit dem Dampfer »Oceanic« nach London ab. Ich hatte ungefähr zwölf Reisegefährten ... Nach einer glänzenden Fahrt von zwanzig Stunden kamen wir am nächsten Morgen um vier in der Mündung der Themse an, wo wir auf Grund liefen und die Flut abwarten mußten ... Endlich kamen wir los und fuhren mit gesteigerter Geschwindigkeit flußaufwärts. Nichts kann entzückender sein als die majestätische Themse, bedeckt von Tausenden von Schiffen aller möglichen Größen und aller möglichen Nationen, nichts bezaubernder als ihre schönen Ufer, besonders das der Grafschaft Kent, das, soweit das Auge reichte, hübsch bestellte Felder mit netten Dörfern und prächtigen Städten dazwischen zierten. Bald waren wir in Gravesend, wo die Zollbeamten an Bord kamen; dann passierten wir Greenwich, Woolwich, und früher als ich es erwartet hatte, landeten wir am Katherinendock in London.

Ich nahm mit Herrn Keizer meine Wohnung wieder im Royal Hotel, Blackfriars Bridge. Es war Sonntag, der 23. Dezember, und wie immer an Feiertagen bot das eilige, geschäftige London einen toten Anblick. Am 24. Dezember wandte ich mich meinen Geschäften zu, diskontierte die Londoner Wechsel, die ich von St. Petersburg mitgebracht hatte, verkaufte mein Gold in der Bank von England und deponierte die Hälfte meines Geldes bei den Herren Baring Bros. & Co., die mir einen Kreditbrief für

James King & Son in New York ausstellten, wohingegen ich für den Rest, zum Kurs von 49, Coupons und Wechsel der Vereinigten Staaten für New York erwarb.

Nachdem ich meine Geschäfte erledigt hatte, besuchte ich den großen Kristallpalast im Hyde Park und konnte mich an diesem erstaunlichen Meisterwerk der modernen Kunst nicht satt sehen. Der Kristallpalast ist fast ganz aus Eisen und Glas erbaut, und seine enorme Ausdehnung entspricht der unermeßlichen Menge von Industriewaren aller Nationen, die während des folgenden Sommers ausgestellt werden sollen.

Er wurde für die Ausstellung von 1851 errichtet, später erweitert und diente danach als volkstümliches Vergnügungszentrum und Ausstellungsplatz.

Die große Ausstellung wird zweifellos einen universalen Erfolg erzielen, und durch die Zusammenkunft von Menschen aus allen Teilen der Welt werden die Nationen in beträchtlichem Maße die Vorurteile verlieren, die sie noch gegeneinander hegen; sie werden mehr verschmolzen und bedeutend angeregt und aufgemuntert werden, wenn jeder die Meisterwerke der Geschicklichkeit der anderen betrachtet.

Für Heiligabend war ich auf dem Landsitz Herrn Schmidts, meines Reisegefährten auf der Fahrt von Rotterdam nach London, eingeladen, in dessen Familienkreis ich den Abend sehr angenehm verbrachte, und kam erst um zwei Uhr nach Hause. Am 25. (Weihnachtstag) nahm ich am Gottesdienst in der Westminster-Abtei teil und ging danach in den Zoologischen Garten, wo ich eine Riesenmenge von Tieren sah, darunter ein erst kürzlich vom Pascha von Ägypten geschenktes Nilpferd.

Am 26. Dezember besuchte ich meine verschiedenen Geschäftsfreunde, die mich mit zahlreichen Empfehlungsschreiben sowohl für New York als auch für San Francisco versahen. Danach aß ich mit den Herren Schwarz und Walter und ging mit ihnen in das Princess's-Theater, wo ich den berühmten Tragöden Macready sah, der zum letzten Mal spielte, bevor er sich von der Bühne zurückzog. Am 27. Dezember reiste ich mit dem Expreßzug nach Liverpool, wo ich wieder im Adelphi-Hotel wohnte. Dann ging ich zu den Herren Brown, Shipley & Co., den Vertretern der amerikanischen Postdampfergesellschaft, und belegte eine Kabine an Bord der »Atlantic«, Kapitän West, die am folgenden Tage von Liverpool nach New York fahren sollte. Am 28. Dezember ... nachmittags fuhren wir ab. Es herrschte ein so starker Sturm, daß es unmöglich war, den Lotsen abzusetzen, weswegen er denn mit uns reiste.

Der Dampfer »Atlantic« ist anerkanntermaßen der größte und großartigste Dampfer der Welt; er hat mehr als neunhundert Pferdekräfte und etwa 3000 Tonnen Tragfähigkeit. Seine Unterkünfte für Passagiere, deren er etwa 150 aufnehmen kann, sind glänzend. Die Mahagoniwände der drei großen Salons sind mit Hunderten von riesigen Spiegeln und schönen Gemälden geschmückt, die Sofas, Stühle und Tische sind alle sehr kostbar und prächtig, der Boden ist mit herrlichen Teppichen bedeckt.

Unser prächtiger Dampfer hielt sich während der rauhen westlichen Stürme, gegen die wir uns unablässig behaupten mußten, vortrefflich.

Aber am 6. Januar blies es geradezu wie ein Orkan, und ... abends schlug eine berghohe Woge mit so furchtbarer Gewalt gegen das Backbordruder, daß die Hauptwelle brach und beide Maschinen zugleich dienstunfähig wurden. Bestürzung ergriff alle Passagiere, und keiner von uns hatte die geringste Hoffnung, daß wir gerettet werden könnten, denn wir waren in der Mitte des Ozeans, 1800 Meilen von Liverpool und 1400 Meilen von New York entfernt. Sobald die Ruder und die Maschinen nicht mehr arbeiteten, begann der Dampfer unheimlich zu schlingern; bald auf der einen, bald auf der anderen Seite liegend, drohte er jeden Augenblick zu kentern. Kapitän West, nicht im geringsten entmutigt durch die bevorstehenden Gefahren, die uns mit sofortigem Untergang bedrohten, ließ ohne Zeitverlust Segel machen. Vier Tage und Nächte war dieser tapfere Offizier ununterbrochen an Deck, und dank übermenschlicher Anstrengungen konnten auch glücklich ein provisorisches Großsegel und ein Marssegel hergestellt werden. Als alles fertig war, versuchten wir, irgendeinen westlichen Hafen zu erreichen, aber alle unsere Bemühungen waren umsonst: die stetigen Weststürme trieben uns mehr zurück als vorwärts. In einer Versammlung der Passagiere am 10. Januar wurde daher der Beschluß gefaßt, Kapitän West zu ersuchen, zurückzukehren, was er auch ohne Verzug tat. Trotz unserer kleinen Segel, die im Vergleich mit unserem gewaltigen Schiff wie Taschentücher aussahen, lief das Schiff ausgezeichnet vor dem Wind und erreichte durchschnittlich sechs Knoten pro Stunde, manchmal sogar neuneinhalb.

Nichts verbindet die Menschen so sehr wie gemeinsames Unglück, und so geschah es, daß wir Passagiere alle sehr gut miteinander bekannt wurden.

Wenn das Wetter es zuließ, gingen wir auf und ab und unterhielten uns an Deck, während wir bei schlechtem Wetter im Rauchzimmer saßen und alle möglichen Themen erörterten ...

Obwohl wir bei dem Unglück noch für etwa fünfunddreißig Tage Vorräte an Lebensmitteln hatten, hielt Kapitän West es wegen der Unsicherheit unserer endgültigen Ankunft doch für klug, uns auf kleine Rationen zu setzen, und so bekamen wir vom 6. Januar ab statt der vier täglichen Mahlzeiten, die wir bis dahin empfangen hatten, nur noch zwei. Infolge des Sturms hatten die meisten Passagiere grausam unter der Seekrankheit gelitten, aber als sich am 6. Januar das Unglück ereignete, wurde unsere Seekrankheit plötzlich durch die schwerwiegenderen Ereignisse absorbiert, und wir fühlten uns von jenem Augenblicke an völlig gesund. Sehr eigentümlich war, daß wir während unserer gesamten Reise nicht ein einziges Segel zu Gesichte bekamen. Endlich, am Morgen des 22. Januar, kam die felsige irische Küste in Sicht, und am selben Tage landeten wir mittags im Hafen von Queenstown, von wo wir durch einen kleinen Dampfer den Lee aufwärts nach Cork gebracht wurden. Die Einfahrt von Queenstown und schließlich auch von Cork bietet ein großartiges und prächtiges Bild, und überall begegnet das Auge kolossalen, mit niedrigen Kiefern und Eichen bewachsenen Felsen.

Abends um sechs Uhr langten wir in Cork an, einem sehr schmutzigen und ärmlichen Ort mit etwa 80000 Einwohnern. Während manche der Passagiere in Cork übernachteten, fuhr ich mit mehreren anderen per Bahn nach Dublin, wo wir morgens ... ankamen. Da ich soviel wie möglich von Dublin sehen wollte und doch halb sieben schon wieder weiterfahren mußte, nahm ich einen Wagen und fuhr in allen Richtungen durch die Stadt. Dublin ist ein vorzüglicher Ort, und eine seiner Straßen, Sackville Street, ist eine der schönsten Straßen, die ich je gesehen habe. In ihr sah ich auch das gewaltige Gebäude der Bank von Irland, das Nelson-Denkmal ...

Von Kingston reist Schliemann nach Liverpool, wo er das Theater besucht und am nächsten Tag nach London weiterfährt. Dort erfährt er, daß einer seiner Aufträge in Amsterdam nicht ausgeführt wurde. Unverzüglich bricht er daher wieder auf. Unterwegs läßt er sich von einem Schiffsbauer aus Dover eingehend über Californien informieren. Nach Erledigung seiner Geschäfte in Amsterdam reist er über London wieder nach Liverpool.

Dort fand ich am nächsten Morgen alle meine Reisegefährten von der »Atlantic« zur Abfahrt mit der »Africa«, Kapitän Ryrie, gerüstet. Am 1. Februar, morgens zehn Uhr, liefen wir unter ständigem Abfeuern der Kanonen aus. Das prächtige Wetter jener Tage prophezeite uns eine glückliche und angenehme Reise.

Wir hatten ungefähr 115 Passagiere an Bord, unter denen sehr nette und interessante Leute waren, an deren Gesellschaft ich viel Freude hatte; mein bester Freund war Herr D. Klaener aus Galveston, mit dem ich schon an Bord der »Atlantic« zusammengewesen war und mit dem ich nun wieder eine Luxuskabine der »Africa« teilte. Hinsichtlich der Unterbringung war ich allerdings ziemlich enttäuscht, denn während ich erwartet hatte, sie der der »Atlantic« weit überlegen zu finden, war sie weit minderwertiger.

Am 2. Februar passierten wir Kap Clear, und plötzlich schlug das bisher schöne Wetter um. Ein schwerer Sturm kam auf und hielt sechs Tage an, während derer wir Passagiere nicht einmal an Deck gelangen konnten. Am 11. Februar kamen wir an die Neufundlandbänke, bei denen das Wasser plötzlich eine grüne Farbe annimmt. Wir passierten die Bänke in zwei Tagen.

Am 15. ... nachmittags kam Sandy Hook in Sicht, und fuhren wir in die Bucht von New York ein. Ungefähr drei Meilen vor der Stadt begannen wir Kanonen abzufeuern und Raketen zu schießen, um den Einwohnern zu zeigen, daß wir eine höchst erfreuliche Nachricht brächten. Obwohl es neun Uhr abends geworden war, als wir in New Jersey City an den Liegeplatz unseres Dampfers kamen, hatten sich am Ufer viele Tausende von Menschen angesammelt, die ängstlich auf unsere Neuigkeiten warteten und in die freudigste Erregung ausbrachen, als einer unserer Offiziere durch das Sprachrohr ausrief: »Die ›Atlantic‹ ist unversehrt!« Mit der Schnelligkeit eines Blitzes ging diese freudige Kunde von Mund zu Mund; in ein paar Minuten wußte sie jeder Bewohner New Yorks, und mit gleicher Schnelligkeit übermittelte der elektrische Telegraph sie nach Louisiana und Mississippi, nach Cincinnati und Michigan. Es war ein Gefühlsausbruch, an dem jedes Mitglied der Union mit gleicher Sympathie, mit gleicher Freude teilnahm. Kaum war der günstige Bericht bekannt geworden, als sich schon Hunderte von Druckerpressen in Gang setzten, um ihn zu Papier zu bringen, und als ich um elf Uhr durch die Stadt fuhr, wurden die Zeitungen mit dem Bericht über das Schicksal der »Atlantic« schon überall ausgerufen.

Eine Zeitung, die sonst nur zwei Cents kostete, wurde überall gern mit fünfzig bezahlt.

Ich stieg im Astor-House ab, dem großartigsten und riesenhaftesten Hotel, das ich jemals sah. Es hat mehr als dreihundert Schlafzimmer, viele große Salons, Rauch- und Gesellschaftsräume. Auch ein großer Lesesaal ist vorhanden, der nur für die Hotelgäste bestimmt ist und in dem man Zeitungen aus allen Staaten der Union findet –, denn das Auslegen ausländischer Zeitungen gestattet der Patriotismus nicht. Jeder Gast bezahlt zweieinhalb Dollar pro Tag und hat dafür ein Schlafzimmer, Bedienung, Frühstück, Mittagessen, Tee und Abendessen; Wein wird extra bezahlt. Ich finde die amerikanische Kost sehr bequem und praktisch für mich; morgens esse ich gewöhnlich Schinken und Eier, Buchweizenkuchen, gekochten Maisbrei und Schokolade, mittags Austernpastete, Suppe, Rinderbraten, gebratenen Puter, Wild und Pudding. Um sechs Uhr nachmittags gibt es dann schwachen Tee und um elf Uhr abends als Nachtessen kalten Puter und Schinken.

Der 16. Februar war ein Sonntag. Ich ging zur Kirche und freute mich zu hören, wie dem Allmächtigen für die Errettung der »Atlantic« gedankt wurde. Danach ging ich zu C. D. Behrens, 335 Houston Street, dem früheren Partner meines unglücklichen Bruders; er war sehr verwundert, mich zu sehen.

Schliemann hatte Behrens von St. Petersburg aus nach den geschäftlichen Chancen in den USA befragt. Als er ihn nun in New York besuchte, wußte er noch nicht, daß Behrens die Ersparnisse Bruder Ludwigs beiseite gebracht hatte. Behrens seinerseits hatte nicht geahnt, daß der »Freund«, für den Schliemann angeblich seine Fragen stellte, Schliemann selbst war, und mußte durch dessen Erscheinen angesichts der 30000 Dollar sehr peinlich überrascht sein.

Ich lud ihn zum Essen ins Astor-House ein, und als ich dort bei meiner Rückkehr die Herren Wirths und Frankel fand, die in der Passagierliste der »Africa« meinen Namen gelesen hatten und mich gleich besuchen wollten, lud ich sie gleichfalls ein, mit mir zu speisen. Nach dem Essen fuhren sie beide nach Philadelphia, und ich ging aus, mir die Stadt anzusehen.

New York ist eine sehr regelmäßig gebaute, ordentliche und saubere Stadt und hat viele, viele elegante und sogar kolossale Gebäude aufzuweisen, aber als neue Stadt kann man sie architektonisch keinesfalls mit irgendeiner der großen europäischen Hauptstädte vergleichen. Die Häuser sind im allgemeinen aus Backsteinen gebaut und nicht verputzt oder gestrichen. Die breiteste und eleganteste der sehr regelmäßigen und gut gepflasterten Straßen ist der Broadway, der etwa dreieinhalb Meilen lang ist und durch die gesamte Stadt geht.

New York hat vier Theater, die aber alle klein und schlecht ausgestattet sind, denn der hastige Geschäftssinn der Amerikaner gestattet ihnen nicht, an Theater zu denken. Der einzige sehr besuchte Vergnügungsort ist Barnums Museum, in dem alle Arten von lächerlichem Unfug vorgeführt werden. Auch Fellows Negersänger-Konzerte sind sehr besucht; alle Musiker sind Neger, die das Publikum durch ihre Musik, ihre Songs und allerlei Humbug belustigen. Ich kann nicht behaupten, daß ich diese amerikanischen Amüsements mag, aber die Yankees finden an ihnen großes Vergnügen.

Am Montag, dem 17. Februar, suchte ich die verschiedenen Handelshäuser auf, für die ich Empfehlungsschreiben hatte. Am 18. war ich zu einem großen Ball eingeladen, den die Light-Guard im Astor-House gab und der bis fünf Uhr früh dauerte. Dabei waren auch zahlreiche Yankee-Ladies zu sehen. Sei es, daß die amerikanischen Schönheiten sich nicht genügend Bewegung an der frischen Luft machen, sei es, daß es an dem schnellen Temperaturwechsel liegt – jedenfalls verblüht das schöne Geschlecht hier äußerst schnell, und mit zweiundzwanzig Jahren sehen die Frauen gewöhnlich gerade so alt und verbraucht aus, wie sie mit sechzehn oder achtzehn schön und ebenmäßig sind. Von wenigen Ausnahmen abgesehen haben die Männer eine gute Konstitution, aber im Vergleich mit den Engländern sind sie mager und schwächlich. Wenn man sich ihnen anständig nähert, sind sie offen und mitteilsam, und was ihre Betriebsamkeit und ihren Fleiß anlangt, so gibt es wohl kaum ein Volk auf der Erde, das sie übertrifft. Obwohl das schöne Geschlecht ein bißchen solider als in Frankreich ist, ist es doch viel leichter als die Töchter des schönen Englands, und die Hauptcharakteristik der Yankee-Töchter ist übertriebene Lebhaftigkeit und eine sehr erhebliche Neigung zum Frivolen und zum Amüsement.

Da ich in sehr sorgsamen Erkundigungen ermittelt hatte, daß für den Export nach Californien die beste Kapitalsanlage Goldmünze sei, vertraute ich mein ganzes Geld der Obhut der Herren James King & Son an und gab ihnen gleichzeitig alle erforderlichen Anweisungen, wie sie in meinem Namen handeln sollten. Dann fuhr ich am 20. Februar vormittags mit der Eisenbahn nach dem Süden und kam um halb zwei in Philadelphia, um halb acht in Baltimore an, wo ich in Barnums Hotel übernachtete.

Die amerikanischen Eisenbahnen sind einzig zu dem Zweck gebaut, Geld zu machen, und deshalb nehmen sie auf den Nutzen und die Bequemlichkeit der Reisenden nicht die geringste Rücksicht. Man sieht hier weder Stationen noch Wachleute, und überall haben die Strecken nur eine Spur. Die Folge davon sind nur allzu oft Unglücksfälle. Die Wagen sind sehr lang und haben nur an beiden Enden Eingänge. In der Mitte jedes Wagens steht ein kleiner Eisenofen. Ordnung herrscht wenig oder gar nicht, was um so peinlicher ist und sich oft als verhängnisvoll erweist, als zahlreiche Flüsse zu überqueren sind; dort halten die Züge, und die Fahrgäste werden von Dampfern übergesetzt; bei diesen Gelegenheiten ist das Gedränge stets ungeheuer, und als ob ein Wettrennen zu gewinnen wäre, stürmen die Passagiere in toller Raserei aus den Wagen auf die Dampfer und von diesen wieder in die Wagen. Die Wagen sind übrigens primitiv gebaut; von den Eingängen an den Enden führt ein langer Gang durch die Mitte, so daß man ohne Unterbrechung durch zehn oder zwölf Wagen spazieren kann. Die Bänke sind auf beiden Seiten angebracht. Auf jeder von ihnen sitzen zwei Personen. Die Lehne ist zum Umklappen eingerichtet, so daß sich auch vier zusammen setzen können, wenn sie sich richtig verteilen. Jeder Zug führt einen Wagen für Raucher.

In Baltimore aß ich eine gute Austernsuppe und am folgenden Morgen ein gutes Austernfrühstück. Am 21. Februar ... vormittags fuhr ich per Bahn nach Washington, zusammen mit Herrn Klaener, der in Barnums Hotel meinen Namen im Gästebuch gefunden hatte und mich gleich weckte, obwohl es vier Uhr früh war. Kaum in Washington angelangt, ging ich sofort in die Sitzung des Repräsentantenhauses und des Kongresses im Kapitol, einem herrlichen Gebäude auf dem Gipfel eines Hügels. Mit dem lebhaftesten Interesse und dem aufrichtigsten Vergnügen hörte ich die wirkungsvollen Reden der Senatoren Henry Clay von Kentucky, Hale von New Hampshire, Mason von Virginia, Douglas von Illinois, Davis von Massachusetts und so weiter. Hauptpunkt der Diskussion war der kürzliche Negeraufstand in Boston.

Ich verließ das Kapitol um vier Uhr, aß dann mit Herrn Dean, den ich auf der Reise kennengelernt hatte, am Damentisch des National-Hotels zu Mittag und fuhr dann abends ... zum Präsidenten der Vereinigten Staaten. Ich führte mich bei ihm mit der Feststellung ein, mich hätte das große Verlangen, dieses schöne Land des Westens zu sehen und die großen Männer kennenzulernen, die es regieren, aus Rußland hierherzureisen bewegt. So hielte ich es denn für meine erste und angenehmste Pflicht, dem Präsidenten meine Aufwartung zu machen. Er empfing mich sehr freundlich, stellte mich seiner Frau, seiner Tochter und seinem Vater vor, und wir plauderten anderthalb Stunden miteinander.

Der Präsident ist ein sehr schlicht und freundlich aussehender Mann von ungefähr fünfzig. Er heißt Fillmore. Seine Frau ist etwa sechsundvierzig und eine sehr vornehme und freundlich aussehende Dame; die Tochter mag siebzehn Jahre alt sein und macht einen ziemlich unreifen Eindruck. Um halb neun begann der Empfang beim Präsidenten, zu dem sich über achthundert Menschen aus allen Teilen der Union einfanden, die alle den Präsidenten sehen und mit ihm sprechen wollten. Der Präsident stellte mich dem Staatssekretär, Herrn Webster, dem Senator von Kentucky, Herrn Clay, und verschiedenen anderen vor. Das Präsidentenpalais ist ein prachtvolles Gebäude. Posten, um die Türen zu bewachen und zu versperren, gibt es nicht. Ein Fremder muß sich auch keinen Förmlichkeiten unterziehen, um dem Staatsoberhaupt vorgestellt zu werden. Ich blieb bis elf Uhr.

Am Sonnabend, dem 22. Februar, besuchte ich das große Patentamt, in dem Muster von allen Erfindungen ausgestellt sind, die die Regierung der Vereinigten Staaten durch ein Patent geschützt hat. Um zehn Uhr vormittags fuhr ich dann mit einem Wagen vom Kapitol zum Flusse Potomac, wo ich an Bord eines Dampfers ging, um flußabwärts zu fahren und Mount Vernon zu sehen. Da gerade Washingtons Geburtstag war, gab es viele Passagiere. Wir kamen um zwölf Uhr in Mount Vernon an und blieben etwa anderthalb Stunden dort. Washingtons Haus ist ein einfaches, zweistökkiges Gebäude in seiner Mount Vernon genannten Pflanzung; dicht am Hause liegen die Gräber von ihm und seiner Frau. Er starb 1799. Das Haus wird von einer Negerfamilie bewohnt und bewacht, die Washingtons Sklaven gewesen waren. Hier und da in den Gärten standen Negerjungen und boten Zitronen und Stöcke zum Verkauf an, mit der Behauptung, sie stammten von Bäumen, die der große Washington gepflanzt hatte. Meine Mitreisenden kauften diese Dinge mit großem Eifer und stocherten begierig kleine Steine aus der das Grab umgebenden Mauer, die sie als heilige Reliquien ansahen und als solche bewahren wollten. Darauf besuchten wir Fort Washington, eine kleine Festung am Potomac, und kehrten halb vier zur Stadt zurück. Nach dem Essen besuchte ich das Nationaltheater, das erst kürzlich für die Konzerte von Jenny Lind gebaut worden ist – ein großer Bau mit schlechter Ausstattung. Das Haus war gedrängt voll, denn die berühmte Schauspielerin Davenport sollte spielen. Die Schauspieler und Schauspielerinnen beherrschten ihre Rollen sehr gut, und ich muß gestehen, daß ich mich nie besser unterhalten habe. In den amerikanischen Theatern gibt es keinen Souffleur.

Am Sonntag, dem 23. Februar, ging ich zweimal zur Kirche und besuchte auch das großartige Marmordenkmal, das man zum Andenken an den großen Washington aus freiwilligen Beiträgen errichtet hat. Da die notwendigen Geldmittel nur sehr langsam gesammelt werden können, geht der Bau des Denkmals ebenfalls nur sehr langsam voran, und die Fertigstellung wird noch mehr als einundzwanzig Jahre in Anspruch nehmen. Jeder Staat der Union hat einen großen Marmorblock beigesteuert, auf dem der Name des Staates eingehauen ist. Wenn das Denkmal fertig ist, wird es 576 Fuß hoch sein und einer ungeheuren Pyramide ähneln.

Am 24. Februar besuchte ich noch einmal eine Sitzung des Kongresses, in der das Gesetz zur Portoverbilligung erörtert wurde, und nach dem Essen um fünf Uhr nachmittags reiste ich über Baltimore nach Philadelphia ab. Als ich durch Baltimore fuhr, wurden die Leichen mehrerer Arbeiter durch die Straßen getragen, die ein paar Minuten vorher beim Einsturz einer Mauer getötet worden waren.

Am 25. Februar kam ich morgens ... in Philadelphia an und stieg im United States Hotel ab. Nach dem Frühstück beschaffte mir der Wirt Einlaßkarten für das Staatsgefängnis, das Girard College und den Laurel Hill Friedhof, und ich beeilte mich, diese Sehenswürdigkeiten kennenzulernen. Mit einem Omnibus fuhr ich zum Girard College, einem Waisenhaus, das 1779 von einem gewissen Girard, einem gebürtigen Franzosen, gegründet worden ist, der durch erfolgreiche Geschäfte ein Vermögen von dreißig Millionen Dollar zusammengebracht hatte, von denen er eine Million für den Bau des genannten Gebäudes vermachte. Es ist ganz aus Marmor und hat Riesensäulen, etwa wie die Börse von Paris. Ich stieg nach ganz oben und hatte von dort einen wundervollen Blick über die Stadt und das umliegende Land. Dann begab ich mich zum Laurel Hill Friedhof, der auf dem sehr hohen und felsigen Ufer des Schuylkillflusses, eines Nebenflusses des Delaware, sehr schön liegt. Danach ging ich zum Zuchthaus, einem mächtigen, von gewaltigen Mauern umgebenen steinernen Gebäude. Vom Mittelpunkt des Baus, wo einige Kerkermeister ununterbrochen Wache halten, sieht man sechs immense Korridore, von denen jeder Hunderte von kleinen Zellen enthält, in denen sich je ein Gefangener befindet. Die Zellen sind gut gelüftet, und jede hat einen kleinen Garten, in dem der Insasse jeden Tag anderthalb Stunden spazierengehen darf. Jeder Gefangene muß in dem erlernten Beruf arbeiten; was er herstellt, wird in öffentlicher Auktion verkauft; vom Reingewinn erhält die Anstalt einen Teil, und der Rest gehört dem Gefangenen, der so in ein paar Jahren Haft ein kleines Vermögen von etlichen hundert Dollar sammeln kann. Durch die Einzelhaft wird eine starke Wirkung auf die Gefangenen ausgeübt, und mit wenigen Ausnahmen verlassen sie das Gefängnis erheblich gebessert, und fast nie kommt es vor, daß ein Gefangener zum zweiten Mal in die gleichen Wände zurückkehrt.

Die Stadt Philadelphia ist regelmäßig gebaut, und im allgemeinen sind die Straßen netter und sauberer als in New York. Am Abend um fünf Uhr reiste ich nach dem letztgenannten Orte ab, wo ich um elf ankam. Am 26. Februar ging ich wieder zu verschiedenen Firmen, bei denen ich durch Briefe aus Europa eingeführt war, ließ mir bei jeder einige Empfehlungen für San Francisco geben, erledigte meine Geldangelegenheiten mit Mr. King, und am 28. Februar um drei Uhr nachmittags ging ich an Bord der »Crescent City«, die nach Chagres bestimmt war. Auf dem Pier hatten sich Tausende eingefunden, teils um ihren scheidenden Freunden ein letztes Lebewohl zu bieten, teils aus bloßer Neugier. Das Gedränge der Massen war derart groß, daß ich nur mit der äußersten Schwierigkeit an Bord des Dampfers gelangen konnte. Wirths und Frankel begleiteten mich zum Dampfer. Auf dem Pier traf ich Herrn Dean aus Tranton, von dem ich in meiner Eintragung über Washington geschrieben hatte. Weiterhin sah ich Herrn Behrens auf dem Pier, den Partner meines unglücklichen Bruders, der ebenfalls gekommen war, mir Lebewohl zu sagen.

Um drei Uhr legten wir unter den lauten und ununterbrochenen Hochrufen der Menge ab. Das Wetter war schön und versprach eine glückliche Reise. Wir hatten ungefähr hundertachtzig Kabinen an Bord und dazu achtzig Zwischendeckpassagiere; von den letzteren hatten sich etwa sechzig verpflichtet, an der Panama-Eisenbahn zu arbeiten, in der Hoffnung, binnen sechs Arbeitsmonaten so viel sparen zu können, daß sie dann nach Californien gehen können. Theoretisch könnte es ihnen gelingen, denn sie bekommen fünfunddreißig Dollar im Monat und haben den Lebensunterhalt frei, aber vermutlich wird der größte Teil von ihnen auf dem Isthmus wegsterben, denn das dortige Klima ist das ungesündeste der Welt. Was die Kabinenpassagiere anbetrifft, so bilden sie eine sehr gemischte Gesellschaft, und ich würde schwerlich mehr als ein Dutzend unter ihnen herausfinden, die eine wünschenswerte oder angenehme Gesellschaft für mich wären.

Bis heute, 7. März, ... hatten wir eine prächtige Fahrt und schönstes Wetter. Seit vier Tagen ist es sehr heiß, und ich nehme jeden Morgen ein frisches Seewasserbad. Gestern hatten wir den ganzen Tag San Domingo mit seiner hohen Küste in Sicht. Heute mittag waren wir auf dem 16. Breiten- und 67. Längengrad *[Schliemann schreibt irrtümlich 57.]* und hatten nur noch 470 Meilen bis Chagres.

Nichts ist schrecklicher als die Hitze; gegen die Kälte kann man sich mit geeigneter Kleidung schützen, aber gegen die Hitze gibt es keine Hilfe. Obwohl meine Kleidung leicht ist, muß ich furchtbar leiden, auch wenn ich jeden Morgen ein Bad nehme. Es ist verständlich, daß das Bad wenig benutzt wird, denn die Dusche funktioniert nicht. An Bord des Dampfers von Panama nach San Francisco werde ich gleich zwei oder drei tägliche Bäder für die ganze Zeit, die wir auf dem Meere sind, vereinbaren.

Unser Kapitän Tanner ist ein sehr anspruchsloser Mann und scheint sein Handwerk gut zu verstehen. Der erste Offizier scheint ein reicher und eingebildeter Mann zu sein. Mit der Bequemlichkeit steht es sehr schlecht, die Aborte sind schmutzig, aber an Bord eines Schiffes mit 270 Passagieren kann man nichts Besseres erhoffen. An Bord befinden sich etwa zwanzig Frauen, unter ihnen sind sechzehn verheiratet, vier sind Mädchen, die auf gut Glück nach Californien gehen, um sich dort Männer zu fangen. Diese vier Mädchen scheinen mir sehr dumm und häßlich zu sein, und außerdem sind sie in fortgeschrittenem Alter, das heißt um die Dreißig herum. Aber zweifelsohne werden sie in Californien finden, was sie wünschen, denn der Markt ist dort sehr schlecht mit dem schönen Geschlecht versehen.

In meiner Kabine sind vier Kojen, von denen ich eine belegt habe. Eine zweite ist von einem schwedischen Juden belegt ... Die dritte ist von Kapitän Poustand belegt und die letzte von einem fetten Amerikaner, der in San Francisco wohnt. Das Schiff hat zwei Decks; das eine davon heißt Quarterdeck und dient den Passagieren bei großer Hitze oder Regen, denn durch das Oberdeck wird es gegen die Sonnenstrahlen und schlechtes Wetter geschützt. Das Oberdeck dient abends oder wenn der Himmel mit Wolken bedeckt ist zum Spaziergang. An Bord dieses Dampfers wird die Distanz nicht durch Auswerfen eines Logs gemessen, denn wir haben den ganzen Tag lang Sonne. Die Verpflegung ist weit schlechter als die an Bord des Dampfers von England nach New York, und hier gibt es weder Schokolade noch Schinken, noch Eier, und vieles andere fehlt gleichfalls. Man erzählt mir, daß auf dem Isthmus von Panama die Lebensmittel sehr knapp sind; infolgedessen werde ich mir noch einige an Bord unseres Dampfers kaufen, um sie mitzunehmen.

Einen sehr hübschen Anblick bieten die fliegenden Fische, die, von anderen, größeren, verfolgt, eine Strecke weit fliegen und dann wieder im Wasser verschwinden; sie sind einen halben bis einen Fuß lang. Die Bewegungen dieses Dampfers sind ein wenig verschieden von denen der englischen Schiffe. Die letzteren werfen sich mit dem Bug im Wasser vorwärts und stampfen in ihrer ganzen Länge, während die amerikanischen Dampfer von einer Seite zur anderen schlingern. Die Großartigkeit des nächtlichen Himmels kann mit nichts verglichen werden, wenn das glänzende Licht von Millionen Sternen den Ruhm Gottes verkündet, und nichts Schöneres gibt es als den Anblick des Meeres, wenn die Sonne mit ihren brennenden Strahlen daraufscheint.

Am 9. März um fünf Uhr morgens sichteten wir die Küste von Zentralamerika, und um zehn Uhr landeten wir eine Meile von Chagres entfernt. Sofort kamen Boote längsseits, aber es dauerte nahezu zwei Stunden, bis ich mit meinem Gepäck fortkam, denn die Passagiere drängten fürchterlich. Die See ging sehr hoch, und nicht ohne große Gefahr, mein Gepäck zu verlieren oder verletzt zu werden, kam ich an Land.

Unter allen erbärmlichen Orten, in die ich gekommen bin – und ich habe in den verschiedenen Gegenden der Welt so manche gesehen –, muß ich Chagres die Palme reichen. Auf der linken Seite des Chagres-Flusses leben die Eingeborenen; ihre Häuser sind mehr Hütten oder Schuppen, denn sie bestehen nur aus vier in den Grund gerammten Pfählen, die mit Geflecht aus Bambusrohr verbunden werden, und das Dach besteht ebenfalls aus Bambus. Ein oder zwei Hängematten und ein eiserner Topf sind alles, was man im Inneren zu sehen bekommt. Auf der anderen Seite des Flusses stehen ein paar kleine Holzhäuser, die von Amerikanern bewohnt werden; die Erdgeschosse aller dieser Häuser dienen als Läden für Liköre, Früchte, Kleider und so weiter. Sofort bemühte ich mich, ein Boot zu mieten, hatte aber kein Glück damit, denn meine Reisegefährten, die vor mir angekommen waren, hatten schon alle guten Boote genommen. Deshalb erschien es mir das beste, mit einem Dampfer weiterzufahren, denn dessen Besitzer hatten sich verpflichtet, uns von der Stelle aus, an der der Dampfer nicht weiterkönnte, ohne den geringsten Zeitverlust mit kleinen Booten weiterzubefördern.

Ich verließ Chagres um halb zwei Uhr und hatte dreiundzwanzig Reisegefährten. Obwohl wir nur zweieinhalb Knoten in der Stunde machten, überholten wir doch bald die Boote, die vor uns abgefahren waren. Der Chagres-Fluß ist sehr schmal und so flach, daß es auch kleinen Booten nur mit der größten Mühe möglich ist, stromaufwärts zu fahren, und das um so mehr, als Tausende und aber Tausende von alten Baumstämmen alle Augenblicke aus dem Wasser ragen und das Weiterkommen hindern.

Etwas Imposanteres und Entzückenderes als die Ufer des Chagres-Flusses kann man sich nicht vorstellen, denn ununterbrochen säumen sie undurchdringliche Wälder von Butterpalmen, Zitronen- und Apfelsinenbäumen, Kokospalmen, Guyavabäumen, Bambusrohr, Mais[6] und tausend anderen Gewächsen. Um eine Erfrischung zu uns zu nehmen, hielten wir bei dem Dorfe Gatun, das aus zwei oder drei elenden Eingeborenenhütten besteht. Abends ... machten wir bei Vamos zur Nacht halt. Acht meiner Reisegefährten saßen die ganze Nacht beim Spiel wach, während sich zwölf weitere unter einer Dattelpalme nahe bei einem Hause schlafen legten; ich selbst und zwei andere bekamen Hängematten, für die wir pro Stück etwa drei Shilling sechs Pence bezahlen mußten. Obwohl das Haus, in dem wir blieben, keine Wände und nur ein Dach aus trockenem Laub hatte, war die Hitze doch unerträglich, und ich schwitzte die ganze Nacht, als ob ich in einem russischen Dampfbad läge; außerdem war die ganze Nacht ein schrecklicher Lärm, und wenn ich endlich einmal für einen Augenblick eingeschlafen war, so wurde ich sofort wieder durch Schweine oder Kinder aufgeweckt, die gegen mich rannten. Nach der Hitze des Tages und dem ersten Teile der Nacht fällt gegen drei Uhr ein kalter Tau, und von da bis zum Sonnenaufgang ist es einigermaßen kühl. Nachts sah ich etliche finster blickende Eingeborene um mich und hatte deshalb fortwährend meinen Revolver in der einen und mein Dolchmesser in der anderen Hand.

Morgens ... brachen wir auf, aber kaum waren wir eine Meile weitergekommen, als wir wegen der Stromschnellen und des flachen Wassers nicht mit dem Dampfer weiterfahren konnten, sondern in die beiden Boote steigen mußten, die an den Dampfer gebunden gewesen waren. Um diese Zeit regnete es sehr heftig, und wir wurden gründlich durchweicht.

Das größere Boot, in dem ich mit etwa zwölf anderen und dem größten Teil des Gepäcks untergebracht war, wurde von vier verdächtig aussehenden Negro-Spaniern gerudert, das andere Boot dagegen von zwei Negro-Franzosen aus San Domingo. Um sechs Uhr trafen wir auf den Gegendampfer, der dreimal größer als unserer und ganz anders gebaut war, denn er hatte hinten ein großes Rad und zwei große Decks übereinander. Passagiere hatte er nicht, denn da man in offenen Booten in nur zwölf Stunden von Gorgona nach Chagres gelangt, zieht jedermann die Boote dem Dampfer vor. Gleich darauf gelangten wir an eine Stelle, an der die Eisenbahn den Fluß berührt und wo zur Unterbringung der Eisenbahnarbeiter ein paar Holzhäuser errichtet worden sind. Etwa vierzig der Arbeiter kamen heraus, als wir vorüberfuhren; ihre blassen und ausgemergelten Gesichter zeigten deutlich die furchtbaren Auswirkungen dieses giftigen Klimas. Da es häufig regnet und es am Tage immer 100 bis 110 Grad (nach Fahrenheit) *[37 bis 43 Grad Celsius]* sind, ist das Wachstum der Vegetation äußerst schnell, aber die Verdunstung von tausend Sümpfen und Teichen stehenden Wassers und der Verwesungsgestank tierischer und pflanzlicher Stoffe zersetzen die ganze Luft; gewiß ist dieses Klima das ungesündeste auf der Erdkugel. Der ständige fürchterliche Durst, der den Neuling quält, kann nicht gestillt werden, denn das Wasser ist so warm wie die Luft und voller Insekten; um die letzteren zu töten und das Wasser trinkbar zu machen, muß man es immer mit Branntwein vermischen, der die Nerven in dauernder Erregung hält und den Körper schwächt. Hier in der Wildnis wachsen die schönsten Früchte des tropischen Klimas, aber dies ist Gift für jeden, außer für die Eingeborenen, die von früher Jugend auf daran gewöhnt sind.

Die Eingeborenen dieses Landes kann man in drei Klassen einteilen: in

Indianer von hellem, braunem Teint, meist regelmäßigen Gesichtszügen und langem, schönem Haar, in Negro-Spanier, also eine Mischung von Negern und Spaniern, mit gekräuseltem, kurzem schwarzem Haar, sehr unregelmäßigen, affenähnlichen Gesichtszügen und dicken vorspringenden Lippen, und schließlich in Kreolen, Nachkommen der Spanier, die sich hier zu Beginn des sechzehnten Jahrhunderts angesiedelt haben. Diese Kreolen haben sich nicht mit anderem Blut gemischt, sind im allgemeinen von heller Hautfarbe, aber natürlich sonnenverbrannt. Sie sprechen das Spanische mit einem schönen Akzent, und sogar im alten Spanien hörte ich es nirgends schöner gesprochen als hier. Auch die Indianer sprechen es sehr gut und immer noch besser als die Bewohner der nördlichen Provinzen Spaniens; die Negro-Franzosen bedienen sich einer Art Mischsprache.

Die Eisenbahn wird nicht von Chagres aus gebaut, sondern von einer drei Meilen unterhalb gelegenen Bucht, wo Schiffe jeder Größe landen können. Da die Eingeborenen für solche Arbeit zu faul sind, sind alle Arbeiter Amerikaner. Sie kommen unter der Verpflichtung her, daß sie Reise, Unterkunft und Verpflegung frei haben und dazu fünfunddreißig Dollar oder sieben Pfund Sterling pro Monat erhalten, und mit der ferneren Verpflichtung, daß sie nach hundert Arbeitstagen nach Californien oder irgendeinem anderen Hafen der Vereinigten Staaten gebracht werden müssen, zu dem sie wollen. Aber mit sehr wenigen Ausnahmen können die Amerikaner das hiesige Klima nicht hundert Tage lang aushalten; zum größten Teil bekommen sie einen Monat nach ihrer Ankunft das Fieber und sterben, bevor sie noch sechs Wochen hier sind. Die Überlebenden haben eine ruinierte Gesundheit und haben nichts mehr von ihrem Leben. Man kann sagen, daß diese Bahn auf den Knochen der Amerikaner gebaut wird.

Am 10. März landeten wir bei einigen Indianerhütten, um Erfrischungen zu uns zu nehmen. Um meinem Körper ein bißchen heilsame Bewegung zu machen, kletterte ich auf eine hundert Fuß hohe Kokospalme und warf meinen durstigen Reisegefährten einige Früchte hinunter. Danach kletterte ich noch in einen Orangenbaum und schüttelte meinen Kameraden Hunderte von Apfelsinen ab. Die Indianer forderten einen Picayun ($^1/_2$ Dime) für jede Tasse Kaffee oder Milch. Je weiter wir den Fluß hinauffuhren, desto schwieriger wurde die Fahrt, und fast alle fünf Minuten mußten die Neger in das Wasser springen und uns über eine Sandbank hinüberziehen. Ich wäre ihrem Beispiel gewiß nicht gerne gefolgt, denn der Fluß ist voller Leguane und Kaimane, die den Krokodilen sehr ähnlich sind, nur haben sie einen viel längeren Schwanz und sind sonst kleiner. Die Kaimane im Chagres-Fluß sind gewöhnlich drei bis zehn Fuß lang, selten mehr; in einem Flusse bei Panama sollen sie vierzig Fuß lang und vier bis fünf breit werden.

Hier dürfte Schliemann Jägerlatein aufgesessen sein. Laut Brehm erreicht der größte der Kaimane, der Mohrenkaiman, nur etwa vier Meter Länge, und selbst beim Nilkrokodil hält er die Zehnmeterlänge für eine unglaubwürdige Schätzung.

Die Strahlen der brennenden Sonne fielen senkrecht auf uns, und geschwächt vom Durst landeten wir um vier Uhr wieder bei einigen Hütten. Aber alles, was wir an Erfrischungen bekommen konnten, war etwas schwarzer Kaffee von der schlechtesten Sorte. Man sagte uns, Gorgona sei nur noch vier Meilen entfernt, und ungefähr neun Reisegefährten und ich beschlossen, zu Fuß dorthin zu gehen. Aber wir waren mit dem Wege nicht vertraut, verfehlten ihn bald und fanden uns mitten im Dickicht des Waldes, ohne einen Weg nach vorwärts oder rückwärts zu entdecken. Mit ungeheurer Mühe brachen wir uns durch Dornbüsche und Lianen[7] eine Bahn und gelangten endlich an einen Platz am Fluß, von dem aus wir nicht zu ferne unser Boot erblickten. Ich stieg wieder ein, während meine Gefährten sich von neuem auf den Fußweg nach Gorgona machten, diesmal aber von einem Indianerjungen geführt. Endlich um zehn Uhr abends kamen wir in Gorgona an, einem erbärmlichen Ort, der aus ein paar Holzhäusern mit großartigen Namen wie Union Hotel und Panama Railroad Hotel besteht. Ich blieb gleich im ersteren und bekam Essen und Unterkunft von der schlimmsten Sorte, obwohl ich sehr viel dafür bezahlen mußte. Das Rindfleisch ist sehr schlecht, und ich kann es überhaupt nicht essen; der Schinken ist so gesalzen, daß ich mich zu Tode trinken müßte, wenn ich ihn anrührte. Das einzige, was ich essen konnte, waren saure gekochte Äpfel und schwacher Tee. Für die Nacht brachte man mich in einer kleinen Dachstube unter, in der außer mir mehr als dreißig Personen schliefen. Die Hitze und die Ausdünstung von so vielen in einen kleinen Raum gepferchten Menschen hinderten mich zu schlafen. Am Morgen des 11. März mietete ich drei Maultiere, ein gesatteltes für mich und zwei andere für mein Gepäck; der Besitzer der Maultiere, Debursio Haramillo, kam zu

Fuß mit. Wir brachen halb sieben auf. Obwohl ich unter den senkrechten Strahlen der glühenden Sonne grausam zu leiden hatte, ist diese Reise von Gorgona nach Panama ganz gewiß eine der interessantesten, die ich je in meinem Leben gemacht habe. Der Weg ist gerade für ein Maultier breit genug, aber von Zeit zu Zeit stößt man auf kleine Windungen und offene Stellen, die ein Durchkommen für zwei Maultiere ermöglichen. Um die Schwierigkeiten einer Begegnung auf dem Wege von oder nach Panama zu verhindern, schreit der Maultiertreiber beim Eingang in ein enges Wegstück so laut er nur kann, um denjenigen ein Signal zu geben, die aus der Gegenrichtung kommen.

Der Weg führt über die Cordilleren-Anden, außerordentlich steil und mit unzähligen Steinen aller möglichen Größen bedeckt, zwischen denen das Durchkommen wirklich sehr schwer ist. Man sagt, daß Fernando de Cortez 1516 eine Chaussee über die Berge gebaut habe, aber ihre Spuren sind fast ganz verschwunden. Hat der Reisende mit der größten Schwierigkeit die Spitze eines steilen Berges erreicht, so schaudert er unwillkürlich, wenn er in das Tal blickt, das 2000 Fuß unter ihm liegt und in das er auf einem rauhen Pfad hinabsteigen muß, der einen Fuß breit und alle Augenblick durch große Steine und tiefe Löcher unterbrochen ist. Aber nichts Schöneres kann man sich vorstellen als den Blick von der Spitze eines Berges auf das herrliche Werk der Natur bis unten zum Boden des tiefen Tals und dann wieder schroff 2000 Fuß hinauf zur Spitze eines anderen Berges. Diese Tausende von Fuß hohen und viele, viele Meilen langen, von der Natur gebildeten Amphitheater sind voll von allen Arten südlicher Vegetation. Der Feigenbaum, die Butterpalme, die Reispalme, die Kokospalme und tausend andere erheben in ihrer ganzen großen Majestät ihre prachtvollen Wipfel zu den Wolken, während die schönen Orangen- und Zitronenbäume und der Mais, als demütigten sie sich vor ihren großen Nachbarn, dem müden und erschöpften Reisenden ihre wunderbaren Früchte anbieten. Papageien, Kakadus, Kanarienvögel, Paraos[8] und Tausende anderer Vögel mit dem schönsten Gefieder fliegen um einen. Tausende von Affen, zwischen einem Fuß Länge und Menschengröße, spielten herum und kreischten in den Bäumen, und die ganze Natur schien das Lob des Allmächtigen zu singen.

Der Isthmus von Panama ist ein ungeheurer Garten Eden, in dem die Nachkommen von Adam und Eva die Sitten ihrer primitiven Vorväter beibehalten zu haben scheinen; denn sie gehen ganz nackt und leben von den Früchten, die die tropische Vegetation in herrlichem Überfluß um sie gedeihen läßt. Ihr hauptsächliches Kennzeichen ist eine fürchterliche Faulheit, die nicht zuläßt, daß sie sich mit irgend etwas beschäftigen. Nie sind sie glücklicher, als wenn sie in ihren Hängematten liegen und essen und trinken ...

Wer den Chagres-Fluß hinaufkommt und danach die Cordilleren-Anden zwischen Gorgona und Panama überschreitet, wird dauernd durch einen fürchterlichen Gestank angewidert, der seine Organe betäubt. Oft stammt er von verwesenden Maultieren, die auf der Straße umgekommen sind, oder von wilden Tieren, z. B. Leguanen; aber ach, oft steigt er auch aus den Leichen der Reisenden auf, die die Eingeborenen auf der Straße umgebracht haben. Wenn die letzteren mit einem Boot voll Passagiere für die Nacht anhalten, so wählen sie für diesen Halt gern einen Platz, der ein wenig oberhalb von Baumstämmen oder Stromschnellen liegt. In der Nacht, wenn alle schlafen, werfen die Bootsleute das Boot dann mit aller Kraft in die Stromschnellen oder auf den Stamm, so daß es kentert und alle Insassen ertrinken, mit Ausnahme der Eingeborenen, die vorbereitet waren und nun ihre Beute teilen. Wenn es ihnen dabei nicht gelingt, die Passagiere zu ertränken, stechen oder schießen sie sie oftmals zu Tode und werfen sie dann über die Flußufer ins Dickicht, wo die Leichen dann von Insekten und Geiern[9] verzehrt werden, die man auf dem Weg von Chagres hierher zu Myriaden sehen kann ...

Die Tropen scheinen das Heimatland der Pflanzenwelt zu sein; jede europäische Pflanze, jeder Baum findet sich hier, aber tausendmal größer und schöner. Die Schmetterlinge sind hier fast so groß wie eine Taube und haben die schönsten Farben in Blau und Gelb.

Hier in Panama kam ich am 11. März ... nachmittags an und stieg im Louisiana Hotel ab, das (mit Ausnahme der Hotels von Chagres und Gorgona) das teuerste und schlechteste ist, das ich auf meinen Reisen angetroffen habe; aber es ist das beste in dieser Stadt. Panama ist ein erbärmlicher, schmutziger Ort mit ungefähr 2000 Einwohnern, von denen ein Viertel Amerikaner sind, zwei Viertel Negro- und Indianer-Spanier, ein Viertel spanische Kreolen. Die Straßen sind eng, mit einem gemeinschaftlichen Abzugskanal in der Mitte, der in der Regenzeit sehr angenehm ist. Die Häuser sind alle so gebaut, daß sie etwa sechs oder acht Fuß in die

Straßen hineinhängen, um diese gegen Regen und brennende Sonne zu schützen. Hier ist es unbeschreiblich heiß, und ich schwitze den ganzen Tag, als wenn ich in einem russischen Dampfbad säße. Das Schwitzen erregt Durst, und ich weiß kein Mittel, ihn zu löschen, denn das einzige, was ich hier ohne Angst, mich zu vergiften, trinken kann, ist Branntwein mit Wasser.

Panama wurde 1516 etwa acht Meilen von hier entfernt von Fernando de Cortez gebaut und hatte vor etwa 250 Jahren einen blühenden Handel und ungefähr 100 000 Einwohner. Vor etwa 200 Jahren wurde es von Seeräubern erobert und verwüstet, und die gesamte Bevölkerung wurde getötet. Nur ein paar entkamen und bauten hier später diese erbärmliche Stadt. Die hiesigen Soldaten sind alle Farbige ... Sie gehen barfuß und sehen mit ihren alten rostigen[10] Gewehren wie Räuber aus. Hier werden zweimal wöchentlich zwei englische Zeitungen, der ›Panama Star‹ und das ›Panama Echo‹, und eine spanische, ‹El Panameño‹, gedruckt. In meinem Hotel muß ich mit sechs Personen zusammen schlafen, und die Hitze im Zimmer beträgt sicher 110 Grad *[43 Grad Celsius]*, obwohl wir die ganze Nacht alle Türen weit offen haben. Fenster und Fensterscheiben sind hier in Panama gänzlich unbekannt. Die Zimmer der Häuser öffnen sich durch weite Türen auf Galerien. Gute Panama-Strohhüte kann man hier nicht kaufen.

Am 13. ging ich abends um halb acht Uhr in das Theater, ein kleines, primitives Gebäude, das mehr einer Scheune als einem Theater ähnlich sieht. Wie in spanischen Theatern üblich, mußte ich erst für den Eintritt und dann für meinen Platz bezahlen ... Ich bekam einen Platz im Parterre, das statt der Stühle schlechte Bänke hatte. Man gab »El Alcalde de Salamanca« und »La familia improvisada«, und da die Vorstellung zugunsten der Armen war, war das Haus überfüllt. Im Theater waren viele spanische Schöne; sie haben schwarze Haare, schwarze Augen, einen gelbblassen Teint und im allgemeinen sehr interessante Gesichtszüge. Ebenso war eine große Anzahl derber farbiger Damen anwesend, deren grobe und kräftige Züge sehr von den feinen und zarten der Spanierinnen abstachen. Unter dem Einfluß des brennenden Klimas verblühen die spanischen Schönheiten noch weit schneller als die amerikanischen.

Links von mir saßen zwei junge Spanier, und ich setzte mein ganzes Konversationstalent ein, um von ihnen so viel nützliche Informationen über das Land und die Regierung zu erhalten, wie nur möglich. Leider hatte ihre Bildung nur ein sehr geringes Niveau, und alles, was ich von ihnen erfahren konnte, war, daß an der Spitze der Regierung ein Präsident steht ...

Für den Weg nach Bogotá braucht der Reisende, obwohl es nur tausend Meilen von hier entfernt ist, zwanzig Tage, denn er führt dauernd durch die Cordilleren und ist sehr gefährlich und schwierig, da er bisweilen über 12000 Fuß hohe Berge mit ewigem Schnee führt und dann wieder unter der brennenden Tropensonne durch Wüsten.

Kennzeichen der Spanier in diesem Lande ist ihre Neigung zum Frivolen und zum Amüsement, dazu große Faulheit und Leichtfertigkeit des Charakters. Jeder trägt Tag und Nacht ein Dolchmesser mit sich herum, dazu, wenn er die Stadt verläßt, eine Pistole. Wie vorauszusehen war, spielten die Schauspieler und Schauspielerinnen sehr schlecht, konnten ihre Rollen nicht, und die Stimme des Souffleurs war dauernd zu hören. Dafür bekam ich in dem Kaffeehaus, das dem Theater gegenüberlag, den besten Kaffee, den ich seit Liverpool genossen hatte. Im Gastraum stand angeschrieben: »Auf Kredit gibt es hier nichts!«

Am 14. März frühmorgens mietete ich, zusammen mit einem Reisegefährten, zwei Maultiere für drei Dollar pro Tier und ritt zu dem Platz, an dem die alte Stadt Panama gestanden hat. Mit ausnehmenden Schwierigkeiten und grausamen Leiden unter der brennenden Sonne quälten wir uns auf Maultierpfaden durch Wälder, Unterholz und Dickicht und kamen nach anderthalb Stunden in Sicht der Küste und bald darauf zu den Ruinen des alten Panama. An der Küste hatten wir uns wieder mit tausend Schwierigkeiten und Plagen herumzuschlagen; die Sonnenhitze war so groß, daß wir kaum atmen konnten; tief sanken unsere Maultiere in den lockeren Sand ein; dann wieder kamen wir an Stellen, wo sie bis an den Bauch in Schlamm fielen; dann ging es wieder zwischen großen und scharfkantigen Felsen weiter, wo ein einziger falscher Tritt des Tieres den sofortigen Tod des Reiters bedeutet hätte. Dann mußten wir wieder absteigen und die Maulesel über hohe, breite Felsen treiben. Endlich kamen wir an Ort und Stelle an und wurden sehr enttäuscht, denn wir fanden nur wenig, was unsere Neugier befriedigen konnte. Die alte Stadt ist vor zweihundert Jahren von den Piraten wirklich völlig verwüstet und zerstört worden. In diesem glühenden Klima hält der Zerfall Schritt mit der Vegetation, und so ist wenig oder nichts mehr von der alten Stadt zu sehen. Hier und da war ein Stück von einer alten Mauer oder von den Ruinen einiger Häuser sichtbar, dann eine Steinbrücke über einen kleinen Kanal und endlich ein Kirchturm; obwohl die Wände aus Steinen und Zement errichtet waren, waren sie von Tausenden Bäumen aller Größen bedeckt, die bis zu hundert Fuß hoch waren; ich weiß nicht, wie Bäume auf einer steinernen Mauer wachsen können, und komme nicht aus dem Staunen über die mächtige Vegetation der Tropen heraus. Auch die Mauern des Kirchturms waren überall gleichmäßig mit Gestrüpp bedeckt. Nach den Ruinen zu urteilen, muß die alte Stadt 80 bis 100 000 Einwohner gehabt haben.

Müde und erschöpft von Anstrengung und Durst, fanden wir nur mit ausnehmender Mühe den Rückweg und ruhten uns in einem Orangenwald aus, der früher sicherlich ein Park zur Erholung der Einwohner Alt-Panamas gewesen war. In einem Graben nahe der Mauer sah ich einen Alligator, der über sieben Fuß lang war. Myriaden von Moskitos quälen hier Tier und Mensch, und Tausende von Leguanen, die bei jedem Schritt hervorkommen, hindern den Besucher dieses Landes, die Aussicht zu genießen.

Auf dem Heimweg fanden wir noch mehr Schwierigkeiten als beim Herkommen, denn die Flut lief schnell auf und stürzte manches Mal wütend auf uns los. Endlich, endlich erreichten wir ein Indianerhaus, wo wir anhielten, um uns zu erfrischen. Aber Obst war nicht zu bekommen, und das einzige, was wir erhalten konnten, war ein wenig schlechtes Wasser, das wir hinunterschluckten, um unseren brennenden Durst zu löschen. Um zwei Uhr kamen wir nach Hause; unsere Tiere waren restlos erschöpft, und weder das Antreiben mit den Fersen noch die Peitsche konnten sie bewegen, ein bißchen schneller zu gehen als in langsamem Schritt.

Am 15. März morgens ... wurde mein Gepäck auf Negerschultern zur Küste befördert; ein anderer Neger trug es in das Boot, und da dieses nicht bis ans Ufer kommen konnte, wurde auch ich auf den Schultern des Negers hineingetragen. Etwa eine Stunde mußten wir im Boote warten, und erst dreiviertel zwölf kam ich an Bord des Dampfers »Oregon«. Dieser Dampfer ist recht bequem ausgestattet und gefällt mir ein gut Teil besser als die »Crescent City«. Hier gibt es nur ein Deck, das mit Segeltuch überspannt ist, und kein Oberdeck[11]; der Salon ist zugleich Gesellschafts- und Eßraum. Die Kajüten und Kojen sind sehr ordentlich und sauber.

16. März. Wir fuhren gestern gegen halb sechs ab, denn es dauerte lange,

bis alle Passagiere und alles Gepäck an Bord war. Wir steuerten nach Südwest, in Sicht der Insel Toboga. Es war ein köstlicher Abend. Eine frische Seebrise hatte die Luft abgekühlt. Senkrecht über uns schien der volle Mond, und seine Pracht ist hier in den Tropen so groß, daß kaum ein einziger Stern am wolkenlosen Himmel zu erblicken war. Nichts übertrifft die Schönheit der Insel Toboga, wenn man sie in einer Mondnacht von Bord eines Dampfers sieht, mit ihren Tausende Fuß hohen Bergen, die mit Wäldern von Palmen und Orangenbäumen bedeckt sind. Nichts ist majestätischer als der Anblick des ruhigen Ozeans, der den vollen Mond der Tropen widerspiegelt. Bis spät waren alle Passagiere an Deck und genossen die frische Abendluft zusammen mit dem glänzenden Naturschauspiel. Ich wollte ein Bad nehmen, hatte aber Mühe, es zu bekommen, denn der Farbige, der dafür zu sorgen hat, ist genau so indolent, wie er faul und anmaßend ist. Das Essen an Bord der »Oregon« steht weit unter dem der »Crescent City«, denn da wir kein Eis an Bord haben, gibt es auch kein frisches Fleisch. Alle Fleischgerichte, die auf den Tisch kommen, bestehen deshalb aus eingesalzenem Schweinefleisch und Corned beef. Aber ich sehe, daß wir drei lebende Ochsen an Bord haben, die höchstwahrscheinlich geschlachtet werden sollen, wenn uns das Fleisch knapper wird. Wir haben ungefähr hundert Passagiere in der ersten und etwa vierzig in der zweiten Klasse. Die Mahlzeiten nehmen wir alle am gleichen Tische ein, und da der sehr kurz ist, setzt sich erst die eine Hälfte der Passagiere zum Essen und danach die andere. Tee und Kaffee sind an Bord dieses Dampfers ausgezeichnet. Die Kabinen sind sehr klein; ich habe wieder eine, die ich mit zwei anderen teile.

In der Nacht war die Hitze unerträglich, und keiner von uns konnte schlafen, obwohl wir alle nackt lagen. Unglücklicherweise konnten wir das Fenster nicht öffnen, und zwar wegen des Gischtes, da unsere Kabine dicht am Rad liegt. Obgleich die Ventilatoren auf dem ganzen Schiff in Betrieb sind, ist die Hitze doch abscheulich. Unser Kapitän Pearson und ein weiblicher Passagier sind krank und liegen mit Panama-Fieber. Heute früh hatte ich wieder viel Schwierigkeit, ein paar Eimer Seewasser für mein Bad zu bekommen, aber nun habe ich mit dem Neger ausgemacht, daß er jedesmal fünfzig Cents dafür bekommt.

Den ganzen Morgen fuhren wir in Sicht der bergigen Küste des amerikanischen Kontinents, und ich denke, daß wir gegen zwölf Uhr aus dem Golfe von Panama heraus und in den offenen Ozean kommen werden. Es ist ein heißer und stiller Tag. Hinter Panama trafen wir gestern das englische Schiff »Antelope«, ehemals ein Dampfer, nun in ein Segelschiff verwandelt; es kam nach siebzig Tagen Fahrt mit Passagieren von San Francisco an.

Während meines Aufenthaltes in Panama besuchte ich die Messe in der katholischen Kirche und wurde nicht wenig durch den blinden Fanatismus dieser unwissenden Menschen abgestoßen. Man sagt, daß die katholischen Priester dieses Landes sehr abergläubisch sind[12] und sehr ausschweifend leben ... Auf den letzten Seiten vergaß ich zu bemerken, daß ich am 13. den Gouverneur von Panama besucht habe, der mich mit größter Höflichkeit empfing und mit dem ich mich lange unterhielt ...

Montag, 17. März. Sehr heiß; sanfte Brise aus Nordwest. Vom frühen Morgen bis gegen sechs Uhr nachmittags hatten wir abwechselnd das Festland oder Inseln in Sicht. Um Unordnung bei Tisch zu vermeiden, mußten die Kabinenpassagiere unter Vorzeigung ihrer Billetts auslosen, wer an der ersten und wer an der zweiten Mahlzeit teilnehmen sollte. Ich zog die zweite ... Ich hatte ein langes Gespräch mit Kapitän Pearson, der sich von seiner Erkrankung erholt hat und ebenso höflich wie schlicht und mitteilsam ist. Er erzählte mir, daß die Gesellschaft, der die »Oregon« gehört, auf jeder der beiden letzten Reisen 25 000 Dollar verloren hat, daß sie diesmal aber einen Gewinn erzielen wolle. Vor Konkurrenz hat er keine Angst, denn um eine Dampfer-Linie auf dem Stillen Ozean einzurichten, braucht man Millionen ...

Dienstag, 18. März. Heute haben wir eine feine Brise aus Nord, und da das Schiff ein wenig stampft und schlingert, leiden viele meiner Reisegefährten an Seekrankheit. Heute morgen sahen wir eine Menge großer schwarzer Fische, die sich im Wasser wie Tümmler fortbewegten; aber sie waren weit größer als diese *[wohl Wale]* ...

Mittwoch, 19. März. Seit ich das Obige geschrieben habe, mußten wir viermal wegen kleiner Reparaturen an der Maschine anhalten. Die letzte Nacht schlief ich auf einer Bank im Speisesaal. Auf den Bänken und auf dem Fußboden um mich herum hielten weibliche Passagiere Nachtruhe, da sie wegen der großen Hitze in ihren Kabinen nicht schlafen konnten. Als morgens ... der Neger kam, um mir zu sagen, daß er mein Bad gerichtet hätte, und ich an Deck ging, um es zu nehmen, mußte ich auf der Treppe herzlich lachen, denn eine große Zahl Damen und Herren lagen pêle-mêle halbnackt und schlafend auf der Treppe. Eine Seereise erfordert besondere Zugeständnisse und Freiheiten von der Kostümierung, denn wenn wir hier die Etikette des nördlichen Anstands wahren wollten, müßten wir in der fürchterlichen Hitze umkommen. Morgens beim Frühstück wurde ich mit einem sehr interessanten Menschen bekannt, dem Teilhaber von Fill & Co. in San Francisco; ich habe mich länger als drei Stunden mit ihm unterhalten; er ist ein weitgereister Mann mit viel Kenntnis und Erfahrung.

Donnerstag, 20. März. Keine Änderung, weder im Wind noch im Vorwärtskommen, noch in der Temperatur ...

Freitag, 21. Mittags auf 15°09′ nördlicher Breite und 97°07′ westlicher Länge, gefahren 190 Meilen. Um vier Uhr nachmittags bekamen wir Land in Sicht. Um halb sieben sahen wir am Ufer ein Feuer und nahmen an, die Sonne hätte ein dürres Grasfeld angezündet.

Sonnabend, 22. März. Den ganzen Vormittag hatten wir Land in Sicht, und um zehn Uhr landeten wir im Hafen von Acapulco. Die Einfahrt in den Hafen ist sehr schön und malerisch, zwischen Tausende Fuß hohen Bergen mit großen Steinen und Felsbrocken und Wäldern von Orangenbäumen, Kokospalmen, Bananen und anderen Bäumen. Die kleine Bucht ist sehr tief, so daß wir dicht am Ufer Anker werfen konnten. Im Hafen liegen noch sieben große Segelschiffe, die Kohle aus England gebracht haben, und dazu drei alte Schiffe, die als Kohlenbunker für die Versorgung der Dampfer dienen. Von der Bucht aus gesehen wirkt Acapulco wie ein afrikanisches Dorf, denn mit wenig Ausnahmen sind die Häuser bloße Hütten oder Schuppen, also vier oder sechs in den Boden gerammte Pfähle, mit Schindeln und Rohr gedeckt; einige Häuser haben auch Wände aus dem gleichen Stoff, aber die meisten sind offen. Zwischen den Häusern stehen Palmen, Kokospalmen und Orangenbäume. Steinerne Gebäude gibt es nur ein paar; sie werden von Spaniern oder Yankees bewohnt. Außerdem gibt es noch eine Kirche und ein Fort.

Halb elf ging ich an Land und war in mehr als dreißig Hütten und Häusern. Die Bewohner der Rohrhäuser und Hütten sind alle ein Gemisch aus spanischem und indianischem Blut, und bei den Frauen sah ich auf jeden Schritt sehr feine und regelmäßige Gesichtszüge. Sie sprechen sehr gut Spanisch. Auf der Straße begegnete ich vier Soldaten, die zwei Gefangene abführten, die mit Ketten aneinandergebunden waren; auf meine Frage erfuhr ich, daß die Gefangenen erst vor ein paar Tagen Mord und Raub begangen hatten und nun für drei Jahre in Haft sollten. Die Ketten, mit denen sie gefesselt waren, waren so leicht, daß ich sie, ohne Schmerz zu spüren, hätte in Stücke reißen können ... In das Fort durfte ich nicht eintreten, aber es war sowieso nur ein Haufen Steine mit ein paar Gewehren und von ein paar elend aussehenden Soldaten besetzt. Dieses Fort ist im Begriff, eine Ruine zu werden, aber durch die Trägheit der Mexikaner kommt es zu keiner Reparatur.

Früher gab es in Acapulco viel Krankheit, denn die Stadt ist ganz von hohen Bergen umgeben, die allen Wind abhalten, und hat außerdem dicht beim Fort einen großen Sumpf, der unaufhörlich üble Dünste ausströmt. Nun hat aber ein französischer Ingenieur den Sumpf trockengelegt und in einen Berg einen tiefen Einschnitt gemacht, so daß der Wind hereinkommen kann und der Gesundheitszustand beträchtlich verbessert ist. Acapulco war früher, als Mexiko noch zu Spanien gehörte, ein bedeutsamer Platz, denn damals wurden alle für die Hauptstadt von Mexiko, Vera Cruz, und andere Orte[13] des Binnenlandes bestimmten Produkte Ostindiens von Manila aus durch spanische Schiffe hierher gebracht. Für den Rückweg luden sie dann aus den vielen und reichen Minen des Landes Gold, Silber und mindere Metalle wie Kupfer, Eisen usw. Aber seit Mexiko von Spanien abgefallen ist *[1823]*, hat dieser Verkehr aufgehört, und die Minen sind verlassen. Die Mexikaner sind falsch, dumm, eingebildet. Der Regierungssitz ist Mexiko, ungefähr 120 Leagues oder 280 Meilen von hier. Sie haben einen Präsidenten, und jeder der achtzehn Staaten des Landes entsendet einen Senator und zwei Abgeordnete in den Kongreß. Aber das ist alles bloß Formalität, denn durch Bestechung kann hier alles möglich gemacht werden. Mit Geld in der Hand und mit Bestechung des Steuereinnehmers, des Schatzmeisters und der Angestellten können hier ganze Schiffsladungen geschmuggelt werden. Jeder Schurke, der sich auf Kosten des Landes bereichern möchte, braucht nur zum Präsidenten zu gehen und ihm 10000 Pesos für den Posten als Steuereinnehmer zu bieten, und schon wird er ernannt, und binnen eines Jahres kann sich der Schuft das Zehnfache der ausgegebenen Summe erschwindeln. Alle Ämter in der Regierung werden hier von den ersten Beamten verkauft, die wie despotische Schurken handeln und das Land mit der Armee beherrschen. Ich fügte meinem Brief an Herrn G. Ellis noch ein paar Worte hinzu und übergab ihn dann dem

Postmeister zur Beförderung. Auf dem Markt kaufte ich viele Orangen und einige Ananas und ging dann gegen zwei Uhr wieder an Bord. Acapulco liegt 16° 42′ nördlicher Breite und 98° *[westlicher]* Länge.

23. März. Für die Dauer unseres Aufenthaltes in Acapulco hatten wir einen Zollbeamten an Bord ... Gestern abend kamen mehrere mexikanische Offiziere an Bord, um einen jungen Mann festzunehmen, der aus Ohio stammte, vor einem Jahr in Acapulco in Teilhaberschaft mit einem Spanier getreten war und sich nun plötzlich mit 600 Pfund Sterling davonmachte, nachdem er vorher noch die Tochter seines Partners verführt hatte. Zuerst versteckte er sich irgendwo an Bord, aber als die Offiziere nach vergeblichem Suchen aufgegeben hatten, ihn zu finden, stellte er sich ihnen als Gefangener.

Diesen Morgen kamen viele Indianerjungen zum Dampfer geschwommen und wollten durch Tauchen und alle möglichen Kunststücke im Wasser ein paar Dimes verdienen. Tausende von Fischen sahen wir rings um das Schiff schwimmen, die ein wenig von dem erschnappen wollten, was über Bord geworfen wurde.

Um ein Uhr verließen wir unseren Ankerplatz, nahmen die Passage zur Rechten und kamen zwischen ungeheuren, von der Natur wundervoll zusammengeworfenen Felsgruppen hindurch. Den ganzen Tag hatten wir die schöne mexikanische Küste vor uns, zwei, manchmal sogar drei und vier Ketten hoher Berge, die ihre Gipfel in den Wolken versteckten. Das Land ist hier unfruchtbar und bringt auf etwa zwanzig Meilen von der Küste kaum etwas hervor. Abends sahen wir am Ufer zwei Feuer, die wahrscheinlich von den Eingeborenen entzündet worden waren.

Pazifischer Ozean, den 24. März. An diesem Morgen ist die Küste viel weiter entfernt, und die hohen mexikanischen Berge sehen wie dunkle Wolken aus. Um neun Uhr kamen wir an einem Dampfer vorbei, den man für die von San Francisco kommende »New Orleans« hielt ...

Am 25. März. Nördliche Breite 19° 32', westliche Länge 106°, gelaufen 197 Meilen. Kein Land in Sicht. Wir sind heute auf der Höhe des Golfs von Nieder-Californien.

Am 26. März. In der letzten Nacht ist ein Zwischendeckpassagier an Ruhr gestorben; seine Leiche wurde heute morgen zusammen mit einem Stück alten Eisens in Leinen genäht[14], dann mit der Flagge der Vereinigten Staaten bedeckt und auf eine Bohle gelegt. Der Schiffsarzt las ein kurzes

Gebet, und der Tote wurde der Tiefe übergeben, wo er sofort verschwand. Heute ist es viel kühler ...

Am 27. März. Es ist wieder recht kalt, und als ich die letzte Nacht auf einer Bank im großen Salon verbrachte, litt ich sehr unter der Kälte und dem Wunsch nach Bequemlichkeit. Fortan werde ich wieder in meiner Kajüte schlafen. Als der Neger mich um vier Uhr weckte, ging ich nach oben, um mein Bad zu nehmen. Von vier bis halb zehn hatten wir Kap Lucas, den südlichsten Punkt Nieder-Californiens in Sicht. Da der vierte Maat mir seinen Quadranten geliehen und mir dessen Gebrauch erklärt hat, versuchte ich, die Höhe der Sonne zu bestimmen und unsere Breite zu messen ... Wir steuern Nordwest halb West und haben seit gestern starken Gegenwind. Frau Roberts hat mir die drei Bände von Thomas Dick, Doktor der Astronomie, geliehen, und ich habe fast den ganzen Tag in diesem wundervollen Buch gelesen, das mir ungeheuer interessant ist. Meine Reisegefährten amüsieren sich damit, daß sie einander mit einem Stück zusammengerollten Papiers im Nacken kitzeln und dann einander verfolgen, um diese Beleidigung zu strafen. Da es im Salon zu kalt war, schlief ich in der letzten Nacht zum ersten Mal wieder in meiner Kajüte. Nachmittags kamen wir an Margaret's Island und einer Halbinsel vorbei – beides unfruchtbares Gebirgsland. Vor einem Jahr scheiterte hier ein Schiff, und die Mannschaft rettete sich auf die Insel, aber dort kam sie vor Hunger um, da nichts Eßbares zu finden war. Zwischen der Margareteninsel und dem Festland liegt eine tiefe Bucht, die bei den Walfängern berühmt ist.

28. März. An diesem Morgen war es so kalt, daß ich Winterkleidung anziehen mußte. Vormittags ... sahen wir eine Menge großer Fische, »schwarze Fische« genannt, die sich im Wasser wie Tümmler bewegen *[Wale]*. Kein Land in Sicht ...

Sonnabend, 29. März. Kaltes Wetter. Kräftige Brise aus Nordnordost und hoher Seegang ... Nachmittags kamen wir an fünf Inseln vorbei, von denen nur die größte, die Cerros heißt, auf der Karte ist. Alle diese Inseln bestehen aus hohen und unfruchtbaren Felsen und sind prächtig anzusehen.

Sonntag, 30. März. Das Wetter ist wieder kälter und mit einer kräftigen Brise aus Nord. Letzte Nacht mußte ich mit zwei wollenen Decken schlafen. Heute morgen hatten wir Gottesdienst ...

Montag, 31. März. Heute morgen ... machten wir im Hafen von San

Diego halt, einem elenden kleinen Nest ... San Diego hat drei Teile; ein paar Holzhäuser stehen unmittelbar am Hafen, ein paar andere etwas höher hinauf, der Großteil der Stadt etwa vier Meilen vom Ankerplatz der Schiffe entfernt. Der Hafen ist nur klein, aber dreißig bis fünfzig Fuß tief und von riesigen Felsen umgeben. Die Wasseroberfläche ist von einem sehr langen, gelben Seetang bedeckt, der ›Kelp‹ genannt wird und manchmal bis zu 100 Fuß lang wird.

Kelp ist eine schottische Bezeichnung für die Asche verschiedener Braunalgen (Phaeophyceen), aus der Jod gewonnen wird. Die größten Vertreter dieser Familie finden sich im Pazifischen Ozean.

Da wir nur einen Passagier abzusetzen und die Post abzugeben hatten, warfen wir nicht erst Anker, sondern fuhren nach anderthalb Stunden Aufenthalt weiter. Während des ganzen Tages hatten wir die sehr hohe Felsenküste in Sicht; einer der Felsen war sogar mit Schnee bedeckt. Diese Berge heißen die Küstenkette; die Sierra Nevada liegt etwa 120 Meilen landeinwärts. Gegen Abend kamen wir an zwei Inseln vorbei, von denen die eine Catalina heißt.

Dienstag, 1. April. Heute morgen ... kamen wir an der schönen Insel Santa Barbara vorbei, die aus sieben riesigen Felsen besteht und einen höchst großartigen und malerischen Anblick gewährt. Zuerst kommt ein hoher viereckiger Felsen, der einen ungeheuren Bogen zur Durchfahrt bildet, so groß und tief, daß jedes Kriegsschiff hindurchfahren kann, dann kommt ein hoher Felsen in der Form eines ungeheuren Kegels, dann ein Berg, dann wieder ein Kegel, wieder ein Berg, wieder ein Kegel und wieder ein Berg. Kurz darauf sahen wir die Insel Santa Cruz, dann San Miguel, dann Santa Rosa, die alle aus hohen Felsen bestehen. Die steile amerikanische Küste sahen wir den ganzen Morgen zu unserer Rechten[15]. Es ist ein schöner Morgen und viel wärmer als während der letzten Tage. Um elf Uhr kamen wir am Kap Concepcion vorbei. Am Ufer sahen wir ungeheure Viehherden, die geschwind wegliefen, als wir vorüberkamen. Die Küste zeigt beständig breite und schöne Täler (Ebenen), die mit wildem Hafer bewachsen sind. Vom Strand bis zu den Bergen sind es etwa fünf Meilen ...

Mittwoch, 2. April. Heute morgen ... trafen wir zwei Dampfer, nämlich »Tennessee« und »Mc Kim«. Da der erstere zu weit entfernt war, hielten wir den zweiten an, um einen Passagier überzusetzen, der in Panama heimlich an Bord gekommen war und seine Passage nicht bezahlt hatte. Als der Kapitän und der Magazinverwalter vor ein paar Tagen nach den Fahrkarten fragten, versteckte sich der Mann zwischen dem Pökelfleisch, wo die Stewards ihn fanden. Ein anderer Passagier, der auch ohne Bezahlung an Bord gekommen war, hatte sich zwischen zwei Matratzen versteckt, wo man ihn herauszog. Er bezahlte hundert Dollar und kam so durch. Der Mann, den wir heute morgen an Bord der »Mc Kim« übersetzten, war ohne einen Farthing in der Tasche von New York gekommen, aber an Bord der »Crescent City« hatte er mehr Glück gehabt als hier. Nun fährt er mit der »Mc Kim« nach Panama zurück. Bei uns war er zwei Tage lang bei Wasser und Brot im Baderaum eingeschlossen. Die »Mc Kim« und die »Tennessee« hatten San Francisco gestern nachmittag ... verlassen.

Heute morgen wurde ein Zwischendeckpassagier, ein älterer Mann, der an Fieber gestorben war, in Segeltuch eingenäht und der Tiefe übergeben, während einer der Passagiere, Fögginsen, eine Leichenpredigt las. Die californische Küste war heute morgen in dicken Nebel gehüllt, der in der Umgebung von San Francisco üblich sein soll.

Nachmittags um halb drei Uhr kamen wir durch das Goldene Tor (bestehend aus zwei ungeheuren Felsstücken in Form eines Tores) und fuhren schnell in den Hafen von San Francisco, der von riesigen Bergen eingeschlossen und beschützt wird und groß genug ist, die Flotten der gesamten Welt aufzunehmen. Bald sahen wir den Stadtrand von San Francisco und bald darauf die Stadt selbst. Mehr als achthundert große Dreimastschiffe aller Nationalitäten lagen dicht vor der Stadt und boten ein großartiges und schönes Bild. Wegen der unzähligen Masten war wenig von der Stadt zu sehen, bevor man mit dem Boot landete.

Das Gedränge der Passagiere war beim Fortkommen so groß, daß ich die »Oregon« nur mit Schwierigkeit und Gefahr verlassen konnte. Für das Anlandsetzen mußte ich 1,50 Dollar bezahlen, für die Beförderung des Gepäcks zum Hotel 2,50 Dollar. Ich blieb im Union Hotel, das das beste der Stadt ist. Für ein kleines Zimmer im vierten Stock, sechs Fuß lang und fünf Fuß breit, mußte ich sieben Dollar pro Tag bezahlen, Beköstigung eingeschlossen. Die Straßen sind mit Bohlen gepflastert, die Häuser zum größten Teil aus Holz. Der Neuankömmling ist bezaubert, wenn er diese hastige, geschäftige Stadt von 40 000 Einwohnern sieht und daran denkt, daß sie erst achtzehn Monate alt ist, denn vorher gab es hier nur ein paar Holzhäuser[16].

Sacramento City, 26. April. Fast vier Wochen sind vergangen, seit ich das Obenstehende schrieb, und große Veränderungen haben sich mit mir vollzogen. Im Union Hotel blieb ich nur einen Tag und zog dann zu Dr. Stout, bei dem ich zwanzig Dollar für Kost und Wohnung bezahlte. Nachdem ich mich umgesehen hatte und zu der Überzeugung gekommen war, daß ich mehrere Wochen brauchen würde, um mit Örtlichkeit und Geschäftsmanieren dieser Gegend gut bekannt zu werden, schien es mir richtig, für ein paar Tage nach Sacramento zu gehen, um nach den Angelegenheiten meines unglücklichen Bruders zu schauen, der dort am 21. Mai letzten Jahres gestorben ist. Ich fuhr also mit einem Dampfer über die Bucht und dann den Sacramento-River hinauf, der dem Chagres-Fluß sehr ähnlich, aber viel breiter und tiefer ist. Mit viel Mühe fand ich das Grab meines Bruders und gab dem Leichenbestatter fünfzig Dollar für einen schönen marmornen Grabstein mit Inschrift; inzwischen ist er in San Francisco angefertigt, und er steht nun auf dem Grab.

Später, auf der Rückkehr von der Ostasienreise, als Schliemann die Gebeine des Bruders in die Heimat überführen wollte, stellte sich heraus, daß Schliemann ein falsches Grab hatte schmücken lassen.

Ich sah mir auch hier das Geschäft an und fand, es sei besser, mein Geld hier anzulegen und nicht in San Francisco. Ich beschloß also, mich hier niederzulassen, und fuhr deshalb nach San Francisco zurück, um mein Gepäck zu holen. Am 9. dieses Monats kehrte ich nach Sacramento zurück und lebe seitdem hier.

Ich muß gestehen, daß mir das hiesige Klima gefällt; die Tage sind heiß, die Nächte kühl und erfrischend, und das mag ich viel lieber als San Francisco, wo den ganzen Tag ein starker Sturm bläst. Sacramento liegt in der Mitte des Sacramento-Tals, das etwa 360 Quadratmeilen groß ist und einem ungeheuren Garten gleicht, mit schönen Bäumen und immergrünem Gesträuch. Mit großen Kosten ist ein mächtiger Flußdamm oder Deich gebaut worden, um die Stadt vor Überschwemmungen zu schützen, die es sonst fast jedes Jahr gab, denn wenn in den Bergen der Schnee schmilzt, führt der Fluß ungeheuer viel Wasser. Obwohl diese Stadt noch sozusagen ein Kind ist *[die ersten Goldfunde wurden im Januar 1848 gemacht]*, hat sie doch schon 10000 Einwohner, und die Bevölkerung nimmt täglich zu. Die Straßen sind breit und sehr regelmäßig, aber natürlich nicht gepflastert, und mit sehr wenigen Ausnahmen sind alle Häuser aus Holz. Die Amerikaner sind in der Kunst, Städte anzulegen, äußerst geschickt, und so haben sie dieser Stadt fünfundfünfzig riesige Straßen gegeben, die im Norden mit A beginnen und im Süden mit Y enden, im Westen mit 1 anfangen und im Osten mit 31 schließen. So ist es auch kein Wunder, daß der größte Teil unserer Stadt noch aus Weiden, Bäumen und Gebüsch besteht und so die Jäger einen unerschöpflichen Bestand von Kaninchen, Präriewölfen und Wachteln zur Verfügung haben. Die große Plage des Orts bilden die Ratten, von denen es Millionen gibt.

Ich dachte hier einen großen Reichtum zu finden, aber darin hatte ich mich geirrt. Die wilden Spekulationen der verschiedensten Art, insbesondere die in Grundbesitz, haben fast jedermann zugrunde gerichtet, und Männer, die vor einem Jahr noch Hunderttausende wert waren, haben nun nichts.

E. Meyer weist darauf hin, daß der wilden Gründerperiode ein wirtschaftlicher Rückgang folgte und daß Sacramento und der Staat Californien 1856 sogar ihre Zahlungen einstellen mußten.

Unter diesen Umständen ist es nicht verwunderlich, daß Bargeld sehr knapp ist und nur für hohe Zinsen von fünf bis zehn und zwölf Prozent pro Monat zu haben ist. Aber die Sicherheit ist sehr gering, und beim Geldverleihen braucht man äußerste Sorgfalt und Vorsicht. In keinem Lande der Welt habe ich soviel Selbstsucht und soviel Liebe zum Geld gefunden wie in diesem Eldorado. Bei einem Amerikaner geht Geld über alles in der Welt, und der Wunsch, so schnell wie möglich zu Reichtum zu kommen, erweckt seine unbeschreiblich grenzenlose Energie. Sein Unternehmungsgeist, zu hitzig für reifliche Überlegung, geht kühn vorwärts, und sooft er auch durch Fehlkalkulationen geschädigt wird, sooft beginnt er von neuem; ein Amerikaner läßt sich niemals entmutigen.

27. April. Heute nahm ich mein Bad im Sacramento-River, ging zur Kirche und besuchte dann Dr. Carpenter (12. Str. I), der eine Anleihe aufnehmen wollte. Er ist einer der wenigen Männer in dieser Stadt, die mir Vertrauen einflößen, denn er handelt mit Vorsicht, hat einen guten Charakter und ein monatliches Einkommen von etwa 4000 Dollar. Der

Ausländer, der in dieses Land kommt, verliert sich in Bewunderung und Hochachtung für die amerikanische Rasse, wenn er die Wunderwerke sieht, die hier in weniger als zwei Jahren vollbracht worden sind. Aber diese Gefühle verschwinden schnell, wenn der Neuankömmling nämlich mit dem Charakter der californischen Yankees bekannt wird, wenn er sich von einer Bande von Schurken umgeben sieht, wenn er sieht, daß hier alles auf Schwindel aufgebaut ist, daß alles abscheuliche Falschheit, Betrug und Humbug ist, oder, in schlichtem Californisch, alles aufs Rasieren berechnet ist.

2. Mai. Jeder Tag gibt mir neue und schlagende Beweise für den scharfen und schlauen Charakter der Leute, mit denen zu leben ich verurteilt bin. Zuerst überhäufen sie mich mit Höflichkeiten und Artigkeiten, machen mich zum Vertrauten von tausend kleinen Konfidenzen, und wenn sie glauben, daß sie mir nun volles Vertrauen eingeflößt haben, dann versuchen sie, mich zu betrügen. Aber da ich hier jedermann für einen Schurken ansehe und meine Augen offenhalte, mißlingt ihnen ihr Versuch, aber sie, keineswegs entmutigt, probieren, mich gleich ein zweites Mal zu hintergehen. Erst wenn sie erneut in ihren Hoffnungen getäuscht werden, lassen sie von mir ab. So versuchte vor einiger Zeit ein Mann von sehr vornehmer Erscheinung, mich zu seinem Vertrauten zu gewinnen und mir große Freundschaft einzuflößen. Als er sein Ziel erreicht zu haben glaubte, kam er in mein Büro und fragte mich, ob ich Dr. Soundso kennte; ich sagte nein, und er fing an, in der günstigsten Weise über den Charakter dieses Mannes und seinen unermeßlichen Reichtum zu sprechen, und fragte mich schließlich, ob ich nicht Lust hätte, die Bekanntschaft dieser außerordentlichen Persönlichkeit zu machen. Ich stimmte zu, und kurz darauf stellte er mir seinen großen Freund vor. Der Doktor begann mit mir über tausend nette Dinge zu reden, verbreitete sich dann über die unermeßlichen und unerschöpflichen Schätze Californiens, über den großen Aufschwung, den der Wert des Grundbesitzes in dieser Stadt notwendig nehmen müßte, brachte dann das Gespräch auf seine eigenen unermeßlichen Reichtümer, sowohl in Grundbesitz als auch in Häusern, und erzählte mir dann eine lange Geschichte über den noblen Charakter und die großen Schätze eines anderen (von dem ich ganz zufällig wußte, daß er ein leichtsinniger, bankrotter und armer Mann war). Dann erinnerte er sich plötzlich, indem er sich vor die Stirn schlug, daß er einen Schuldschein dieses Mannes über 260 Dollar besaß, zog ihn aus der

Tasche und bat mich, ihn zu jedem Kurs zu diskontieren, den ich für geeignet hielte, denn durch einen unvorhergesehenen Zufall sei ihm gerade das Bargeld knapp geworden. Er war so vollkommen sicher gewesen, mich hereinzulegen, daß er ganz geschlagen und enttäuscht war, als ich ihm auf seine Bitte antwortete, daß ich nicht fünf Pence für diesen Schuldschein geben würde, daß er aber gegen Leistung zulänglicher, unzweifelbarer Sicherheit jeden Geldbetrag bekommen könnte.

14. Mai. Da ich beschlossen habe, mich dauernd in Sacramento City niederzulassen, hielt ich es für meine größte Pflicht, das Land zu bereisen. Ich wollte die verschiedenen Städte und Dörfer in den Minengebieten besuchen und die verschiedenen Arten, auf die Gold gewonnen wird, besichtigen, um wenigstens eine oberflächliche Vorstellung vom Reichtum dieses Landes zu bekommen und die Ressourcen der Stadt zu sehen. In dieser Absicht fuhr ich am 14. Mai um halb zehn Uhr mit dem Dampfer »Dana« nach Marysville. Es war ein schöner, aber sehr kalter Tag, und ich fror, obwohl ich mich in zwei Wolldecken gehüllt hatte ... Auf dem Wege sah ich die Städte Nicolaus, Plumas und Suttersville, auf die man vor einem Jahr sehr große Hoffnungen setzte, aus denen aber niemals etwas wurde und niemals werden kann. In Suttersville sah ich eine große Menge der eingeborenen Indianer; sie liefen bei ihren Behausungen, die in Erdhaufen standen, halb oder ganz nackt herum.

In Marysville blieb ich im City Hotel, wo ich sehr schlechte Unterkunft und Verpflegung hatte, aber sehr teuer bezahlen mußte. Marysville liegt hübsch auf einem Hügel am Fluß, und das Klima gilt als sehr gesund. Ladenbesitzer machen ein gutes Geschäft, da sie die Goldgräber entlang dem Yuba-River zu versorgen haben. Aber man denkt, daß Marysville ein toter Ort werden muß, wenn die Flüsse wegen des steigenden Wasserbedarfs unschiffbar werden.

Am 15. brach ich ... vormittags zu Fuß zu den Yuba-Goldminen auf. Nachdem ich Longbar passiert hatte, kam ich nach Parkisbar, wo ich im National Hotel übernachtete, einem kleinen Segeltuchhaus mit abscheulichen Unterkünften, aber gutem Essen. Nach dem Essen ging ich zum Flusse hinunter, um die Goldgräber arbeiten zu sehen; gerade jetzt können sie wegen des Hochwassers nicht viel tun. Jeder hat sein Claim, aber gewöhnlich tun sich vier oder fünf einzelne zu einem Kompaniegeschäft zusammen; mancher mietet auch Arbeiter. Einer von ihnen lockert die

Erde, zwei andere schaufeln sie auf Schiebkarren und befördern sie zu den Sieben, die ein anderer Mann beständig schüttelt; das Wasser wird durch Pumpen oder mittels langer Schläuche auf die Siebe geleitet, und die Schläuche werden im Fluß an Stellen angebracht, wo er einen kleinen Fall bildet, so daß die Kraft der Strömung das Wasser durch die Schläuche auf die Siebe drängt. Von den Sieben wird die Erde dann auf die Pfanne gebracht und stufenweise gereinigt.

Parkisbar City bietet einen prächtigen Ausblick auf den Fluß und das umliegende Bergland. Über den Yubastrom ist eine Fähre eingerichtet, die mit einem Tau gezogen wird, Fahrgeld fünfundzwanzig Cents. Am 16. reiste ich morgens ... nach Parkisbar, überquerte den Fluß und ging die Straße nach Nevada City hinauf, bald auf steile Hügel kletternd, bald in tiefe Täler hinabsteigend. Acht Meilen lang etwa ging ich mit drei Chinesen zusammen, mit denen ich mich auf keine Weise verständigen konnte. Auf der Spitze eines hohen Berges sah ich eine indianische Farm. Völlig ermüdet und erschöpft kam ich sechs Uhr abends in Nevada City an, einem kleinen und höchst abscheulichen Ort inmitten eines Kiefernwaldes, und nahm Quartier in Gaudins Französischem Restaurant, wo ich den Sprachlehrer P. Kowalewski kennenlernte, der wunderbar Russisch sprach.

Am 17. ging ich ... morgens zum Gold Run, einem weiten Tal, in dem eine Menge Gold gefunden wurde. Dort sah ich eine große Menge Tunnel, aus denen die wertlose Erde und Blei durch Pferde- oder Menschenkraft herausgebracht wird. Das Blei wird durch Schwemmen gereinigt und ergibt ansehnliche Profite. Das Tal scheint außerordentlich reich an reinem Metall zu sein, denn überall schimmert es golden, und sogar in dem Schlamm, der an meinen Stiefeln hing, sah ich viele Partikel dieses edlen Metalls.

Danach begab ich mich nach Grass Valley (etwa sechs Meilen von Nevada entfernt), wo ich verschiedene Quarzmühlen besuchte, von denen drei schon in vollem Betrieb, drei andere fast fertig sind. Wie ich von mehreren Eigentümern und ihren Arbeitern hörte, ist das Quarzmahlen außerordentlich lohnend, und Wetzlar versicherte mir, daß er jede Woche mit Leichtigkeit nach Abzug aller Unkosten 1 000 Dollar machen könnte. An mehreren Stellen der Hügel wird der Quarz gegraben, in Wagen zu den Mühlen gebracht, gebrannt und unter den Stampfer getan; das ständig darüberfließende Wasser bringt den pulverisierten Quarz durch feine Siebe in zwei große Becken, aus denen das Wasser abläuft, während der Schlamm zurückbleibt. Nun wird der Schlamm durch Wasser in große Siebe gespült, die eine Maschine schüttelt; allmählich wird so der Schlamm beseitigt, und der reine Stoff bleibt zurück.

Zwischen den Quarzmühlen fand ich einen Franzosen, der mit all jener Heiterkeit, die für seine Landsleute charakteristisch ist, bei der Arbeit war. Er arbeitete in einem kleinen Bach und machte dort, wie er sagte, sechs bis sieben Dollar pro Tag. Dicht bei ihm standen etliche sieben indianische Frauen und Kinder, die den Franzosen baten, ihnen ein wenig von der Erde, die er ausgrub, auf die Pfannen zu tun, die sie ihm hinstreckten. Er erfüllte ihren Wunsch, und eilig rannten sie zum Kanal, um das Gold auszuwaschen. Eine der Frauen war in Trauer und hatte deshalb ihre Wangen schwarz bemalt und ihr Haar voll Pech[17].

Ich aß in Pickhams Hotel und fuhr dann mit einem Wagen nach Rough and Ready weiter, wo wir zur Nacht blieben, obwohl wir schon um zwei Uhr nachmittags ankamen. Wir blieben bei Miss Downey in der ›Western Exchange‹, wo es den ganzen Tag gestopft voll war, denn in diesem Haus wohnten drei Frauen. Frauen haben eine große Anziehungskraft auf Männer, und das wird besonders dann spürbar, wenn die Männer längere Zeit keine Frauen gesehen haben; selbst die Gesellschaft eines alten und entstellten Weibes hat dann wieder etwas Erfreuliches.

Die Nacht war sehr kalt, und ich litt sehr darunter, zumal ich gerade unter dem Dach untergebracht war; ein kräftiger Sturm blies, der von heftigem Regen begleitet war. Wir fuhren etwa um neun Uhr vormittags weiter, und obwohl wir ein Segeltuchverdeck hatten, setzten uns Regen und Kälte sehr zu.

Montag, den 19. Mai, kamen wir wieder in Sacramento an. Da ich das schöne Sonoma-Tal zu sehen wünschte, das man mir sehr gerühmt hatte, begab ich mich am Montag, dem 26. Mai, ... nach San Francisco und stieg im Hotel Rassette House ab, wo ich einen Holländer traf. Da der Dampfer in der Zeitung für den 27. angekündigt war, war ich morgens um sechs an der Abfahrtsstelle, aber da war kein Dampfer zu sehen, und man sagte mir, daß ich einen Tag zu früh gekommen wäre. Infolgedessen war ich gezwungen, den ganzen Tag in San Francisco zu warten. Ich hatte sehr unter Langeweile zu leiden, denn ich hatte nichts zu tun. Schließlich fuhren wir am 28. Mai neun Uhr morgens ab. Da starker Gegenwind wehte, kamen wir nur sehr langsam voran, und gewiß hätte ich mich sehr gelangweilt, wenn ich an Bord nicht Professor F. G. Reeger aus Sonoma getroffen hätte, einen sehr interessanten Mann, der viel gereist ist und einen guten Teil der Welt gesehen hat. Nie in meinem Leben habe ich einen so liebenswürdigen, freundlichen und klugen Menschen kennengelernt wie Herrn Reeger. Mit gleicher Geläufigkeit sprach er Englisch, Französisch, Deutsch, Italienisch, Portugiesisch, Spanisch, Holländisch, und zweifellos ist er in der griechischen und lateinischen Sprache ebenso versiert. Da mir die fremden Sprachen immer schon viel Vergnügen gemacht haben, bereitete es mir eine große Freude, mit Herrn Reeger in den verschiedensten Idiomen zu plaudern, und so verging die Zeit sehr geschwind. Wir kamen ... nachmittags an und fuhren mit einem Wagen nach Sonoma, einem kleinen Dorf mit vier- oder fünfhundert Einwohnern. Das schöne Tal von Sonoma, mit Millionen Blumen besät und mit der frischen und gesunden Luft, die man dort atmet, gefällt mir sehr. Das Land ist sehr fruchtbar, und Señor Vallejo hat in einem kleinen Garten für fünfzehntausend Pesos Wein produziert. Gewiß, wenn die Goldminen nicht entdeckt worden wären, würde das Land hier zu teurem Preise verkauft werden, aber da jetzt die Arbeitskraft sehr viel kostet, denkt niemand an den Ackerbau, und die Ländereien sind nichts mehr wert. Für meinen Teil möchte ich nicht in Sonoma leben, aber es gibt ja Menschen, die die Einsamkeit der Felder dem Getriebe der Großstädte vorziehen.

Am Sonnabend, dem 31. Mai, fuhr ich mit der Post von Sonoma nach Napa, wo wir aßen; nachmittags um fünf kamen wir in Benicia an, von wo ich halb sieben mit dem Dampfer ›Senator‹ abfuhr; halb zwei langte ich dann in Sacramento an.

Meine einzige Beschäftigung hier ist Geldleihen auf Hypotheken in Ländereien und Häusern; daher habe ich fast nichts zu tun, und da ich seit meiner Kindheit gewöhnt bin, von früh bis spät zu arbeiten, kann ich die Ungeduld und Langeweile nicht schildern, die mich martern. Zudem ist die Hitze während des Tages unerträglich und setzt mir sehr zu, weil ich zu vollblütig bin. Die Gesellschaft von Sacramento besteht aus Abenteurern, die nur den einen Ehrgeiz und den einen Wunsch haben, sich auf anderer Leute Kosten zu bereichern. Gesellschaft nach meinem Geschmack gibt es hier nicht, und Vergnügungen, die mich erfreuen könnten, gibt es auch nicht; deshalb möchte ich sobald wie möglich nach Europa zurückkehren. Aber da die Reise von St. Petersburg nach hier und der Transport meines

Geldes so teuer gewesen sind, möchte ich doch meine enormen Ausgaben wieder einbringen und über China zurückkehren.

Wenn Gott will, werde ich Ende dieses Jahres mit einem Segelschiff von San Francisco nach Kanton fahren, dann alle wichtigen Häfen Indiens besuchen und meine Reise über Ägypten und Italien nach Deutschland fortsetzen. Dann werde ich mich wieder in St. Petersburg niederlassen, denn allen Städten, die ich in meinem Leben besucht habe, ziehe ich Petersburg vor; seine liebenswürdigen und freundlichen Bewohner, seine schönen und sehr sauberen Häuser, sein köstliches Klima, alles das gefällt mir sehr an Petersburg. Niemals habe ich einen Ausländer getroffen, der nicht mit den größten Lobpreisungen von Petersburg gesprochen hätte. Alles ist sehr billig in Petersburg, und wenn man im ersten Hotel lebt und Kutsche und Pferde hält, kann man nicht mehr als 2000 Duros im Jahr ausgeben.

Im Vergleich zu den enormen Preisen in Californien! Als Schliemann von Amsterdam nach St. Petersburg gekommen war, empfand er es als die teuerste Stadt Europas und schrieb an B. H. Schröder: »In den kleinen billigen Orten wie Leipzig oder Berlin kann ein Agent für ein halb Prozent arbeiten, aber nicht in dem großartigen St. Petersburg, der teuersten Stadt der Welt, wo jeder Schritt mit Gold aufgewogen werden muß.«

Wahrhaftig, Petersburg ist das Ziel meiner Wünsche, aber vorher möchte ich noch viele andere Länder besuchen. Wenn ich die Reise nach China und Indien mache, werde ich auch Jerusalem aufsuchen, nicht aus religiösen Gründen, sondern um meine Neugier zu befriedigen.

San Francisco, 4. Juni 1851. Ein ganz fürchterliches Unglück hat diese Stadt heimgesucht! Eine Feuersbrunst, größer als irgendeiner der früheren Brände, hat fast die ganze Stadt in Asche gelegt[18].

Ich kam hier die letzte Nacht halb elf an und stieg im Union Hotel an der Plaza ab. Ich hatte vielleicht eine Viertelstunde geschlafen, als ich durch lautes Geschrei auf der Straße »Feuer, Feuer!« und durch die abscheulichen Töne der Alarmglocke aufgeweckt wurde. Hastig sprang ich auf, und als ich aus dem Fenster blickte, sah ich, daß ein Holzhaus, nur zwanzig oder dreißig Schritte vom Union Hotel entfernt, in Flammen stand. In aller Eile zog ich mich an und rannte aus dem Hause, aber kaum hatte ich das Ende der Clay Street erreicht, als ich auch schon das Hotel in Flammen sah, aus dem ich eben herausgelaufen war. Durch einen starken Sturm angefacht, breitete sich das Feuer mit entsetzlicher Geschwindigkeit aus und fegte ganze Straßen aus Holzhäusern in ein paar Minuten weg. Weder die Eisenhäuser noch die Ziegelhäuser (die man bislang für ganz feuerfest gehalten hatte) konnten der Wut des Elements standhalten. Die letzteren bröckelten mit unglaublicher Geschwindigkeit zusammen, während die ersteren zunächst rotglühend, dann weißglühend wurden und wie Kartenhäuser in sich zusammenfielen. Besonders in den Eisenhäusern hielten die Leute sich für vollkommen sicher und blieben deshalb auch bis zuletzt darin. Sobald die Wände der Eisenhäuser rotglühend wurden, begannen die Gegenstände drinnen zu rauchen. Die Einwohner wollten hinaus, aber nun war es gewöhnlich schon zu spät, denn die Schlösser und Angeln der Türen hatten sich durch die Hitze ausgedehnt oder waren auch schon zerschmolzen, und so waren die Türen nicht mehr zu öffnen. Manchmal gelang es den Leuten, die sich dabei die Hände und Arme verbrannten, die Türen doch noch zu öffnen und nach draußen zu gelangen, aber da sahen sie sich von einem Flammenozean umgeben, machten ein paar Schritte, stolperten und fielen, erhoben sich wieder und fielen von neuem, um nicht wieder aufzustehen. Vergeblich versuchte man, das Weiterdringen des Feuers dadurch zu verhindern, daß man Häuser mit Schießpulver in die Luft sprengte.

Um Gefahren zu meiden, ging ich die Montgomery Street hinauf und stieg auf den Telegraph Hill, der sich ungefähr 300 Fuß hoch neben der Stadt erhebt. Es war ein schrecklicher, aber erhabener Anblick, tatsächlich das großartigste Schauspiel, das ich jemals gesehen habe. Das Feuer breitete sich weiterhin in allen Richtungen aus und fegte die ganze Washington Street, Kearny Street, Montgomery Street, California Street, Sansome Street und manche andere hinweg, und mit Ausnahme von ein paar Häusern in Battery Street, Bush Street und Hillside brannte die gesamte wunderbare Stadt nieder. Das Heulen des Sturms, das Krachen des Schießpulvers, das Krachen der niederstürzenden Steinmauern, das Schreien der Leute und das wundervolle Schauspiel einer in dunkler Nacht brennenden Riesenstadt vereinigten sich miteinander, um diese Katastrophe äußerst schrecklich zu machen. Da sich unter der Bevölkerung das Gerücht verbreitet hatte, daß das Feuer von französischen Brandstiftern angelegt worden sei, richtete sich der Zorn der wütenden Menge gegen die Franzosen, und so mancher arme französische Bursche wurde kopfüber in die Flammen geworfen und von ihnen verzehrt.

Die Nacht über blieb ich in dem Restaurant auf dem Telegraph Hill und ging um sechs Uhr morgens in die Stadt hinunter. Furchtbar waren die schwelende Asche und die Ruinen dessen anzusehen, was am Tage zuvor noch eine so blühende Stadt gewesen war. Eine große Menge von Deutschen, Franzosen, Engländern und anderen Ausländern sah ich in Verzweiflung dasitzen und über der Asche ihrer zerstörten Habe weinen. Die Amerikaner dagegen gingen, nie entmutigt, lachend und scherzend zwischen ihnen umher, ganz so, als wenn nichts geschehen wäre, und machten sich daran, neue Häuser zu errichten, und an vielen Stellen sah ich sie schon früh sechs Uhr geschäftig, in der noch heißen Asche ihrer früheren Häuser die Fundamente für die neuen zu legen.

Morgens von sechs bis zehn ist es sehr heiß in San Francisco, dann springt plötzlich ein starker Sturm auf, und von zehn Uhr abends steigt die Kälte bis drei Uhr früh, so daß es hier unmöglich ist, während des Tages nach zehn Uhr oder während der Nacht ohne einen recht dicken Überzieher auszugehen.

31. Juli. Seit ich die vorhergehenden Seiten geschrieben habe, hat sich in meiner Stellung in der Welt ein sehr denkwürdiger Wechsel zu meinen Gunsten vollzogen.

Da mich mein letzter Ausflug in die Minendistrikte hinsichtlich des Reichtums dieses Landes und der ungeheuren Ressourcen von Sacramento City völlig befriedigt hatte, richtete ich hier schon Anfang Juni ein Bankhaus für den Ankauf von Goldstaub und für den Verkauf von Zahlungsmitteln der europäischen Länder und der Vereinigten Staaten ein. Ich nahm zwei Angestellte, einen Amerikaner, der A. K. Grim heißt und aus Cleveland in Ohio stammt, und einen Spanier, Miguel de Satrustegui aus San Sebastian in Biskaya (Altspanien). Jedem von ihnen zahle ich 250 Dollar (ungefähr 360 Silberrubel) pro Monat. Mein Haus ist an der Ecke von Frontstreet und I-Street, und da es ganz aus Stein und Eisen gebaut ist, gilt es als völlig feuersicher. Ich benutzte eine sich mir bietende Gelegenheit und kaufte von Barton Lee & Co. (hiesigen Bankiers, die kürzlich mit nahezu zwei Millionen Silberrubel fallierten) einen ungeheuren, feuer- und diebessicheren Safe, der nahezu 200 Pud wiegt, aber ich hatte viel Mühe, ihn in mein Büro zu bekommen. Zwanzig Mann und zwölf Joch Ochsen hatte ich einen vollen Tag in Arbeit, um ihn nur über die Straße zu bringen.

Einen näheren Begriff von seiner Tätigkeit gibt ein Brief Schliemanns, 22. April 1853, an Bahlmann, dessen Sohn in das neue Goldland, Australien, auswandern wollte: »Was das Goldgeschäft betrifft, so ist nichts leichter wie das ... er muß sich nur die ersten Tage in acht nehmen ... Der Preis des Goldes wird natürlich nach der Reinheit bestimmt und ist letztere ungeheuer verschieden. Aber man gewöhnt sich so bald daran, und schon nach einigen Tagen erkennt man auf einen Blick den Gehalt des Goldes und den Preis, den man dafür geben kann. Wie in Californien, so auch in Australien wird viel Gold durch Übergolden von Kupfer nachgemacht und nennt man dieses falsche Gold spurious gold oder Bogus. Die Gauner im Goldlande suchen damit immer den neuen Ankömmling zu betrügen, und ists daher wohl ratsam, daß man in der ersten Zeit kein Gold kauft, ohne es mit Salpetersäure zu probieren ... Die Minenarbeiter haben nicht die gehörigen Gerätschaften, um das Gold vollkommen zu reinigen, und in allem Golde, was sie zur Stadt bringen, ist mehr oder weniger Sand (nämlich Eisensand und leichter Sand). Dieser Sand ist sehr gefährlich, insofern man ihn ... nicht mit bloßem Auge entdecken kann. Man kann daher denken, daß man eine schöne, vollkommen reine Partie Gold kauft und hat für 5 Prozent Dreck darin. Um sich gegen solche Verluste zu bewahren, muß Ihr Herr Sohn es sich zum Grundsatz machen, niemals Gold zu kaufen, ohne vorher den Eisensand mit dem Magnete herausgezogen und den leichten Sand in den langen Pfannen (blowers) ausgeblasen zu haben.«

Goldstaub kommt in Menge, und ich kaufe im Durchschnitt fünf Pud pro Tag. Meine Einkäufe gehen größtenteils an das Haus Rothschild in London, dessen Zweigstelle in San Francisco mich mit jedem Nachtdampfer mit der nötigen Münze versieht. Die fortgesetzte große Hitze mit 100 bis 125 Grad Fahrenheit *[37–51 Grad Celsius]*, die die Verwesung tierischer und pflanzlicher Stoffe beschleunigt, und die Ausdünstung der vielen Sümpfe und Teiche und stehenden Gewässer rund um die Stadt – alles das trägt dazu bei, die Luft zu verpesten und viele Krankheiten hervorzurufen. Wechselfieber, Isthmusfieber, Diarrhöe, Ruhr, Erysipel und so weiter raffen Hunderte von hoffnungsvollen Männern hinweg und bevölkern rasch unsern Friedhof, dessen Gräberzahl mehrmals höher ist als die Einwohnerzahl unserer Stadt, obwohl sie erst vor drei Jahren gegründet worden ist.

Die Diebe dieses Landes haben die Schleuderkugeln *[zwei durch ein kurzes*

Seil verbundene Metallkugeln] erfunden, die ihrem verbrecherischen Gewerbe zusätzliche Erfolge sichern. Deshalb ist große Vorsicht geboten, und meine beiden Angestellten und ich sind bei Nacht und bei Tag mit Colts bewaffnet (jeder von ihnen kann fünf Männer in ebensoviel Sekunden töten), und ebenso mit langen Jagdmessern. Ich stehe immer um fünf Uhr früh auf, nehme halb sechs mein Frühstück im Orleans Hotel und öffne mein Büro um sechs Uhr, das ich um zehn abends wieder schließe. Während des ganzen Tages ist mein Büro gedrängt voller Menschen, und ich bekomme mein Essen selten vor acht Uhr abends.

1. September. Seit ich das Obenstehende schrieb, habe ich noch einen weiteren Angestellten genommen, einen gewissen Doktor Lewis Saynisch, der aus Deutschland stammt. Dr. Saynisch gilt als einer der größten Geologen der neuen Zeit und hat verschiedene wertvolle Bücher über Geologie geschrieben. Nachdem er viele Jahre in Begleitung des Fürsten zu Wied zu geologischen Untersuchungen Südeuropa und Amerika bereist hat, kam er nach viel Mißgeschick und Elend nach Californien, um hier sein Glück in den Minen zu versuchen. Aber da er nicht fähig ist, die mit dem Goldgraben verbundenen Mühseligkeiten und Ermüdungen auszuhalten, kam er an Leib und Seele erschöpft nach Sacramento, um sich mir als Angestellter anzubieten. Ich nahm ihn mehr aus Mitleid als aus Bedürfnis nach einem neuen Angestellten. Unglücklicherweise ist Dr. S. ein schlechter Rechner und macht viele Fehler.

Mein Geschäft geht nun in großem Maßstab vonstatten, und meine Gewinne sind groß. Wenn ich mir in früheren Jahren vorgestellt hätte, daß ich einmal ein Viertel von dem haben würde, was ich nun verdiene, so würde ich mich für den glücklichsten der Sterblichen gehalten haben. Aber jetzt fühle ich mich sehr unglücklich, weil ich 18000 Werst von St. Petersburg entfernt bin, wo all meine Hoffnungen und all meine Wünsche konzentriert sind. In der Tat, inmitten der Orkane auf den heulenden Ozeanen, in Gefahren und Bedrängnissen, in Plackerei und Schwierigkeiten, im Wirbelwind der Unterhaltungen und im Getriebe der Geschäfte ist mein geliebtes Rußland, mein bezauberndes St. Petersburg immer vor meinen Augen. Während ich hier in Sacramento jeden Augenblick damit rechnen muß, ermordet oder ausgeraubt zu werden, kann ich in Rußland ohne Furcht für mein Leben oder mein Eigentum ruhig in meinem Bette schlafen, denn tausend Augen der Gerechtigkeit wachen dort über die friedlichen

Einwohner. Während nahezu das ganze Westeuropa durch drohende Unruhen beständig in Alarmzustand lebt, leuchtet Rußland (bei weitem das mächtigste und größte aller Reiche, die je existiert haben oder existieren werden) im hellen Strahl ewigen Friedens, dank seinem weisen und sehr ruhmreichen Kaiser Nikolaus. Nicht ohne unermeßliche Dankbarkeit und Stolz bemerke ich die große Bewunderung und Verehrung, mit denen die Amerikaner von unserem Monarchen sprechen.

So echt der erste Teil dieser Hymne auf Rußland empfunden ist, so zweifelhaft klingt der Schluß. Vielleicht war er für die Augen der Zensur berechnet, vielleicht entstammt er auch Schliemanns politischer Ahnungslosigkeit. Nikolaus I., 1796–1855, war der Unterdrücker des Dekabristenaufstands, der Eroberer Polens, der Provokateur des Krimkrieges, der despotischste Vertreter der Zarengewalt. Als der zitierte Julius von Wickede Californien verließ und nach Rußland ging, schrieb er nach einer Audienz beim Zaren: »Ich habe gewiß niemals zu den eifrigen Bewunderern von Kaiser Nikolaus gehört und besonders, seit ich sein Wirken in Rußland selbst gesehen und mich davon genau unterrichtet habe, welche unermeßlichen Nachteile er sowohl seinem Volke wie auch seinem Heere zugefügt hat, schwand der Nimbus ... noch immer mehr ... Wäre bei seiner Energie, seiner unermüdlichen Tätigkeit und strengen Rechtlichkeit auch eine wahre geistige Größe, ein richtiges Erkennen seiner Zeit und ein Herz für die Wünsche seines Volkes bei ihm vereinigt gewesen ...«

Meine Bank ist von früh bis spät mit Menschen aus allen Nationen voll gepreßt, gestopft und gerammelt, und den ganzen Tag hindurch muß ich in acht Sprachen sprechen. In der Tat, wenn ich hundert Sprachen beherrschte, wäre es noch nicht ausreichend, um mit jedem in seiner Heimatsprache zu reden. Die Leute, mit denen ich am meisten zu tun habe, sind Amerikaner, Mexikaner und Chinesen, aber die letzteren bringen nur wenig Gold zu Markt, und mehr als fünf Unzen zugleich habe ich noch nie von einem Chinesen kaufen können. Die Chinesen, die hierher kommen, sind ein sehr harmloser, ehrlicher und fleißiger Menschenschlag, und noch nie habe ich von irgendeinem Betrug gehört, den einer von ihnen begangen hätte. Sie haben im Lande schon vier chinesische Städte gegründet, denen sie die Namen Peking, Hongkong, Kanton und Nanking gegeben haben, und da noch immer Tausende aus dem Reiche des Himmels hierher strömen, gewinnen die genannten Städte schnell an Ausdehnung. Die Chinesen tragen riesige Strohhüte, genau so breit wie ein Damenschirm, eine weite Jacke, die bis zu den Knien reicht, weite Hosen und sehr hohe Schuhe, deren Unterteil aus Holz und mit enormen Absätzen versehen, deren Oberteil aus dünnem Stoff ist.

... Die unteren und mittleren Klassen der Mexikaner tragen statt Rock und Weste grellfarbige, gestickte Decken, Sarapas genannt, eine Kleidung, die allen spanischen Rassen in Südamerika eigen ist, nur daß sie sich in der Farbe unterscheiden. Die mexikanischen Sarapas sind rot, gelb, grün und blau, die neugranadischen blau und grau, die peruanischen und chilenischen blau und weiß. Aus Neugranada *[Kolumbien]*, Peru und Chile sind auch viele Tausende nach Californien gekommen. Die Neugranadier haben denselben Charakter und dieselben Gewohnheiten wie die Mexikaner, während die Peruaner und Chilenen ein gutmütiger und sehr fleißiger Menschenschlag sind, besonders die letzteren, die für ihre große Emsigkeit, ihre Ausdauer und ihr anständiges Benehmen berühmt sind. Leider sind die Chilenen die einzige Nation, die aus ihrer Unabhängigkeit von Spanien großen Nutzen gezogen hat ...

Die californischen Indianer sind von kupferroter Farbe ... Sie sind klein und haben sehr entstellte Gesichter, dickes schwarzes Haar, das auch noch auf der Stirn bis dicht über den Augen wächst. Sie sind außerordentlich schmutzig und leben gleich den Ameisen in Erdhaufen; darin rösten sie buchstäblich, denn das Feuer wird in der Mitte der Erdhütte angezündet, und oben ist nur eine kleine Öffnung für den Abzug des Rauchs. Sie sind beständig mit Bogen und pfeilgefüllten Köchern bewaffnet ...

1. November. Ich bin gerade von einem schweren Fieber genesen, das mich für nahezu drei Wochen ins Bett verbannte. Es begann am 4. Oktober mit häufigem Erbrechen und Schüttelfrösten in raschem Wechsel mit großer Hitze. Am 5. war mein ganzer Körper mit gelben Flecken bedeckt, und vom 6. bis 20. lag ich in beständigem Delirium. Versorgung und Pflege waren höchst erbärmlich, denn mein Bett stand in meinem Büro, dessen Vorder- und Hintertüren beständig offen sind. Meine Ärzte verordneten mir nichts anderes als Chinin und Calomel, aber trotz dieser giftigen Medizin triumphierte zuletzt meine kräftige Konstitution ... Vor anderthalb Jahren starb hier mein Bruder an ganz der gleichen Krankheit. Nach den Versicherungen der Ärzte habe ich keine Chance zu genesen, wenn mich das Fieber ein zweites Mal erwischt.

Aus Schliemanns Angaben über seine Krankheit ein klares Bild zu gewinnen ist nicht leicht möglich. Es könnte sich um ein tropisches Fieber oder um eine Darminfektion gehandelt haben, und die gelben Flecken könnten eine begleitende Pilzinfektion der Haut gewesen sein. Gelbfieber macht keine gelben Flecken, sondern eher eine Gelbsucht. Calomel, Quecksilberchlorür, ist vor allem ein Abführmittel, also bei einer Darminfektion durchaus indiziert. Bei Bruder Ludwig wird verschiedentlich als Todesursache Typhus angegeben.

Mein Angestellter, der Geologe L. Saynisch, hat mich am 4. Oktober verlassen, da er von seiner Tochter in Ploosburg bei Philadelphia die Nachricht erhalten hat, daß seine Frau ernstlich erkrankt ist.

San José im Santa-Clara-Tal, 20. Januar 1852. Am 4. dieses Monats wurde ich wieder von einem bösartigen Fieber ergriffen und mußte für mein Leben fürchten, falls ich in dem giftigen Klima von Sacramento blieb. Deshalb fuhr ich sofort mit dem Dampfer nach San Francisco hinunter und dann nach San José im wundervollen Santa-Clara-Tal, wo ich in dem Hause von Dr. Davini, einem Italiener, blieb, der mir für den geringen Betrag von fünf Dollar (etwa sieben Silberrubel) pro Tag besondere Aufmerksamkeit widmete. Sei es durch die Geschicklichkeit des Arztes, sei es durch die Reinheit der Luft, sei es durch den Klimawechsel, jedenfalls war ich bald auf dem Wege der Besserung und fühle mich nun stark genug, morgen nach Sacramento zurückzukehren, nachdem ich nur eine Woche das Bett gehütet habe.

Das Santa-Clara-Tal ist von ungeheuren Bergen umgeben, in denen aber kein Gold gefunden wird. Die Temperatur ist außerordentlich mild, und die ganze Zeit, die ich hier war, stand das Thermometer auf ungefähr zwanzig Grad Reaumur *[25 Grad Celsius]*. Die kürzlichen Regenfälle haben die Erde befeuchtet, und Felsen, Wiesen und Bäume stehen in Frühlingsblüte und sehen wunderschön aus. Seit ich das Bett verlassen habe, mache ich jeden Tag einen Ausflug zu Pferde und bezahle dafür einen Dollar pro Stunde. In Gesellschaft eines Herrn, der ebenfalls bei Dr. Davini wohnt und aus der Argentinischen Republik in Südamerika stammt, machte ich gestern in einem Gig, das ich für zehn Dollar gemietet hatte, einen Ausflug zu den Quecksilberminen, die etwa zwölf Werst von hier entfernt liegen. Man versichert, daß diese Quecksilberminen an Qualität wie an Quantität die berühmten Almaren-Quecksilbergruben in

Altspanien bei weitem übertreffen. Sie gehören einer Gesellschaft in San Francisco, die aus den Minen ungeheure Schätze zieht, trotz der riesigen Selbstkosten, die mehr als fünftausend Dollar (7000 Silberrubel) pro Tag betragen. Beständig arbeiten dort fünfhundert Mann, von denen jeder acht Dollar pro Tag (elf Silberrubel vierzig Kopeken) verdient, da die Arbeit sehr ungesund ist. Die Aufseher erhalten zwanzig, dreißig und vierzig Dollar am Tage. Ich fuhr eine beträchtliche Strecke in den Schacht hinein und überzeugte mich mit eigenen Augen, daß die Grube unerschöpflich ist. Alle Felsen sind voller Quecksilber. Der Schacht liegt beinahe auf der Spitze eines 2500 Fuß hohen Berges; von dort wird das Gestein mit Ochsengespannen in die Fabrik gebracht und destilliert. Meilenweit um die Gruben herum sind Quellen von Sodawasser, das an Aroma und Reinheit alles künstliche Sodawasser übertrifft, das ich je gekostet habe.

Sacramento, 17. Februar. Heute hatte ich Besuch von Alexander Gawrilowitsch Rotschew[19] aus St. Petersburg, und ich lud ihn ein, mit mir zu essen. Herr Rotschew ist ein sehr talentierter Mann, der viel gereist ist und ein großes Stück von der Welt gesehen hat. Er schreibt mit der größten Geläufigkeit Spanisch, Englisch, Französisch, Portugiesisch, Deutsch, Italienisch, Holländisch und Russisch und ist in der Literatur und vielen anderen nützlichen Wissenschaften gut bewandert. Bis zu vorgerückter Stunde genoß ich die Unterhaltung mit Herrn Rotschew und muß gestehen, daß ich nie in meinem Leben einen fähigeren oder gewandteren Mann gesehen habe als ihn. Nachdem ich einen Tag in der Gesellschaft eines so gebildeten Mannes, wie Rotschew es ist, verbracht habe, wird es mir morgen doppelt lästig und widerwärtig sein, mit den Leuten zu sprechen, mit denen ich in Californien zusammenleben muß. Herr Rotschew baut am Yuba River eine Mühle zum Auswaschen von Goldstaub, und ich bezweifle nicht im geringsten, daß es ihm bei seinem eisernen Willen und der Zielsicherheit seines umfassenden Verstandes gelingen wird, in diesem Lande großen Reichtum zu sammeln.

Ein schwerer Regensturm geht seit vierzehn Tagen auf uns nieder, ohne jede Unterbrechung. Infolgedessen haben die Goldgräber in den trockenen Goldfeldern großen Wasserüberfluß und können reiche Ernte halten. Das Wasser im American River und im Sacramento steigt rasch, und wenn der Sturm noch ein paar Tage anhält, werden die künstlichen Dämme, die die Stadt umgeben, einer ernsten Probe ausgesetzt werden.

Ich glaube, daß nirgends in der Welt das Spiel so arg verbreitet ist wie in dieser Stadt, und die Spielhäuser, von denen es ein Dutzend gibt, sind Tag und Nacht mit Menschen vollgestopft, meist Goldgräbern, die hier in ein paar Minuten verlieren, was sie in Jahren harter Arbeit und Entbehrung angesammelt haben. Wie ungeheuer die Zahl derer ist, die das Spiel zu ihrem Beruf machen, geht aus der Tatsache hervor, daß, als ich zuerst hierher kam, für einen Spieltisch im Eldorado-Salon 8000 Dollar (11500 Silberrubel) monatliche Pacht bezahlt wurden.

Alles ist hier sehr teuer. Angestellte in Bankhäusern bekommen 250 bis 500 Dollar im Monat, in Läden 150 bis 250 Dollar. Kellner bekommen 100 bis 150 Dollar pro Monat, Köche 100 bis 350. Weibliche Dienstboten sind sehr selten, und es hält schon schwer, eine Negerin für 150 Dollar im Monat zu bekommen.

Eier sind hier maßlos teuer und werden mit einem Dollar (ein Silberrubel vierzig Kopeken) pro Stück bezahlt. Butter wird von den Oststaaten (Massachusetts und New York) hierher versandt, und obwohl sie die ungeheure Reise um Kap Horn machen muß, ist sie noch recht frisch und wurde hier für zwei Dollar pro Pfund verkauft, aber jetzt ist sie auf einen Dollar gefallen. Milch kostet einen Dollar die Flasche. Kalbfleisch, Truthahn, Lachs, Präriewölfe, Kaninchen und Wildbret kosten einen Dollar pro Pfund, während Rindfleisch zwischen dreißig und fünfzig Cents pro Pfund schwankt. Die Löhne von Arbeitern betragen hier in der Stadt fünf bis acht Dollar pro Tag, während gewöhnliche Stundenarbeiter einen Dollar für jede Stunde erhalten.

Sacramento, 8. März. Seit ich das Obenstehende geschrieben habe, hat der unaufhörliche Regen das Wasser des Flusses ununterbrochen steigen lassen, bis es in der vergangenen Woche so furchtbar hoch stand, daß es an mehreren Stellen das Niveau des Deiches erreichte. Heute nacht halb eins wurden wir plötzlich durch das Läuten der Alarmglocke geweckt und auf die drohende Gefahr aufmerksam gemacht. Der Deich am Sacramento hatte an einer kleinen Stelle nachgegeben, und die Öffnung wurde jeden Augenblick größer. Ich eilte zum Unglücksplatz und half mit, die Einbruchstelle zu verstopfen, aber alle Bemühungen waren umsonst; das Wasser erweiterte sie jeden Augenblick mehr und mehr und ergoß sich mit wachsendem Ungestüm hindurch. Auf einmal lockerte sich ein großes Stück des Deiches, auf dem wir standen, und gab mit einem fürchterlichen Krachen nach. Mit einer Anzahl anderer Männer wurde ich in das Wasser geworfen und ein beträchtliches Ende von der Strömung fortgerissen. Wir hatten es schwer, nach dem sehr unangenehmen Bad im schlammigem Wasser und mit einigen Prellungen und Kontusionen *[Quetschungen]* herauszukommen. Die Straßen der Stadt wurden schnell überschwemmt; an einigen Stellen stand das Wasser zehn bis zwölf Fuß hoch, und die Menschen mußten sich in das zweite Stockwerk der Häuser retten. Der Verlust an Gütern, die durch das Wasser[20] verlorengingen oder beschädigt wurden, war enorm. Da das Haus, in dem ich lebe, auf einer kleinen Erhebung steht, hatte ich in der Bank kein Wasser; es stieg nur bis zur Höhe des Erdgeschosses. Sobald die Schrecken, die die Flut mit den ersten Eindrücken verursacht hatte, vergangen waren, dachte das Volk nur noch daran, sich zu zerstreuen und sich so gut wie möglich einzurichten. Aus Bohlen wurde in aller Eile eine große Zahl von kleinen, flachen Booten gebaut, Treibholz wurde zusammengebunden, und bald war die Verbindung überall wiederhergestellt. Die Straßen boten einen sehr burlesken Anblick: hier ein Pferd, das ein Floß mit Menschen zog, dort ein Mann in einem Faß, der mit zwei Holzstücken ruderte ... Einige Leute sollen an einem einzigen Tag dadurch hundert Dollar gemacht haben, daß sie die Menschen über die Straßen beförderten.

16. März. In ihrer größten Höhe stand die Flut nur vier Tage und fiel dann schnell, aber in der Stadt und um sie herum blieben überall große Teiche stehenden Wassers zurück, die unter der gleichbleibenden täglichen Hitze von dreißig bis vierzig Grad Reaumur *[37 bis 50 Grad Celsius]* schädliche Dünste sowie viel Fieber, Wechselfieber, Ruhr und so weiter hervorrufen.

San José, 30. März. Ich war unglücklich genug, am 17. dieses Monats wieder das Fieber zu bekommen. Nachdem ich einige Tage von Schüttelfrösten und Erbrechen gequält worden war, mit gelben Flecken über meinen ganzen Körper, unfähig, vom Bette aufzustehen, völlig erschöpft und häufig im Delirium, wickelten mich meine Angestellten entsprechend den Anweisungen, die ich vorsichtshalber für einen solchen Fall gegeben hatte, in Decken und schickten mich in bewußtlosem Zustand in Begleitung eines Dieners mit dem Dampfer nach San Francisco und dann in einem Wagen nach San José. Bis zum 28. habe ich in verzweifeltem Zustand und zumeist in beständigem Delirium gelegen, aber am Ende trug doch meine starke Konstitution den Sieg davon, und heute war ich schon fähig, für ein paar Stunden aufzustehen. Wenn meine Gesundheit anhält, werde ich wahrscheinlich übermorgen nach Sacramento zurückkehren, mein Geschäft Herrn B. Davidson, dem Agenten Rothschilds in San Francisco, übergeben und so schnell wie möglich in mein geliebtes Rußland zurückkehren, denn ich fühle, daß ich es nicht überleben würde, wenn mich das Fieber noch einmal erwischte.

Sacramento, 7. April. Auf der Rückfahrt machte ich Herrn Davidson in San Francisco klar, daß es mir unmöglich sei, noch länger in dem giftigen Klima von Sacramento zu bleiben, und bat ihn, mein Geschäft zu übernehmen, ohne jede weitere Verantwortung für mich. Er stimmte zu und kam gestern nach hier, um mit mir abzurechnen. Jetzt ist alles zwischen uns erledigt und abgemacht. Nun fahre ich mit dem heutigen Dampfer in seiner Begleitung nach San Francisco hinunter und reise morgen mit dem Dampfer »Golden Gate« nach Panama ab.

Pazifischer Ozean, 38° nördlicher Breite, 125° Länge, an Bord des USA-Postdampfers »Golden Gate«, 8. April, acht Uhr abends. In der letzten Nacht kam ich zurück und kaufte heute morgen mein Billett für den Dampfer. Da ich mich noch ziemlich krank fühle, zog ich es vor, eine Luxuskabine für mich allein zu nehmen, für die ich 600 Dollar (840 Silberrubel) zu bezahlen hatte. Unter dem Donner der Kanonen fuhren wir heute nachmittag um zwei ab und passierten um sechs die Einfahrt in die Bucht von San Francisco, die Golden Gate heißt. Mit Volldampf und gutem Willen tanzen wir nun schnell über die Wellen des Pazifischen Ozeans nach Süden.

Trotz meiner häufigen schweren Krankheiten und der häufigen ganz beachtlichen Fehlbeträge, die ich in meiner Kasse fand und die ich nur der Unehrlichkeit meiner Angestellten zurechnen kann, habe ich allen Grund, mit meinem Erfolg in Californien vollkommen zufrieden zu sein, und ganz gewiß ist unter denen, die dieses Land verlassen, nicht einer von Hunderttausend, der es so gut gemacht hat wie ich. Nichts übertrifft meine Freude und Begeisterung, Californien zu verlassen, das bestimmt schien, mein Grab zu werden.

Schliemann verließ Californien nicht nur, weil er für sein Leben fürchtete; noch mehr wohl fürchtete er eine Goldentwertung. Während der Überschwemmung

(2. März 1852) teilte er Davidson seine Sorgen mit, daß infolge der im oberen Sacramentotal neuentdeckten Goldfelder eine starke Entwertung kommen müsse – die jedoch nicht eintrat. Als vorsichtiger Geschäftsmann wollte Schliemann dieses Risiko nicht eingehen. In den rund acht Monaten Tätigkeit als Bankier hatte er sein aus Rußland mitgebrachtes Vermögen verdoppelt.

Acapulco in Mexiko, 15. April ... Nach einer prächtigen Fahrt von nur sieben Tagen kamen wir heute morgen hier an und hielten, um Kohlen und Wasser zu nehmen. Unser nobler Dampfer ist überfüllt, denn er hat genau 1 300 Passagiere an Bord, Vertreter fast jeder Nation des Erdballs. Er hat 4 000 Tonnen, 1 500 Pferdekräfte und ist gewiß der größte und schnellste Dampfer der Welt. Heute, während wir hier im Hafen lagen, kamen drei Ozeandampfer von Panama mit Passagieren von New York und New Orleans an, nämlich die »Wilfried Scott« (die in fünfundvierzig Tagen um Kap Horn nach Acapulco gefahren ist) mit 700 Passagieren, die »New Orleans« mit 650 Passagieren und die »Northerner« mit 800 Passagieren. Diese drei Dampfer lagen längsseits von uns, und ich fand die so verschiedene Stimmung unter den Passagieren, die nach Californien fuhren, und denen, die von dort zurückkehrten, höchst erstaunlich. An Bord der genannten Dampfer tanzten und sangen die Leute den ganzen Tag auf dem Deck und redeten von nichts als von den goldenen Bergen, die sie in Californien ansammeln wollten – alles war freudiger Enthusiasmus und Heiterkeit. An Bord unseres Dampfers sahen die Dinge ganz anders aus; unter 1 300 Passagieren war nicht ein einziger, dessen Gesicht freudige Erregung zeigte, keiner von uns sang oder tanzte, wir alle erschienen gleichmäßig ernster oder niedergeschlagener Stimmung. Denn das Denken der meisten war von der Überlegung in Anspruch genommen, was für lange und saure Gesichter die Freunde zu Hause wohl machen würden, wenn sie sie mit enttäuschten Hoffnungen und leeren Taschen zurückkehren sehen würden. Die wenigen von uns, die in Californien ein Vermögen erworben hatten, waren ernst, weil sie darüber nachdachten, wie sie ihr Geld sicher nach Hause bringen und wie sie es dann vorteilhaft anlegen könnten.

Pazifischer Ozean, 13° nördlicher Breite, 18. April. Gestern nachmittag ... erlebten wir im Golf von Tehuantepec einen ganz fürchterlichen Taifun aus Westsüdwest; die Wut des Sturmes war so groß, daß er das Wasser niederdrückte; tatsächlich war keine Welle zu sehen, und der Ozean war nur eine unermeßliche Fläche kochenden Gischtes. Der Taifun dauerte vier Stunden, während welcher unser Dampfer vollkommen und nahezu bewegungslos auf einer Seite lag, daß die Kreuzmasten und die Spitzen der Großmasten ständig in die See tauchten. Das Brausen und Heulen des Taifuns war so schrecklich, daß wir in der Kabine nicht einmal verstehen konnten, was wir uns mit voller Lautstärke in die Ohren schrieen. Sogar die kühnsten Seeleute verloren alle Hoffnung, und alle erwarteten jede Sekunde, daß wir kentern würden. Nach vier Stunden Kälte und zitternden Schreckens ließ der Taifun allmählich nach, was wir an dem wachsenden Stampfen und Schlingern des Dampfers bemerkten. Um Mitternacht war es wieder vollkommen ruhig, aber die Wellen, die sich erst zu erheben begannen, als der Taifun im Nachlassen war, rollten noch wie Berge hoch. Heute regnet es sehr stark, und ich fürchte, daß nun die Regenzeit eingesetzt hat.

Panama, 24. April. Heute nachmittag um sechs Uhr ankerten wir in der Bucht von Panama, etwa zwei Meilen von der Stadt entfernt; sofort waren wir von vielen Booten umgeben, die uns abholen wollten. Aber bevor der Hafenmeister nicht an Bord gekommen war, durften wir den Dampfer nicht verlassen, und er kam erst halb acht. So kam ich nicht vor acht Uhr fort. Ich war mit sechs anderen Passagieren in einem Boot. Als wir noch ungefähr 200 Schritte vom Ufer entfernt waren, warfen sich etliche zwanzig nackte Eingeborene ins Wasser, schwammen zu uns und boten sich an, unser Gepäck an jeden Ort der Stadt zu befördern, wo wir absteigen wollten. Und als wir ablehnten, es vor Erreichung des Ufers schon abzugeben, ergriffen sie ungestüm unsere Sachen, der eine einen Koffer, der andere eine Reisetasche, der dritte eine Hutschachtel, und als sie mit ihnen an Land geschwommen waren, rannten sie damit weg und verschwanden in der Finsternis der Nacht. Manchen meiner Reisegefährten wurde auf diese Weise alles geraubt, was sie in Californien erworben hatten. Was mich angeht, so war ich auf diese Tricks vorbereitet; ich saß auf meinem Gepäck, meinen Revolver in der einen Hand, meinen Dolch in der anderen, und drohte, den ersten, der versuchen würde, etwas von meinem Gepäck wegzutragen, zu erschießen oder zu erstechen. Nachdem ich gelandet war, nahm ich Männer an, für einen Dollar pro Person, die meine Koffer zum Hotel tragen sollten, und da ich sie genau beobachtete und drohte, dem ersten, der fortzulaufen versuchen würde, das Lebenslicht auszublasen, gelangte ich endlich sicher zum American Hotel, wo ich für die Nacht ein sehr schlechtes Zimmer und stinkendes Essen bekam.

In der Hoffnung, an der Atlantikküste einen Dampfer zu finden, und in der Sorge, daß die Regenzeit den Weg über die Berge bald unpassierbar machen würde, machten Herr Livingston und ich uns in Gesellschaft von vielen hundert anderen auf den schlüpfrigen und gefährlichen Weg. Ich hatte drei Maultiere, für die ich vierzig Dollar bezahlte. Der Regen strömte weiterhin in wahren Gießbächen hernieder, so daß wir bald keinen trockenen Faden mehr am Leibe hatten. Die kleinen Bergschluchten, die Bäche und Flüßchen waren zu reißenden Strömen geworden, und der schmale Maultierpfad war äußerst schlüpfrig, besonders am Abhang der Berge.

Das Maultier ist ein wunderbar kluges Tier; wenn wir reitend auf großen schlüpfrigen Steinen an einer Bergschlucht oder an einem Bach zum Stehen kamen, blickte das Maultier ein paar Sekunden aufmerksam in das Wasser, zog dann seine vier Beine zusammen und rutschte den Stein hinunter, und dann setzte es seinen Huf auf einen Spalt oder eine Unebenheit des gegenüberliegenden Steines und sprang mit großer Behendigkeit aus dem Dilemma heraus. Manchmal riß mein Zügel, und sobald mein Maultier sich frei fühlte, sprang es sofort ins Dickicht, um Laub zu fressen, und dann mußte ich mich sogleich hinten heruntergleiten lassen, um den sicheren Untergang zu vermeiden, denn in den dichten, mit Efeu durchflochtenen Ästen wäre ich sonst buchstäblich erhängt worden.

Von Müdigkeit vollkommen erschöpft, kamen wir endlich abends ... in Gorgona an, und mit vielen anderen ging ich in das Railroad Hotel, wo ich auf meinen Koffern schlief. Am nächsten Morgen (26. April) weckten mich die Schreie eines Iren, der seiner Hosen samt einer Börse mit 500 Dollar darin beraubt worden war, nachdem er am Abend zuvor einen etwas zu großen Schluck genommen hatte. Die städtische Polizei wurde gerufen, aber alle Nachforschungen waren umsonst. Der Ire kam aus St. Thomas und wollte nach Californien, wo er bei einem früheren Aufenthalt eine ansehnliche Summe gemacht hatte, wie er sagte.

Gegen acht Uhr mietete ich mit mehreren anderen Passagieren zum Preise von zwei Dollar pro Mann ein aus einem hohlen Baumstamm gemachtes Boot und fuhr den Chagres-Fluß nach Frijol hinunter und von dort mit der Eisenbahn nach Aspinwall an der Navy Bay, die ein Teil des Karibischen Meers ist. Auf dem Wege nach Frijol sahen wir eine große

Menge Alligatoren, die wie alte Baumstämme an den Ufern des Flusses lagen. Einen großen töteten wir mit den Rudern auf dem Grunde des Flusses. Bis drei Uhr mußten wir auf den Eisenbahnzug warten und fuhren erst Viertel nach drei ab. Der ganze Weg von Frijol nach Aspinwall führt ununterbrochen über Sümpfe, die mit einem undurchdringlichen Wald aus Palmen und tausend anderen tropischen Bäumen bedeckt sind. Obwohl die Entfernung nur zwanzig Meilen beträgt, brauchten wir drei Stunden, um sie zurückzulegen, und kamen erst nach Sonnenuntergang in Aspinwall an. Statt mit Kohlen heizten wir mit Palmholz. So klein diese Eisenbahn auch ist, so ist sie doch ein ganz erstaunliches Werk. Hunderttausende von riesigen Pfählen mußten in den Grund gerammt werden, die man dann mit Erde beschüttete, um einen soliden Untergrund zu schaffen. Bei Aspinwall fährt die Eisenbahn auf einer Pfahlbrücke über das Wasser der Bucht. Von dieser Eisenbahn kann man sagen, daß sie auf den Knochen vieler, vieler Tausender von Amerikanern und Europäern gebaut ist, die diesem schauderhaften Klima zum Opfer gefallen sind. Der Weiße kann die harte Arbeit in den Sümpfen unter den senkrechten Strahlen der Sonne nicht aushalten, und von hundert Arbeitern sterben oft fünfzig oder sechzig an Ruhr, Fieber, Diarrhöe und Wechselfieber, bevor sie einen Monat hier sind.

Da die Direktoren der Panama-Eisenbahn in den Vereinigten Staaten keine Arbeiter mehr bekommen können, versuchen sie es nun in Carthagena, Santa Martha und den verschiedenen Häfen der Insel Jamaica; von dort holen sie die Neger und die Eingeborenen zur Arbeit hierher, denn diese Leute, die in einem ähnlichen Klima geboren sind, können hier leben und arbeiten.

Wir waren ganz sicher gewesen, in der Navy Bary einen Dampfer zu finden, aber zu unserer größten Enttäuschung war keiner da, denn die »Crescent City« war am gleichen Morgen abgefahren. Nun waren wir in der elendesten Lage, die man sich denken kann, denn der Regen strömte in Gießbächen vom Himmel, und kein Haus war da, uns Schutz zu geben, denn bis jetzt ist hier nur ein einziges Haus für den amerikanischen Konsul gebaut worden. So richteten wir uns so gut wie möglich ein und kampierten unter Palmen. Ich breitete meine Decken über meine Koffer und schlief auf den Koffern, trotz des unaufhörlichen Regens.

Am nächsten Morgen war unsere erste Sorge, etwas zu essen zu bekommen, denn da wir seit unserer Abreise von Gorgona nichts bekommen hatten, fühlten wir alle einen schrecklichen Hunger. Aber ach, Lebensmittel waren nirgends aufzutreiben; in der höchsten Not töteten wir eine riesige Eidechse, die wir roh mit dem gleichen gierigen Appetit aßen, mit dem wir einen gebratenen Truthahn verzehrt hätten. Die Eidechsen, die hier Leguane genannt werden, übertreffen hier noch die Alligatoren und Krokodile an Größe, und ich habe welche gesehen, die bis vierzig Fuß lang waren[21].

Am 27. bauten wir aus Palmblättern und Palmzweigen einige Hütten und Schutzdächer, aber der Regen sickerte unaufhörlich durch sie hindurch. Am gleichen Tage um sechs Uhr nachmittags brachte der Eisenbahnzug die restlichen Passagiere der »Golden Gate«, so daß wir zusammen also etwa 1300 Personen waren. Diese Zahl vermehrte sich noch durch die Ankunft zweier weiterer Dampfer in Panama, deren Passagiere am 28. und 30. April von der Eisenbahn heruntergebracht wurden. So mochte am 30. unsere Zahl insgesamt etwa 2600 Personen betragen.

Wegen des unaufhörlichen Regens konnten wir keine Feuer anzünden, und da es nirgends Lebensmittel zu kaufen gab, lebten wir von dem rohen Fleisch der Eidechsen, Affen, Schildkröten, Maultiere und Krokodile, welch letztere von den Eingeborenen dieses Landes für eine große Delikatesse gehalten werden, insbesondere der Schwanz. Unsere Lage war die schrecklichste, die man sich vorstellen kann, und unsere Leiden wuchsen mit jedem Augenblick. Seit wir Panama verlassen hatten, hatte keiner von uns mehr trockene Kleidung angehabt, und nichts schützte uns gegen die Regengüsse, die in aller Kraft weiter auf uns niederprasselten. Hunderte von uns wurden von Isthmusfieber, Diarrhöe, Ruhr und Wechselfieber befallen und starben nach ein oder zwei Tagen furchtbaren Leidens. Die Toten blieben dort liegen, wo sie waren, denn keiner konnte oder wollte sie begraben. Der Gestank und die giftigen Dünste, die aus der schnellen Zersetzung und Verwesung der Leichen von Mensch und Tier emporstiegen, verschlimmerten die Lage immer mehr. Aber alle eben geschilderten Qualen und Leiden waren geringfügig gegen die Pein, die wir von den Moskitos auszuhalten hatten, die uns Tag und Nacht zu Milliarden umschwärmten und uns unablässig mit ihren grausamen Stichen quälten.

Wie ein Verrückter habe ich mich oft im Schlamm gewälzt, aber selbst dadurch konnte ich mich von dieser furchtbarsten der Plagen nicht befreien.

Viele meiner Reisegefährten rieben sich ihren ganzen Körper mit Quecksilber ein, um die Moskitos loszuwerden, aber das wollte ich nicht tun. Schon Ende Januar war infolge der großen Menge Quecksilber, die mir die californischen Ärzte verordnet hatten, eine kleine Wunde am linken Bein aufgesprungen, auf die ich aber nicht achtete, da sie nicht schmerzte. Als ich Californien verließ, war die Wunde nur geringfügig, aber sobald wir Kap Lucas am Pazifischen Ozean passiert hatten und in die Tropen kamen, wurde sie viel schlimmer und täglich gefährlicher, bis sie auf dem Isthmus von Panama einen sehr ernsthaften Charakter annahm und mir die gräßlichsten Schmerzen verursachte, die ich durch Einreiben mit Quecksilber ein wenig linderte[22]. Aber die Wunde wurde täglich größer, das Fleisch fiel in weitem Umkreis ab, und der bloße Knochen war sichtbar.

Bei der Wunde könnte es sich um ein tropisches Geschwür gehandelt haben, ein Beingeschwür durch Krampfadern oder auch eine Art Framboesie, die durch eine der Spirochaeta pallida ähnliche Spirochäte hervorgerufen wird und daher auf die gleiche Therapie reagiert, die zu jener Zeit bekanntlich Quecksilber vorsah.

Viele meiner Reisegefährten wurden durch die Bisse von Skorpionen und Schlangen (besonders Klapperschlangen) getötet, die in diesen Gegenden reichlich vorkommen.

So verbrachte ich volle vierzehn Tage in nassen Kleidern und kampierte zwölf Tage (vom 26. April bis zum 8. Mai) in einem Sumpf, Tag und Nacht dem Regen ausgesetzt, der in Sturzbächen auf uns herabströmte und gegen den wir uns nicht schützen konnten; ohne Nahrung mit Ausnahme des rohen Fleisches von Eidechsen, Krokodilen, Schildkröten, Affen und so weiter, womit mich mein Mitreisender Livingston versorgte; durch die Moskitos zur Verzweiflung gebracht; jeden Augenblick in Erwartung des Todes, entweder durch Brand, der meine Wunde zu befallen schien, oder durch die Vielfalt der Krankheiten, denen ich Hunderte meiner Mitreisenden zum Opfer fallen sah, oder durch den Biß von Schlangen und Skorpionen, an denen ich so viele arme Kerls umkommen sah – Tausende Meilen von meinem geliebten St. Petersburg, Tausende Meilen von denen entfernt, die meinem Herzen lieb waren. Ich lag mehr tot als lebend da und konnte mich wegen meiner Beinwunde nicht einmal mehr bewegen. In dieser schrecklichen Lage verließ uns alles menschliche Fühlen, und wir sanken unter das Tier. So vertraut wurden wir mit dem Tode, daß er all seine Schrecken für uns verlor, daß er uns zu gefallen begann und daß wir ihn als eine Milderung unserer Leiden ansahen. So kam es, ... daß Verbrechen unter uns begangen wurden, so schreckliche Verbrechen, daß ich jetzt, so viel später, nicht ohne Eiseskälte und zitternden Schrecken daran denken kann.

Endlich, am 8. Mai ... morgens, unterrichtete uns ein Kanonenschuß, daß sich ein Dampfer näherte, und nichts konnte unsere Freude und unsere Begeisterung übertreffen. Es war der USA-Dampfer »Sierra Nevada«, dem um sechs Uhr der Dampfer »Illinois« folgte, und im Laufe des Vormittags kamen dann noch die »Georgia« und die »New Orleans«. So gab es Platz für uns alle. Diejenigen, die in San Francisco durchgehende Billetts nach New York genommen hatten, mußten mit den Postdampfern »Illinois« oder »Georgia« fahren, während die anderen, die keine Karten hatten, ihre Koje wählen konnten, wo sie wollten. Einige Matrosen trugen mich an Bord der »Sierra Nevada«, wo ich eine zweibettige Luxuskabine für mich allein nahm und dafür 130 Dollar bezahlte. Die nassen Kleider, die ich anhatte und die im Koffer waren, gab ich einem Kellner zum Trocknen, ließ meine Wunde durch den Schiffsarzt verbinden, trank etwas Rindfleischbrühe und Wein und legte mich dann zum ersten Mal seit dem 24. April in trockenem Bettzeug schlafen. Wir fuhren noch am selben Abend nach Kingston ab, der Hauptstadt der britischen Insel Jamaica, wo wir am Morgen des 11. Mai ankamen. Die Sonne stand genau 10° nördlicher Breite und schien also senkrecht auf Kingston. Mein Freund Livingston blieb in Kingston ...

Hier ist es schön; soweit das Auge reicht, dehnen sich Felder von Kaffee und Zuckerrohr und Wälder von Palmen und Orangenbäumen. An der Einfahrt zum Hafen liegt ein ziemlich starkes Fort, und der Blick auf die Stadt und ihre Umgebung ist höchst malerisch. Die Stadt hat ungefähr 40000 Einwohner, von denen ein Achtel Neger sind. Die Straßen sind breit und zum Teil gepflastert. Die Häuser sind größtenteils aus Ziegeln gebaut und ein oder zwei Stockwerke hoch, und zwischen ihnen liegen Gärten in allem Glanz und aller Pracht der tropischen Vegetation. Da ich mich ein wenig gesünder und kräftiger fühlte, humpelte ich mit meiner Krücke zu einer Apotheke in der Stadt, um etwas Quecksilbersalbe zu kaufen. Höchst seltsam zu erzählen – als der Apotheker vernahm, daß ich aus Californien gekommen war, fragte er mich, ob ich zufällig Herr Schliemann aus Sacramento sei. Ich bejahte, sehr erstaunt über seine Kenntnisse, und da zeigte er mir einen Wechsel über zehn Pfund, den ich selbst auf Baring Brothers & Co. in London zugunsten von Herrn M. A. Cohen ausgestellt hatte, und der letztere hatte ihn nun an den aus Wien gebürtigen Apotheker gegeben. Die freundliche Aufmerksamkeit, die der Apotheker und seine Söhne mir erwiesen, die Billigkeit der Medizin, der Komfort der Häuser – alles stand in angenehmem Gegensatz zu dem, was mir in Californien begegnet war, und nicht ohne Seufzen konnte ich an das letztgenannte Land zurückdenken. Am Kai kaufte ich zwei Körbe voll Orangen und bezahlte für jeden fünfzig Cents.

Diese Kolonie hat seit der Emanzipation der Sklaven viel verloren und ist nahezu ruiniert, denn die Farbigen hier sind ein anmaßendes ... Volk ...

Als Schliemann bei seinem nächsten längeren Aufenthalt in Nord- und Mittelamerika die gleichen Dinge betrachtete, war er nicht nur fünfzehn Jahre älter, sondern auch sehr viel reifer geworden und konnte beispielsweise am 2. Dezember 1867 an Hepner schreiben: »Zu meiner Freude kann ich Ihnen sagen, daß die früheren Negersklaven sehr fleißig arbeiten ... Der Glaube ist durchaus irrig, daß die Neger keiner höheren Bildung fähig sind« –, und von da an wurde ihm die Neger- und Sklavenfrage zu einem brennenden Problem, das ihn lebenslänglich beschäftigte.

Tausende von schottischen, deutschen und irischen Arbeitern hat man hierher geschickt, aber sie alle haben hier nach ein paar Monaten ihr Grab gefunden, weil die Hitze zu furchtbar und der Rum zu billig ist. Eine ganze Gallone ($^1/_3$ Wedro *[3,7 Liter]*[23]) wird hier für fünfundzwanzig Cents (ungefähr zweiunddreißig Kopeken) verkauft.

Nach einer schnellen Fahrt von sechseinhalb Tagen kamen wir am 18., morgens um vier, in New York an, wo ich im New York Hotel am Broadway abstieg. Für einen Menschen, der aus Californien kommt, ist New York ein Paradies, und begeistert rief ich: »Oh, New York! New York!« Ich besuchte meinen Freund G. Janssen, Teilhaber von Schmidt & Co., mit dem ich abends zum Abschiedskonzert von Jenny Lind in der Metropolitan Hall ging. Die gefeierte Sängerin hat kürzlich in Boston, Massachusetts, einen Juden namens Goldschmidt geheiratet, einen Pianisten aus Hamburg, der aus diesem Grunde den christlichen Glauben angenommen hat. Jenny Lind gedenkt am 29. Mai mit dem Dampfer »Atlantic« nach Europa abzureisen und gab deshalb am 18., 20. und 22. ihre Abschiedskonzerte; Eintrittskarten zu drei, zwei und einem Dollar. Jenny Lind hat ein Einkommen von 20000 Pfund im Jahr.

Am 19. Mai fuhr ich zur großen Enttäuschung meines Freundes Janssen mit dem Dampfer »Europa« nach Liverpool ab. Der Hafen von New York ist der schönste, den ich jemals sah, von prächtigen Inseln umgeben, auf denen zahllose Sommerhäuser[24] der Einwohner von New York stehen. Wir hatten ungefähr 125 Passagiere, unter ihnen ... den Iren Feargus O'Connor, Abgeordneten für Nottingham. Feargus O'Connor ist gewiß einer der bedeutendsten Männer, die Irland je hervorgebracht hat, und der größte Redner, der je im Unterhaus gesprochen hat. Vor ein paar Monaten war er der Unterschlagung einer großen Geldsumme angeklagt, über die er keine Rechenschaft geben konnte, und ging in zerrüttetem Geisteszustand nach New York. Jetzt kehrte er vollkommen verrückt zurück und belästigte uns sehr, indem er uns mit verrückten Späßen oder Schlägen traktierte. Die meisten Passagiere waren aber angenehme Leute und bildeten die beste Gesellschaft, die ich je an Bord eines Dampfers getroffen habe, und wenn mir meine Wunde am Bein nicht so viel Schmerzen bereitet hätte, so würde ich sicherlich diese Reise sehr genossen haben.

Am 30. Mai ... morgens kamen wir in Sicht von Kap Clear und fuhren dann an der Südküste von Irland entlang, die wir über acht Stunden lang klar in Sicht hatten. Um zwei Uhr nachmittags passierten wir Holyhead, und um sechs erblickten wir die Küste von Old England. Um sieben fuhren wir in den Mersey ein, und eine Viertelstunde später landeten wir am Quai von Liverpool. Es war mir schmerzlich, mich von einigen meiner Reisebegleiter zu trennen, für die ich eine sehr starke Zuneigung empfand. Ich übernachtete im Adelphi Hotel und fuhr am nächsten Morgen um vier Uhr zusammen mit Oberst Giugi und einem jungen Amerikaner aus Philadelphia mit dem Postzug nach London, wo wir um elf Uhr vormittags ankamen ... Nachdem ich Baring Brothers & Co. den Goldstaub und die Wechsel übergeben hatte, wandte ich mich an Dr. G. F. Collier in Springgardens, London; das faule Fleisch meiner Wunde brannte er mit Höllenstein aus, verband sie und befahl mir, in meinem Zimmer zu bleiben und das Bein streng horizontal zu lagern. Nachdem ich drei Tage in Morleys Hotel gewohnt hatte, nahm ich auf den Rat des Arztes eine Privatwohnung, gerade gegenüber seinem Landsitz in Chiswick. Aber ich bin an ein tätiges

Leben gewöhnt, und so brachten die Untätigkeit und besonders die Einsamkeit mich nahezu zur Verzweiflung. Also fuhr ich, nachdem ich sieben Tage in Chiswick ausgehalten hatte, mit dem Dampfer nach Boulogne und dann nach Paris, wo ich im Grand Hotel d'Angleterre, Rue des Filles St. Thomas, abstieg; zwei Tage darauf nahm ich dann eine private Wohnung auf dem Boulevard Bonne Nouvelle Nr. 11 bei Madame Rambeau. Unter der Behandlung von Dr. Monot, dem ersten Arzt von Paris, wurde meine Wunde täglich besser, und schon nach fünfzehn Tagen konnte ich ausreiten und viel zu Fuß gehen. Von da ab begann ich auch Unterhaltung zu suchen, und die Zeit erschien mir weniger langweilig. Ich stand morgens um fünf auf, nahm um halb sechs mein Bad in der ›Natation Henry IV‹, ritt zwei Stunden lang in den Champs Élysées und im Bois de Boulogne, frühstückte halb neun in einem der Cafés des Palais Royal, ging dann in eine literarische Gesellschaft, deren Mitglied ich wurde, und blieb dort bis drei Uhr nachmittags. Dann begab ich mich zum Café de l'Horloge in den Champs Élysées, wo ich mein zweites Frühstück einnahm; um sechs speiste ich im Hotel des Princes und verbrachte den Abend entweder in der großen Oper oder in der Opéra comique oder in dem einen oder anderen Vergnügungslokal der Champs Élysées.

Da ich eine Einladung von Mister Charles Ellis in Maidstone, mit dessen Sohn ich vor zwei Jahren gereist war, erhalten hatte, reiste ich über Havre und Southampton nach London und fuhr über Gravesend und Stroof nach Maidstone weiter, einer netten, in einem wunderhübschen Tal gelegenen kleinen Stadt. Dort blieb ich nur einen Tag und kehrte dann über Gravesend, London, Newhaven und Dieppe nach Paris zurück.

Inzwischen war meine Wunde fast verheilt, aber eine kleine offene Stelle, die nicht heilen wollte, war immer noch geblieben, und da ich zur gleichen Zeit des müßigen und liederlichen Lebens in Paris überdrüssig geworden war, folgte ich einer Einladung Dr. Colliers und fuhr am 6./18. Juli über Calais, Dover (wo ich Mister Duke besuchte) und London zu seinem Landsitz in Chiswick. Dort blieb ich vier Tage, in denen meine Wunde ganz verheilte, fuhr dann am 11./23. Juli mit dem Dampfer »John Bull« von London nach Hamburg, von wo ich sofort über Schwerin nach Rostock weiterreiste.

Die Doppeldatierung beweist, daß dieser Teil des Tagebuches erst in Rußland niedergeschrieben wurde, wo damals noch der julianische Kalender in Gültigkeit war, so daß man in der Datierung den alten und den neuen Stil unterschied.

Auf dem Bützower Bahnhof traf ich mich mit zwei meiner Schwestern. Ich erkannte nur eine von ihnen wieder, die vor zwei Jahren bei mir in St. Petersburg gewesen war, die andere aber erkannte ich nicht, denn ich hatte sie seit über zwanzig Jahren nicht mehr gesehen. Meine beiden Schwestern waren im Begriff, ins Seebad auf der Insel Rügen zu gehen, und da sie über Rostock fahren mußten, reisten wir gemeinsam nach dort; sie fuhren am folgenden Tag nach Stralsund und Rügen weiter, während ich über Wismar und Grevesmühlen nach Kalkhorst fuhr, um meinen Onkel, den Pastor F. Schliemann, zu besuchen, den ich seit zwanzig Jahren nicht gesehen hatte. Ich blieb ein paar Tage bei ihm und fuhr dann wieder nach Rostock, um meinen alten Freund, Herrn Schreiber in Doberan, und meinen Vetter, den Rechtsanwalt A. Schliemann, in Güstrow zu besuchen. Nachdem ich diese Besuche gemacht hatte, kehrte ich zu meinem Onkel in Kalkhorst zurück, blieb diesmal aber nur eine Nacht und fuhr dann über Boltenhagen, Wismar, Schwerin, Ludwigslust, Parchim, Lübz, Malchow, Waren und Möllenhagen nach Ankershagen, dem kleinen Dorf, in dem ich geboren wurde[25] und aufgewachsen war.

Unmöglich kann ich den Eindruck beschreiben, den der Anblick all jener Plätze in mir erweckte, wo ich die glücklichen Jahre meiner frühen Kindheit verbracht hatte und wo jedes Haus, jeder Baum, jeder Stein und jeder Busch tausend schöne Erinnerungen an längst vergangene Jahre erweckte. Jeder Gegenstand muß dem Auge eines Kindes wohl in riesenhaften Verhältnissen erscheinen, denn der Kirchturm, der mir einst ungeheuer groß erschienen war und den ich immer für den größten der Welt gehalten hatte, der Lindenbaum inmitten des Obstgartens, der mir früher die Wolken zu berühren schien – nun erschien mir alles ganz klein, ausgenommen die Balsampappeln und die Kirschbäume vor der Tür, die inzwischen wohl sehr gewachsen sein mußten, denn sie kamen mir jetzt genau so hoch vor wie vor einundzwanzig Jahren. Ich fand meine Initialen H. S. auf den Fensterscheiben des Hauses, in dem wir gewohnt hatten, in den Bäumen des Gartens und im Hof, denn als Kind hatte ich die Gewohnheit, sie überall einzuschneiden; und in dem großen Lindenbaum, in dem ich mich mit einem

Beil in zwei Fuß langen Initialen verewigt hatte, waren sie so frisch, als wären sie erst vor einem Monat eingeschnitten. An der Tür des Pavillons im Garten fand ich noch eine Inschrift, die mein Vater mit dem Bleistift angeschrieben hatte, am 7. Mai 1827.

Auf diese Dinge machte Schliemann seine Schwester Doris zehn Jahre später besonders aufmerksam, als sie nach Ankershagen reiste. Zurückgekehrt, schrieb sie ihm am 25. August 1863 aus Röbel: »Ja, mein Heinrich, die Inschriften an den Fensterscheiben im Pfarrhaus und an der Gartentür in Ankershagen interessierten auch uns sehr ... So wurde auch das alte Gartenhaus [heute verschwunden] schon vom Klockower Wege aus mit lauter Freude begrüßt, ebenso der Eckstein am Wege, worauf wir so oft unser Butterbrot verzehrten – auch der Rosenstrauch am Kirchenberg war noch da, die Balsampappeln vor der Tür, die große Linde, der Hölltiedsbirnbaum, wie wir ihn nannten, der große Budsbirnbaum, der Graben mit den großen Blättern, der Walnußbaum im hintersten Garten, die Äfkenbäume und die Linde dort, auch sämtliche großen Nußbäume, wo wir uns mit Häkeln und Beuteln beworfen, die Nüsse aber stets unreif abpflückten, standen noch am alten Platz, auch die Hagebuchenlaube, die Mutter gepflanzt. Sonst war aber auch vieles für unsere Erinnerung fast unkenntlich. Aber frisch wie gestern fand mein Mann an der Gartentür von deiner Hand geschrieben: ›Auf, Matrosen usw.‹ und darunter ›Heinrich Schliemann, Matrose‹. Auch die zehn Redeteile, die Vater uns vor gewiß einigen 30 Jahren zum Lernen dort angeschrieben, standen noch ebenso frisch dort.«

Der gegenwärtige Pastor Conradi erwies mir jede Gefälligkeit und begleitete mich zur Kirche und zum Grabe meiner Mutter, dessen Gitter sehr verfallen war[26]. Nachdem ich ein paar Stunden meine Neugier so gut wie möglich befriedigt hatte, mietete ich vom Gastwirt einen Wagen und ein paar Pferde und fuhr nach Vipperow an der Müritz, um eine andere Schwester zu besuchen, die bei meinem Onkel Wachenhusen lebt. Ich kam dort abends um neun an und fuhr am nächsten Morgen um vier über Röbel, Waren (wo ich Bahlmann, einen alten Freund meines Vaters, besuchte), Teterow und Güstrow nach Rostock, und von dort fuhr ich am folgenden Morgen mit dem Dampfer »Erbgroßherzog Friedrich Franz« nach Kronstadt und St. Petersburg. Heute, am 23. Juli/4. August, sechs Uhr nachmittags kamen wir in dieser wunderschönen Hauptstadt Rußlands an, diesem bezaubernden St. Petersburg, und nichts übertrifft meine Freude, mich wieder hier zu finden.

24. Juli 1852. Heute war ich auf der Börse, wo alle meine alten Freunde mich mit Begeisterung empfingen. Auch Fräulein Katharina Lyshin besuchte ich, der ich in früheren Jahren vergeblich den Hof gemacht hatte, aber jetzt empfing sie mich sehr freundlich, und alles scheint Glück zu versprechen.

31. Dezember 1852. Seit ich das Vorige geschrieben habe, hat sich eine große Veränderung in meiner Lebensstellung vollzogen, denn am 12. Oktober *[nach dem russischen Kalender, tatsächlich am 24. Oktober]* bin ich der glückliche Gatte von Fräulein Katharina Lyshin geworden, einer russischen Dame von hohen körperlichen und geistigen Qualitäten. Nun genieße ich alle Bequemlichkeiten eines häuslichen Lebens. Ich bin viel gereist und habe gewiß ein gut Teil der Welt gesehen, aber niemals habe ich ein Land gesehen, das mir so sehr gefallen hätte wie mein herzlich geliebtes Rußland, niemals habe ich eine Stadt gesehen, die mir zu einem Tausendstel so gefallen hätte wie mein bezauberndes St. Petersburg, niemals habe ich Menschen getroffen, die mir nur ein Tausendstel der Zuneigung und Liebe eingeflößt hätten, mit denen ich meine Wahlbrüder, die Russen, liebe. Daher soll St. Petersburg für den Rest meines Lebens meine Heimat sein, und nie will ich daran denken, es wieder zu verlassen.

3. Januar 1853. Mit der heutigen Post bekomme ich von Herrn Grim, einem meiner früheren Angestellten, den folgenden Bericht über eine schreckliche Feuersbrunst, die am 2. November die blühende Stadt Sacramento in einen Haufen Asche und schwelende Ruinen verwandelt hat[27] ...

15. Februar 1853. Der letzte amerikanische Dampfer brachte wieder schreckliche Nachrichten aus Californien. Die heftigen Regenstürme, die Ende November eingesetzt hatten und zwei Monate ununterbrochen anhielten, haben die Flüsse zu einer nie gekannten Höhe anschwellen lassen, und das ganze Sacramento-Tal war ein unermeßliches Meer. Die künstlichen Deiche um die Stadt haben an mehreren Stellen nachgegeben, die ganze Stadt stand wieder unter Wasser, und der Verlust an Eigentum war höchst erschreckend. Die Verbindung mit den Goldminen war völlig abgeschnitten, daher gab es überall Hungersnot, und Tausende starben den Hungertod. In den Minenbezirken zahlte man für Lebensmittel aller Art fabelhafte Preise, für Mehl zwei Dollar pro Pfund (2,80 Silberrubel) ...

AUS DEM OSTASIEN-TAGEBUCH (1865)

Hunderttausend Taler, also nach dem damaligen Satze runde 360 000 Mark, waren Anfang der fünfziger Jahre des 19. Jahrhunderts ein ansehnliches Vermögen, und in den Händen eines geschickten Kaufmanns mußte es sich schnell und gut vermehren lassen. In einigem unterschied sich der Henry Schliemann, Großhändler Erster Gilde in St. Petersburg, von dem, der zwei Jahre zuvor die Stadt verlassen hatte. Der Heimgekehrte, der, wie er selbst schrieb, von den alten Bekannten und Freunden jubelnd aufgenommen wurde, war nicht mehr bloß Kaufmann und Großhändler, sondern daneben auch Bankfachmann geworden. Und nicht nur das. Er, dessen deutsch-holländisches Tempo die russischen Geschäftspartner schon 1846 in Verwunderung gesetzt hatte, er hatte nun das amerikanische Tempo gelernt und steuerte jetzt mit vollen Segeln in das Meer der Geschäfte.

Manches von seinem Glück, manches von überstandenen Gefahren erzählte Schliemann in der Selbstbiographie. Aber, natürlich nicht alles.

»Aufrichtig gesagt, Geiz und Habsucht sind bei mir stärker als die Sehnsucht nach einem Landgute in Mecklenburg, und solange der Krieg dauert, ist wohl keine Möglichkeit, mich vom Mammon loszureißen«, heißt es am 10. Januar 1855 in einem Brief an Bahlmann. »Ich gelte hier [St. Petersburg] und in Moskau als der schlaueste, durchtriebenste und fähigste Kaufmann ... Ich habe hier manchmal die wunderbarsten Operationen gemacht und bin dadurch in Moskau und hier zum Sprichwort geworden. So z. B. kam mir im Juni 1855 plötzlich eines Nachts die Idee, Salpeter müßte steigen; begeistert lief ich aus dem Bett zum Telegraphen und gab nach Hamburg, Berlin und Königsberg Ordre, den ganzen Vorrat aufzukaufen, der da wäre; meine Agenten telegraphierten wieder nach Elbing, Stettin, Breslau usw., und den folgenden Tag wurde alles für mich aufgekauft, was nur irgend aufzutreiben war. In Hamburg, Stettin und Breslau ließ ich sogar aus den Buden zusammenkaufen, brachte darauf alles mit großer Gefahr und Glück als Kriegscontrebande über die preußische Grenze nach Rußland und verdiente cirka 40 000 Reichstaler an den Salpetergeschäften« (an den Vater, 17. März 1856).

»Ich habe im Leben immer mehr Glück als Verstand gehabt ... und, es mag unglaubhaft klingen, bis Ende des vorigen Jahres habe ich noch kein einziges verlustbringendes Geschäft gemacht. Aus den größten von mir gemachten Dummheiten (wie zum Beispiel, daß ich im Jahre 1850 meine hiesige einträgliche Stellung *aufgab, um weit fort nach Westen, nach Californien, zu gehen) entstand mein größtes Glück« (an Rhodokanakis, 11. Juni 1856).*

Ende 1856 betrug Schliemanns Vermögen etwa eine Million Taler, und damit glaubte er genug zusammengescharrt und sich das Recht erworben zu haben, sich nun aus dem Geschäft zurückzuziehen und sich anderen Ideen zu widmen. Die Gründe für diesen Vorsatz sind freilich, wie meistens bei Schliemann, nicht auf einen Nenner zu bringen. Mehrere Motive klingen zusammen. Das erste: nach Beendigung des Krimkrieges war der Handel so weit zurückgegangen, daß nur mehr die kleinen Geschäfte des Alltags zu machen waren, und die konnten den unermüdlichen Raffer, der zuzeiten sogar zum Spekulanten geworden war, nicht eben locken.

Das zweite Motiv: die Angst vor der Wandelbarkeit des Glückes, die Furcht vor einem drohenden Unheil.

Das dritte Motiv: die unbezähmbare Lust, die Welt kennenzulernen, zu reisen. Ich möchte »so gerne die Länder des südlichen Europa, besonders das Vaterland meines Lieblings Homer besuchen. ... Auch Italien, Spanien, Portugal sowie Kalkutta möchte ich gerne sehen«, schrieb er am 17. März 1856 an den Vater, und zwei Wochen später erkundigte er sich bei einem Geschäftsfreund nach den Lebensbedingungen in Brasilien, denn dort zu leben, dachte er sich sehr angenehm, falls »man sich in Südbrasilien (zum Beispiel in Santa Catarina) auch Lebensgenüsse verschaffen kann und gebildeten Umgang finden kann« (an Bromme, 3. April 1856).

Mit dem »gebildeten Umgang« klingt endlich das vierte Motiv an: »Um mein Vermögen von den Schwankungen der Konjunktur loszumachen, werde ich den Rest meines Lebens den Wissenschaften widmen, die ich sehr liebe« (an Rhodokanakis, 11. Juni 1856). »Die furchtbare Passion für Sprachen, die mich Tag und Nacht quält, und mir fortwährend predigt ..., mich entweder ins ländliche Leben oder in eine Universitätsstadt, wie z. B. Bonn, zurückzuziehen, mich dort mit Gelehrten zu umgeben und mich ganz und gar den Wissenschaften zu widmen ... Wir haben uns hier einen Zirkel Freunde ausgesucht, die alle Sonntage eine stehende Einladung bei uns haben und deren Neigungen für Wissenschaften mit der unsrigen übereinstimmen« (an Tante Magdalene Schliemann-Kalkhorst, 31. Dezember 1856).

Aber, realistisch und ehrlich wie stets, sah Schliemann auch bei diesem neuen Plan, der nun für Jahre das Leitmotiv wurde, seine Grenzen. »Es ist nur alles bei mir Auswendiglernen, wozu mir das Gedächtnis hilft, aber aus mir selbst eine solche Rede zu schreiben oder auch nur im Stande zu sein, das Allergeringste zu verfassen, das kann ich nicht und komme leider auch nie dahin, weil mir die Grundlage ganz und gar fehlt ... An Anlagen fehlte es mir nicht, jetzt aber bleibe ich mein ganzes Leben lang in wissenschaftlicher Hinsicht nur ein Stümper. Oft versuchte ich zu schreiben und zu verfassen, aber kaum habe ich einige Bogen geschrieben, so zerreiße ich es voll Unwillen gegen meine Dummheit mit dem Entschlusse, nie wieder zu probieren, denn wie ein Haus ohne Fundamente, so fallen auch meine Kritzeleien in sich selbst zusammen« (im gleichen Brief).

Noch ein Jahr lang wurde Schliemann hin und her gerissen zwischen der Liebe zum Geld und dem Wirbel des Geschäftslebens einerseits und der Liebe zur Wissenschaft und zum Reisen auf der anderen Seite. Anfang 1858, als er aus der großen Handelskrisis des Winters (»die Krisis hat mir den Handel zum Ekel gemacht« , schreibt er an Lenz, 10. Mai 1858) als vielleicht einziger ohne Verluste davongekommen war, riß er sich wirklich los und ging auf Reisen. Von Skandinavien, Deutschland, Westeuropa fuhr er nach Italien. Ende Dezember, bei Schliemann stets ein Termin des Rückblicks und des Ausblicks, gab er sich in einem Brief an einen Petersburger Freund Rechenschaft (Messina, 27. Dezember 1858): »Das ganze Leben auf Reisen zuzubringen oder es mit Nichtstun in Rom, Paris oder Athen zu verbringen ist unmöglich für einen Menschen, der — wie ich — daran gewöhnt ist, vom Morgen bis zum Abend praktischer Arbeit nachzugehen. Es ist auch zu spät, mich der wissenschaftlichen Laufbahn zu widmen, denn ich bin bereits im Kaufmannsberufe zu alt geworden, um hoffen zu können, in den Wissenschaften noch etwas zu erreichen«. Diesem Freunde schlug er, in eben diesem Briefe, auch vor, mit ihm gemeinsam erneut ein Handelshaus zu gründen! Aber ebenso schnell wie die Waage wegen der Nichtigkeit des Reiselebens sich wieder zum Geschäft geneigt hatte, schlug sie zur anderen Seite zurück, als Schliemann in Ägypten, Syrien, Palästina auf die großen Kulturen des Altertums getroffen war und sich an den Ruinen des klassischen Bodens begeistert hatte (Briefe an die Schwestern aus Jerusalem, Damaskus, vom Libanon, April und Mai 1859).

Schon schien sein künftiges Ziel entschieden, als eine höhere Gewalt in sein Leben eingriff und ihn die Prozesse mit Solowjew nach Rußland zurückriefen. Von Anfang an standen diese Jahre unter dem Motto »Das Gewühl des großen Geschäfts macht mir kein Vergnügen mehr« (an Bahlmann, 7. Februar 1861). Bis Januar 1864 wollte er aber durchhalten, denn mit diesem Termin lief sein ehrenvolles Amt als Handelsrichter ab, und er erwarb das Altersrecht, d. h., er wurde erblicher Kaufmann Erster Gilde, so daß seine Kinder »in die Nutznießung der Gebührenfreiheit und Vorrechte der Kaufleute Erster Gilde gelangen« (an Graf Bassi, 25. Dezember 1861).

Freilich konnte Schliemann seinem Charakter nach nichts halb tun, und so mußte er am 13. März 1863 seiner Schwester Wilhelmine nicht nur melden, daß er seit der Rückkehr sein Vermögen schon wieder einmal verdoppelt, sondern auch, daß die Anstrengung ihn entnervt und früh zum alten Manne gemacht hätte. Froh sah er den Termin kommen, den er sich gesetzt hatte; er hielt sich Wort, liquidierte das Geschäft und trat nach einer gründlichen Kur in Aachen seine Weltreise an.

Der Plan, Ostasien kennenzulernen, war bei Schliemann schon alt. Im Übungsaufsatz mit dem Lebensbericht vom Februar 1842 steht: »Trotz dieses einmal gescheiterten Unternehmens [Reise nach Venezuela] ist meine alte Reisewut noch nicht geschwunden, und werde ich jedenfalls, wenn ich sechs Jahre hier [Holland] gewesen bin, das hiesige Geschäft recht gründlich kenne und mir etwas erspart habe, über Batavia nach Japan gehen, um da mein Glück zu machen, denn der Instinkt sagt mir gleichsam: Du sollst nicht in Europa bleiben, dein Glück liegt weit von hier.«

Vom Sommer 1864 bis zum Frühjahr 1866 bereiste er nun Tunis, Ägypten, Indien, Java, China, Japan, Nord- und Mittelamerika. Alter Gewohnheit treu führte er auch auf dieser Reise ein Tagebuch, das mehrere Bände umfaßt, abwechselnd französisch, deutsch, englisch geschrieben; leider ist es noch nicht zugänglich.

Von Amerika aus kehrte Schliemann zunächst zu seiner Familie nach Petersburg zurück. Aber dort hielt es ihn nicht. Die Stadt, der er in seinem ersten großen Tagebuch solche Hymnen gesungen hatte, war jetzt für ihn nicht mehr der einzige Ort auf der Welt, wo man leben konnte. Was sollte ihn schließlich auch halten? Die Ehe mit Katharina bestand nur noch pro forma, die Feindseligkeit der Mutter hatte die Kinder dem Vater entfremdet. Kaum angekommen, ging Schliemann wieder auf Reisen, diesmal nach dem ihm noch unbekannten Süden Rußlands, an den Unterlauf der Wolga, nach Astrachan, ans Kaspische und Schwarze Meer, und nur Krankheit hinderte ihn, einen neuen großen Reiseplan auszuführen und den unbekannten Kaukasus und Persien zu durchwandern. Statt dessen ging er nach Dresden und dann nach Paris.

Aber das war alles nicht das Lebensziel, das er suchte. Sollte er doch vielleicht seinem alten Beruf treu bleiben und wieder Kaufmann werden? Nein, auf keinen

Fall. Die Wissenschaften, denen er, fast auf den Monat genau vor zehn Jahren sich zu widmen beschlossen hatte, mußten das Ziel bleiben – oder, vielleicht besser gesagt, mußten das Ziel werden, denn er fühlte sich, »fern von Börse und Handel, im eifrigen Bestreben, mich in den Wissenschaften zu vervollkommnen, so überaus glücklich, daß ich nicht im entferntesten daran denke, jemals wieder Kaufmann zu werden« (an Fehleisen, 5. Mai 1867).

Viel gab es zu lernen, und der millionenreiche Mann von fünfundvierzig Jahren zögerte nicht einen Augenblick, sich unter die Studenten der Pariser Sorbonne zu setzen. Wie konnte er nun aber der Familie, den Freunden, der Welt zeigen, daß er fortan ein Gelehrter sein wollte? Am besten doch mit einem Buch. Die früheren Bedenken, ob er überhaupt fähig sei, Gedanken zu formulieren, bestanden zwar noch, waren aber doch etwas schwächer geworden, nachdem die ›Times‹, die größte und angesehenste Zeitung der damaligen Welt, am 27. Mai 1859 anstandslos einen Aufsatz aus seiner Feder aufgenommen hatte, einen Bericht über die Reise nach Palästina. Und Schliemann setzte sich hin und schrieb sein erstes Buch.

Wenige Europäer nur hatten damals den Fernen Osten bereist, kaum einer von ihnen hatte soviel gesehen und erlebt wie Schliemann, der auch in Ostasien ein »rasender Reporter« des 19. Jahrhunderts gewesen war und alles Erlebte eifrig in sein Tagebuch geschrieben hatte.

Er stellte einfach Auszüge aus diesem Tagebuch zusammen, und noch im Jahre 1867 veröffentlichte die Librairie Centrale in Paris, 24, Boulevard des Italiens, einen schmalen Band in gelbem Karton, 221 weiträumig gedruckte Seiten im Kleinoktav-Format: »La Chine et le Japon au temps présent«. Es war keineswegs ein wissenschaftliches Buch, wie der Verfasser zweifellos dachte, aber es war ein interessantes Buch, das freilich wohl kaum große Beachtung fand. Die Auflage war klein, und der Name des Autors völlig unbekannt in der Welt der Bücher. Nur wenige Exemplare haben die neunzig Jahre seit dem Erscheinen überdauert. Das der hier gegebenen Übersetzung zugrunde liegende Exemplar stammt aus Schliemanns eigener Hand: Er schickte es mit seinem Promotionsgesuch an die Philosophische Fakultät der Universität Rostock, und diese überwies es dann der Universitätsbibliothek.

Der Herausgeber hat einige Kürzungen vorgenommen; sie wurden nicht kenntlich gemacht, denn diese Auszüge sind ja nicht für den Fachgelehrten bestimmt, dem es verhältnismäßig leicht ist, sich das Original zu beschaffen.

Das Französisch, das Schliemann schreibt, ist besser als sein Englisch, flüssiger und eleganter; auch der Wortschatz des nun um fünfzehn Jahre Älteren ist reicher geworden, wie freilich auch der Wortschatz des Franzosen reicher ist als der des Engländers. Einige andere Mängel seines Stils und seiner Schreibweise mag Schliemann aus eigener Einsicht oder auf Bestreben des Verlages vermieden haben, als er die Tagebuchseiten für den Druck fertigmachte. Natürlich war die Übersetzung wieder bemüht, Schliemanns Stil möglichst zu wahren. Im ganzen ist dieser Reisebericht aus China und Japan genau so lebendig und vielseitig wie die Aufzeichnungen aus Amerika, und, um auch das nicht zu verschweigen, bisweilen genau so oberflächlich.

Ku-pa-ku in China, an der mandschurischen Grenze, 3. Mai 1865. Ich hatte so viele widersprechende Erzählungen über die Große Chinesische Mauer gehört, daß ich dem Wunsche, sie zu besuchen, nicht widerstehen konnte, als ich mich während einer Weltreise in Shanghai befand. Ich tat es mit um so größerem Vergnügen, als ich dabei über Peking reisen mußte, wo ich allerhand Wunder zu sehen hoffte. So schiffte ich mich denn am 20. April auf dem Dampfer Yeun-tse-fee ein, der nach Tientsin bestimmt war; ich mußte 80 Taels (720 Francs) für diese Fahrt bezahlen, die ein gutes Dampfschiff in neunundfünfzig Stunden macht. Aber dieser Dampfer war schlecht, und trotz des günstigen Windes fuhren wir erst am dritten Tage um das Vorgebirge von Shantung.

Am 23. April landeten wir in Chee-fu. Ich benützte diese Gelegenheit, um den berühmten polyglotten Engländer Robert Thomas kennenzulernen, von dem ich in Kanton und Shanghai viel hatte reden hören. Außer seiner Muttersprache spricht er sehr gut Russisch, Schwedisch, Deutsch, Französisch, Spanisch, Portugiesisch, Italienisch, Japanisch und Chinesisch. Da er sich der geistlichen Laufbahn gewidmet hatte, schickte die britische Regierung ihn als Missionar nach China, denn sie glaubte, daß er bei seinem außerordentlichen Sprachtalent sehr schnell die furchtbaren Schwierigkeiten der chinesischen Sprache meistern und also das Evangelium mit Erfolg in dieser Sprache predigen würde. Die Regierung hatte sich in seinen Fähigkeiten auch nicht getäuscht, denn dank seiner Methode, immer selbsterfundene kleine Geschichten niederzuschreiben, sie korrigieren zu lassen und sodann auswendig zu lernen, konnte Thomas nach Ablauf eines Jahres nicht nur geläufig Chinesisch sprechen, sondern auch schreiben, was keinem Ausländer je gelungen war. Aber da sein Charakter so schwach war wie sein Gedächtnis stark, dachte er nicht mehr daran, im einst erwählten Beruf zu bleiben, sondern zog den Lärm der weltlichen Interessen dem Ruhme vor, die Seelen der armen Heiden zu retten; er verließ die Mission und nahm den bescheidenen Posten eines Dolmetschers beim Zoll von Chee-fu an, den er nun seit zwei Monaten innehat.

Da die chinesische Regierung nicht die erforderliche Anzahl von Ausländern finden kann, die die Kenntnis der chinesischen Sprache für den Zolldienst qualifiziert, läßt sie aus Europa und Amerika junge Leute kommen. Nachdem sie angekommen sind, gibt man ihnen ein Jahr Zeit, in dem sie geläufig sprechen und ein wenig lesen lernen; während dieser Zeit bekommen sie 100 Taels (900 Francs) im Monat. Sodann beginnen sie mit 15000 Francs jährlich im Zolldienst, und ihre Bezüge erhöhen sich je nach ihren Fähigkeiten, vor allem aber nach ihrer Kenntnis der chinesischen Sprache. In Peking sah ich sechs dieser zukünftigen Zolloffiziere, einen Deutschen, einen Franzosen, zwei Engländer und zwei Amerikaner, alle ehemalige Handelsangestellte, die eine gute, unabhängige Stellung im Reiche des Himmels der schwachen Chance vorgezogen hatten, in der Heimat ihr Glück zu machen. Aber so denken nicht nur die Handlungsgehilfen, denn auf der Reise von Shanghai nach Tientsin traf ich auch einen Architekten aus Berlin, der Zollbeamter werden wollte. Auch er zieht also der fernen ruhmreichen Möglichkeit, in der preußischen Hauptstadt Paläste bauen zu dürfen, ein Studium vor, das selbst einem unfähigen Menschen eine gute Stellung bietet, einem fähigen dagegen eine glänzende Karriere eröffnet.

...Am 27. April kamen wir in die Mündung des Flusses Peiho, zu den Forts von Taku, dessen nördliches eine französische, dessen südliches eine englische Garnison hat; nach den Verträgen von 1860 wird diese Besetzung so lange dauern, bis die Entschädigung voll gezahlt sein wird.

Durch den ersten Opiumkrieg zwischen England und China, 1840 bis 1842, hatte sich England im Frieden von Nanking fünf Häfen, darunter Hongkong, gesichert. Der dem zweiten Opiumkrieg folgende Vertrag von Tientsin, 1858, und der Frieden von Peking, 1860, sprachen dem europäischen Handel weitere Häfen zu und ließen auch wieder die christlichen Missionen zu (diese letztgenannte Bedingung wurde ohne Wissen der chinesischen Diplomaten in den französischen Vertragstext eingeschmuggelt!).

Wir fuhren den schönen Peiho-Fluß hinauf, an dessen Ufern Reisfelder liegen, in denen Obstbäume stehen. Die Aprikosen und die Pfirsiche blühten, aber die übrigen Bäume hatten noch nicht einmal Blätter. Alle Felder in China werden mit der Hand bearbeitet, und überall sieht man, wie anstelle von Pferden oder Ochsen die Männer Karren und Eggen ziehen. Hier gibt es nur Gartenbau, und der ist auch unbedingt notwendig, denn anders könnte das Land seine zahlreichen Bewohner nicht ernähren, über vierhundert Millionen, also hundertvierzig Millionen mehr als das gesamte Europa. Alle dreißig oder vierzig Meter sind breite Schächte in das Flußufer gegraben; an ihnen sitzen zwei Frauen mit einer Schnur in der Hand, an der ein wasserdichter Korb hängt, den sie ohne Unterlaß füllen und dann in einen kleinen Kanal gießen, der das Wasser in die Felder führt. Das Wasser steht in den Schächten so hoch und die Frauen arbeiten mit einer derartigen Geschicklichkeit, daß sie in jeder Minute zehn Körbe füllen und wieder ausgießen können.

Gegen sieben Uhr abends kamen wir in Tientsin an, das über 400 000 Einwohner hat, die zumeist in den Vorstädten wohnen. Von allen schmutzigen Städten, die ich in meinem Leben gesehen habe – und ich habe in den verschiedensten Gegenden der Welt viele gesehen, vor allem in China –, ist Tientsin zweifellos die unsauberste und widerwärtigste; andauernd werden alle Sinne des Passanten gleichzeitig beleidigt.

Am zweiten Tag nach meiner Ankunft, am 29. April, reiste ich mit zwei Mauleselkarren nach Peking weiter. In dem einen saß mein Diener Atshon mit meinem Gepäck, in dem andern ich selbst. So ein Karren, das einzige Fahrzeug, das der Zustand der städtischen Straßen und der großen Verbindungswege zuläßt, hat zwei Räder und ist mit blauem Leinen überspannt. Er ist nicht lang genug, daß man liegen könnte, und nicht hoch genug, daß man auf europäische Art sitzen kann, und natürlich ist er auch nicht gefedert. Daher ist er eine schauderhafte Tortur für jeden Europäer, und wenn die Chinesen ihn ertragen, so kann ich das nur einem Fehler oder einer Besonderheit ihres Nervensystems zuschreiben. Jedenfalls fand ich keine andere Möglichkeit, als daß ich mich im Reitsitz auf die Deichsel setzte, denn so hatte ich unter den fürchterlichen Stößen noch am wenigsten zu leiden.

Über Nahrungsmangel hatte ich unterwegs nicht zu klagen, denn ich bekam überall Reis und manchmal auch Eier oder Hammelfleisch. Todmüde kam ich am Abend des 30. April in Peking an, von dem ich nichts sah, bevor ich nicht vor der Mauer stand. Diese Mauer ist imposant, grandios, kolossal. Sie hat einen Umfang von zweiundfünfzig Kilometern und ist, je nach der Gegend, sechzehn bis dreiundzwanzig Meter hoch, an der Basis zwanzig und oben sechzehn Meter breit, so daß acht europäische Wagen nebeneinander auf ihr fahren könnten. Alle hundert Meter steht eine Bastion, die zwanzig Quadratmeter groß ist. Als ich vor einem der neun großen Tore Pekings ankam und die kolossale Mauer sah, die sich, so weit das Auge reichte, nach beiden Seiten hinzog, fühlte ich mich ein wenig von der gleichen Bewunderung durchdrungen, mit der Marco Polo, 1291 nach Venedig zurückgekehrt, von der Pracht Kambalics oder der Stadt des Großkhan gesprochen hatte.

Innerhalb der Stadt rechnete ich auf noch größere Wunder, aber darin hatte ich mich sehr getäuscht. Da es außer abstoßend schmutzigen Kutscherherbergen keine Hotels in Peking gibt, begab ich mich zu einem Buddhatempel, dessen brave Priester mir in einem Exzeß von Gastfreundlichkeit für sechs Francs täglich ein Zimmer vermieteten; übrigens verlangten sie zunächst zwölf, und erst nach langem Handeln bekam ich es für die Hälfte. Mein Zimmer maß vier Meter im Quadrat, von denen die Hälfte von einer großen steinernen Pritsche eingenommen war; auf deren Platten durfte ich mir den weichsten Platz aussuchen, um meinen müden Leib auszustrecken. Der Rest des Fußbodens war nicht gepflastert; um den Staub niederzuschlagen, hatte man ihn angefeuchtet, aber aus übermäßigem Eifer war man mit dem Wasser zu verschwenderisch umgegangen und hatte auf diese Weise den ganzen Boden in scheußlichen, stinkenden Schlamm verwandelt. Ein Tisch und ein Hocker bildeten die gesamte Einrichtung, aber die Wände von zweifelhafter Farbe waren mit zehn zweieinhalb Meter langen und vierundsechzig Zentimeter breiten Gemälden verkleidet, die in schöner chinesischer Schrift Auszüge aus dem heiligen Buch des Konfuzius enthielten. Schließlich hatte das Zimmer neun Fenster, die mit feinem weißen Papier bespannt waren, denn der Gebrauch des Glases ist den Bewohnern des himmlischen Reiches unbekannt.

Es war acht Uhr abends, als ich mich in meiner neuen Wohnung eingerichtet hatte. Ich hatte einen Wolfshunger und bat um Essen. Aber bei den guten Priestern war nichts zu bekommen, und Atshon, mein Diener, versicherte mir, daß um diese Stunde ganz Peking schon schliefe. So mußte ich mich ohne Essen schlafenlegen, aber ich war derart erschöpft, daß ich auf den harten Steinen sogleich einschlief und erst morgens um fünf wieder aufwachte, als Atshon mit einer Teekanne, einer Teetasse und einer weiteren Tasse mit Reis kam und mich weckte. Er war schon um vier aufgestanden und hatte Tee und Reis gekauft und mein Frühstück bereitet. Es war schlechter grüner Tee, wie ihn nicht einmal der letzte unserer europäischen Arbeiter trinken möchte. Außerdem mußte ich ihn ohne Milch und Zucker trinken, weil die Chinesen diese Luxusartikel europäischen Geschmacks nicht gebrauchen und weil man sie daher nicht kaufen kann. Der Reis war gelb, schlecht und ungesalzen, denn Atshon hatte kein Salz eingekauft, da er geglaubt hatte, er würde es bei den guten Priestern vorfinden – die aber behaupteten, keines zu haben. Salz holen zu lassen hätte eine weitere Viertelstunde gekostet, aber das gestattete mein Hunger nicht mehr. Ich machte mich also mutig an das Frühstück. Atshon hatte mir auch zwei Stäbchen mitgebracht, wie sie die Chinesen anstelle von Messern und Gabeln zu benützen pflegen, aber da ich damit nicht umzugehen verstand, aß ich lieber wie die Araber mit den Fingern. Obgleich ich nie ein so elendes Frühstück bekommen hatte, war mein Appetit so groß, daß es mir besonders delikat erschien.

Nach der Mahlzeit schickte ich Atshon aus, zwei Reitpferde zu holen, und um sechs machten wir uns auf den Weg, um die Stadt zu besehen.

Während in der großartigen Stadt Kanton die größte Straße nicht breiter als zwei Meter ist, ist die schmalste Straße Pekings nicht weniger als sechs Meter breit. Alle Häuser sind einstöckig und aus Ziegeln gebaut, die im Rauch getrocknet sind, so daß sie eine bläuliche Farbe haben. Die Fenster der Privathäuser gehen alle auf den Hof hinaus, und nur die Läden haben Fenster zu den Straßen hin. Die Fassaden sind mit Holzschnitzereien verkleidet, die alle möglichen Ungeheuer darstellen, vor allem Drachen, aber oft auch ganze mythologische Szenen; diese Fassaden sind im allgemeinen rot bemalt und vergoldet.

Wohl keine Straße gibt es ohne Häuser, die nicht ganz oder zum Teil zu Ruinen geworden wären. Da aller Abfall und Unrat auf die Straße geworfen wird, bildet er überall Hügel und Täler, so daß man sehr vorsichtig reiten muß. Überall herrscht ein scheußlicher Staub, der die Sonne verfinstert und das Atmen behindert. Überall wird man von einer Menge von Bettlern verfolgt, die entweder ganz nackt oder nur mit ein paar Lumpen bekleidet sind; fast alle sind aussätzig oder haben andere abstoßende Schwären; laut schreiend erflehen sie Almosen, ihre fleischlosen Arme gen Himmel reckend und niederkniend oder sich ohne Unterlaß niederwerfend. Am meisten zerriß mir das Herz, daß es unmöglich war, ihre Leiden zu erleichtern. Denn die einzige Münze des Landes besteht aus einer Legierung von einem Drittel Zink und zwei Dritteln Blei und heißt auf Chinesisch Käsch. Ein Stück ist so groß wie ein Sou, aber schwerer und hat in der Mitte ein viereckiges Loch. Je 250 Stücke dieser Münzen werden auf eine Bambusschnur gezogen, und vier solcher Rollen, also tausend Stück, sind soviel wie ein mexikanischer Piaster oder sechs Francs, so daß mehr als acht Stück erst einen Sou ausmachen. Wegen des Gewichts dieser Münzen und ihrer unglaublichen Schmutzigkeit kann man sie nur dann bei sich führen, wenn man im Wagen fährt. In den Häfen bezahlt man größere Summen in mexikanischen Piastern, aber im Innern des Landes sind diese nicht im Umlauf, und hier leistet man Zahlungen, die zu groß sind, um in Käsch effektuiert werden zu können, in Silberbarren oder -stücken, die man abwiegt.

Überall sieht man fast nackte Lumpensammler, die, einen Korb auf der Schulter und eine kleine Harke in der Hand, Abfälle und Asche durchwühlen und auch noch die winzigsten Stückchen Papier und Kohle zusammenlesen. Überall sind auch Massen verhungerter Hunde, die man mit Entsetzen ihren eigenen Kot und den der Pferde fressen sieht, sofern die Sammler des letztgenannten Produkts ihnen Zeit dazu lassen.

Überall hört man das Gebell der Hunde, das Brüllen der Esel und die rauhe, klagende Stimme der langhaarigen mongolischen Kamele, die langsamen und gemessenen Schritts in Reihen von sechzig oder siebzig durch die Straßen ziehen, miteinander durch Bambusschnüre verbunden, die ihnen durch die Nüstern gelegt sind.

Überall sieht man auch Verbrecher, die ein horizontales Brett von 1,33 m^2 um den Hals tragen, so daß sie die Hand nicht zum Munde führen können; sie betteln die Passanten also nicht nur um Essen an, sondern auch darum, daß sie ihnen das Essen in den Mund stecken. Die Schrift auf den Brettern zeigt ihr Verbrechen und die Dauer ihrer Strafe an. Außer diesen Verbrechern gibt es noch andere, denen ein Eisenstück von etwa zwanzig Pfund so an Arm und Bein befestigt ist, daß sie nur dann gehen können, wenn sie das Stück über ihrem Kopfe tragen; sie haben die Inschrift, die ihre Untat und die Dauer ihrer Qual anzeigt, auf dem Rücken. Diese beiden

Arten von Verurteilten können so frei in der Stadt umhergehen, wie es ihnen ihre Marterinstrumente gestatten; unter Todesstrafe ist es ihnen aber verboten, die Stadt zu verlassen, sei es auch nur für eine Minute. Mitten auf einer großen Straße der Chinesenstadt sah ich auch einen Hinrichtungsplatz. Mehrere kürzlich abgeschnittene Köpfe und andere, deren Abtrennung mehrere Monate zurückzuliegen schien, waren dort in großen eisernen Vogelkäfigen ausgestellt.

Später begegnete ich dem Trauerzug eines Mannes, der offenbar durch sein Geld und nicht durch seinen Rang ausgezeichnet gewesen war. Hundertzwanzig Arbeiter, auf chinesisch Kulis genannt, marschierten zu zweit und hielten lange rote Stangen in den Händen, an deren Ende große weiße und blaue Banner flatterten, auf die Episoden aus der Buddha-Mythologie gestickt waren. Ihnen folgten zwölf Musikanten mit Trommeln und Gongs, die eine für mein Ohr scheußliche Trauermusik vollführten. Hinter ihnen kamen zwei Arbeiter mit dem Stuhl und den Kleidern des Toten, schließlich zweiundsiebzig Kulis mit goldenen Ornamenten an langen Stangen. Den Schluß des Zuges bildete eine ungeheure rotbemalte Sänfte, die nicht weniger als acht Meter lang und vier Meter breit war und von vierzig Arbeitern getragen wurde. Inmitten der Sänfte stand der riesige Sarg, der wenigstens vier Meter lang war; seine Farbe konnte ich nicht erkennen, da eine Decke aus roter Seide über ihn gebreitet war, während über der Sänfte eine enorme Decke aus blauer Seide mit prächtigen Drachenstickereien hing. Auf der roten Decke sah man eine Menge Gold- und Silberpapier in kleinen Päckchen. Das gleiche Papier legt man auch in die Särge und umgibt die Sterbenden damit, um den Teufel zu täuschen, denn, so denkt man, dieser wird die Päckchen für echtes Metall halten, sich darauf stürzen und nicht mehr an die Seele denken, die inzwischen Zeit genug hat, ins Paradies zu gelangen. Der Verbrauch an solchem Papier ist in China sehr groß, und seine Herstellung und sein Absatz beschäftigen Hunderttausende von Händen.

Bald darauf kam ein Hochzeitszug an mir vorbei; man trug die Braut in das Haus ihres künftigen Gatten; nur bei dieser Gelegenheit gestattet das Gesetz dem einfachen Sterblichen, in einer Sänfte getragen zu werden. Diese war mit einer großen Decke aus goldbestickter rosenfarbiger Seide bedeckt, so daß man die darin Sitzende nicht sehen konnte. Immerhin ließen das kokette Aussehen des Tragstuhls und seines Zeltes sowie der Luxus der

Stickereien darauf schließen, daß sie sehr schön sein, das heißt, daß sie einen sehr kleinen Fuß haben mußte. Tatsächlich macht die Kleinheit des Fußes die Schönheit der chinesischen Frau aus, und man findet ein blatternarbiges, zahnloses und glatzköpfiges Mädchen mit einem Fuß von dreieinhalb Zoll hundertmal schöner als das, dessen Fuß viereinhalb Zoll mißt, und wäre es auch sonst von nach europäischer Vorstellung verblüffender Schönheit.

Mir scheint, keiner der Reisenden, die über China geschrieben haben, hat solchen kleinen Fuß nackt gesehen, denn sie alle geben eine ungenaue Beschreibung davon und behaupten, daß man die Zehen gegen die Fußsohle drückt, so daß sie dort mit dem Fleisch zusammenwachsen und aus dem Fuß einen formlosen Stumpf machen. Es ist mir gelungen, alle aus den Landessitten erwachsenden Schwierigkeiten zu überwinden und mehrmals die Füße der Chinesinnen nahebei zu betrachten. Sobald die Mädchen ein Jahr alt sind, biegt man die drei kleinen Zehen des Fußes zurück und drückt sie mit strammen Binden gegen die Fußsohle. Dieser starke und andauernde Druck läßt die Knochen des Vorderfußes heraustreten und gibt ihm eine Krümmung, die zugleich den Absatz beträchtlich zurücktreten läßt, so daß die Frau auf den beiden freigebliebenen Zehen und dem anomalen Absatz geht. Die drei zurückgekrümmten Zehen wachsen niemals zusammen, auch nicht mit der Fußsohle. Die eben beschriebene Operation wird übrigens nur bei den Chinesinnen vorgenommen, nicht bei den Mongolinnen, die in China leben.

Die Chinesen haben eine angeborene Neigung für das Spiel; in jeder Straße gibt es Spielhäuser, wo der friedliche Ladenbesitzer, der jeden Käsch zweimal in der Hand umdreht, bevor er ihn ausgibt, am Abend Tausende von Piastern mit unerschütterlichem Gleichmut verliert. Außerdem gibt es auch noch im Freien eine Menge kleiner Spielbanken aller Art, die stets von Menschen umlagert sind.

Eine ungeheure Menge ambulanter Köche läuft durch die Straßen, auf einer Schulter einen tragbaren Herd, auf der anderen einen Korb mit warmen, in Öl gekochten Reiskuchen; in der Hand halten sie einen Bambuszylinder mit Stäbchen, deren jedes ein chinesisches Schriftzeichen trägt. Durch das Schütteln dieser Köcher erwecken die Köche die Aufmerksamkeit der Passanten; die Liebhaber von Kuchen riskieren ein paar Käsch, ziehen ein Stäbchen aus dem Zylinder und gewinnen, je nach dem darauf befindlichen Zeichen eine Mahlzeit aus zwei oder drei Kuchen oder verlieren ihren Einsatz. Die Spielmanie ist derart groß, daß der arme Arbeiter immer bereit ist, das Doppelte oder das Vierfache für seine Nahrung zu zahlen, wenn er dabei nur die schwache Chance hat, sie sozusagen umsonst zu erhalten.

Ich besuchte auch das Observatorium, das durch die große Menge seiner astronomischen Instrumente aus Bronze bemerkenswert ist; unter anderem sah ich dort einen Himmelsglobus von 2,66 Meter Durchmesser.

Sodann kam ich auf meinem Wege an der kaiserlichen Residenz vorüber, die nicht weniger als zwölf Kilometer Umfang hat und von einer acht Meter hohen Mauer umgeben ist. Eintreten darf niemand, ausgenommen die Würdenträger ersten Ranges, die zum kaiserlichen Haushalt gehören. Besser wäre es, dieses Gebiet nicht die Residenz, sondern das Gefängnis des Souveräns zu nennen, denn nach der Sitte seines Landes darf er es niemals verlassen. In diesem abgeschlossenen Bezirk und inmitten der Weiblichkeiten des Harems und der Schmeicheleien der Mandarine soll also der Kaiser von China genug Erfahrungen und Wissen erwerben, um ein Volk zu regieren, das anderthalbmal so groß ist wie die Bevölkerung von ganz Europa!

Ich stieg auf einen Turm in der Nachbarschaft, um in das Innere der Residenz zu blicken; dabei sah ich das große kaiserliche Palais, einstöckig, und mehrere kleine Paläste und Tempel, sodann weite, mit prächtigen Pavillons geschmückte Gärten. Alles scheint in höchstem Grade vernachlässigt und in Verfall; eine wilde Vegetation von Bäumen und Kräutern ist zwischen den blauen und grünen Ziegeln der Paläste, Tempel und Pavillons aufgeschossen, und in sämtlichen Gärten gibt es keine einzige Marmorbrücke, die nicht mehr oder weniger verfallen wäre.

Dann besuchte ich mehrere Tempel, deren Architektur den berühmtesten Baumeistern Europas zur Ehre gereichen würde, aber alles ist unordentlich, verfallen und schmutzig. Die Bekleidung der Götterbilder und die prachtvollen Stickereien, mit denen die Wände bedeckt sind, fallen in Fetzen, die Rahmen der Fenster sind zum Teil zerbrochen, und das Papier, das das Glas ersetzt, ist überall zerrissen. Es ist traurig und peinlich zu sehen, wie das heruntergekommene und herabgewürdigte Volk diese grandiosen Monumente, deren Bau doch Millionen verschlungen hat, zu Ruinen werden läßt, während schon zwei bei jedem Tempel festangestellte Arbeiter genügen würden, um sie in Ordnung zu halten und für die ferne Nachwelt zu erhalten. Ich glaube, zum Beweise der Dummheit und Demoralisation der chinesischen Monarchen und ihrer Völker bedarf es keiner weiteren Probe als dieser tiefen Gleichgültigkeit, mit der sie die Heiligtümer ihrer Götter, diese großen Bauten ihrer ruhmreichen Vorfahren, verfallen lassen.

Schließlich kam ich in die Chinesenstadt, denn dorthin zog mich das Theater. Es gibt deren drei in der gleichen Straße. Zwei waren schon voll, und ich fand erst auf der Galerie des dritten einen Platz. Zwei Drachen mit gähnenden Mäulern waren auf die große Eingangstür gemalt. Der Zuschauerraum ist ganz anders gebaut als in europäischen Theatern. Am Ende des Saals liegt auf einer Plattform von acht zu acht Metern die Szene ohne Vorhang und ohne Dekoration. Die Bänke der Zuschauer, statt parallel zur Bühne zu laufen, sind im Gegensinne angeordnet, und zwischen je zwei Bänken steht ein Tisch, der ebenso lang wie die Bänke und etwa sechzig Zentimeter breit ist. Drei Meter über dem Boden sind Galerien, auf denen die Bänke und Tische entgegengesetzt denen des Parterres angeordnet sind. Alle Bänke waren von Zuschauern besetzt, die aber gleichzeitig Gäste waren, denn auf allen Tischen standen trompetenförmige Becher mit Branntwein, Teekannen, Brot, alle möglichen Konfitüren, Melonenkerne, Trauben, Gemüse, Reis, Äpfel und Birnen, Tabak und große Rollen dieses elenden Geldes aus Blei und Zink, das man nicht in die Tasche stecken kann. Niemand war untätig; die einen aßen, die anderen tranken oder rauchten. Übrigens waren nur Männer anwesend, denn eine ehrbare Frau geht in China nicht ins Theater.

Da die Schauspieler im Reiche des Himmels wenig geachtet sind, verbietet die Sitte dem schönen Geschlecht, sich dem Theater zu widmen; auch die Frauenrollen werden von Männern gespielt, die dank ihres effeminierten Äußeren, ihres reichen Haarwuchses und ihrer sanften Stimme die Frauen mit Vollkommenheit nachzuahmen wissen. Die Kostüme der Männer wie der Frauen sind aus roter, gelber, blauer, grüner oder weißer Seide, die mit prächtigen Stickereien aus Seide oder Gold bedeckt ist.

Während der ersten Viertelstunde spielte man eine tragische Szene der Heroenzeit, die in Versen geschrieben war. Die Deklamation des Darstellers schien mir nichts zu wünschen übrigzulassen. Darauf folgte eine dramatische Szene mit Gesang und Musik; das Orchester, dessen Instrumente aus sehr flachen Trommeln, Gongs und einer seltsamen Art von

Geigen bestanden, vollführte eine wahre Katzenmusik, und auch die Gesänge waren mehr ein Geschrei, das europäische Ohren zerriß. Aber das Publikum war davon entzückt und bezeugte seine große Zufriedenheit in bewundernden Rufen ... Händeklatschen ist in China unbekannt. Der dramatischen Szene, die nur zwanzig Minuten dauerte, folgte ein burleskes Stück, das so bewundernswürdig gespielt wurde, daß ich selbst ohne Kenntnis der Sprache die Handlung bis zum Schluß verstand.

Darauf spielte man erneut eine tragische Szene. Pausen gibt es im chinesischen Theater nicht, und ein Stück folgt ohne die geringste Unterbrechung auf das andere. Der Eintritt kostete einen halben Piaster, und Essen, Trinken und Tabak gab es gratis.

Aber inzwischen war es sieben Uhr abends geworden, und seit fünf Uhr früh hatte ich nichts zu mir genommen, denn mein Eifer, Peking zu sehen, hatte mich selbst meinen Appetit vergessen lassen. Jetzt forderte der Magen seine Rechte. Ich ging also mit Atshon, und zum Glück fanden wir in derselben Straße ein Restaurant, das abgesehen von dem landesüblichen Schmutz recht annehmbar war. Ich forderte für jeden ein gutes Diner; der Wirt fragte, ob er zwei Schwalbennester in die Suppe tun sollte, was dann zwei Piaster, ungefähr zwölf Francs mehr kosten würde. Mit Vergnügen stimmte ich zu, denn Vogelnester hatte ich noch nie gegessen, wohl aber massenhaft auf der Insel Java gesehen.

Die Suppe spielt in der chinesischen Gastronomie die Rolle des europäischen Desserts. Als Eingangsgericht servierte man uns gesalzenes und geräuchertes Gemüse, Salat, Gurken und eine Art Pastete aus Saubohnen, mit Öl und Molke gewürzt. Statt Messer, Gabel und Löffel brachte man mir Stäbchen. Aber alle Mühe war umsonst – es gelang mir nicht, damit auch nur einen einzigen Bissen in den Mund zu bekommen, und auf die Gefahr hin, von den Gästen ausgelacht zu werden, die um mich saßen, krempelte ich die Ärmel meines Gehrocks auf, um auf arabische Manier zu essen. Da bemerkte der Wirt meine verzweifelte Lage und brachte mir einen Zahnstocher; ich ergriff ihn, der Hunger half nach, und ich aß mit ihm fast so schnell wie mit einer Gabel.

Dann brachte man in zwei Schüsseln Geflügel und Fisch, beide in kleine Stücke geschnitten und mit einer fetten Sauce reichlich gewürzt; Teller bekam ich nicht, denn die gibt es in China nicht. Ich forderte Wein, aber man antwortete mir, den gäbe es in China nicht, und brachte mir in einem trompetenförmigen Zinnbecher einen sehr starken Branntwein, der Maigualu, Rosengeist, heißt. Als letztes Gericht wurde dann die Suppe serviert, in der die beiden Vogelnester schwammen, in lange Streifen geschnitten. In Ermangelung von Teller und Löffel setzte ich munter die Schüssel an den Mund und half den Streifen der Vogelnester mit einem Stäbchen in den Mund. Übrigens schmeckten sie ähnlich wie Fischleim. In Batavia hatte ich Chinesen gesehen, die sie gebacken und mit Zucker bestreut aßen ... Sowohl in Java als auch in China ißt man sie als Kräftigungsmittel und außerdem als Gegengift gegen die Verheerungen des Opiums und seine negativen Wirkungen.

Mein Wunsch, die Große Mauer zu sehen, war ebenso groß wie meine Besorgnisse wegen der Strapazen des Weges. Ich entschied mich also zur Abreise und nahm mir vor, auf dem Rückweg noch acht Tage in Peking zu verbringen. Am gleichen Tage noch schickte ich Atshon aus, zwei Karren und ein Reitpferd für die Reise nach Ku-pa-ku und zurück zu mieten. Am folgenden Morgen, dem 2. Mai, vier Uhr früh, nahm ich Abschied von den braven Priestern und machte mich auf den Weg in den Norden.

Peking ist so groß, daß ich über eine Stunde brauchte, bis ich an das Tor gelangte. Gewiß könnte die Stadt mehr als sieben Millionen Einwohner fassen, aber ich glaube nicht, daß sie mehr als eine hat. Als ich nun am frühen Morgen durch die Straßen ritt, ohne zu dieser Stunde von den Bettlern belästigt zu werden, konnte ich meine Umgebung besser ins Auge fassen. Oft bemerkte ich in den Straßen die Reste eines ehemaligen Pflasters aus großen Blöcken weißlichen Granits; überall sah ich die Ruinen alter steinerner Kloaken, verstümmelte Säulengesimse und beschädigte Skulpturen, alles fast ganz im Schmutz der Straßen versunken. Ich sah auch eine beachtliche Zahl prächtiger Granitbrücken, aber sie waren so verfallen, daß man sie nicht benützen konnte, sondern einen Umweg machen mußte. Alles das bewies mir, daß Peking einst von einem großen und geschickten Volk bewohnt worden war und daß einst prächtige, saubere, gepflasterte Straßen, große Häuser und prunkvolle Paläste gelegen haben, wo jetzt nur elende einstöckige Häuser stehen und wo die Straßen von einer so abstoßenden Schmutzigkeit sind, daß sie mehr weiten Kloaken ähneln als den Straßen einer Hauptstadt. Wer daran zweifelt, braucht nur einen Blick auf die ungeheuren Mauern und Tore zu werfen – die baute man nicht, um eine Stadt zu schützen, die so aussieht wie das heutige Peking! Nimmermehr!

Ich setzte meinen Weg fort. Atshon fuhr mit meinem Gepäck in einem Karren, und statt die Mauern von Peking oder das weite Land zu bewundern, schlief er nur. Ich selbst ritt; der zweite Wagen folgte, damit ich mich setzen könnte, falls mein Pferd versagte. Das geschah denn auch am nächsten Tage gegen Mittag; das todmüde Tier begann zu hinken. Ich mußte es an den Karren binden und mich wieder auf die Deichsel setzen. Die Sonne brannte und plagte mich sehr, obwohl ich einen großen arabischen Turban aufgesetzt hatte.

Schließlich gegen sechs Uhr abends langten wir in der großen Stadt Ku-pa-ku an, die als die sauberste von ganz China gilt. Sie liegt genau an der mandschurischen Grenze in einem von hohen Bergen umgebenen Tal. Hierher kommen nur sehr selten Fremde und werden gleich zur Sensation. Wenn ein bekleideter Orang-Utan oder Gorilla plötzlich auf den Boulevards von Paris spazierenginge, so könnte er nicht mehr Gegenstand der Neugier sein, als ich es für diese Bergbewohner war. Kaum war ich durch das Stadttor gelangt, als ich schon von einer ungeheuren Menschenmenge umgeben war, die mich bis zur Herberge begleitete und sogar in meinem Zimmer Posto faßte. Natürlich reichte dort der Platz nicht für alle aus, und deshalb stieg man zu den Fenstern hinauf und zerriß das Papier, um mich betrachten zu können. Niemand konnte begreifen, weshalb ich keine chinesischen Kleider trug und warum ich statt eines Zopfes bis zur Erde kurze Haare hatte. Vielleicht hätte man mir diesen Mangel an gutem Geschmack noch vergeben, aber als man mich dann mit einem Bleistift oder einer Stahlfeder von links nach rechts unbekannte Zeichen schreiben sah, statt daß ich mit einem Pinsel chinesische Hieroglyphen von oben nach unten und von rechts nach links malte, war das ein so unerhörtes Geschehen, daß niemand dieses Mirakel genugsam bewundern konnte.

Diese Neugier ist mir sehr lästig, und ich weiß nicht, was ich dagegen machen soll ... Über den Zweck meiner Reise befragt, hat Atshon ihnen leider gesagt, daß ich die Große Mauer sehen wollte. Die Leute begannen lauthals zu lachen, denn niemand begriff, wie jemand verrückt genug sein konnte, eine so lange und mühsame Reise zu machen, bloß um alte Steine zu betrachten. Ich muß hier bemerken, daß jede Anstrengung, zu der man nicht gezwungen ist, gegen den chinesischen Charakter geht; als ich neulich in Kanton ein Boot nahm und es mir folgen ließ, während ich im Flusse schwamm, hatte ich sofort eine Menge von Kähnen voll von Neugierigen um mich, die nicht verstanden, warum ich mich, ohne dazu gezwungen zu sein, der Mühe des Schwimmens unterzog, statt ruhig im Boote zu sitzen. Gestern abend verließ mich die Menge erst, als ich mich hingelegt und die Kerze gelöscht hatte.

Erschöpft wie ich war, schlief ich auf den Steinen der Pritsche sehr gut und wachte erst halb sechs auf, als Atshon mit Tee, Reis, steinhart gekochten Eiern und Salz eintrat.

Nach diesem Frühstück ging ich mit meinem Führer aus, um die Mauer zu ersteigen. Sobald ich den Fuß auf die Straße gesetzt hatte, leistete mir wieder eine ungeheure Menge langbezopfter Neugieriger Gesellschaft und folgte mir sogar bis zur ersten steilen Stelle auf der Mauer. Dort siegte aber die Abneigung vor einer Anstrengung über die Neugier, und alles verließ mich bis zur ersten gefährlichen Stelle, wo von der Mauer nur vierunddreißig Zentimeter in der Breite übriggeblieben waren, so daß man auf allen vieren weitermußte. Ich setzte meinen Weg also allein fort und sah, daß in etwa acht Kilometer Entfernung die Mauer einen sehr hohen Berg überquerte. Dorthin wollte ich, koste es, was es wolle, aber es war kein leichtes Unterfangen, denn an manchen Stellen erhob sich die Mauer in einem Winkel von fünfzig, vierundfünfzig, ja sogar von sechzig Grad. Mit geschlossenen Augen und auf allen vieren bewältigte ich die gefährlichsten Stellen. Mit meiner Beharrlichkeit erreichte ich schließlich den ersehnten Felsen, aber wie groß war meine Enttäuschung, als ich bemerkte, daß die Mauer zwei Kilometer weiter einen anderen Berg überquerte, der wenigstens zweihundert Meter höher war und der mir hier den Blick nach Westen verlegte. Dorthin also mußte ich um jeden Preis und kletterte ruhig weiter. Nach Bewältigung verschiedener steiler Hänge kam ich schließlich zu einem großen Abhang, der mindestens hundertdreißig Meter hoch war und sich in einem Winkel von sechzig Grad erhob. Hier waren die Stufen kaum mehr drei Zoll breit und mit Trümmern übersät; infolgedessen war der Aufstieg schwieriger als alle vorigen zusammengenommen. Schließlich kam ich aber doch auf die Höhe und stieg auf das Dach des zinnenbewehrten Turms. Es war Mittag, ich war also schon fünfeinhalb Stunden unterwegs gewesen. Aber das Panorama, das sich vor meinen Augen entfaltete, belohnte mich reich für die Mühen meiner langen Reise und dieser Kletterpartie.

Die Große Mauer ist aus Ziegeln gebaut, die im Rauch getrocknet, nicht gebrannt sind; sie bestehen aus mit Reisstroh vermischtem Lehm und sind siebenundsechzig Zentimeter lang, fünfundzwanzig breit und siebzehn dick. Oben ist die Mauer mit siebzehn Zentimeter dicken Ziegeln belegt, die siebenundsechzig zu sie siebenundsechzig Zentimeter messen. An mehreren Stellen, wo die Deckplatten verschwunden sind, sehe ich, daß das Innere der Mauer aus Granitsteinen besteht. Die Mauer ist sechseinhalb bis neuneinhalb Meter hoch, wobei die zwei bis zweieinhalb Meter hohe Brustwehr nicht eingerechnet ist. Somit beträgt die Gesamthöhe achteinhalb bis zwölf Meter, die Dicke sechseinhalb bis acht Meter unten und vierdreiviertel bis sechseinhalb Meter oben. In Abständen von hundert bis zweihundert Metern finden sich in der Mauer Befestigungen oder zinnenbewehrte Türme; sie sind aber nicht Teil der Mauer, sondern für sich errichtet und durch Türen mit der Mauer verbunden; diese Türme sind dreizehneinhalb bis siebzehn Meter hoch und je zwölf Meter lang und breit und haben zwei gewölbte Stockwerke – hier gibt es also schon überall den Bogen, den man in Europa als arabische Erfindung aus dem siebenten Jahrhundert unserer Zeitrechnung betrachtet, und dabei ist diese Mauer doch schon 220 Jahre vor Christus errichtet worden! Aber während ich diese Worte schreibe, fällt mir ein, daß ich den Bogen auch schon in den Gräbern von Beni Hassan in Oberägypten gesehen habe, deren Erbauung mehr als 2000 Jahre vor unsere Zeitrechnung zurückreicht. So könnte es also sein, daß die Ägypter den Bogen schon vor den Chinesen gekannt hätten.

Nach Norden sehe ich vor mir das Hochplateau der Mandschurei. 900 Meter unter mir sehe ich ein langes und enges Tal. Ein von Norden kommender Fluß durchläuft es in seiner ganzen Länge und befruchtet die Reisfelder, indem er mehrere Bogen beschreibt und die schöne Stadt Ku-pa-ku in zwei Teile zerlegt, und zwar so, daß der eine von ihnen auf einer Halbinsel liegt. Mit meinem Fernrohr sehe ich die Menge in den Straßen und erkenne sogar Atshon, der auf der Türschwelle meiner Herberge sitzt. Ich sehe die schönen Gärten, von denen die Stadt umgeben ist, alles von dem frischen Grün des Frühlings bedeckt, ausgenommen die Obstbäume, die noch kahl sind. Bei der Stadt übt ein Bataillon Soldaten mit der Kanone, und ich höre die Schüsse im Echo der Berge dreimal. Nichts kommt der Schönheit der Hügel gleich, die ich nach Süden hin erblicke und über die mein Auge in die Ebene von Peking schweift. Nichts ist erhabener als der Ausblick auf die Berge jenseits des Tales nach Osten; sie werden von einer ungeheuren Gebirgskette begrenzt, die wie eine Säge gezackt ist.

Ich habe großartige Ausblicke genossen, von den Höhen der Vulkane der Insel Java und vom Gipfel der Sierra Nevada in Californien, von den Höhen des Himalaja in Indien und von den Hochebenen der Cordilleren in Südamerika. Nie habe ich etwas gesehen, was ich mit dem wunderschönen Bilde vergleichen könnte, das sich hier vor meinen Augen entfaltet. Bestürzt und erstaunt, voller Bewunderung und Enthusiasmus, konnte ich es kaum fassen, soviel Wunder zu schauen. Diese Große Chinesische Mauer, von der ich seit meiner Kindheit nicht ohne ein Gefühl lebhafter Neugier hatte hören können – hier sah ich sie nun vor mir, und hundertmal großartiger, als ich sie mir vorgestellt hatte, und je länger ich diese ungeheure Barriere mit ihren Zinnentürmen betrachtete, desto mehr erschien sie mir als das sagenhafte Werk einer Rasse von vorsintflutlichen Riesen. Aber da ich nun aus der Geschichte wußte, daß sie etwa im Jahre 220 vor unserer Zeitrechnung erbaut worden war, konnte ich nicht begreifen, wie sterbliche Hände dazu fähig gewesen sind, wie sie das Rohmaterial auf diese ungeheuren, steilen Felsen schleppen und dort verarbeiten konnten, die Granitblöcke und die Milliarden von Ziegeln, die sie doch nur unten in den Tälern hatten herstellen können.

Aber, so sagte ich mir weiter, hatte dieses Geschlecht von Riesen tatsächlich eine solche Mauer nötig und war die Brust solcher Herkulesse nicht die beste und furchtbarste Mauer, die man einem Einfall der Feinde von Norden entgegensetzen konnte? Und weiter: Wenn man die Notwendigkeit, eine solche Mauer zu bauen, zugibt, wie konnte man über soviel Millionen von Arbeitern verfügen, die doch nötig waren, um die Ziegel und den Zement herzustellen, den Granit zu zerkleinern, die Baustoffe auf diese Höhen zu schleppen? Wie konnte man auch über soviel Soldaten verfügen, um den 20 000 Türmen dieser Mauer eine ausreichende Garnison zu geben, die mit all ihren Biegungen nicht weniger als 3 200, in Worten dreitausendzweihundert, Kilometer lang ist?

Hier hat man Schliemann eine übertriebene Länge genannt, die allerdings auch sonst in der Literatur vorkommt. Die Große Mauer heißt zwar auf chinesisch Wan li tschang tscheng, d. i. Mauer der zehntausend Li. Tatsächlich ist sie nur 5 000 Li, also 2 450 Kilometer lang. Im übrigen stammt nur die Anlage an sich aus dem Altertum. Der Großteil dessen, was Schliemann sah und was der heutige Besucher sieht, datiert aus der Ming-Dynastie, also etwa aus dem 14. Jahrhundert, so daß die Wölbung, von Schliemann Bogen genannt, weiter nicht erstaunlich ist, die er einige Absätze zuvor als auffallend notiert hatte. Die von Schliemann als Vergleich herangezogenen Felsengräber von Beni Hassan haben tatsächlich leicht gewölbte Decken, aber diese sind aus dem Felsen ausgeschnitten, in den die Gräber eingehöhlt sind, so daß es sich also nicht, wie Schliemann annahm, um ausgesprochenen Bogenbau handelt.

Schließlich ist auch noch zu bedenken, daß sie nur auf den Bergen eine einfache Mauer ist, in diesem Tal aber und an allen schwer zu verteidigenden Stellen eine dreifache.

Seit Jahrhunderten ist die Große Mauer vernachlässigt und verlassen. Statt von Kriegern sind die Zinnentürme nun von friedlichen Tauben bewohnt, die hier ihre Nester bauen, während die Mauer selbst von harmlosen Eidechsen wimmelt und voll gelber Blüten und Veilchen ist, die die Ankunft des Frühlings verkünden. Sie ist ohne Zweifel das größte Werk, das je von Menschenhand ausgeführt worden ist. Sie ist das Grabdenkmal einer vergangenen Größe, und mitten in den Abgründen, die sie durchquert, protestiert sie schweigend gegen die Korruption und den Niedergang, die das chinesische Reich in seinen gegenwärtigen Zustand von Erniedrigung und Verfall haben kommen lassen.

Mit Freude wäre ich bis zum Abend auf dem Turm geblieben, weil meine Augen sich an diesem großartigen Panorama nicht sattzusehen vermochten. Aber die Sonne brannte, und ein schrecklicher Durst zwang mich schließlich, diese ungastliche Gegend zu verlassen. Rücklings und auf die Hände gestützt stieg ich den sechsten und den fünften Abhang hinab und gelangte dann auf einen schmalen Pfad, der mich in zahlreichen Windungen an den Fuß der Berge brachte. Mehrere Male war es so steil, daß ich mich auf den Bauch legen und mich gleiten lassen mußte. Trotzdem brachte ich nicht nur mein langes Fernrohr, sondern auch einen siebenundsechzig Zentimeter langen Ziegel heil zu Tal, indem ich mir nämlich beides auf den Rücken band.

Unten steckte ich dann das Fernrohr in den Gürtel und nahm den Ziegel unter den Arm. Kaum war ich in der Stadt angelangt, so war ich von neuem von einer Menschenmenge umgeben, von Frauen und Kindern, die mir, mit den Fingern auf den Ziegel weisend, durch ihre Ausrufe klarmachten, für wie verrückt sie mich hielten, weil ich mir die Mühe machte, einen Stein von fünfzig Pfund Gewicht zu schleppen. Ich sagte: »shuaiat« (Wasser) und zeigte durch Gesten, daß ich vor Durst stürbe; man beeilte sich, mir in einem Korb aus Papier kaltes Wasser zu bringen, und wollte kein Geld dafür annehmen. Solche Freigebigkeit hatte ich in China noch nicht gefunden. Auch sonst muß ich sagen, daß die Bewohner dieser Stadt sich durch Liebenswürdigkeit auszeichnen, obwohl ihre Neugier die der übrigen Chinesen übertrifft. Man sieht in der Stadt auch keinen Bettler, und außerdem hat sie den Ruf, die sauberste von ganz China zu sein, und es scheint, daß sie diesen Ruf auch verdient. Die Sittenverderbnis hat diese Bergbewohner noch nicht angesteckt; Männer, Frauen und Kinder, alle sind sie gesund, und ihre roten Backen bezeugen zugleich die Gesundheit dieses Klimas wie die Enthaltung von Opium. Die Herberge, in der ich diese Zeilen schreibe, ist gut, das heißt gut für chinesische Verhältnisse. Wie alle anderen Häuser hat sie nur ein Stockwerk, zwei große Tore und kein Fenster zur Straße hin. Auf jeder der Türen ist in lebhaften Farben das riesige Bild einer der Hauptgottheiten gemalt. Der Teil des Hauses, der zur Straße liegt, enthält die Küchen und dient als Speiseraum für die Fuhrleute und allgemein für die niedere Klasse. Dann kommt der Hof mit den Stallungen und darauf ein anderes Haus mit Wohnräumen. Jedes Zimmer mißt vier Meter im Quadrat und enthält eine Pritsche aus Stein, einen Tisch und zwei Hocker.

China ist das Land der Wirbelstürme. Am Abend meiner Ankunft in Peking sah der Pförtner der englischen Gesandtschaft, daß ein solcher Wirbelsturm, der sich plötzlich erhoben hatte, eine Leinwand zu entführen drohte, die vor der Tür hing und mit großen Steinen beschwert war. Um sie zu halten, hängte er sich an die Leinwand, aber die Gewalt des Windes entführte Steine und Leinwand und Pförtner über das Haus hinweg. Entsetzt ließ der Mann das Tuch fahren, fiel herab und brach sich zweimal den Oberschenkel.

Yedo, 28. Juni 1865

Kaum hatte ich Zeit gefunden, die vorstehenden Aufzeichnungen zu machen, als ich noch für einige Zeit nach Peking zurückkehrte. Da ich nun von den chinesischen Karren genug hatte, mietete ich eine große Barke, um auf dem Peiho nach Tientsin zurückzukehren. Die Arbeitskraft ist in China so billig, daß ich das Boot für drei Piaster (achtzehn Francs) bekam, obwohl es vierzig Tonnen groß war und acht Matrosen hatte. Aber wenn ich auf dem Karren reisend viel erduldet hatte, so sollte ich an Bord dieser Barke noch viel mehr leiden, denn es regnete ununterbrochen in Strömen, und ich mußte dauernd in der Kabine bleiben, die nur zwei Meter im Quadrat maß und 1,33 Meter hoch war. Stühle und Tische gab es auch nicht, so daß ich weder stehen noch sitzen konnte. Auch Fenster waren nicht vorhanden; dafür bestand die Decke aus einem Schieberahmen mit weißem Papier, das das erforderliche Licht hereingelassen hätte – aber wegen des sintfluthaften Regens mußte dieses Fenster zugedeckt werden. Um das Unglück vollzumachen, stand uns der Wind dauernd entgegen, so daß die Matrosen das Schiff an Stricken ziehen mußten. Auf diese Weise brauchten wir drei Tage, bis wir in Tientsin ankamen, wo ich auf dem Dampfer »Yesso« Passage nach Shanghai belegte. Der Preis der Fahrt betrug achtzig Taels (720 Francs), einschließlich der Verpflegung und der Weine, die ausgezeichnet und weit besser als alles waren, was ich seit meiner Abreise aus Europa bekommen hatte. Auch der Kommandant behandelte seine vier Passagiere mit der größten Rücksicht und Liebenswürdigkeit.

Was die Fahrpreise im Fernen Osten so teuer macht, ist hauptsächlich der enorme Preis der englischen Steinkohle, für die man in Shanghai oft fünf Pfund pro Tonne bezahlen muß, während sie in England selbst nur zehn Schilling kostet. China hat Steinkohle im Überfluß, und sogar in der Nähe von Peking gibt es ungeheure Vorkommen von ausgezeichneter Qualität. Wenn man diese mit Dampfmaschinen förderte, so könnte man sie hier für weniger als zehn Schilling pro Tonne liefern. Aber die Chinesen haben eine große Abneigung gegen Neuerungen, vor allem gegen die Dampfmaschinen, und beuten ihre Steinkohlengruben weiter im Handbetrieb aus. So werden trotz der Billigkeit der Arbeitskraft die Förderungskosten so hoch, daß die Steinkohle in Peking nicht unter acht Pfund pro Tonne verkauft werden kann. Auf diese Weise kann in Peking, dem Mittelpunkt der reichsten Steinkohlenvorkommen der Welt, das chinesische Produkt die Konkurrenz der englischen Steinkohle nicht aushalten, die doch weiter als 18000 englische Meilen nach Shanghai transportiert und in Wagen oder in Schiffen auf dem Peiho nach Peking gebracht werden muß.

Die chinesische Regierung, die ihre vierhundert Millionen Untertanen besser regieren zu können glaubt, wenn sie sich allem widersetzt, was deren Intelligenz entwickeln könnte, bestärkt den allgemeinen Haß gegen die

Neuerungen und redet dem Volke ein, daß die Einführung der Dampfmaschinen die Arbeiter ihrer Subsistenzmittel berauben würde. Immerhin könnte es geschehen, daß die äußerste Not früher oder später einmal der Regierung die Augen öffnen und sie zwingen würde, die reichen Minen mit Dampfmaschinen auszubeuten; in jedem Falle werden aber noch manche Generationen aufeinanderfolgen, bevor man den Pfiff der Lokomotive im Tal von Peking wird vernehmen können, denn abgesehen vom Widerstand der Regierung und der in China allgemein verbreiteten Ansicht, daß die Eisenbahnen die Flußschiffahrt zerstören und zum Ruin der Arbeiterklasse werden müßten, ist es auch die Familientradition, die dem Bau von Eisenbahnen einen unübersteigbaren Damm entgegensetzt. Denn Friedhöfe gibt es nur in den Städten, nicht aber in den Dörfern, wo jeder Bauer die Toten seiner Familie auf seinem eigenen Felde begräbt und ihnen Grabmäler in Form konischer Erdhaufen errichtet, deren Größe der Wertschätzung entspricht, die man dem Andenken des Verstorbenen entgegenbringt. Diese Gräber, in China Ahnengräber genannt, sind heilig, und sie zu verletzen, betrachtet man als Sakrileg, das die Todesstrafe nach sich zieht. Da nun auf jedem Felde derartige Gräber zu sehen sind, würde es unmöglich sein, eine Eisenbahn zu bauen, denn selbst, wenn man sie alle erdenklichen Kurven beschreiben ließe, müßte sie doch immer die Ruhe der Ahnen stören und so in die heiligsten Gebräuche des Volkes eingreifen. Aus diesem Grunde müßte jeder Versuch, in China eine Eisenbahn zu bauen, zweifellos eine allgemeine Revolution entfesseln.

Der Hafen von Shanghai wurde 1846 geöffnet und ist der bedeutendste von den Häfen, die man durch die Verträge erhielt. Er ist der Markt für die Seiden- und Teedistrikte, deren Export über 100 Millionen Francs im Jahr ausmacht.

Das Leben in Shanghai ist sehr schwierig. Erstens kann man im Fluß nicht baden, da er zu starke Strömungen hat. Zweitens kann man das Wasser nicht roh trinken, sondern muß Weinbrand zusetzen, dessen ständiger Gebrauch den Körper schwächt. Schließlich ist das Klima sehr ungesund, da die Stadt von Sümpfen umgeben ist, die die Luft verpesten und die Cholera, böse Fieber, Dysenterie und Pocken erzeugen.

Am 28. Mai abends besuchte ich mit Herrn Michel, dem Besitzer des Hotels des Colonies, in dem ich wohne, das große chinesische Theater. Wir mußten jeder einen Piaster bezahlen und dazu anderthalb Piaster für die drei Diener, die wir mitgenommen hatten. Die Vorstellung beginnt hier halb zwölf und endet erst gegen halb sechs oder sechs Uhr morgens.

Der große Saal, siebenundzwanzig Meter breit und dreißig lang, war von sechzig Horn- und Glaslaternen beleuchtet, dazu von etwa zwanzig Kronleuchtern, auf denen große Kerzen aus rotem Talg brannten; diese Kerzen waren oben etwa zwei Zoll dick, unten aber nur halb soviel. Um jede Laterne hingen sechs Quasten aus roter Seide. Das Theater faßt 320 Personen, aber da die Zuschauer nur nach und nach kamen, war der Saal erst gegen ein Uhr morgens voll.

Wie üblich war Essen und Trinken in den Eintrittspreis eingeschlossen, und kaum hatten wir Platz genommen, brachten die Kellner uns Tee, Reisschnaps, Bibus (kleine gelbe Früchte, die Äpfeln ähnlich sehen), Badjis (eine Art von Erdnüssen), kleine Biskuits, Kandiszucker, Melonenkerne und Kuchen. Alle Viertelstunde reichten zwei Diener jedem Zuschauer ein wollenes, in warmes Wasser getauchtes Handtuch, damit er sich den Schweiß von Gesicht und Händen abwischen könne, und holten es nach einigen Minuten wieder ab. Jede Viertelstunde machten die Kellner die Runde mit einer Teekanne, um die leeren Tassen der Zuschauer wieder aufzufüllen, und ebenso wurden die Schnapsgläser und die Schüsseln wieder aufgefüllt, sofern sie leer waren.

Ein festes Programm gab es nicht. Statt dessen zeigte ein Mann, der wohl zur Schauspielertruppe gehörte, jedem Zuschauer ein Stück Elfenbein, neunzig Zentimeter lang und vierzehn breit, auf dem die Theaterstücke geschrieben standen, die man spielen wollte; gleichzeitig präsentierte er aber auch noch ein Buch mit hundertfünfzig Blättern aus blauer Seide, auf denen dreihundert Stücke verzeichnet waren, die die Schauspieler konnten. Jeder Zuschauer hatte das Recht, gegen die Extrazahlung von einem Piaster eines davon auszuwählen und es anstelle eines Stückes der Elfenbeintafel spielen zu lassen. Tatsächlich fanden sich denn auch in ein paar Minuten acht chinesische Kaufleute mit langen Zöpfen, die acht Piaster zahlten und die acht Stücke des eigentlichen Programms gegen sechs Komödien und zwei Dramen ihrer Wahl austauschen ließen.

Die Komödien waren Burlesken in Versen aus der Heroenzeit; man spielte sie bewundernswert. Ich glaube sogar, daß mit Ausnahme der Japaner kein anderes Volk in der Kunst, Buffonerien darzustellen, so glänzt wie die Chinesen. Zweifellos trägt der große Reichtum der seidenen, goldbestickten Kostüme, die die chinesischen Komödianten selbst in den kleinsten Stücken tragen, viel dazu bei, ihren Vorstellungen Glanz zu geben. Aber was die Bewunderung der ganzen Welt verdient, ist doch ihr erstaunliches Gedächtnis, mit dem sie Hunderte von Stücken ohne jede Einstudierung und ohne jede Hilfe eines Regisseurs oder Souffleurs bringen; während die europäischen Schauspieler diese beiden nicht entbehren können, sind sie in China ganz und gar unbekannt. Sowohl die Aufführung als auch die Kostüme gefielen mir hier viel besser als in Peking, wo auch der Schmutz im Saale den Wert der Vorstellung etwas herabgesetzt hatte. Die dramatischen Stücke waren von Gesang und Musik begleitet und riefen im ganzen Saal lebhafte Befriedigung hervor.

In Shanghai belegte ich auf dem Dampfer »Peking« der Companie Péninsulaire et Orientale einen Platz nach Yokohama und mußte hundert Taels (900 Francs) für eine Reise bezahlen, die man mit einem guten Dampfer leicht in drei Tagen zurücklegt.

Nach einer sehr angenehmen Fahrt erblickten wir am 1. Juni um sechs Uhr früh die erste kleine Felseninsel Japans. Ich grüßte sie mit lebhaftem Vergnügen, denn alle Reisenden hatten mir mit einer solchen Begeisterung von diesem Lande gesprochen, daß ich darauf brannte, es selbst kennenzulernen. Um zehn Uhr fuhren wir dicht an einem einzelnen Vulkan vorbei, dem Ivogasima, der 833 Meter hoch ist und gerade in vollem Ausbruch war. Dicker Rauch quoll aus dem großen oberen Krater, während aus einem zweiten, der sich an der Ostseite gebildet hatte, ein breiter Strom brennender Lava floß, der nach vier Kilometern ins Meer mündete und es weithin zum Kochen brachte. Die Eruption war von einem dumpfen unterirdischen Lärm begleitet, der fernem Donner ähnelte.

Der Lärm der Räder unseres Dampfers erschreckte stets die fliegenden Fische. Sie flogen 200 bis 600 Meter weit und fielen dann wieder ins Wasser zurück. Einzelne fielen auch auf das Deck und wurden eilig von unseren Matrosen aufgesammelt, denn sie sind doppelt so groß wie gute holländische Heringe und schmecken ausgezeichnet.

Unsere Mannschaft setzte sich aus Chinesen, Malaien, Laskaren (Hindus aus der Gegend von Bombay), Eingeborenen von Manila, Engländern, Arabern von Mokka und Sansibarnegern zusammen; die letzteren waren ausschließlich bei den Feuern beschäftigt, denn da sie unter der brennenden Sonne Zentralafrikas geboren sind, können sie ganze Stunden die Hitze von $65^1/_2$ Grad vor den Feuerungen aushalten. Passagiere erster Klasse waren wir achtzehn, ein Querschnitt durch fast alle Länder Europas.

Am Nachmittag des 3. Juni fuhren wir in den weiten Golf von Yedo ein, und um zehn Uhr abends warfen wir Anker auf der Reede von Yokohama.

Am nächsten Morgen stand ich früh auf, um an Land zu gehen. Kaum war ich an Deck gekommen, so sah ich schon, daß ich nicht mehr in China war; statt der Menge schmutziger und am Bug mit zwei großen Augen bemalter Boote, die in China die ankommenden Dampfer umgeben und gewöhnlich von zwei Frauen gerudert werden, die in einer Art Sack kleine Kinder auf dem Rücken tragen, war nur ein einziges Boot da. Zwei kräftige Japaner ruderten es, deren einzige Bekleidung in einem sehr schmalen Gürtel bestand. Ihr ganzer Körper vom Hals bis zu den Knien war kunstvoll in Blau und Rot tätowiert mit Drachen, Tigern, Löwen, Göttern und Göttinnen, so daß man von ihnen sagen konnte, was Julius Cäsar von den Bretonen sagte: ›Wenn sie nicht bekleidet sind, so sind sie wenigstens gut bemalt.‹ Auch ihre Haartracht unterschied sich sehr von der ihrer Nachbarn im Reiche des Himmels; von der Stirn bis zum Scheitel waren ihre Köpfe nämlich rasiert; der Rest des Haares war, reichlich pomadisiert, mit einem weißen Band zusammengebunden, dann zweieinhalb Zoll nach vorn gelegt, wieder umgebogen und mit dem gleichen Band auf dem Scheitel befestigt, so daß dieser Bausch wie eine Röhrenfalte genau in die Mitte der rasierten Fläche kam und einen Zoll oberhalb der Stirn endete.

Das ist die Frisur des armen Ruderers und Lastträgers wie des reichsten Daimio, des japanischen Feudalfürsten. Eine andere Frisur gibt es nicht bei den japanischen Männern.

Das Boot war nicht bemalt. Ich setzte mich mit meinem Gepäck hinein; die beiden Ruderer brachten mich an die Mole, hoben vier Finger und sagten: »Tempo«, das heißt, ich schuldete ihnen vier Tempo (dreizehn Sous) für ihre Arbeit. Das erstaunte mich sehr, denn das war der gerechte Preis; in China hatte ich mich daran gewöhnt, daß die Ruderer und Ruderinnen wenigstens das Vierfache dessen forderten, was ihnen zustand – und auch ihre Unzufriedenheit und ihre Proteste gehörten zu ihrem Beruf.

Kaum waren wir angekommen, als schon zwei Träger eilig mein Gepäck an Bambusstangen hängten, um es wegzutragen. Aber als ich mir diese beiden genauer ansah, bemerkte ich an den zahlreichen Wunden ihrer Körper und vor allem ihrer Hände und Beine, daß sie in höchstem Grade die Krätze hatten. Ich jagte sie also fort, aber vergeblich suchte ich dann nach anderen, die keine Hautkrankheit hatten. Auf der Mole standen eine Menge Kulis, aber alle hatten sie irgendeine Hautkrankheit. Schließlich, nach einer halben Stunde Wartens, fand ich zwei gesunde Männer, die mein Gepäck zum Zoll trugen.

Es war Sonntag, aber da die Japaner diesen Feiertag nicht kennen, war der Zoll geöffnet. Zwei Zolloffiziere kamen, ein Lächeln auf den Lippen, sagten: »Ohaio – Guten Tag«, verneigten sich fast bis zum Boden und verharrten eine halbe Minute in dieser Stellung. Dann machten sie mir ein Zeichen, die Koffer zu öffnen, und da das eine sehr lästige Sache ist, bot ich jedem von ihnen einen Itzebu (zweieinhalb Francs), damit sie auf die Kontrolle verzichteten. Zu meinem Erstaunen weigerten sie sich aber, das Geld anzunehmen, berührten ihre Brust und sagten: »Nippon musko«, das heißt, daß es einem Japaner wider die Manneswürde gehe, seine Pflicht gegen ein Trinkgeld zu versäumen. Ich mußte also wirklich meine Koffer öffnen, aber statt mich nun zu schikanieren, begnügten sich die Offiziere mit einer oberflächlichen Revision; mit einem Wort, sie waren sehr höflich und liebenswürdig und verabschiedeten sich mit einer erneuten tiefen Reverenz.

Darauf ging ich mit den beiden Kulis, die mein Gepäck trugen, ins Hotel des Colonies. Es liegt mitten in einem Garten gefüllter Kamelien. Dieser Strauch ist in Japan zu Hause und massenhaft in den Gärten zu finden, während die einfache oder wilde Kamelie überall in den Wäldern und Hecken der Wegränder wächst. Aus den Früchten der letzteren preßt man ein sehr feines Haaröl. Die gefüllten Kamelien werden nur drei bis sieben Meter hoch und blühen im März und April, während die einfachen im Dezember und Januar blühen und acht bis dreizehn Meter hoch werden; ich habe sogar eine gesehen, deren Stamm zwölf Zoll Durchmesser hatte.

Nachdem ich mich in meiner neuen Wohnung eingerichtet hatte, machte ich mich sofort daran, in die Stadt zu gehen. 1859 war sie noch ein kleines Fischerdorf, und jetzt hat sie 14000 Einwohner. Die Straßen sind alle geschottert und zehn bis zwanzig Meter breit. Die Häuser sind aus Holz und zweistöckig gebaut, die Dächer mit bläulichen Ziegeln gedeckt; das

Erdgeschoß ist den ganzen Tag zur Straße hin geöffnet und wird erst abends durch große Planken verschlossen. Von Zeit zu Zeit trifft man aber auch Häuser, die feuerfest und im Stampfbau errichtet sind. Das geschieht folgendermaßen: Man baut zunächst ein Haus aus Holz und bedeckt es sodann, Mauern und Dach, mit einer Schicht strohvermengten Schlamms; sobald die erste Schicht trocken ist, legt man eine zweite darüber und dann die dritte, vierte, fünfte und so weiter, bis die Mauern fünfzig bis siebzig, das Dach siebzehn Zentimeter dick sind. Das Dach wird sodann mit sehr haltbaren Terrakottaziegeln belegt, die Mauern mit Leim oder Papier verkleidet, über die man alsdann einen schwarzen vegetabilischen Lack streicht. Ebenso behandelt man die Türen und die Fensterläden, und es gibt kein Beispiel, daß ein solches Haus Feuer gefangen hätte, nicht einmal, wenn die anstoßenden Häuser abbrannten. In den Bindungen der Balken und der Traversen läßt man stets einen gewissen Spielraum, damit sie sich bei den in Japan sehr häufigen Erdbeben bewegen können – es gibt etwa sechs davon in einem Monat und manchmal sagt man, zwei an einem Tage.

Wegen dieser Erdbeben existiert in ganz Japan nicht ein einziger Schornstein, aber die Leute brauchen auch keinen, denn nachdem sie sich ihr bißchen Reis oder Teewasser gekocht haben, lassen sie den Rauch durch die Türen oder die Schiebefenster hinaus, die tagsüber sowieso nach beiden Seiten hin offen sind. So sieht man auch, wenn man die Straße entlanggeht, immer die Einzelheiten des häuslichen Lebens der Japaner und ebenso die kleinen, mit Zwergbäumen geschmückten Blumengärten, die sich unvermeidlich hinter jedem Hause befinden, denn jeder Japaner ist ein Gartenfreund.

Eine japanische Wohnung kann als Muster der Reinlichkeit gelten. Der Fußboden, stets einen Fuß höher gelegen als die Straße, ist mit schönen, zwei Meter langen und einen Meter breiten Bambusmatten bedeckt, die zugleich als Stühle, Kanapees, Sofas, Tische, Bettgestelle und Matratzen dienen – lauter Dinge, deren Gebrauch und deren Existenz den Japanern unbekannt sind. In der Tat gibt es in den japanischen Häusern keinerlei Hausrat, höchstens findet man in einem kleinen Hinterzimmer einen kleinen tragbaren Herd, einen Meter lang und je sechzig Zentimeter hoch und breit, der auch völlig ausreicht, die frugalen Mahlzeiten der Familie zu bereiten.

Das Hauptgericht ist immer Reis. Sobald er gar ist, setzt die Hausfrau ihn in einer großen Schüssel aus lackiertem Holz auf die Matten inmitten des Zimmers; dann fügt sie eine Schüssel mit in pikanter Sauce gekochtem Fisch hinzu, eine weitere mit rohem Fisch, den die Japaner sehr lieben. Statt der Löffel, Messer und Gabeln bringt sie dann Stäbchen aus lackiertem Holz, dreißig Zentimeter lang, und statt der Teller Schüsseln aus rot lackiertem Holz, deren jede unweigerlich vergoldete Bilder des Fudschijama oder von heiligen Schwänen aufweist. Darauf setzt sich die ganze Familie auf den Absätzen um die Mahlzeit und ißt mit Hilfe der Stäbchen viel schneller und anmutiger, als wir es mit unseren Gabeln, Messern und silbernen Löffeln tun können. Nach beendeter Mahlzeit räumt die Hausfrau die Näpfe und Stäbchen ab, wäscht sie und stellt sie in die hinter Schiebetüren verborgenen Schränke, und so ist in wenigen Augenblicken jede Spur der Mahlzeit getilgt, denn man braucht keine Stühle fortzusetzen, keine Matten wegzunehmen, keine Tische umzustellen, keine Servietten zusammenzufalten, keine Gläser zu spülen, keine Messer, Gabeln, Löffel zu putzen, keine Teller, Platten, Saucieren, Terrinen, Tassen, Kaffeekannen zu waschen – aus dem einfachen Grunde, weil es all diese Dinge in Japan nicht gibt. Abends gegen neun Uhr geht man schlafen; die gleichen Matten, auf denen die Familie den Tag verbracht hat, dienen nun als Bettgestelle, Matratzen und Tücher, und man braucht nur das Kopfkissen hinzuzufügen, und dieses besteht aus einem Stück lackierten Holzes, das wie eine kleine Wiege geformt ist und auf das man ein ganz kleines Kissen aus Papier legt. Sorgsam legt man den Nacken auf diesen Ständer, um die schöne Frisur nicht zu verderben, denn da der Friseur eine zahlreiche Kundschaft hat, kommt er nicht immer gleich in aller Frühe.

Ein Japaner kann den ganzen Tag auf den Absätzen hocken, ohne müde zu werden; in dieser Stellung erledigt er auch alle Schreibarbeiten.

In Europa wetteifern wir mit unseren Nachbarn im Luxus der Büffets und der Nähtische, der Schränke und Betten, der Tische und Stühle und soviel anderer Möbel, die man für unentbehrlich hält und die immer nur mehr oder minder große Wohnungen, eine Menge Dienstboten, ein Kapital, um sie anzuschaffen, und enorme jährliche Ausgaben erfordern. Es sind unsere Einrichtung, der Wetteifer im Luxus, den sie mit sich bringt, und die großen von ihr verursachten Kosten, die in Europa eine Heirat so schwierig machen. Dort glaubt sich niemand verheiraten zu dürfen, der die

Bedürfnisse der Familie nicht bestreiten kann. Hier in Japan erkennt man aber, daß alle Bedürfnisse, die wir in Europa als unabdingbar ansehen, rein künstlichen Ursprungs sind, daß die reiche Möblierung, mit der wir unsere Zimmer vollstopfen, keineswegs wirklich nötig ist, daß alle unsere Möbel uns nur daher nützlich erscheinen, weil wir von Kindheit auf an sie gewöhnt sind, daß wir sie sehr gut entbehren und daß wir genau so gut wie jetzt leben könnten, wenn wir uns nur daran gewöhnten, uns auf unsere Absätze zu hocken und schöne Matten auf dem Fußboden als Stühle und Tische, als Kanapees und als Betten zu verwenden. Welche Erleichterung wäre es für eine Ehe, wenn durch die Annahme dieser schönen japanischen Gewohnheiten die Eltern nicht mehr gezwungen wären, ihre Kinder einzurichten! Ein kleiner tragbarer Herd, den man unter den Arm nehmen kann, ein paar Schüsseln aus lackiertem Holz, eine Teekanne, zwei Kopfstützen, ein paar Kleider und acht Bambusmatten – das ist alles, was die Neuvermählten in Japan nötig haben, um sich in ihrer neuen Wohnung anzusiedeln, die aus zwei Zimmern von vier zu vier Metern besteht.

Man behauptet, daß die Teuerung oder die Billigkeit des Lebens in einem Lande am genauesten durch den Wert der kleinsten in Umlauf befindlichen Münze angezeigt wird. Wenn das richtig ist, so muß das Leben in Japan sehr billig sein, denn ein Itzebu hat sechzehn Tempos und ein Tempo hundert Stücke Käsch, so daß also erst 640 Käschmünzen einen Franc ausmachen – und diese Käschstücke sind kein imaginärer Wert, sondern eine reale Münze.

Die Japaner sind unbedingt das sauberste Volk der Welt, und selbst noch der Ärmste geht wenigstens einmal täglich in eines der öffentlichen Bäder, die jede Stadt reichlich aufzuweisen hat. Trotzdem gibt es in Japan mehr Hautkrankheiten als anderswo; ich habe mir viel Mühe gegeben, die Ursache ausfindig zu machen, und nach allem, was ich gesehen und gehört habe, glaube ich versichern zu können, daß der rohe Fisch und der Reis, die Hauptnahrung des Volkes, daran schuld sind.

Die öffentlichen Bäder bestehen aus einem großen Saal, in dessen Seitenwänden sich Nischen zur Aufbewahrung der Kleidung befinden. In einer Ecke steht ein großer Bottich mit heißem Wasser. Nach der Straße hin ist der Saal vollkommen offen. Daß die japanische Sprache kein Geschlecht kennt, um den Unterschied zwischen männlich, weiblich und sächlich zu kennzeichnen, scheint mir hier ins tägliche Leben übertragen zu sein, denn vom Morgengrauen bis zum Sinken der Nacht sind die öffentlichen Bäder voll von Männern und Frauen aller Altersstufen, und alle tragen sie das Kostüm unserer Urahnen, bevor sie den verhängnisvollen Apfel gegessen hatten. »O heilige Einfalt!« rief ich, als ich zum ersten Male an einem dieser öffentlichen Bäder vorüberging und dreißig oder vierzig Männer und Frauen, vollkommen nackt, neugierig aus dem Hause liefen, um von dichtbei ein merkwürdig geformtes Korallenstück zu betrachten, das an meiner Uhrkette hing. O heilige Einfalt, die die Kritik der Welt nicht fürchtet, die von keinem Kodex der konventionellen Schicklichkeit zensuriert wird und die keine Scham über das Fehlen der Kleidung spürt!

Die japanische Regierung schützt die Ehe, zugleich ermuntert sie aber auch die Prostitution. Ein Mann kann nur eine legitime Frau haben, deren Kinder die einzigen Erben sind, aber er kann sich in einem Hause so viele Konkubinen halten, wie er will. Arme Eltern werden durch das Gesetz ermächtigt, ihre Töchter in zartem Alter für eine bestimmte Zahl von Jahren an die Etablissements der Prostitution zu verkaufen, und wenn die Frist um ist, können sie sie entweder zurücknehmen oder den Kontrakt verlängern. Sie schließen diese Verkäufe oder Verträge mit ebensowenig Gewissensbissen wie bei uns in Europa Eltern, die ihre Töchter für eine bestimmte Zeit als Dienstboten vermieten, denn der Stand der Prostituierten ist hierzulande frei von Schande und Unehre und genauso ehrenwert wie jeder andere Beruf. So kommt es hier häufig vor, daß junge Mädchen die Bordelle verlassen, um Ehefrauen zu werden, oder daß sie dann später, nachdem sie ins Elternhaus zurückgekehrt sind, heiraten. Die Mädchen, die an die Bordelle verkauft werden, erhalten bis zum Alter ihrer Reife, das heißt bis zu ihrem zwölften Lebensjahr, eine Erziehung, die nach den Auffassungen des Landes vollkommen ist; man lehrt sie lesen und schreiben, und zwar Chinesisch und Japanisch, Geschichte und Geographie Japans, Nadelarbeit, Gesang, Musik und Tanz.

Am 7. und 8. Juni ließ die Regierung durch die ausländische Presse in Yokohama und durch zahlreiche in den Straßen angeschlagene japanische Plakate bekanntgeben, daß der Taikun, der weltliche Kaiser, am 10. des Monats mit großem Gefolge über den Tokaido, die große Chausee, nach Osaka ziehen werde, um dem geistlichen Kaiser, dem Mikado, dessen Schwester er geheiratet hat, einen Besuch zu machen.

Schliemann war 1865 in Japan. Die Umstellung der Staatslenkung erfolgte erst 1868. Bis dahin herrschte seit 1614 in Yedo die Shogunatsdynastie des Hauses Tokugawa. Diese rein mittelalterliche Feudalherrschaft wurde 1868 gestürzt, und zwar durch den bei praktischer Machtlosigkeit von jahrhundertealtem religiösem Nimbus umgebenen Mikado (oder Tenno), dem sich dann 1868 die Feudalfürsten mehr oder minder gutwillig unterwarfen. Residenz des Mikado war bis 1868 nicht Osaka, wie Schliemann angibt, sondern Kyoto; 1868 verlegte er sie nach Yedo, dem bisherigen Sitz der Usurpatorenherrschaft, und benannte die Stadt in Tokyo (= östliche Hauptstadt) um. Zur Zeit von Schliemanns Besuch regierte der 121. Vertreter der Dynastie als Mikado, der Großvater des gegenwärtigen Kaisers.

Man bat die Ausländer, der Prozession nicht zuzuschauen, und befahl den Japanern, alle Läden am Tokaido zu schließen und in ihren Mauern zu bleiben, bis der Zug vorüber sein würde. Am 9. Juni aber gab der englische Konsul in Yokohama bekannt, daß er beim Ministerium für die Ausländer die Erlaubnis erwirkt habe, von einem bestimmten Wäldchen aus die Prozession ansehen zu dürfen.

Ich begab mich zu Fuß an diesen Platz, um mehr vom Lande zu sehen. Mein Weg führte fast ganz auf kleinen Deichen durch die Reisfelder. Von allen landwirtschaftlichen Kulturen ist der Reisbau der schwerste; tiefgebückt und bis zu den Knien im stinkenden Schlamm stehend, ziehen Männer und Frauen die jungen Pflanzen heraus, bündeln sie und legen sie in Körbe, um sie dann auf weniger feuchte Felder zu verpflanzen. Außerdem baut man hier Raps und Weizen an; den letzteren aber sät man nicht wie in Europa, sondern in Streifen, die jeweils achtzehn Zoll auseinander liegen; sobald der Weizen aufgelaufen ist, pflanzt man Saubohnen in die Zwischenräume, so daß die zweite Ernte schon nahe ist, wenn die erste eingebracht wird, und auf diese Weise erzielt man leicht vier Ernten im Jahr. Zwischen den Feldern sind prächtige Wäldchen aus Palmen, Sagopalmen, Bambus, Kastanien, Orangen, Rotangrohr, Kamelien in zwanzig verschiedenen Arten, Koniferen und so weiter und überall ungeheuer viele verschiedene Farnkräuter.

Auf beiden Seiten des Weges blühten viele Blumen, vor allem viele stachellose Rosen – aber eins muß ich hier bemerken, daß ich in diesem Lande ebensowenig eine Blume mit Duft wie eine Frucht mit Aroma gefunden habe.

In jedem schöngelegenen Wäldchen findet man auch mit Sicherheit einen oder zwei kleine Tempel, die mit hübschen Schnitzereien geschmückt sind.

Nach anderthalb Wegstunden gelangte ich an das Wäldchen, das den Ausländern zur Verfügung gestellt worden war. Etwa hundert Fremde waren versammelt und dazu rund dreißig Polizeioffiziere. Nach anderthalb Stunden Wartens begann die Prozession. Zuerst kam eine große Anzahl von Kulis, die an Bambusstäben das Gepäck trugen, dann ein Bataillon Soldaten in langen weißen oder blauen Blusen, schwarzen oder dunkelblauen, an den Knöcheln zusammengebundenen Hosen, blauen Strümpfen, Strohsandalen und lackierten Bambushüten, mit einem Ranzen auf dem Rücken und Köchern oder mit Gewehren oder Säbeln. Die Offiziere, in einem feinen gelben Kalikokittel und einer himmelblauen oder weißen Robe, trugen am Gürtel zwei Säbel und einen Fächer; ihre Pferde waren nicht beschlagen, sondern hatten Strohsandalen. Dann kamen wieder Kulis mit Gepäck, nach ihnen höhere Offiziere zu Pferd, in langen weißen Gewändern mit roten Hieroglyphen auf dem Rücken, dann zwei Bataillone Lanciers zu Fuß, zwei Geschütze, zwei Bataillone Infanterie, Kulis mit großen lackierten Kästen, wieder Lanciers in weißen, blauen oder roten Kleidern, Großwürdenträger zu Pferd, ein Bataillon Soldaten mit weiten weißen Blusen, vier Stallknechte, die vier Reitpferde mit schwarzen Decken führten, vier prächtige schwarzlackierte Sänften, hinter denen man eine lilienförmige Standarte aus vergoldetem Metall trug, und endlich kam der Taikun auf einem schönen braunen Pferd. Seine Majestät schien etwa zwanzig Jahre alt zu sein, war mit einem weißen, goldgestickten Gewand bekleidet und trug einen lackierten Hut und zwei Säbel an seinem Gürtel. Etwa zwanzig Großwürdenträger in weißen Kleidern begleiteten ihn und beschlossen die Prozession ...

Unter den verschiedenen Ausflügen, die ich während meines Aufenthalts in Yokohama machte, war der, den ich in Gesellschaft von sechs Engländern nach der großen Fabrikstadt Hogiogi im Seidendistrikt unternahm, einer der interessantesten.

Am Sonntag, dem 18. Juni, ritten wir dreieinviertel Uhr nachmittags ab. Ich hatte zum Preise von sechs Piaster täglich ein Pferd aus einem Mietstall genommen. Unsere sieben Bettos (Stallknechte), die nur mit schmalen

Gürteln bekleidet waren, folgten uns im Laufschritt und wetteiferten mit den Pferden an Schnelligkeit; ihre Körper waren bunt tätowiert mit Ungeheuern und Gottheiten, und einzelne dieser Malereien waren Meisterwerke.

Vor uns sahen wir beständig den ungeheuren Vulkan Fudschijama, der ganz nahe zu sein schien, obwohl er doch achtzig englische Meilen entfernt war. Etwa drei Meilen von der Stadt entfernt sahen wir das berüchtigte Denkmal, auf dessen Inschrift die japanische Regierung befiehlt, alle Fremden zu töten; anscheinend ist es vor zweihundert Jahren errichtet worden, als die Christen massakriert und vertrieben wurden.

Japan wurde durch die Portugiesen für Europa entdeckt. Der Handelsverkehr wurde aufgenommen, und Franz Xavier unternahm seit 1549 mit seinen Jesuiten die Missionierung des Landes. Franziskaner und Dominikaner folgten und hatten gleichfalls zahlreiche Bekehrungen zu verzeichnen. Eifersucht der Orden untereinander, Härten der Missionare (Zerstörung der Tempel!), Streitigkeiten mit den europäischen Kaufleuten führten nach einigen Jahrzehnten zu großen Rückschlägen. 1597 wurden 26 christliche Japaner in Nagasaki gekreuzigt, 1640 wurde das Christentum bei Todesstrafe verboten. Erst 1873 wurden die öffentlichen Anschlagtafeln gegen die Christen beseitigt, 1876 das Verbot des Christentums aufgehoben. Trotz des Verbotes und der verschiedenen Massaker entdeckten die ersten neu zugelassenen Missionare 1865, daß sich im Lande noch 25 000 Christen erhalten hatten, vor allem bei Nagasaki. Ob Schliemann, der einige Seiten weiter unten ausdrücklich die Nachkommen der Christen erwähnt, ihnen bei dieser Entdeckung zuvorgekommen war?

Bei dem berühmten Tempel von Bokensio machten wir halt. Er liegt in einem hübschen Wäldchen von Koniferen, Kamelien und Palmen. Das Gebäude ist aus Holz und hat ein Strohdach, auf dem ein Lilienbeet angelegt ist. Als ich in den weiten Hof trat, überraschten mich die große Ordnung und Sauberkeit aufs angenehmste, und da die Tempel in China, die mit Marmor und prunkvollen Ornamenten überladen sind, mir durch ihre äußerste Unsauberkeit und ihren Verfall nur immer Abscheu und Ekel eingeflößt hatten, konnte ich diese japanischen Heiligtümer nicht ohne lebhaftes Vergnügen betrachten, da sie in Ordnung gehalten und beständig gepflegt werden, während der Bau gewöhnlich von geradezu ländlicher Einfachheit ist.

Die weißgekleideten Priester mit rasierten Köpfen und nackten Füßen öffneten uns sogleich die Türen des Gebäudes; der Fußboden ist poliert und die Decke geschnitzt, aber nicht bemalt. An der Decke hängen fünf Laternen aus weißem und rotem Papier, jede zwei Meter im Durchmesser. Der große Altar aus lackiertem Holz ist mit vergoldeten Lotosblumen geschmückt. Nirgends konnte ich eine Spur von Staub bemerken, und auch das weiße Papier in den Fensterrahmen war ganz sauber und nirgends zerrissen. Auch die Priester, unter denen sowohl Greise als auch ganz junge Männer waren, zeichneten sich durch Liebenswürdigkeit und Sauberkeit aus, in starkem Gegensatz zu den unverschämten, stinkenden und drekkigen chinesischen Bonzen.

Wir galoppierten weiter und kamen bald in den Distrikt der Seidenraupenkultur. Hier werden alle Felder wie in Italien mit Hecken aus Maulbeerbäumen eingesäumt, die so beschnitten werden, daß ihre Höhe zwischen anderthalb und zweieinhalb Metern bleibt. Sobald die Maulbeeren fünf oder sechs Jahre alt sind, werden sie ausgerissen und durch junge Pflanzen ersetzt, denn hier ist man, wie in China und Indien, der Meinung, daß die Blätter sich desto besser als Nahrung für die Seidenraupen eignen, je jünger die Bäume sind. Jedes Haus in den Dörfern, die wir durchritten, enthält eine kleine Seidenfabrik. Überall sind die Felder kunstvoll bestellt, und die reichlichen Regenfälle wie die zahlreichen Bäche erleichtern die Landarbeit. Da Vieh mangelt, dessen Dünger man verwenden könnte, benützt man Gründüngung und dazu Jauche aus menschlichen Fäkalien, die sorgsam gesammelt werden.

Um sechs Uhr abends kamen wir in dem großen Dorf Hara-Madjeda an, wo wir in einem Teehaus zur Nacht blieben. Vor dem Hause ist eine Art Veranda, auf der man sich die Schuhe auszieht, bevor man den gewachsten und mit schönen Matten bedeckten Fußboden des großen Salons betritt, der drei Viertel des Erdgeschosses einnimmt.

Die ganze Nacht regnete es, und am folgenden Tag goß es in Strömen. Trotzdem ritten wir nach dem Frühstück nach Hogiogi weiter. Um uns ein wenig gegen den Regen zu schützen, kauften wir uns Strohmäntel, wie sie die japanischen Landarbeiter in der Regenzeit tragen. Aber sie halfen nur wenig, und bald waren wir bis auf die Knochen durchnäßt. In Hogiogi stiegen wir wieder in einem Teehaus ab und gingen dann durch die Stadt, die etwa 20000 Einwohner haben mag. Fast in jedem Hause befindet sich eine Seidenweberei oder ein Laden mit Seidenwaren. Leider hinderte mich der wolkenbruchartige Regen, die Stadt so gründlich zu betrachten, wie ich es gewünscht hätte. Naß zum Auswringen machten wir uns auf den Rückweg nach Yokohama.

Soviel hatte ich von den Wundern Yedos erzählen hören, daß ich darauf brannte, dorthin zu reisen. Nach den Verträgen von 1858 hätte die Hauptstadt schon 1862 für den Auslandshandel geöffnet werden müssen, aber auf die Bitte des Taikun hin haben die europäischen Regierungen zugestimmt, die Erschließung dieses Hafens auf unbestimmte Zeit zu verschieben. Auf diese Weise kann außer den Gesandten der Großmächte und ihren Gästen niemand Yedo besuchen. Aber wegen der zahlreichen Attentate auf sie und ihre Leute haben sich auch die Gesandten längst aus Yedo zurückgezogen, mit Ausnahme des bevollmächtigten Ministers der Vereinigten Staaten von Amerika, Herrn Pruyne, doch auch dieser ist seit einem Monat nicht mehr anwesend, sondern hat Herrn Portman als Geschäftsträger zurückgelassen. Um Yedo sehen zu können, mußte ich also von ihm eingeladen werden – eine andere Möglichkeit gab es nicht. Wie überall ist es in Japan für einen Fremden sehr schwierig, von dem Geschäftsträger einer Großmacht eingeladen zu werden, besonders wenn man keine Möglichkeit hat, dessen persönliche Bekanntschaft zu machen. Immerhin gelang es mir, durch die Vermittlung meiner geschätzten Freunde W. Grauert & Cie. in Yokohama; am 24. Juni ließ mir der Generalkonsul der Vereinigten Staaten in Yokohama, Herr Fischer, eine Einladung Herrn Portmans nach Yedo überbringen. Ich wollte gleich am folgenden Morgen meine Reise antreten; der Generalkonsul schickte also sofort einen Paß nach Yedo in das Zentralbüro der japanischen Polizei und bat, die übliche Eskorte von fünf Yacunins (berittenen Polizeioffizieren) für acht Uhr morgens zu meiner Verfügung zu halten.

Durch Vermittlung des Konsulats schickte ich mein Gepäck noch am gleichen Abend nach Yedo voraus und mietete für die Dauer meiner Reise ein Pferd von Herrn Clark, einem Jamaicaneger; zuerst war er Zimmermann gewesen, dann wurde er Matrose, darauf Hausmeister, alsdann Bäcker; jetzt ist er Besitzer eines Stalls von neun Mietpferden, und sobald das neue Haus fertig sein wird, das er gerade baut, wird er wieder Bäcker werden.

Seit meiner Ankunft in Japan hatte es fast dauernd geregnet, aber am Sonntag, dem 25. Juni, schien es, als wenn alle Schleusen des Himmels geöffnet wären. Zum Glück machen die Japaner aus Baumrinde ein wasserdichtes Papier, das so fest ist, daß man es kaum nähen kann; mit einem Mantel und einem Helm aus diesem Papier machte ich mich achtdreiviertel Uhr morgens mit meinen fünf Yacunins auf den Weg. Sie dürfen nicht das kleinste Trinkgeld annehmen, aber trotzdem unterwarfen sie sich ihrem Schicksal, durch den Wolkenbruch zu reiten, mit jener stoischen Philosophie und jener Resignation, die dem traurigsten Los die Hälfte seiner Bitterkeit nehmen. Ihre Sättel waren aus Holz und ebenso die Steigbügel. Bekleidet waren sie mit einer hemdartigen weißen Robe, einem gelben oder himmelblauen Rock, einer sehr weiten, gegürteten Hose, dunkelblauen Strümpfen und Strohsandalen. Auf dem Kopfe hatten sie einen fast flachen Hut aus lackiertem Bambus, der mit zwei Binden am Kinn befestigt war. Zwei von ihnen, die einen höheren Rang bekleideten, trugen über den anderen Kleidern einen kurzen blusenartigen Rock mit den Adelsabzeichen auf den Ärmeln und auf dem Rücken; sie hatten auch zwei Säbel, während die übrigen nur einen Säbel und einen Dolch hatten. Schließlich waren alle in wasserdichte Mäntel gehüllt, und jeder trug am Gürtel ein Etui mit einem Fächer.

Die beiden höheren Offiziere ritten vor mir, die drei anderen bildeten die Nachhut. Sechs Bettos (Stallknechte), vollkommen nackt, aber vom Hals bis zu den Knöcheln mit Bildern von Gottheiten, Vögeln, Elefanten, Drachen oder Landschaften bedeckt, liefen zu Fuß neben uns her. Einer hatte auf Rücken und Brust einen Ausbruch des heiligen Vulkans Fudschijama tätowiert; man sah, in vollkommener Nachahmung der Natur, den dicken Rauch, der über dem ewigen Schnee aus dem Hauptkrater stieg, und den breiten Lavastrom, der aus einem Nebenkrater zu Füßen des Kegels brach und durch die Gärten und Dörfer in die Ebene strömte. Sogar Menschen waren dargestellt, von denen einige mit ihren Kindern oder alten Eltern flohen, andere sich halb erstickt im Todeskampf wanden.

Nach einer Viertelstunde erreichten wir bei Kanagawa den Tokaido, die zehn bis elf Meter breite und sorgsam gehaltene große Chaussee, die als die beste Chaussee der Welt gilt. Im übrigen sind alle Straßen in Japan gut. Von Kanagawa bis Yedo, auf einer Strecke von zwanzig englischen Meilen, führt der Tokaido fast immer am Meer entlang. Auf beiden Seiten stehen Häuser, zur Straße hin offen, mit Läden, in denen Spielwaren, Papierschirme (die an Eleganz und Solidität unsere europäischen Schirme übertreffen und nur einen Itzebu – 2,50 Francs – kosten), Sandalen, Bilder, unreife Früchte verkauft werden, Pfirsiche, Pflaumen, Aprikosen und so weiter, die noch grün gepflückt werden, weil die Japaner den sauren Geschmack des Obstes sehr schätzen; wie ich bereits gesagt habe, sind in Japan die reifen Früchte und Gemüse fade, ohne Aroma, und die Erdbeeren, von denen die Wäldchen voll sind, auch nur zu pflücken, nimmt sich niemand die Mühe.

Außerdem steht eine ungeheure Zahl von Teehäusern, Tempeln und Polizeistationen an der großen Chaussee. Die Straße wimmelte von Kulis, die Gepäckstücke an Stangen trugen, und von Lastpferden, die nicht beschlagen waren, sondern Strohsandalen anhatten. Beschlagene Pferde habe ich in ganz Japan nur bei den Yacunins gesehen, und die haben diese Sitte auch erst seit etwa zwei Jahren eingeführt. Außerdem sahen wir eine große Menge Soldaten, die nach der einen oder der anderen Richtung marschierten, und Sänften. Vor jeder Polizeistation, an der wir vorüberkamen, hockten sechs oder acht Konstabler auf ihren Absätzen; sobald sie meine Yacunins erblickten, stürzten sie auf die Straße und grüßten sie, indem sie sich vor ihnen niederwarfen.

Zweimal hielten wir bei Teehäusern; im ersten tranken wir sechzehn kleine Tassen Tee, für die ich einen Itzebu bezahlte. Das Land produziert nur grünen Tee, den man wie in China ohne Milch und Zucker trinkt. Milch, Butter und Kaffee sind den Japanern völlig unbekannt, und die einzigen tierischen Nahrungsmittel, die sie zu sich nehmen, sind Fische.

Im zweiten Teehaus blieben wir über eine Stunde, um zu essen und unsere Pferde zu füttern. In den japanischen Ställen stehen die Pferde übrigens anders herum als in jedem anderen Land der Welt, und der Kopf des Pferdes ist dort, wo man nach unseren Gebräuchen den Schwanz zu sehen erwartet. Statt aus einer Krippe fressen sie aus einem Eimer, der mit Stricken an der Decke hängt und den man wieder in die Höhe zieht, sobald die Tiere gefressen haben. Diese Methode, die Pferde so anzubinden, ist sehr praktisch, weil man sich ihrem Kopfe nähern kann, ohne in Gefahr zu geraten, geschlagen und verstümmelt zu werden, denn ich habe niemals tückischere und wildere Pferde gesehen als die japanischen.

Unser Essen brachte man uns in lackierten Holzschalen mit vergoldeten Mustern: Reis, rohen und gekochten Fisch, den Reisschnaps Saki, dann Tee. Darauf überreichte man mir ein Papier mit Hieroglyphen, das wohl die Rechnung war, denn einer meiner Yacunins hob fünf Finger und sagte: »Itzebus«. Es war also klar, daß ich fünf Itzebus (12,50 Francs) bezahlen mußte, was ich eilig tat. Dann nahm man die Rechnung wieder an sich und brachte sie mir quittiert zurück.

Gegen Mittag erreichten wir den Hafen von Yedo, der durch sechs ungeheure Forts verteidigt wird, die zwei Meilen vom Ufer entfernt im Meer liegen. Mehr als durch diese Forts wird Yedo allerdings durch die geringe Wassertiefe des Hafens verteidigt, denn bei Ebbe kann nicht einmal das kleinste Boot das Ufer erreichen. Gegen ein Uhr gelangten wir endlich in die Stadt selbst und fielen in Schritt, um besser beobachten zu können. Zunächst kamen wir durch ein Geschäftsviertel, aber auch hier sah man überall hinter den Häusern den kleinen Blumengarten mit Zwergbäumen. Nirgends in Japan gibt es ein Haus ohne Garten und keinen Garten ohne Aquarium oder Miniaturteich, den kleine künstliche Felsen einrahmen und in dem Goldfische mit fächerförmigen Schwänzen schwimmen. Die Häuser sind zweistöckig und aus Holz oder aus Stampfwerk; ich glaube, daß etwa ein Stampfwerkhaus auf fünfundzwanzig Holzhäuser kommt. Steinhäuser gibt es wegen der häufigen Erdbeben gar nicht. Alle Straßen Yedos sind geschottert wie die Boulevards von Paris, und die engsten sind immer noch sieben Meter breit. Die mittlere Straßenbreite in den Geschäftsvierteln beträgt vierzehn Meter; in den Vierteln, wo die Paläste der Daimios oder japanischen Fürsten stehen, beträgt sie zwanzig bis vierzig Meter.

Gegen zwei Uhr kamen wir bei der Gesandtschaft der Vereinigten Staaten an, dem ehemaligen Tempel der Ewigen Glückseligkeit. Man betritt ihn durch ein riesiges Portal aus Granit, von dem aus ein mit großen Steinplatten gepflasterter Weg zum großen Tempel führt. Links davon ist ein kleinerer Tempel und ein weitläufiges Gebäude, das die vierzig Priester dieser Heiligtümer bewohnen. Auf der rechten Seite findet sich ein ähnliches Gebäude, das ebenfalls ein Wohnhaus für Priester war, bis es 1860 an die Gesandtschaft vermietet wurde. Hier genoß ich drei Tage lang die Gastfreundschaft des Geschäftsträgers, Herrn Portman.

Herr Portman führte mich zunächst in der Umgebung umher, um mich das sehen zu lassen, was er seine Befestigungen nannte: sie bestehen aus zwei Bambuspalisaden mit zahlreichen Wachtposten und Schilderhäusern, in denen tagsüber zweihundert und nachts dreihundert Yacunins wachen, die mit Säbeln und Bogen, Gewehren und Dolchen bewaffnet sind.

Der Regen strömte noch immer vom Himmel, aber mein Wunsch, Yedo zu sehen, war so groß, daß nichts mich zurückhalten konnte. Also bestieg ich nach einem erfrischenden Bad wieder mein Pferd, und meine Yacunins begleiteten mich in der üblichen Ordnung.

Zunächst kamen wir durch mehrere Viertel mit den Palästen der Daimios. Die Fürsten sind durch ein Gesetz verpflichtet, sechs Monate im Jahre ihre Paläste in Yedo zu bewohnen und während ihrer Abwesenheit ihre Familien als Geiseln dort zu lassen. Ihr Gefolge auf Reisen entspricht der Größe ihres Besitzes und beträgt bei den reichsten mehr als fünfzehntausend Bewaffnete. Japan zählt über vierhundert Daimios, und ihre Paläste in Yedo nehmen ein Drittel der ganzen Stadt ein. Nach den offiziellen Listen betragen bei zwanzig von ihnen die jährlichen Einkünfte zwischen 4 562 010 und 10 380 000 Francs. Einer, der Daimio Kanga-Maida Kaga-no-Kami, hat sogar 20 806 710 Francs jährliche Einnahmen. Die Daimios besitzen fast sämtliche Ländereien und regieren auf ihnen absolut, auch wenn sie die Untertanen der beiden Monarchen sind und den Gesetzen des Staates unterworfen bleiben. Trotzdem widersetzen sie sich der Autorität des Taikun, des weltlichen Kaisers, der in Yedo residiert, und des Mikado, des in Osaka residierenden geistlichen Kaisers, und schränken sie ein, sooft sie Gelegenheit dazu finden oder sooft ihre Interessen und Leidenschaften es ihnen gebieten. Es ist ein Feudaladel ohne Rittertum, eine venezianische Adelsoligarchie. Der Herr ist hier alles, die Arbeiterklasse nichts, aber trotzdem sehen wir hier Frieden, allgemeine Zufriedenheit, Überfluß, die größte Ordnung und ein Land, das vollkommener kultiviert ist als irgendein anderes Land der Welt.

Nun ritten wir zum Atango-Yama, einem hohen Hügel, den man auf schöner Granittreppe besteigt. Oben, wo einige Teehäuser stehen, genießt man einen großartigen Blick über Yedo. In geringer Entfernung sah ich die Residenz des Taikun, die von ungeheuren Gräben und hohen Mauern umgeben ist. Sie gilt als heilig und ist gewöhnlichen Sterblichen verboten. Aber von Herrn Portman, der 1862 dem Empfang der ausländischen Gesandten beigewohnt hat, erfuhr ich, daß das Palais des Kaisers nicht anders eingerichtet ist als jedes andere japanische Haus.

Zur Rechten der Residenz sah ich den Friedhof mit den Mausoleen der Kaiser unter riesigen Bäumen. Trotz aller Bemühungen ist es mir nicht gelungen, die Erlaubnis zum Besuch dieses Friedhofs zu erhalten. Noch weiter rechts erblickte ich in großen Parks Paläste der Fürsten und schließlich das Geschäftsviertel, das sich bis zum Hafen erstreckt.

Dann verließen wir den Hügel wieder und bestiegen unsere Pferde, um weiterzureiten. Da ich nichts auslassen möchte, was im Gegensatz zu dem steht, was man sonst in der Welt sieht, muß ich hier folgendes bemerken: Die Schwänze der japanischen Katzen sind knapp einen Zoll lang, und die Hunde, deren Gebell und deren Nachlaufen mich in St. Petersburg und Konstantinopel, in Kairo und Kalkutta, in Delhi und Peking ärgerte und verfolgte, sind in Japan derart phlegmatisch, daß sie nicht einmal bellen und auch mitten auf der Straße liegenbleiben, selbst wenn sie uns kommen sahen, so daß wir stets einen Bogen machen mußten, um sie nicht zu zertreten.

Gegen sieben Uhr abends kehrten wir zur Gesandtschaft zurück. Nach dem Abendessen machte Herr Portman mit mir noch einmal die Runde um seine Befestigungen, die uns während der Nacht vor Mördern schützen sollten.

Am 26. Juni ritt ich schon früh mit meinen Polizeioffizieren fort. Zum ersten Mal seit einem Monat hatte es sich aufgeklärt, und die Sonne strahlte in tropischem Glanz.

Schnell durchquerten wir die eintönigen Viertel der Daimio-Residenzen, ritten am Friedhof der Kaiser entlang und ließen erst im Geschäftsviertel unsere Pferde langsam gehen, damit ich besser Umschau halten könnte.

Schlachtereien, Milchhandlungen, Butterläden, Möbelmagazine sah ich natürlich nicht, da alle diese Dinge den Japanern unbekannt sind. Statt dessen sah ich eine ungeheure Zahl von Läden mit Gegenständen aus lackiertem Holz, sodann mit Porzellan, das mit den Erzeugnissen der Manufaktur von Sèvres rivalisieren konnte, sowohl in der Feinheit der Fabrikation als auch in der Schönheit der Muster. Schließlich stieg ich vom Pferd, das ich einem Betto zu führen gab, und ging mehrere Meilen zu Fuß, um die tausend Einzelheiten in den Läden besser betrachten zu können. Hierbei sah ich viele Läden mit Kunstwerken aus Bronze und Stahl und mit teuren, inkrustierten Vasen – für eine, die nicht einmal von der besten Qualität war, forderte man 4300 Itzebus (10750 Francs). Auch viele Läden mit Schmuck gab es, andere mit Kunstwerken aus Elfenbein, mit Bogen und Säbeln. Die japanischen Säbel sind im ganzen Orient berühmt, und überall versicherte man, daß sie so solide und so scharf sind, daß man mit ihnen eine fingerdicke Eisenstange in einem Hieb durchhauen kann. Für achtzig Itzebus (200 Francs) bekommt man zwei Säbel, einen großen und einen kleinen. Ich bot dem Händler für einen einzigen Säbel hundert Itzebus, wenn er in meiner Gegenwart und bevor ich bezahlte, einen Nagel damit durchhiebe. Aber da er seine Waffe einer derartigen Probe nicht aussetzen wollte, kaufte ich sie nicht und denke auch, daß man die Qualität dieser Säbel übertreibt, denn der Nagel, den ich zerhauen lassen wollte, war noch nicht ein drittel Zoll dick.

Andere Läden boten wahre Meisterwerke der Holzschnitzerei feil. Sehr erstaunt war ich über die große Anzahl von Magazinen mit japanischen Seidenwaren. Noch andere hatten Sandalen, Schirme, Papierlaternen. Dann sah ich verschiedene Buchhandlungen, in denen Lehrbücher und die heiligen Schriften des Konfuzius und des Meng-tse verkauft wurden, so billig, daß sie auch der Ärmste bezahlen kann. Ferner fielen mir ungeheuer viele Läden mit Kinderspielzeug auf, das die Japaner zu so niedrigen Preisen und so vollkommen und oftmals mit so genialen Mechanismen herstellen, daß sie die Fabrikanten von Nürnberg und Paris weit hinter sich lassen. So bekommt man zum Beispiel für ein paar Sous Käfige mit künstlichen Vögeln, die der leiseste Lufthauch in Bewegung setzt. Drei Sous kostet eine automatische Schildkröte. Ein Spielzeug, in dessen Herstellung sich der Japaner besonders auszeichnet, ist der Kreisel, von dem ich hier mehr als hundert verschiedene Arten sah, eine immer seltsamer als die andere. Oft verweilte ich auch vor den Läden mit Malereien und Gemälden, die der Japaner sehr zu lieben scheint, aber die Darstellungen von Menschen in ihrem täglichen Leben sind zu naturgetreu, als daß sie genügend delikat und fein sein könnten.

Der Anblick eines Ausländers in den Straßen der Hauptstadt ist eine Sensation, und überall, wo ich ging, rief es von allen Seiten: »Todsin, todsin!« Besonders lebhaft wurden diese Rufe, wenn ich mich vor den öffentlichen Bädern befand, und jedesmal, wenn ich das Unglück hatte, zu Fuß an einem dieser Bäder vorüberzukommen, wiederholte sich die Szene, die ich in Yokohama erlebt hatte.

Schließlich gelangten wir zur großen Vorhalle des Kwannon-Tempels, von der eine lange, schöne Allee zum inneren Tor des Tempels führt. Zu beiden Seiten der Allee liegen zahlreiche Läden, in denen man hauptsächlich Spielsachen, Idole, Schmuckstücke verkauft, vor allem vergoldete Haarnadeln, deren Köpfe aus Glas und mit gefärbtem Wasser gefüllt sind, in dem Goldpailletten schwimmen. Die Allee wimmelte von Frauen, Kindern, Nichtstuern, Käufern und Verkäufern.

Ich betrat den Tempel, auf dem ein großes Storchennest ist, mit meinen fünf Polizeioffizieren und blieb über eine Stunde darin, um alle Einzelheiten zu sehen. Dauernd drängte sich aber eine Menge von über hundert Männern und Frauen aller Altersstufen um mich und rief: »Todsin, todsin!«, und meine Begleiter hatten viel Mühe, sie davon abzuhalten, mich zu betasten und mir das Korallenstück von der Uhr zu reißen.

Der Tempel ist groß. Mitten im Heiligtum befindet sich auf einer Estrade der Altar aus schwarzem, lackiertem Holz, auf dem sich ein vergoldeter Baldachin erhebt. Auf jeder Seite dieses Baldachins sieht man ein sechsundsechzig Zentimeter hohes vergoldetes Idol und gegenüber Lotosblüten aus vergoldeter Bronze. Ein Priester in langem purpurnem Gewand verbrannte Weihrauch vor dem Altar, schlug mit einem Hammer gegen eine Glocke und rezitierte Gebete, während zwanzig andere Bonzen Hymnen sangen.

Mitten im Tempel steht unter einem offenen Baldachin eine hölzerne Buddhastatue und davor ein Kasten, der durch ein Gitter verschlossen ist. Jedermann wirft ein paar Käschstücke in diesen Kasten, berührt das Gesicht des Bildwerks und reibt sich danach mit der gleichen Hand das eigene Gesicht. Durch die dauernde Berührung ist ein gut Teil vom Gesicht des Idols bereits verschwunden. Die Mauern und die großen Säulen, die die Decke tragen, sind mit Statuetten und Bildern der Gottheiten bedeckt.

Alles, was ich bisher von der japanischen Religion gesehen habe, gibt mir die Überzeugung, daß sie das Leben des Volkes nicht sehr beeinflußt und daß die oberen Klassen der japanischen Gesellschaft mehr oder minder Skeptiker sind. Ihre religiösen Zeremonien und ihre Tempel sind in eigenartiger Weise mit ihren öffentlichen Vergnügungen verschmolzen.

In dem weiten Hof des Kwannon-Tempels gibt es Figuren-Ausstellungen ähnlich dem Wachsfigurenkabinett von Madame Tussaud in der Londoner Baker Street, Teehäuser, Basare, zehn Galerien zum Bogenschießen, Theater, Kreiselspieler und so weiter. Ich kann mir nicht denken, daß eine solche Mischung sich mit ernsthaften religiösen Überzeugungen vereinbaren läßt.

Im Hofe des Tempels schaute ich allen diesen Unterhaltungen zu und bewunderte vor allem die Kunst des Kreiselspiels. Der Spieler warf die Kreisel hoch in die Luft, fing sie mit der Spitze seiner Pfeife wieder auf und sprach mit ihnen wie mit Menschen, indem er ihnen den Weg beschrieb, den sie zurücklegen sollten; einem befahl er, sich auf der Spitze seines Säbels zu drehen und dann auf der Schneide entlang und zurückzulaufen; ein anderer mußte auf einem im Winkel von zwanzig Grad gespannten Seil entlanglaufen und zurückkehren; ein dritter wurde in die Luft geworfen, von einem Finger aufgefangen, lief dann den Arm entlang, über den Rücken zum anderen Arm – und immer gehorchten die Kreisel wie lebendige Wesen, und doch könnte ich beschwören, daß sie keinen inneren Mechanismus hatten; alles lag an der Kraft und an der Geschicklichkeit des Jongleurs.

Sollte jemals der berühmte Amerikaner Herr Barnum diese Zeilen lesen, so gebe ich ihm den Rat, nicht mehr Zwerge und die alte taubstumme, gelähmte Negerin auszustellen, die er als Amme des großen Washington ausgibt, sondern statt dessen nach Japan zu eilen, um einen Kreiseljongleur zu engagieren, damit dieser Vorstellungen in Europa und Amerika gebe. Das ist eine wunderbare Kunst, die mit Recht die Bewunderung der ganzen zivilisierten Welt erregen und ihm Millionen einbringen würde. Freilich ist es den Japanern streng verboten, auszuwandern, aber Herrn Barnum ist bekanntlich nichts unmöglich.

Darauf besuchte ich das große Theater, das auf japanisch Taisibaya heißt, obwohl meine fünf Yacunins mich mit aller Gewalt daran hindern wollten. Das zweistöckige Riesengebäude, das wohl sechs- bis achttausend Personen fassen kann, ist ganz anders als die chinesischen Theater. Hier gibt es eine Bühne, dreiundzwanzig Meter breit, einen Vorhang, Kulissen und Dekorationen. Aber im ganzen Theater gibt es keine Stühle, Bänke oder Tische. Sowohl das Parterre als auch die beiden Galerien sind nur mit Bambusmatten ausgestattet, auf denen die Zuschauer hocken.

Zuerst gab man ein dramatisches Stück und dann Burlesken, die so bewundernswert gespielt wurden, daß ich alles verstand, obwohl ich doch die japanische Sprache nicht kannte. Das Theater war voll, und zwar bestand das Publikum aus Männern und Frauen. Alle Welt unterhielt sich ausgezeichnet. Wir verließen das Theater erst um sechs Uhr abends, und da Herr Portman mich um sieben zum Essen erwartete, kam ich leider zu spät.

Ich bin in Yedo wie ein Gefangener, und obwohl der Hof und die ganze Umgebung der Gesandtschaft sorgsam durch Hunderte von bewaffneten Yacunins bewacht werden, begleiten mich doch jedesmal, wenn ich zum Bad oder zum Stall gehe, einige Polizeioffiziere. Vergeblich protestiere ich gegen die übermäßige Sorge für meine Sicherheit, vergeblich suche ich Gründe dafür ausfindig zu machen.

Gestern Nachmittag, 27. Juni, besuchte ich eine Schmiede und eine Schule. In der Schule, die ebenfalls zur Straße hin offen war, hockten etwa sechzig kleine Jungen von vier bis sechs Jahren auf den Matten des Fußbodens: jeder hatte eine Papierrolle in der Hand, auf der er die Worte nachahmte, die der Lehrer mit Kreide auf eine Tafel schrieb. Dieser begrüßte mich auch, aber da wir uns leider nicht verstanden, war unsere Unterhaltung weder lang noch interessant.

Heute morgen wurde ich um halb fünf durch den Klang der Glocke geweckt, die die Priester des Tempels zur üblichen Morgenandacht zusammenrief. Ich kleidete mich schnell an, um die Zeremonie zu sehen. Kaum war ich aus meinem Zimmer getreten, standen auch schon drei Yacunins da, die mir zum Tempel folgten. Der Dienst war der gleiche wie im Kwannon-Tempel. Halb acht ritt ich dann mit meiner gewöhnlichen Eskorte fort, um den Teil der Stadt zu besehen, den ich noch nicht besucht hatte. Nach dem Frühstück war ich dann noch im Park des Akabane-Tempels, in dem sich das Grab von Henry Heusken befindet, des Dolmetschers der amerikanischen Gesandtschaft, der 1860 ermordet wurde. Er ist der einzige Christ, der in Yedo begraben liegt. Er ist wohl auch der einzige Ausländer, der perfekt Japanisch lesen und schreiben konnte, und diese Sprachkenntnis war auch die Ursache seines Todes, denn die Japaner befürchteten, daß er die Geheimnisse ihrer Regierung zu gut kannte und sie verraten könnte. Seitdem Heusken hier begraben liegt, gilt der Friedhof dem Volke als entweiht.

Die japanische Gesellschaft ist in sechs Klassen oder Kasten geteilt, deren erste drei voneinander und von den drei letzten so streng getrennt sind wie die Hindukasten in Indien. Die erste Klasse ist die der Samurai, der Adligen, die große Privilegien haben und zwei Säbel tragen. Die zweite Klasse ist die der Bosan, der Gelehrten; zu ihr gehören auch die Priester und die

Ärzte. Auch diese Klasse hat das Recht, zwei Säbel zu tragen. In die dritte Klasse rangiert man die Fischer, die Handwerker, die Seeleute, die Kaufleute und die Ackerbauern. Kein Angehöriger dieser Klasse kann mit einem Mitglied der ersten sprechen, ohne vor ihm zu knien. Die vierte Klasse ist die der Hetta, der Menschen, die Blut vergießen, und in sie gehören die Henker, die Abdecker und die Lohgerber; sie alle gelten als unrein und müssen außerhalb der Stadt wohnen. Die fünfte Klasse umfaßt die Bettler, die in vier Gruppen eingeteilt werden, deren jede ein Oberhaupt in Yedo hat. Eine dieser Gruppen umfaßt die degradierten Adligen, die sich des elenden Zustands schämen, in den sie geraten sind, und deshalb ihr Gesicht unter einem ungeheuren Bambushut verstecken, der ihnen bis auf die Schulter reicht. Das Inkognito dieser Unglücklichen wird durch den Staat geschützt, und unter Todesstrafe ist es verboten, ihre Maske zu lüften. Zur sechsten Klasse gehören die Christen, also Abkömmlinge derer, die sich im siebzehnten Jahrhundert zum Christentum bekehrt hatten und dann 1684 massakriert worden waren. Man ließ ihre Kinder am Leben und erzog sie in der Religion Buddhas, aber trotzdem und obwohl sie keine Ahnung vom Christentum haben, gelten sie als verächtlich und müssen ein besonderes Stadtviertel bewohnen.

Da es in Japan keinen Personenstand gibt und da die Regierung keinen Zensus macht, ist es schwierig, auch nur annähernd die Einwohnerzahl von Yedo zu ermitteln, die man auf zweieinhalb bis drei Millionen schätzt. Herr Portman, der das Land schon als Sekretär des Commodore Perry 1854 besucht hat und seit 1859 dauernd in Yedo lebt, glaubt, daß die Stadt nicht mehr als zweieinhalb Millionen Einwohner hat, die sich folgendermaßen aufteilen:

Beamte, Dienerschaft und Soldaten, die zum kaiserlichen Hofe gehören	225 000
Daimios und ihre Satelliten	600 000
Hettas, Bettler und Christen	50 000
Geistliche und Ärzte	225 000
Kaufleute, Handwerker, Fischer, Bauern, Seeleute	1 100 000
Pilger und Reisende	200 000
Kurtisanen	100 000
	2 500 000

Diese Bevölkerung ist rein japanisch, denn die einzigen Ausländer, die sich zur Zeit in Yedo aufhalten, sind Herr Portman und ich. Aber auch die Zahl der Ausländer, die in den drei dem Auslandshandel geöffneten Seehäfen wohnen, ist sehr gering. Es gibt nämlich in Yokohama 200, in Nagasaki 100, in Hakodate 15, in ganz Japan also 315 Ausländer.

Ich sehe voraus, daß meine Freunde mich bei meiner Rückkehr nach St. Petersburg fragen werden, was für eine Kultur ich in Japan gefunden habe. Dann werde ich notwendig die Gegenfrage stellen müssen: »Was verstehen Sie unter dem Worte Kultur?«

Wenn man damit die materielle Kultur meint, so werde ich antworten, daß die Japaner sehr kultiviert sind, denn in ihren industriellen Künsten haben sie den höchsten Grad der Vollkommenheit erreicht, den man ohne Hilfe der Dampfmaschine erlangen kann. Auch das Schulwesen und die Erziehung sind hier besser als selbst in den zivilisiertesten Ländern Europas; die übrigen Völker Asiens, selbst die Chinesen, halten ihre Frauen in vollkommener Ignoranz. In Japan dagegen gibt es keinen Mann und keine Frau, die nicht wenigstens die Landessprache in japanischer wie in chinesischer Schrift lesen und schreiben können.

Wenn man dem Worte Kultur dagegen einen religiösen Sinn unterlegt und die hohen Bestrebungen des Herzens und die edelsten Konzeptionen des Verstandes, die Zerstörung des Aberglaubens und die Pflege der Toleranz darunter versteht – dann ist das japanische Volk allerdings alles andere als kultiviert.

Dazu gibt es aber auch noch andere Gründe, die die moralischen Bestrebungen des Volkes auf einer sehr niedrigen Stufe halten. Zunächst haben wir hierzulande die Unterdrückung durch das Feudalregime, die die Ausübung der freien Energien beschränkt und hindert. Sodann ist das unglückliche Spionagesystem zu nennen, auf dem die gesamte Regierung des Taikun beruht, denn die Angeberei ist ihre mächtigste Waffe. Niemals geht ein Beamter der Regierung allein aus, stets ist er von einem Omezki, wörtlich übersetzt »Auge, das sieht«, also Spion, begleitet. Dieses Spionagesystem liegt wie ein enges Netz über jeder Familie der ersten beiden Klassen; es sät Mißtrauen ins Volk und unterdrückt die Wahrheit ebenso wie die Ehrbarkeit. So ist es auch ganz natürlich, daß die Lüge bei den Japanern mehr als eine schlechte Gewohnheit ist; sie ist eine Einrichtung

Heinrich Schliemann – Gemälde von Sydney Hodges

Im Pfarrhaus von Ankershagen verlebte Schliemann seine Kindheit

In Amsterdam – Blick über den Single zum Münzturm (oben) –
beginnt die erfolgreiche Kaufmannslaufbahn mit einer Anstellung bei B. H. Schröder & Co.;
Blick von der Newa auf die Isaakskathedrale in St. Petersburg, Lithographie von
A. Durand (um 1842)

Mehr als anderthalb Jahrzehnte hatte Schliemann seinen Wohnsitz in St. Petersburg –
Blick auf das Winterpalais

Im vergangenen Jahrhundert war China nur wenigen Europäern zugänglich –
Glockenhaus in Peking mit der größten Glocke Chinas

Im Sommerpalast Yihehyuan in Peking, oben die Siebzehn-Bogen-Brücke

Die Große Chinesische Mauer nordwestlich von Peking beim Nan-Kou-Paß

Japans heiliger Berg Fudschijama

Troja – Tonfunde aus der Schicht II–V (ca. 2600–1900 v. u. Z.):
Idol, Schnurösengefäß (oben), Kantharos

Kanne aus der Schicht II–V (oben); keiner Schicht zuzuordnende Einzelfunde:
zwei Gußtrichter und ein Gußtiegel

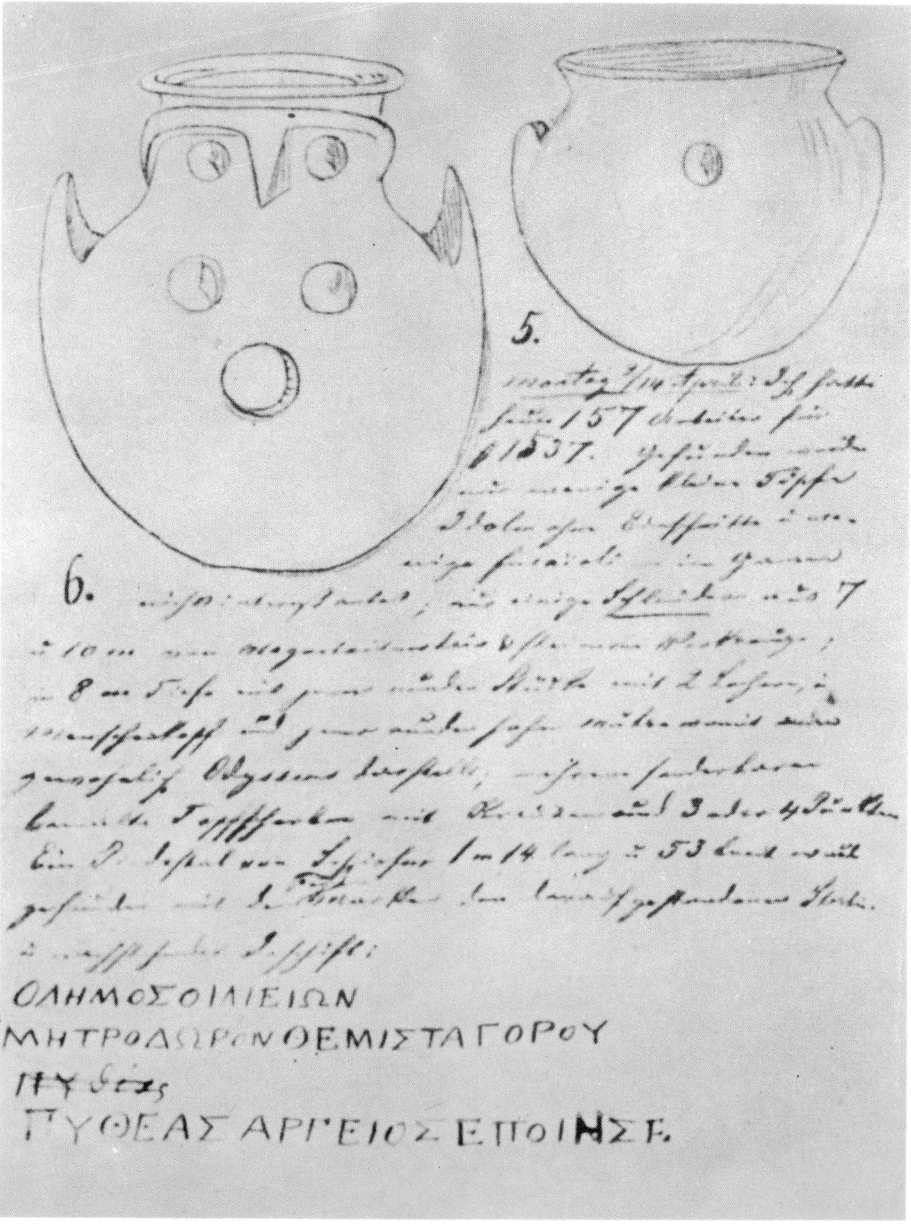

Seite aus dem Troja-Tagebuch Schliemanns (1873)

Sophia Schliemann mit Teilen vom »Schatz des Priamos«

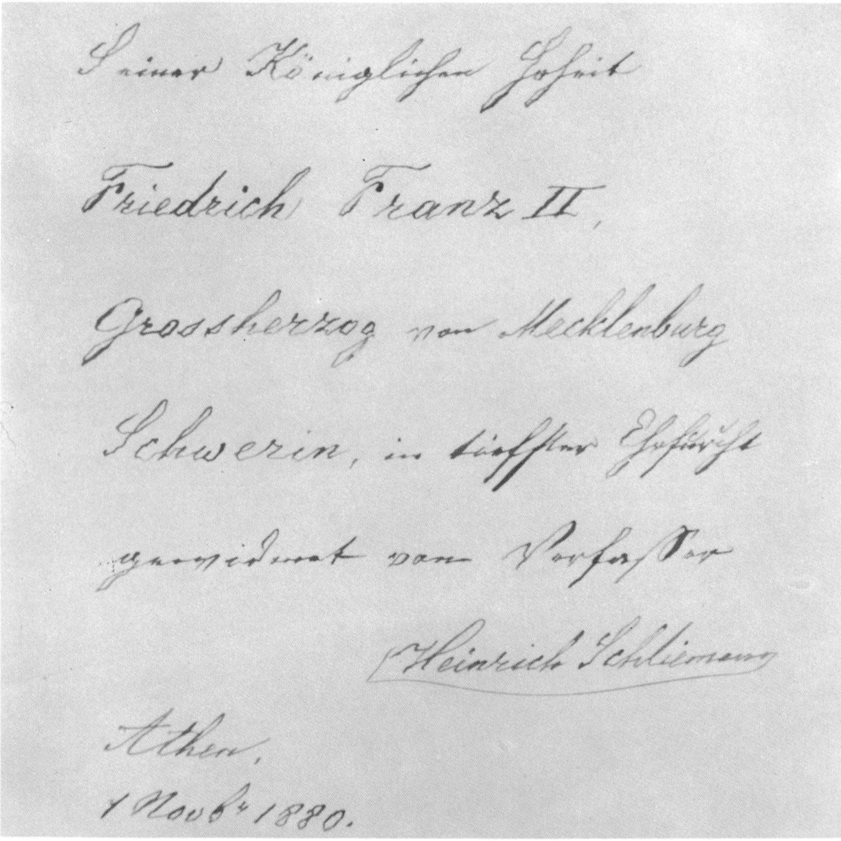

Seiner Königlichen Hoheit

Friedrich Franz II,

Grossherzog von Mecklenburg

Schwerin, in tiefster Ehrfurcht

gewidmet vom Verfasser

Heinrich Schliemann

Athen,

1 Novbr 1880.

Besonderer Fund Schliemanns in Troja: die Heliosmetope (oben);
Widmung Schliemanns in einem Exemplar seines »Ilios«

ILIOS

STADT UND LAND DER TROJANER.

FORSCHUNGEN UND ENTDECKUNGEN IN DER TROAS

UND BESONDERS

AUF DER BAUSTELLE VON TROJA.

Von

Dr. HEINRICH SCHLIEMANN.

MIT EINER SELBSTBIOGRAPHIE DES VERFASSERS,

EINER VORREDE VON RUDOLF VIRCHOW

UND BEITRÄGEN VON

P. ASCHERSON, H. BRUGSCH-BEY, E. BURNOUF, FRANK CALVERT, A. J. DUFFIELD, J. P. MAHAFFY, MAX MÜLLER, A. POSTOLACCAS, A. H. SAYCE UND R. VIRCHOW.

Mit circa 1800 Abbildungen, Karten und Plänen
in Holzschnitt und Lithographie.

κέκλυτέ μευ, Τρῶες καὶ ἐϋκνήμιδες Ἀχαιοί,
ἤ τοι ἐγὼν εἶμι προτὶ Ἴλιον ἠνεμόεσσαν.
Il. III. 304, 305.

νῶϊ δ', ἐγὼ Σθένελός τε, μαχησόμεθ', εἰς ὅ κε τέκμωρ
Ἰλίου εὕρωμεν· σὺν γὰρ θεῷ εἰλήλουθμεν.
Il. IX. 48, 49.

LEIPZIG:
F. A. BROCKHAUS.
1881.

Titelblatt der deutschen Ausgabe des »Ilios« (vermutlich wurde das Erscheinungsjahr vordatiert, um den Absatz auch 1881 zu sichern)

Mykene – Stadthügel mit schachtartigem Eingang zum Schatzhaus des Atreus, im Hintergrund das Gebirge des Peloponnes (oben); Zugang zum Kuppelgrab von Mykene, dem sog. Schatzhaus des Atreus (14. Jh. v. u. Z.)

Mykene – Aufgang zur Burg mit dem Löwentor (2. Hälfte 14. Jh. v. u. Z.)

Mykene – Schachtgräberring

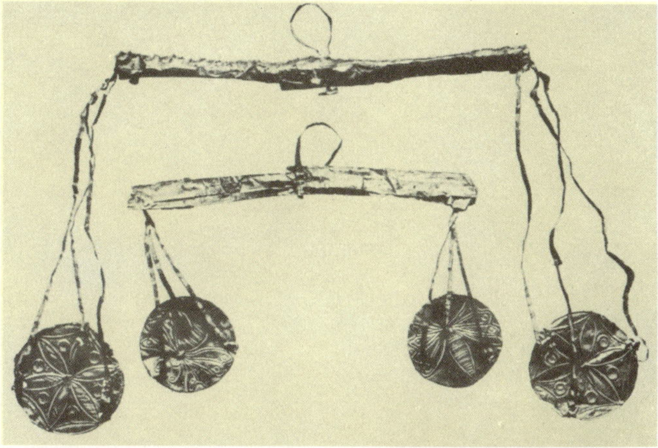

Grabstele (oben); zwei Waagen aus Goldblech (Mitte) und goldenes Diadem,
beides aus dem 3. Schachtgrab

Tiryns – Gesamtansicht des Burgberges von Osten, Burganlage aus dem 15. Jh. v. u. Z. (oben);
Aufgang zur Burg zwischen den östlichen Mauerringen

Tiryns – Rekonstruktionszeichnung der Oberburg

Chefren- und Cheopspyramide von Giseh mit dem Sphinx im Vordergrund

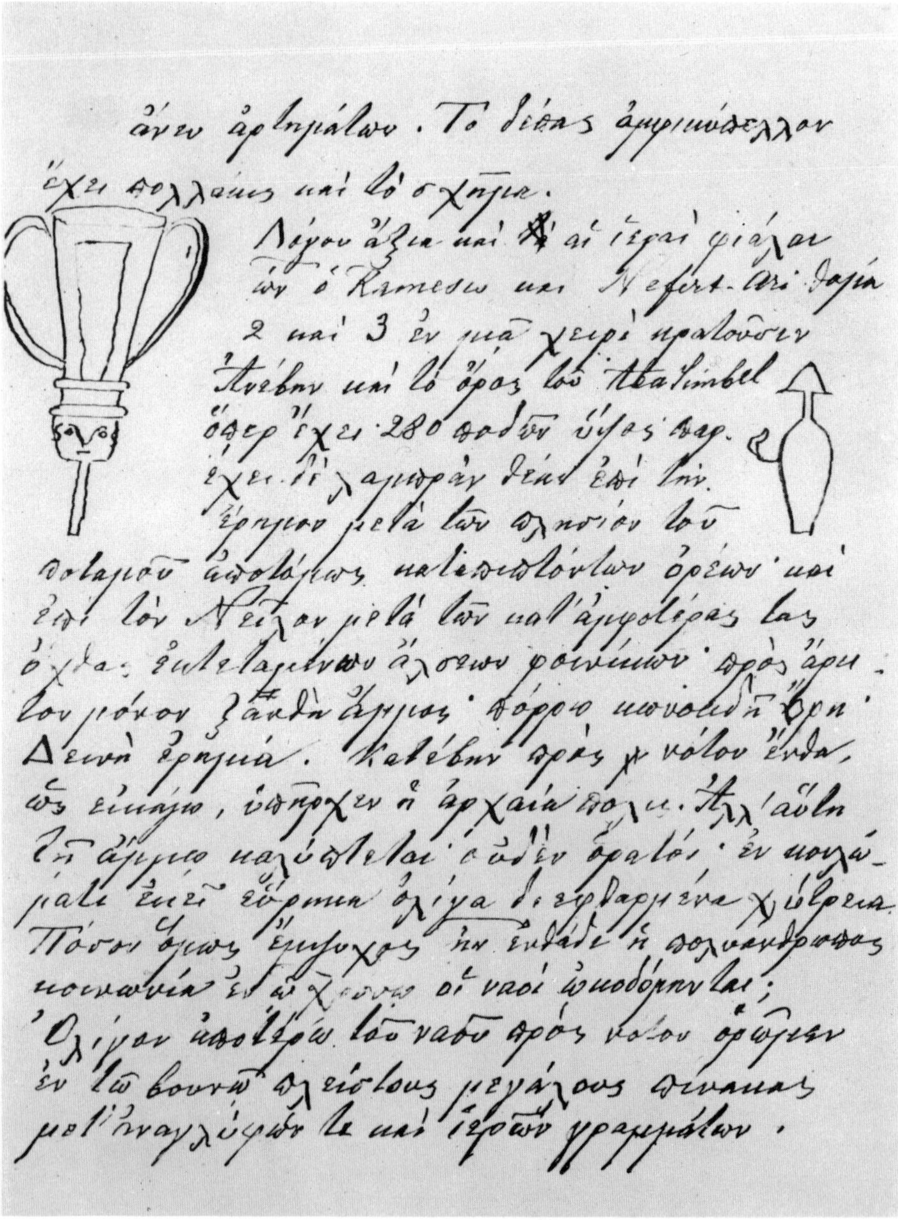
ἄνευ ἀγαλμάτων. Τὸ δέπας ἀμφικύπελλον
ἔχει πολλάκις καὶ τὸ σχῆμα.
Λόγου ἄξια καὶ αἱ ἱεραὶ φιάλαι
ὧν ὁ Ramesês καὶ Nefert-ari [illegible]
2 καὶ 3 ἐν μιᾷ χειρὶ κρατοῦσιν
Ἀνέβην καὶ τὸ ὄρος τοῦ Abusimbel
ὅπερ ἔχει 280 ποδῶν ὕψος περ.
ἔχει δὲ λαμπρὰν θέαν ἐπὶ τὴν
ἔρημον μετὰ τῶν πλησίον τοῦ
ποταμοῦ ἀπολύτως κατεσκληκότων ὀρέων καὶ
ἐπὶ τὸν Νεῖλον μετὰ τῶν καθ' ἀμφοτέρας τὰς
ὄχθας ἐκτεταμένων ἀλσέων φοινίκων. Πρὸς ἄρκ-
τον μόνον ξανθὴ ἄμμος· πόρρω κονιορτὸς [illegible]
Δεινὴ ἐρημία. Κατέβην πρὸς τὸν νότον ἔνθα,
ὡς εἰκάζω, ὑπῆρχεν ἡ ἀρχαία πόλις. Ἀλλ' αὕτη
ὑπὸ ἄμμου καλύπτεται· οὐδὲν ὁρατόν· ἐν κοιλώ-
ματι ἐκεῖ εὕρηκα ὀλίγα διεφθαρμένα χύτρεια.
Πόσον ὅμως εὐτυχὴς ἦν ἐνταῦθα ἡ πολυάνθρωπος
κοινωνία ἐν ᾧ χρόνῳ οἱ ναοὶ ᾠκοδομοῦνται;
Ὀλίγον ἀνωτέρω τοῦ ναοῦ πρὸς νότον ὁρῶμεν
ἐν τῷ βουνῷ πλείστους μεγάλους πίνακας
μετ' ἀναγλύφων τε καὶ ἱερῶν γραμμάτων.

Seite aus Schliemanns Ägypten-Tagebuch (Neugriechisch)

Stahlstich des Stadtbildes von Kairo (19. Jh.)

Nilarm mit Dahabijen und Hausbooten

Palmenhain am Nil

Die Kolosse Ramses' II. vor dem Großen Felsentempel von Abu Simbel

Schliemanns Wohnhaus in Athen: »Iliou Melathron«

Grabstätte Schliemanns in Athen in Gestalt eines klassischen Tempels,
Wandfries mit Szenen aus der Mythologie von Troja und Mykene

und eine der Triebkräfte, die sich auf den ganzen Mechanismus der Regierung und der Verwaltung auswirken.

Der Taikun hat die besten Absichten hinsichtlich der Auslandsbeziehungen und möchte ihnen gern alle nur mögliche Aktivität und Erweiterung geben, denn er sieht ein, daß sie im höchsten Maße den Interessen der Landwirtschaft ebenso wie denen des ganzen Staates dienen könnten. Aber er steht unter der Kontrolle der Daimios, der Feudalfürsten, die die wahren Herrscher des Landes sind und nur nach ihren eigenen Interessen fragen. Sie wissen genau, daß eine Ausweitung der Handelsbeziehungen die Fremden täglich mehr in Berührung mit den Japanern bringen würde. Dadurch würden diese natürlich geistige und moralische Fortschritte machen und diese wieder müßten selbstverständlich fundamentale Änderungen herbeiführen, als erstes die Zerstörung der eifersüchtig auf ihre eigenen Rechte bedachten und alle anderen Stände unterdrückenden Klasse der Feudalherren. Darin liegt also der einzige Grund für ihre Feindseligkeit gegenüber den Auslandsbeziehungen und deren Entwicklung. Es sind auch nur die Daimios, die das Volk beständig gegen die Ausländer aufhetzen und die Eröffnung des Hafens von Yedo unmöglich machen. Die Regierung könnte die Fremden, die sich hier niederlassen wollten, nicht vor den Fürsten schützen, und ihr Leben könnte nur durch eine große ausländische Armee gesichert werden, die Haus an Haus mit ihnen wohnen und Tag und Nacht starke Patrouillen durch die Stadt gehen lassen müßte. Aber keine der durch die Verträge zugelassenen Großmächte denkt daran, jemals eine Armee nach Japan zu entsenden, um ihren Handel in Yedo zu schützen, denn die Kosten dafür würden den Nutzen weit übersteigen.

Der Handel Japans mit Rußland und Preußen ist gleich Null, der mit Frankreich, Holland und den Vereinigten Staaten unbedeutend. Wenigstens ein Drittel des gesamten japanischen Außenhandels liegt in englischen Händen, aber doch macht er noch nicht ein Fünfzigstel des englischen Außenhandels aus. Ich bin überzeugt, daß man schon jetzt zum Schutze des Handels mit Japan viel mehr ausgibt, als man einnimmt, denn im Hafen von Yokohama liegen sieben englische, zwei französische und ein holländisches Kriegsschiff, zu denen noch ein Regiment Landtruppen von 800 Engländern und 120 Franzosen kommen, dazu noch ein englisches Kriegsschiff in Nagasaki. Durch die enormen Preisstürze in Seide, Tee und Baumwolle, die die immerwährenden Schwierigkeiten der japanischen

Regierung – von den Daimios verursacht! – herbeiführten, gibt es in Yokohama wenige Kaufleute, die ihre Unkosten wieder hereinbringen, und einen Gewinn erzielen kaum drei unter ihnen. Um ein Beispiel von den Schwierigkeiten zu geben, mit denen die Regierung den Außenhandel belastet, will ich nur dieses sagen: Auf Grund der Verträge dürfen alle ausländischen Gold- und Silbermünzen in Japan zirkulieren und müssen frei gegen japanische Währung eingewechselt werden, und zwar nach ihrem tatsächlichen Wert. Die japanische Regierung hält sich aber nicht an diese weise und gerechte Regelung, sondern läßt nur den mexikanischen Piaster zu, und auch er wird ausschließlich in Yokohama, Nagasaki und Hakodate gewechselt, und zwar zu dem elenden Kurs von zwei Itzebu zwei Tempo bis zwei Itzebu fünf Tempo, während sein tatsächlicher Wert drei Itzebu 1,76 Tempo beträgt. So hat der Staat also beim Wechseln einen Gewinn von 34,5 bis 46 Prozent zu Lasten des Auslandshandels. Um die Sache aber noch schlimmer zu machen, gestattet die Regierung allen ausländischen Diplomaten, den Attachés der Gesandtschaften und Konsulate und den Besatzungen der in den Häfen stationierten Kriegsschiffe, vom Admiral bis zum einfachen Matrosen, eine bestimmte Summe pro Monat einzuwechseln; hierbei erhalten sie drei Itzebus für einen Piaster. Ein Gesandter darf zu diesem Kurs 2000 Piaster im Monat einwechseln, ein Generalkonsul 1500, ein Vizekonsul 1000. Auf diese Weise genießen die Würdenträger einen enormen Vorteil zum Schaden des Handels. Natürlich haben die Kaufleute oft gegen ein so unwürdiges Vorgehen protestiert, aber ohne jeden Erfolg.

Auf dem Pazifischen Ozean, 2. September 1865.

Da ich nun einmal in Japan war, wollte ich rund um die Welt reisen und nach Californien weiterfahren. Einen Dampfer gab es nicht, und so schiffte ich mich am 4. Juli an Bord des kleinen englischen Schiffes »Queen of the Avon« ein, das nach San Francisco bestimmt war. Um neun Uhr morgens fuhren wir mit einer leichten nördlichen Brise ab, und einige Stunden lang genoß ich den Blick auf das großartige Panorama von Yokohama, Kanagawa und dem Fudschijama. Nachmittags nahm das Lotsenboot unseren Lotsen über. An Bord des Bootes befand sich auch Herr X., ein Kaufmann aus Yokohama, gebürtiger Schotte, der geflohen war, um sich seinen Gläubigern zu entziehen. Er hatte unserm Kapitän 300 mexikanische

Piaster (1 800 Francs) für die Fahrt nach Californien geboten und wollte zufrieden sein, mit den Matrosen zu essen und zu schlafen. Der Kapitän lehnte aber ab, denn gerade am Morgen hatte er vom englischen Generalkonsul in Yokohama eine Warnung bekommen, den Mann aufzunehmen.

Gegen neuneinhalb Uhr abends fuhren wir zwischen den Kaps Suwaki und Sagami hindurch und befanden uns also auf dem weiten Pazifischen Ozean. Das Schiff hatte nur zwei kleine Kajüten, von denen die eine von einem Amerikaner, die andere von mir belegt war. Außer uns gab es noch zwei Passagiere; der eine, Herr Satchel, Kaufmann in Ningpo, mußte sich mit dem Kanapee im Salon begnügen und der andere, der Violoncellist Herr Alexandre Desvachez aus Valenciennes, mit einem Bett in der Kajüte der Offiziere. Der Fahrpreis betrug 200 mexikanische Piaster (1 200 Francs).

Dieser Herr Desvachez ist ein junger, sehr bekannter Künstler, der seit zehn Jahren im Orient reist und von den Erträgen seiner Konzerte lebt. Er besuchte nacheinander Madagaskar, Bourbon *[Insel Réunion]*, Java, Manila, Bombay, Madras, Pondichéry, Kalkutta, Hongkong und Shanghai, und wenngleich in einer tropischen Hitze von sechsunddreißig bis vierzig Grad kein Mensch viel Lust haben kann, Konzerte anzuhören, hat er doch überall einen tollen Erfolg gehabt. Überall in Indien und China, wo ich mich aufhielt, sprach man begeistert von ihm als einem Wunder der Vollkommenheit in seiner Kunst. Sein Talent machte auch in der kleinen Fremdenkolonie von Nagasaki und Yokohama größtes Aufsehen; er hatte seine Instrumente und sein sonstiges Gepäck bereits an Bord bringen lassen, als am Abend vor unserer Abfahrt der bevollmächtigte Minister Frankreichs, Herr La Roche in Yokohama, ihn dringend bat, im großen Saal der Gesandtschaft noch ein Abschiedskonzert zu geben, das denn auch einen riesigen Erfolg hatte und dem Künstler 450 Piaster (2 700 Francs) einbrachte. Aber Herr Desvachez ist nicht nur ein berühmter Künstler, sondern auch ein ausgezeichneter Reisegefährte, und seine witzigen Einfälle haben mir auf der langen, beschwerlichen Reise viel Freude gemacht.

Auch die Gesellschaft von Herrn Satchel kann ich nur loben, gar nicht dagegen die des Amerikaners, der Garkoch in Yokohama gewesen war und sich nun nach Californien begab, um dort sein Glück zu machen. Er war ein Mensch von sechs Fuß zwei Zoll, ohne jede Erziehung, wild und jähzornig, ein großer Aufschneider, ein großer Flegel, ein großer Feigling und ein großer Streithans; obwohl niemand von uns mit ihm sprach, suchte er doch dauernd Gelegenheit zum Streiten, und indem er die ganze Hölle anrief, drohte er zu Tätlichkeiten zu schreiten und jeden totzuschlagen, der es wagen würde, ihm nahezukommen. Sobald ihm aber der Schwächste von uns entschieden entgegentrat und ihn niederzuschlagen drohte, kniff der Held und zog sich zurück. Schwerlich gibt es etwas Peinlicheres und Scheußlicheres, als die Gesellschaft eines solchen Kannibalen sieben Wochen lang ertragen zu müssen. An Bord der Dampfschiffe kommt man Gottlob nicht in Berührung mit solchen Leuten, oder man kann ihnen doch aus dem Wege gehen. An Bord eines kleinen Segelschiffes ist das aber unmöglich, denn dort mißt der gemeinschaftliche Salon nur zwei zu vier Meter!

Nur mit dem größten Lob kann ich von der Liebenswürdigkeit und Höflichkeit unseres braven Kapitäns Henry Stedford Looke sprechen; er ist ein alter Seemann, der zwar erst neunundvierzig Jahre alt, aber schon seit fünfunddreißig Jahren auf dem Meere und seit neunundzwanzig Jahren Kapitän ist. So manches Mal hat er alle Meere durchfahren, und es gibt nichts Interessanteres, als ihn von den tausend und aber tausend Gefahren erzählen zu hören, in die ihn seine lange seemännische Laufbahn gebracht hat. Was meine Aufmerksamkeit am meisten fesselte, waren die Berichte von den zahlreichen Wirbelstürmen, Taifunen und Zyklonen, mit denen er gekämpft hat und denen er manchmal nur durch ein Wunder entgangen ist. Zum Beispiel ist er siebenmal durch Wirbelstürme über Bord geschleudert worden und hat immer das Glück gehabt, sich an irgendein Seil klammern und so dem sicheren Tode entgehen zu können. Er ist ein Mann mit viel Erfahrung, unermüdlich, von erstaunlicher Kaltblütigkeit in schwierigen Augenblicken, mit einem Wort, der Typ des echten Schiffskommandanten. Er hat übrigens nur noch eine halbe Nase. Hier die Ursache: Vor einigen Jahren hatte er einen Koch, der in das Dienstmädchen des Kapitäns verliebt war und ihn mitten auf dem Meere bat, es ihm zur Frau zu geben. Der Kapitän verweigerte es und antwortete ihm, das könne erst nach der Ankunft im Hafen geschehen. Darauf warf sich der Koch wutentbrannt auf ihn und biß ihm die halbe Nase ab. Der Kapitän ließ darauf den verliebten Narren in Eisen legen und übergab ihn bei der Landung in St. Helena der Justiz, die ihn zu sieben Jahren Strafverschickung verurteilte.

Da alle Männer, die in ihrem Berufe tüchtig sind, das Talent haben, sich fähige Untergebene zu suchen, hat unser Kapitän Herrn John Hopper zu seinem ersten Offizier gemacht. Dieser zeichnet sich in der maritimen Wissenschaft bestens aus, und das ist um so erstaunlicher, als er zunächst Philologie studiert hat. Erst nachdem er alle klassischen Autoren der Griechen und Römer gelesen hatte, wechselte er seinen Beruf und wurde Seemann. Er hat eine tiefe Kenntnis der Geschichte und der Geographie und ist auch in der modernen Literatur sehr bewandert, vor allem in der englischen, und weiß nahezu alle Tragödien Shakespeares auswendig. Kurzum, er ist zugleich ausgezeichneter Seemann und Gelehrter.

Ebenso kann ich den zweiten Offizier, Herrn Ercoin, nur loben, einen sehr praktischen und nützlichen Schotten. Wenn ich morgens an Deck kam, um mein Bad im Meer zu nehmen, sagte er mir stets voraus, was für Wind wir im Laufe des Tages haben würden, und kaum einmal hat er sich bei seinen Vorhersagen geirrt.

Außerdem hatten wir noch fünf englische Matrosen, sehr brave Leute, und einen Koch, einen Eingeborenen von Mauritius, der nur zu glücklich gewesen wäre, wenn er uns alle Meisterwerke der Kochkunst hätte bereiten können – sofern er das Talent und die Mittel gehabt hätte. Aber leider war er noch ein Neuling in seinem Handwerk, und unsere Mundvorräte bestanden nur aus Reis, stinkendem, eingesalzenem Rindfleisch und Speck, den wir entweder roh oder gebraten zu Pellkartoffeln bekamen, und auch zu steinhartem Zwieback. Ferner erhielten wir jeden Tag als Dessert unseres Diners einen Pudding; aber da er ohne Milch, ohne Eier, ohne Butter gemacht war, war er stets ein unverdaulicher Kleister. Als große Delikatesse gab es von Zeit zu Zeit eine Erbsensuppe. Für unsere Bedienung hatten wir einen fünfzehnjährigen Jungen und eine Frau in den Vierzigern, die lange Zeit auf Mauritius in Dienst gewesen war; da sie dort aber keine Gelegenheit zum Heiraten gefunden hatte, fuhr sie nun nach Californien, um sich dort einen Mann zu suchen.

Die Hälfte meiner Kabine, die 1,33 breit und 2 Meter lang war, wurde durch zwei übereinanderstehende Holzbetten eingenommen. Im unteren hatte ich mein Gepäck untergebracht, im oberen schlief ich. Leider war das Bett zu schmal, um auf dem Rücken zu liegen, und wenn ich auf der Seite lag, war ich ständig in Gefahr, beim Rollen des Schiffes herauszufallen. Neben den Betten standen auf der einen Seite eine kleine Kommode, auf der anderen ein Lavoir. Um mich anzuziehen hatte ich also einen Raum, der drei Fuß lang und zwei breit war. So eingerichtet und ausgerüstet, ernährt und bedient, machte ich diese Reise von etwa siebentausend englischen Meilen über den Pazifischen Ozean.

Unsere kleine »Queen of the Avon« war ganz aus Eisen und nur 161 englische Tonnen groß. Aber sie hatte eine Ladung von 300 Tonnen (jede zu vierzig englischen Kubikfuß) japanischen Tee, der pro Tonne neun amerikanische Piaster (49,50 Francs) kostet. Mit dem Fahrpreis der Passagiere zusammen nahm der Kapitän also 3 540 amerikanische Piaster oder 19 470 Francs ein, und das ist enorm, denn das Schiff war ja kaum so groß wie die Fahrzeuge, mit denen man die Apfelsinen von Messina befördert.

Der Reisende, sei es an Land oder an Bord eines Dampfschiffs, bittet Gott immer um gutes Wetter. Als Passagier eines Segelschiffs betet man stets um schlechtes Wetter, denn nur bei schlechtem Wetter kann man auf kräftigen Wind hoffen. So betrachtet man es an Bord eines Segelschiffs als Unglück, wenn das Barometer steigt, und beglückwünscht sich, wenn es fällt. In dieser Hinsicht waren wir während unserer gesamten langen Reise wenig begünstigt; wenn wir auch dreißig Tage lang in dickem Nebel fuhren, so rechnet das auf See nicht zum schlechten Wetter, denn der Nebel bringt das Barometer noch nicht zum Fallen. Heftigen Wind hatten wir kaum an drei oder vier Tagen, nicht einen einzigen guten Sturm, und auf der ganzen Reise habe ich keine Welle gesehen, die höher als zwanzig Fuß gewesen wäre. An dieser Stelle muß ich wohl einen gewaltigen Irrtum richtigstellen, den man in vielen Reisebeschreibungen findet, deren Verfasser nur dann auf Glaubwürdigkeit zu rechnen scheinen, wenn sie lügen. So sagen sie beispielsweise, wenn sie von einem Sturm berichten: »Wellen wie ungeheure Bergketten hoben uns in einem Augenblick in die Wolken und schleuderten uns im nächsten in den tiefen Abgrund.« Wer niemals einen starken Sturm auf See erlebt hat, glaubt demnach, daß der Kampf der Elemente Wellen von mindestens viertausend Fuß Höhe verursachen müsse. Dagegen stelle ich fest, daß ich während der furchtbarsten Stürme auf dem Indischen, Pazifischen und Atlantischen Ozean niemals eine Welle gesehen habe, die höher als vierzig englische Fuß gewesen wäre, gemessen vom Grunde des Wellentals bis zur Spitze der Welle. Auch unser braver Kapitän versicherte mir, nie eine höhere gesehen zu haben. Und da der Grund des Wellentals natürlich genausoviel unter dem normalen Wasserspiegel liegen muß wie die Spitze der Welle darüber, erhebt sich die höchste Welle niemals höher als zwanzig Fuß über den Meeresspiegel.

Während der ganzen Fahrt hatten wir fast ständig den Wind aus Süd, Südwest, West, Nord, also sozusagen günstigen Wind, aber selten war er kräftig genug, um uns mehr als zwei Längengrade pro Tag weiterzubringen. In der Hoffnung, weiter nach Norden stärkere Winde zu finden, steuerte der Kapitän immer Nordost halb Nord bis zum Punkte 155 Grad westlicher Länge und 43 Grad 19 Minuten Breite. Danach steuerten wir wieder Ost oder Südost. Die Temperatur, die bei unserer Abfahrt von Yokohama $23^3/_4$ Grad im Wasser und $27^3/_4$ in der Luft, im Schatten, betrug, nahm im Wasser rapide ab, und vom 18. Juli bis zum 8. August hatten Wasser und Luft nur 13 Grad. Von dann an nahm die Temperatur wieder zu und erreichte am 17. August $20^1/_2$ Grad für Wasser und Luft. Bis zu unserer Ankunft im Hafen von San Francisco änderte sie sich dann nicht mehr.

Auf den weiten Einöden des ungeheuren Ozeans hatten wir wenig Zerstreuungen, denn in diesen Breiten wird er wenig befahren, und bis wir zu 139 Grad 9 Minuten östlicher Länge kamen, sahen wir kein einziges Schiff. Doch erregten ungeheure Schichten einer purpurfarbigen Materie unsere höchste Aufmerksamkeit, die eine Dicke von ein bis zwei Fuß zu haben schien und zwischen der wir vom 152. bis zum 180. östlichen Längengrad fuhren. Der Kapitän und die Offiziere meinten, es sei bloß Fischlaich, aber das erschien mir unmöglich, da der Ozean buchstäblich damit bedeckt war und es oftmals Schichten gab, die sich über mehrere Meilen hinzogen. Ich band also einen Eimer an einen Strick und fischte eine genügende Menge dieser Masse heraus. Wie groß war mein Erstaunen, als ich sah, daß das, was wir für eine formlose Materie gehalten hatten, lauter kleine fischähnliche Insekten von Zollänge waren! Leider hatte ich keinen Weingeist bei mir, und so blieb mir nichts anderes übrig als eine Reihe dieser Insekten zu trocknen, um sie dem Museum in St. Petersburg mitzubringen. In jedem Eimer, den ich aus dem Meere zog, waren neben diesen roten Insekten auch eine Menge weißer Fischeier mit schwarzen Punkten darin; auch sie habe ich getrocknet, aber nun sind sie schon kaum mehr erkennbar[28].

Zwischen dem 180. östlichen und dem 144. westlichen Längengrad sahen wir dauernd an der Meeresoberfläche eine Art von Schnecken ohne Haus, aber mit zwei Schöpfen, die ihnen als Segel dienten. In der Matrosensprache heißen sie auf französisch »galères«, auf englisch »Portuguese men of war«; sie haben eine Menge von Füßen oder Stützen, mit denen sie stechen können, und ihr Stich ist fast so giftig wie der des Skorpions; mehrere dieser Tiere habe ich gleichfalls getrocknet. *[Gemeint sind Siphonophoren, Staatsquallen. Die Giftwirkung wird durch Nesselzellen hervorgerufen.]*

Schließlich fanden wir zwischen dem 170. östlichen und dem 170. westlichen Längengrad oft Massen von Entenmuscheln *[Lepas anatiferal]*, von denen Tausende aneinanderhingen und so wie eine Ananas aussahen. Auch Walfische sahen wir häufig, bisweilen vier zugleich, aber nur zwischen 170 Grad östlicher und 144 Grad westlicher Länge.

Haifische, von denen die Meere in den Tropen wimmeln, sind in diesen Breiten des Pazifiks recht selten, und ich glaube nicht, daß wir auf der ganzen Reise mehr als sechs gesehen haben. Und auch diese wenigen waren nicht hungrig genug, um sich unserem Schiff zu nähern. Tümmler sahen wir dagegen überall und manchmal in Herden, die fünfhundert bis tausend Tiere zu umfassen schienen.

Was schließlich die Wasservögel anlangt, so folgten uns stets viele Albatrosse, die die Größe von Gänsen haben; meine Reisegefährten fingen eine Menge von ihnen mit Hilfe eines Hakens, an dem ein Stück Speck befestigt war. Man bereitete sie uns zur Mahlzeit zu, aber da es sich um Raubvögel handelt, ist das Fleisch schlecht, und ich habe mich nicht entschließen können, davon zu essen. Außerdem sahen wir viele kleine sogenannte Teufelsvögel, Sturmschwalben, deren spitze Rufe man vor allem nachts hört.

Am Mittwoch, dem 26. Juli, passierten wir mittags die Antipoden von Greenwich und waren demzufolge gezwungen, einen Tag rückwärts zu gehen und den folgenden Tag ebenfalls als Mittwoch, den 26. Juli, zu begehen.

Am 7. August zwischen dreiviertel elf und elf Uhr morgens passierten wir die Antipoden von St. Petersburg.

BRIEFE AN RUST
(1868-1890)

Mein lieber guter alter Freund Rust« – in den Briefen, die diese Überschrift tragen, tritt wieder ein anderer und wieder ein neuer Schliemann vor uns. Da ist er nur selten der große Forscher, dessen Taten und Funde die ganze Welt in Atem halten. Da ist er nicht der Mann, der stets und jedem gegenüber Distanz wahrt. Da ist er nicht der ewig Erregbare, der die kleinste Kritik übelnimmt und auf seine »Gegner« (die es manchmal gar nicht waren) losdrischt und dazu schimpft wie die weiland homerischen Helden, der, als er einst unter seinem roten Sonnenschirm auf dem Dache seines Hauses saß und von Sophia liebevoll darauf aufmerksam gemacht wurde, was »die Leute« nur denken würden, aufsprang und eine geschlagene Stunde lang mit dem Schirm v o r dem Hause spazierenging – denn er und nur er konnte im Rechte sein. Da ist er nicht der Unkonventionelle, der Retter seiner kostbaren Zeit, der ungeduldig aufspringt, als ihm der König von Griechenland bei einem Besuch zu lange verweilt und als er ihn, man möchte sagen, anschnauzt: »Haben Sie ihre Schokolade noch nicht ausgetrunken?« Und da ist er auch nicht der Großsprecher und »Angeber«, wie so oft den Schwestern und Brüdern und bisweilen auch anderen Bekannten gegenüber.

Da kann er mit einem Mal lange Plauderbriefe schreiben – wenn auch nicht allzuoft, wie es bei der ungeheuerlichen Arbeitslast nur zu begreiflich ist. Da ist er wieder der Junge, der mit Wilhelm Rust gelernt und gespielt, geträumt und wahrscheinlich auch sich gehauen hat. Da ist nie erloschene Liebe zur Heimat, dem Land und den Leuten, und die Sehnsucht nach ihr. Da spricht der privateste Schliemann, mehr noch als in den Briefen an die Schwestern und die übrigen Glieder der Familie, Freund zum Freunde.

Mit dem Substantivum »Freund« geht Schliemann in seinen Briefen und auch in seinen Büchern, der Sitte der Zeit entsprechend, freigebig genug um. Der Partner der kaufmännischen Geschäfte ist der »geehrte Freund« – die Schröders beispielsweise –; der Schliemann zustimmende Gelehrte, wie Virchow oder Gladstone, A. H. Sayce oder Brunn, ist der »geschätzte Freund« oder der »gelehrte Freund«, und »Freund« ist der altgewordene Ankershäger Tagelöhner ebensogut wie der Erbprinz von Sachsen-Meiningen. Auch Adjektive, die gleichfalls wieder der Zeitsitte entsprechend im Sinne der schmückenden Beiwörter Homers verwendet werden, streut Schliemann mit Freigebigkeit, die manchmal schon Maßlosigkeit wird, in seine Sätze, die gedruckten wie die geschriebenen: der vortreffliche Schwiegersohn, die edle Gemahlin, die prächtigen Kinder, der ausgezeichnete

Pastor, der hochwürdige Buchhändler, der hochbegabte Mann, der gewaltige Gelehrte – und eine Legion anderer Beispiele. »Mein lieber, guter, alter« dagegen finden wir nur in den Briefen an Rust.

Viele Menschen in aller Welt sind Schliemann in Freundschaft verbunden gewesen. Mit keinem von ihnen hat er das brüderliche Du getauscht. Mit Lenz, den er sehr schätzt (und noch mehr überschätzt), hat er die gleiche Schulbank gedrückt wie mit Rust. Ja, »lieber Freund« redet er Lenz an, als er noch in der Petersburger Zeit und also lange vor der erneuten Verbindung zu Rust einen flüchtigen Briefwechsel aufnimmt, aber mit der größten Selbstverständlichkeit verbindet er damit das distanzierende Sie. Der einzige, der sich – außer den Familienangehörigen natürlich – rühmen kann, mit Schliemann auf Du und Du zu sein, ist Wilhelm Rust.

In Schliemanns Petersburger, Pariser, amerikanischer, Athener und trojanischer Welt kennt kein Mensch diesen Namen. Wer ist Wilhelm Rust, und warum steht er Schliemann so nahe? Wilhelm Rust war Schliemanns Mitschüler in den zwei Jahren, die der Zwölf- bis Vierzehnjährige die Neustrelitzer Realschule besuchte; er war anderthalb Jahre älter als Schliemann, am 3. Juni 1820 in Neustrelitz als Sohn eines Distriktshusaren geboren, am gleichen Gründonnerstag 1836 wie Schliemann konfirmiert, Schliemann mit Arbeiter- und Handwerkerkindern in der Stadtkirche, Rust aber, dessen Vater inzwischen Hoflakai geworden war, in der feudalen Schloßkirche – eine Trennung, die für beide Jungen keine war.

Beide gingen sie dann in die Kaufmannslehre, Schliemann in Fürstenberg, Rust in Neuruppin. Beide wurden sie selbständige Kaufleute, der eine (1843) in Neustrelitz, der andere in St. Petersburg, beide auch Bankiers, der eine in Neustrelitz, der andere in Californien und, nebenbei dann, in Rußland. Beide brachten es durch Fleiß und Energie und kaufmännische Talente zu etwas in der Welt des Handels. Beide wurden reiche Männer, der eine nach den Maßstäben der kleinen Residenzstadt des kleinen Großherzogtums Mecklenburg-Strelitz, der andere im Weltmaßstab – »es soll mich gar nicht wundern, wenn Sie ein zweiter Rothschild werden«, schrieb der mecklenburgische Getreidehändler Bahlmann schon 1861 an Schliemann. In den Augen der Neustrelitzer war Wilhelm Rust nach etlichen Jahrzehnten der »königliche Kaufmann« der Stadt, und wer heute sein ehemaliges, breithingelagertes, kommodes und behäbiges Haus an der Ecke Markt und Zierker Straße betrachtet, weiß, daß diese Benennung viel für sich hatte. Und wer die vergilbten und brüchig gewordenen Jahrgänge der Neustrelitzer Zeitung durchblättert, findet es bestätigt.

Manufakturwaren machen anfangs sein Hauptgeschäft aus, das dann auch als »Manufactur- und Modewaaren-Handlung« firmiert. Seine Annoncen gehen über die halbe oder gar über die ganze Breite der Zeitung, aber durchaus ohne das laute Geschrei, das seine Konkurrenten erheben, wenn sie inserieren. Er kennt keine Schleuderpreise und keine Mätzchen, die Kunden anlocken sollen, denn für ihn scheint es keine wirklichen Konkurrenten zu geben. Er hält auf Qualität und ist sicher, daß seine Kunden lieber etwas mehr bezahlen, um gute und solide Ware zu haben. Schließlich importiert er ja allein jeweils die neueste Mode aus Paris. Mit Leinwand handelt er auch und mit Tapeten (und hat dafür Niederlassungen, Vertretungen in sieben anderen Städten des Ländchens), mit echtem Souchong-Tee (sonst aber keinen Genußmitteln), mit Nähmaschinen, den »echten, amerikanischen« von Wheeler und Wilson, um dann die Alleinvertretung für Singer zu übernehmen – kurzum, im Kern also eine Handlung, die man woanders und später ein Kaufhaus nennen würde.

Rust vertritt nicht die zahllosen windigen Versicherungen, die sich in den Gründerjahren breit machen, sondern die Gothaer Lebensversicherungsbank und ebenso die dortige Feuerversicherung, und später übernimmt er die Neustrelitzer Filiale der ebenfalls ausgesprochen soliden und zuverlässigen Mecklenburgischen Hypotheken- und Wechselbank, nachdem er schon Mitte der sechziger Jahre die erste Bank in Neustrelitz überhaupt gegründet hat.

Er ist nicht ohne kulturelle Ambitionen: Als von Berlin aus zur Errichtung eines Nationaldenkmals für Alexander von Humboldt aufgerufen wird, unterstützt Wilhelm Rust diesen Plan. Ehrenposten fallen ihm von allen Seiten zu: Ob die Realschule Jubiläum hat, ob Hilfsaktionen für Katastrophengebiete ins Werk gesetzt werden, ob eine Landwirtschafts- und Gewerbe-Ausstellung veranstaltet wird – im Komitee sitzt stets Wilhelm Rust, so wie er Vorsitzender des Kuratoriums der Georgsstiftung ist, Mitglied des Verwaltungsrates der Berliner Nordbahn oder des Aufsichtsrates der Mecklenburgischen Bodenkreditbank. 1870 verleiht der Großherzog ihm den Titel Kommerzienrat, später sogar den bisher nur seinem Berliner Hofbankier vorbehaltenen Titel Geheimer Kommerzienrat. Als 1870 die Großherzogin unter allerlei Abenteuern aus ihrer englischen Heimat zurückkehrt und einen »Landesverein für Pflege der verwundeten und erkrankten mecklenburgischen Krieger, für Unterstützung der Zurückgelassenen derselben und für Nachbesorgung der kleinen Ausrüstungsgegenstände« ins Leben ruft, sitzt im Vorstand neben der Ministerin von Hammerstein Frau Rust. Als 1879 die neuen Gerichte entstehen, sitzen unter den

Neustrelitzer Schöffen Schliemanns und Rusts Mitschüler Kelpien und Reinecke; Geschworener beim höchsten Gericht beider Großherzogtümer wird aber Wilhelm Rust.

Nur eines ist merkwürdig: Soviel wir auch in den alten Zeitungen suchen – nie finden wir Wilhelm Rust in Komitees oder Ehrenposten bei »patriotischen« Anlässen. Sedanfeiern, Potentatenjubiläen, Kriegerdenkmäler, Reichstagswahlrummel der in der Neustrelitzer Zeitung unumschränkt herrschenden Konservativen Partei – niemals ist Wilhelm Rust dabei. Er wird auch nicht das, was jeder Geschäftsmann der kleinen Residenz lebenslang ersehnt und wofür er intrigiert und sich müht – er wird nicht Hoflieferant. Das wird erst sein Sohn. Und er bekommt auch keinen Orden, nicht einmal den bescheidensten. Er scheint keineswegs im Gnadenlichte Serenissimi gestanden zu haben. Es ist gewiß kein Zufall, daß sich Frau Rust nach einigen Wochen von ihrem Platz neben der Ministerin erhob und aus dem Vorstand des Vereins austrat. Diese Dinge legen die Vermutung nahe, daß Rust genauso liberal dachte wie alle mecklenburgischen Freunde Schliemanns, die eifrige Achtundvierziger gewesen waren oder diesen doch nahestanden – Bahlmann, Bartholdi, Sanders und nicht zuletzt Hückstaedt, bei dem Kinkel auf seiner Flucht einkehrte.

Man mag dieser Vermutung entgegenhalten: er wurde doch aber Kommerzienrat. Vielleicht war die Verleihung des Titels nicht zu umgehen, da Rust nicht nur der reichste, sondern auch der hilfsbereiteste Mann der Stadt war, der dann auch eine eigene Stiftung für bedürftige Frauen und alte Bürger errichtete. Denn wenn die Sammellisten in der Stadt herumgetragen werden, während des Krieges 1870/71, für die Opfer der Überschwemmung von Szegedin, für Dutzende anderer Gelegenheiten (ausgenommen die »patriotischen«), und wenn die Zeitung dann die Quittungslisten veröffentlicht, finden wir den Kommerzienrat Rust stets mit der größten Summe, in schuldigem, genau bemessenem Abstand von der Großherzoglichen Familie, meist mit dem Doppelten dessen, was die Hofwürdenträger geben – und nur einmal wird er von dem durchaus taktlosen Oberjägermeister von Voß erreicht, der den Ministerpräsidenten von Oertzen (50 Reichstaler) mit der gleichen Summe wie Rust (100 Taler) zu überbieten wagt. In schuldigem Abstand von dem Herrn Kommerzienrat spenden dann gesondert seine Frau, sein Sohn, seine Töchter. Ob das nun dem Dekorum des nächst dem Großherzog reichsten Mannes von Neustrelitz entsprach oder ob es aus ehrlicher Hilfsbereitschaft geschah, kann heute nicht mehr entschieden werden. Die Korrespondenz jedoch und was in den mageren Zeitungen jener Jahre über Rust zu lesen steht und was sich in der Erinnerung der Neustrelitzer erhalten hat, gibt den Eindruck, daß er ein guter Bürger und ein guter Mensch mit einem von Reichtum und Geltung nicht verhärteten Herzen gewesen ist. »Heute früh entschlief sanft im Hause seiner Mutter mein treuer Commis, Herr Carl Schröder aus Neubrandenburg. Er war vier Jahre ein fleißiger Mitarbeiter in meinem Hause, und sein Andenken wird mir immer in Ehren bleiben.« Vier Jahre waren damals eine lächerlich kurze Zeit für eine Anstellung, und diese Todesanzeige in der Neustrelitzer Zeitung von 1869 ist nicht viel kleiner als die, die Rust anderthalb Jahre danach für seinen im Kriege gefallenen ältesten und sehr geliebten Sohn einrücken ließ.

Wenn wir alle diese Splitter zusammensetzen, bekommen wir unabweisbar den Eindruck, daß Schliemann und Rust viel Gemeinsames hatten, im Aufstieg von unten und aus eigener Kraft, im Reichtum, in der Geltung vor den Menschen, in dem im Grunde gütigen Herzen, in der Treue, in der Liebe zur Heimat – und dieses Gemeinsame ist es auch gewiß, was die Freundschaft der beiden so fest und so dauerhaft gemacht hat.

Es scheint – die Unzugänglichkeit des gesamten Nachlasses legt uns wieder Reserve auf –, als ob Schliemann und Rust sich nach dem Abschied von der Schule oder jedenfalls nach der Beendigung von Schliemanns Fürstenberger Lehrzeit aus den Augen verloren hätten. Daß Schliemann, als er die Heimat verlassen hatte, von sich aus die Verbindung nicht wieder anzuknüpfen versuchte, ist psychologisch gut verständlich. In der Enge und Not des Rostocker und gar des Hamburger Intermezzos mag er sich geschämt haben, arm, klein, krank, ohne Aussichten, den Freund zu suchen, der ein besseres Los gezogen hatte. Als er dann in Amsterdam und Petersburg zu Ansehen gekommen war, mag er nicht mehr gewußt haben, was aus Rust geworden war, mag auch kaum die Zeit gehabt haben, ins Blaue hinein zu suchen. Jedenfalls reiste er bei seinem ersten Besuch in der Heimat, nach der Rückkehr aus Californien, bei allem Kreuz und Quer seiner Wege durch Mecklenburg nicht die kleine Strecke von Ankershagen nach Neustrelitz und auch nicht die ebenso kleine von Neustrelitz nach Fürstenberg. Beide Orte mochten für ihn noch zu viel Bitterkeit in sich tragen.

Dann trat er seine Weltreise an. Angesichts des einfachen und ihn ideal dünkenden Lebens der japanischen Familie kam ihm plötzlich wieder – wenn unsere Deutung richtig ist – die Erinnerung an die Kinderliebe, an Minna Meincke, und damit an die Kinderzeit. Von Shanghai aus, also bevor er Ostasien verließ, schrieb er einen durchaus unmotivierten (nicht erhaltenen und nur aus der Antwort zu rekonstruierenden) Brief an seine alte Neustrelitzer Pensionsmutter Laue, dem er — stets romantischer Realist oder realistischer Romantiker — eine gepreßte Blume beifügte, die er in Java auf dem Vulkan Gedéh gepflückt hatte. Im Januar 1866 antwortete ihm Frau Laues Sohn, der als Musiker nach St. Petersburg gegangen war (durch Schliemanns Vermittlung?): »... Ich erzählte nun natürlich sogleich zu meinen Bekannten von der großen Freude, die Sie mir bereitet, und da wurde denn nun von einem jeden der Wunsch ausgesprochen, Ihren Brief doch lesen und Ihr Porträt sehen zu können. Der Brief enthielt ja nun aber nichts, was nicht alle hätten wissen können, und so ließ ich ihn denn seine Wanderung antreten. Erst einige Tage vor meiner Abreise ... erhielt ich ihn von Lehrer Langmann wieder zurück, und er wie alle, die Ihre Reisebeschreibung gelesen, zollen Ihnen ihre Hochachtung und Bewunderung, und ein jeder will es ihnen schon als Kind angesehen haben, daß Sie zu einem großen Manne bestimmt seien. Ernst Meincke, Rust, Langmann, Collin usw. und ganz besonders Mutter grüßen Sie vielmals ...«

Daß Schliemann Ernst Meincke ganz und gar nicht liebte, wurde schon gesagt. Daß er besondere Zuneigung zu seinen alten Lehrern Langmann und Collin verspürte, ist auch nicht anzunehmen, denn wenn sie auch ihre Lehrerpflichten treu erfüllt haben mochten, so hatten sie doch keinen Finger gerührt, den über den Durchschnitt begabten Jungen auf einen vermeintlich besseren Weg zu bringen als in die Kaufmannslehre, und daß sie jetzt mit einem Mal seine künftige Größe geahnt haben wollten — nun, das hatte Schliemann oft gehört und konnte nur darüber lächeln, und das um so mehr, als ihnen nur sein vieles Geld »Größe« war.

Aber da war ja noch ein Name: Wilhelm Rust. Und noch ein zweiter im gleichen Brief: der des alten Kandidaten Andreß, der durch Adolf Laue recht unverblümt um Geld bitten ließ. Beides ließ sich, scheint's, vereinigen, der Wunsch, mit dem Jugendfreund wieder in Verbindung zu kommen, und der Wunsch, dem bedürftigen alten Mann auf taktvolle Weise zu helfen. Nur dauerte es ein wenig, bis das möglich war. Und dann schrieb Schliemann seinen ersten Brief an Rust, nachdem sie sich runde dreißig Jahre nicht mehr gesehen hatten.

Nun folgte ein Brief dem anderen — und wenn einmal eine längere Pause entstand, wie zwischen 1869 und 1874, so zeigen die Briefe, daß dieses Schweigen nicht Schliemanns Schuld war —, Brief auf Brief, manchmal nur kurze Zettel aus der Fülle der Arbeit oder dem Fieber der Grabung — Fieber im wörtlichen wie im übertragenen Sinne —, manchmal lange, gemütliche Plauderbriefe, manchmal viele in schnellem Abstand aufeinander folgend, wenn die Sehnsucht nach der Heimat im alternden Forscher übermächtig wurde. Und alle, auch die sachlich unbedeutendsten, sind Zeugnisse des Herzens, auch dann noch, wenn die konventionellen Phrasen der achtziger und neunziger Jahre wie Unkraut in den Beeten des guten und freundschaftlichen Gesprächs wuchern.

So rein menschlich sind diese Briefe, daß wir bisweilen Eigenschaften in Schliemann entdecken, die er im allgemeinen nicht hat oder nicht zeigt; so zum Beispiel das schwere Schuldgefühl, als der alte Tagelöhner Suhrweyer gestorben ist; so der Humor, wenn er Titel verleiht und den alten Kandidaten Andreß zum Kaiserlichen Oberhofprofessor erhöht oder den mecklenburgischen Junker und unumschränkten Gesetzgeber Winkelmann zum Oberamtmann degradiert; so Ironie, wenn er an die großmächtigen Herren Professoren denkt, die das alte Wendenheiligtum Rethra in Feldberg suchen, und wenn er sich vorstellt, daß er, seit Jahren Popanz und Alptraum so vieler Professoren, unter sie träte und seine so überaus törichte und laienhafte Meinung zu sagen wagte. Sogar der unfreiwillige Humor kommt zu seinem Rechte: wenn Schliemann seine Meinung über die dem immerhin sechzigjährigen Freunde abhandengekommene Zeugungslust entwikkelt, oder wenn er die Ursache der eigenen, in zitternder Schrift gestaltgewordenen Schwäche beileibe nicht in Überarbeitung sieht, sondern sie dem bösen Bandwurm zuschreibt.

Vom ersten Briefe an hat Rust, der auch seinerseits mit treuer Liebe an dem Freund gehangen hat, die Briefe aufbewahrt (nicht die Umschläge, die vermutlich an die Briefmarken sammelnden Neustrelitzer gingen, für die er Schliemann selbst und auch noch dessen Frau und Kinder einzuspannen verstand!), stolz und glücklich über diese kostbaren Dokumente einer nahezu sechs Jahrzehnte währenden Verbundenheit und fast ein Vierteljahrhundert der Korrespondenz umspannenden Freundschaft. Zu ihnen legte er Zeitungsausschnitte über Arbeit und Leben Schliemanns, zu ihnen die großformatigen Photographien der Grabungen in Troja, die Schliemann ihm einmal mitgeschickt hatte. Die mehrfach erwähnten Bilder aus Ägypten kamen vermutlich in das Album mit rotem Plüscheinband auf dem vergoldeten Tischchen im Salon, Objekt bürgerlichen, renommistischen Stolzes für Besucher. Sie dürften mitsamt dem Album in den Erbgang gekommen und verschwunden sein, und leider trifft das auch für die Photographien Schliemanns und seiner Familie zu, die er je und dann schickte, und schließlich auch für die griechische Gemme. Ergänzend, ein guter und sorgsamer Buchhalter, fügte Rust auch Quittungen und Briefe anderer bei, die im Zusammenhang mit Schliemann standen, und als der Freund gestorben war, auch noch die Todesanzeige, Sophiens Danksagung und etliche weitere Briefe, die sich auf den Toten oder auf die Briefsammlung bezogen.

Daß Rust lange Jahre Schliemanns Vermittler war, wenn dieser notleidende Landsleute unterstützte, zeigen die Briefe selbst, und ebenso geben sie darüber Auskunft, wie Rust unermüdlich für das Werk des Freundes arbeitete, indem er, gleich Brockhaus, seine kaufmännischen, bankierlichen, persönlichen Beziehungen ausnützte, um jeweils die neuesten Verlautbarungen Schliemanns in die deutsche Presse zu lancieren.

Zwanzig Jahre nach Schliemann, am 6. Februar 1910, starb Wilhelm Rust neunzigjährig. Sein bezifferbarer Besitz ging an den Sohn Wilhelm und an die Töchter, Alma Koeppel und Ida Mootz. Den nicht in Zahlen auszudrückenden Schatz der Schliemannbriefe erbte der Sohn.

Bei ihm entdeckte sie 1925, kurz vor Rusts Tode, der 1956 verstorbene unermüdliche Heimatforscher und Konservator des Neustrelitzer Museums, Walter Karbe, der dafür Sorge trug, daß sie dem Mecklenburg-Strelitzer Landesarchiv übergeben wurden, aus dem sie späterhin mit dem Gesamtbestand an Archivalien an das Schweriner Haupt- und Staatsarchiv übergingen. Während des zweiten Weltkriegs wurden auch sie ausgelagert und schienen, als das jetzige Schweriner Landeshauptarchiv sich wieder zu konsolidieren begann, verloren zu sein. Als der Herausgeber seinen Schliemann-Roman schrieb, waren sie jedenfalls noch nicht wieder greifbar, so daß er nur eine Reihe von vor etwa zwanzig Jahren gemachten Auszügen für seine Arbeit benützen konnte. Erst später fanden sie sich wieder.

Die Rustsche Sammlung besteht aus neunundsechzig Briefen Schliemanns, genauer gesagt, aus achtundsechzig Briefen und einer beschriebenen Visitenkarte. Sie ist, was noch keinem der Benützer aufgefallen ist, nicht vollständig. Zwei Briefe, die Schliemann an Rust geschrieben hat, sind abhanden gekommen, und zwar zu Rusts Lebzeiten. Auf dem Schlußblatt seiner Sammlung, der Todesanzeige, hat er mit Bleistift vermerkt: »Siebenundsechzig Briefe, zwei in London«, das heißt also aller Wahrscheinlichkeit nach, daß er zwei Brieforiginale aus irgendeinem Grunde nach London gegeben hat, vielleicht an die zeitweise in London lebende Enkelin Koeppel, die sie dort möglicherweise jemandem zeigen wollte. Das genauer zu klären ist nicht gelungen. Vermutlich gehören diese beiden fehlenden Briefe in das Jahr 1884.

Da diese Publikation die erste Ausgabe überhaupt eines geschlossenen

Komplexes von Schliemann-Briefen darstellt, mußte sie im Interesse der Forschung vollständig sein. Der der Wissenschaft fernstehende Leser möge also entschuldigen, wenn er auch ein paar Briefe vorgelegt bekommt, die nicht eben wichtig sind.«

In der Fortsetzung zu seiner Selbstbiographie schrieb Schliemann in ›Ilios‹:

»Endlich war es mir möglich, den Traum meines Lebens zu verwirklichen, den Schauplatz der Ereignisse, die für mich ein so tiefes Interesse gehabt, und das Vaterland der Helden, deren Abenteuer meine Kindheit entzückt und getröstet hatten, in erwünschter Muße zu besuchen. So brach ich im April 1868 auf und ging über Rom und Neapel nach Korfu, Kephallenia und Ithaka, welches letztere ich gründlich durchforschte; doch nahm ich hier nur in der sogenannten Burg des Odysseus, auf dem Gipfel des Berges Aëtos, Ausgrabungen vor ...

Später ging ich nach dem Peloponnes und untersuchte hier vorzugsweise die Ruinen von Mykene ... Dann besuchte ich Athen und schiffte mich im Piräus nach den Dardanellen ein, von wo ich mich nach dem Dorfe Bunarbaschi an der Südseite der Ebene von Troja begab ...

Da die Resultate der Nachforschungen in Bunarbaschi ... rein negativer Natur waren, untersuchte ich alle Höhen auf der rechten und linken Seite der Ebene auf das sorgfältigste; aber all mein Suchen blieb vergeblich, bis ich an die Baustelle der Stadt ... Novum Ilium kam ... Hier war es vornehmlich der heute Hissarlik genannte Hügel, der durch seine imposante Lage und seine natürlichen Befestigungen meine Aufmerksamkeit in Anspruch nahm ... Ich beschloß sofort, hier Ausgrabungen zu beginnen, und kündigte diese Absicht in dem Werke ›Ithaka, der Peloponnes und Troja‹ an, das ich gegen Ende des Jahres 1868 veröffentlichte.«

1

Paris, 16. Dezember 1868
6 Place St. Michel

Lieber Freund!

Mit dem herzlichsten Wunsche, daß diese Zeilen Dich und die lieben Deinen in allerbester Gesundheit antreffen und daß Ihr mich recht bald im herrlichen Paris besucht, bitte ich Dich recht sehr, mir zu sagen, ob Carl Andreß lebt und gesund ist? Ich habe nämlich diesen Sommer Griechenland und Kleinasien besucht und jetzt über drei Monate Tag und Nacht daran gearbeitet, über meine archäologischen Forschungen in jenen Ländern ein Werk zu schreiben. Dasselbe ist jetzt fertig, aber französisch abgefaßt; ich habe keine Zeit, es auf deutsch zu übersetzen und schrieb vor acht Tagen an C. Andreß, ob er es übersetzen wolle. Der gute Mann antwortet aber nicht, und fürchte ich daher, daß er krank oder tot ist. Sobald das Buch auf deutsch gedruckt ist, erhältst Du ein Exemplar davon und schon früher auf französisch, wenn Du willst.

Ich benütze diese Gelegenheit, Dir und Deiner lieben Familie meine innigsten Glückwünsche zum bevorstehenden Jahreswechsel darzubringen und grüße Dich.

Dein alter Freund
H. Schliemann

Unsern alten Freunden, Lenz, Meincke, Mme. Laue usw. meine herzlichsten Grüße. Frage Lenz, ob er sich noch des besoffenen Müllergesellen erinnert, der uns 1837 im Laden in Fürstenberg hundert Verse auf griechisch aus dem Homer deklamierte?

Ich habe nämlich von diesem Müllergesellen in meiner Lebensgeschichte erwähnt, die ich in kurzen Worten in der Vorrede meines Werkes gab. Sage Freund Lenz, daß ich mich mit großer Freude seiner erinnere. Lenz ist ein sehr fähiger Mensch, und in jeder Stellung und in jedem Lande hätte er etwas Vorzügliches geleistet.

Beim Kopieren ist etwas von einem anderen Briefe auf diese Seite abgedruckt[29]; entschuldige dies, denn ich habe keine Zeit zum Umschreiben.

Dieses Manuskript gab die doppelte Anknüpfung zu dem alten und mehr als bedürftigen Hauslehrer der Kalkhorster Kinderzeit und zu dem Schulfreund, mit dem Schliemann wieder in Verbindung zu kommen hoffte. Zunächst schrieb er an Andreß, aber als er nach einer Woche – man bedenke den umständlichen Postweg jener Zeit zwischen Paris und Neustrelitz! – noch keine Antwort hatte, nahm er gleich an, der Adressat sei gestorben oder lege auf die angetragene Arbeit keinen Wert. Um sich hierüber Gewißheit zu verschaffen, schrieb er nun an Rust, und im Schreiben stiegen die vielen gemeinsamen Bekannten der Jugend wieder vor ihm auf, der Müllergeselle Niederhöffer, die Pensionsmutter Laue, Minna Meinckes Bruder Ernst und vor allem Wilhelm Lenz, dem wir noch oft in den Briefen begegnen werden.

Andreß übersetzte Schliemanns Buch, das gleichzeitig in französischer und deutscher Sprache erschien.

Schliemann war nach Bunarbaschi gezogen, ohne eine Ahnung von der Praxis der archäologischen Forschung, mit nichts als seinem Homer und einer felsenfesten Überzeugung.

Fachleute lasen sein Buch und, je nach Veranlagung, schüttelten sie die Köpfe oder lachten mitleidig. Unglaublich, da kommt ein homo novus, ein Parvenu, ein kleiner Gernegroß, der nicht studiert hat, der nicht einmal ein Abiturientenzeugnis aufzuweisen hat, und will alles besser wissen als wir, ordentliche, außerordentliche und ganz unglaublich außerordentliche Professoren! Ihm antworten, ihn widerlegen? Es lohnt nicht der Mühe. Überlassen wir ihn der verdienten Lächerlichkeit.

Aber mit diesem Buch und der lateinischen, griechischen und französischen Übersetzung der selbstbiographischen Einleitung wurde Schliemann dann am 27. April 1869 von der Philosophischen Fakultät der Universität Rostock zum Doktor promoviert, in Abwesenheit, da er um diese Zeit schon wieder in den Vereinigten Staaten war. Es handelte sich um die Scheidung von seiner ersten Frau, die auf den Rat des Vetters Adolph dort durchgeführt wurde. Als Schliemann bei seiner Ankunft in Indianapolis im April 1869 die Scheidungsgesetzgebung gerade in Neuordnung fand, gelang es seiner persönlichen Intervention in Washington, die Reform bis Februar 1871 aufzuschieben, so daß seine Scheidung noch nach der alten, für ihn günstigeren Gesetzgebung durchgeführt werden konnte. Seiner Tatkraft und der seiner fünf(!) Advokaten gelang es auch, den Prozeß in wesentlich kürzerer Zeit durchzuführen, als er erwartet hatte. Der Aufenthalt in Indianapolis dauerte nicht ganz vier Monate; bereits im Juli war Schliemann wieder auf der Rückreise.

Trotz dieser für ihn sehr wichtigen Vorhaben ließ er seine Gedanken von der Antwort Rusts gern wieder in die Vergangenheit führen, nach Globsow am Stechlin, einem beliebten Ausflugsort der Fürstenberger, und nahm lebhaften Anteil am Familienleben Rusts, der 1844 die Tochter Henriette des Licht- und Seifenfabrikanten Schultze in Neuruppin geheiratet hatte. Sie starb fast neunundsiebzigjährig im Jahre 1900. Das älteste Kind Alma wurde 1845 geboren, 1847 Gustav, 1849 Wilhelm, 1854 die im Jahre darauf gestorbene Emilie, 1857 das letzte Kind, Ida. Die im Brief erwähnte älteste Tochter heiratete im Oktober 1868 den Stabsarzt, später praktischen Arzt in Neustrelitz, Dr. Max Koeppel (1836 bis 1893).

2

Paris, 6. März 1869
6 Place St. Michel

Lieber Freund Rust!

Meinen wärmsten Dank für Deine lieben Zeilen vom 19. Dezember, woraus ich mit großer Freude ersehe, daß es Dir und den lieben Deinigen so wohl geht, daß Dein liebes Töchterchen jetzt Frau Doktorin Koeppel, Dein ältester Sohn auf ein Jahr freiwilliger Vaterlandsverteidiger und der Jüngste Kaufmann ist und demnächst nach Paris kommt, um hier Französisch zu lernen und ins Geschäft zu treten. Mit größtem Vergnügen werde ich ihm hier mit Rat und Tat zur Seite stehen und ihn auch jedesmal einladen, wenn ich Gäste habe, aber leider muß dies alles bis zu meiner Rückkehr von Amerika bleiben, wohin ich am Freitag, 12. März, von hier und am Sonnabend, dreizehnten, von Brest abreise. Eine ernsthafte, äußerst wichtige Angelegenheit ruft mich dorthin, über die ich Dir später Näheres mitteile. Leider muß ich erwarten, daß ich dort sechs und vielleicht zwölf Monate aufgehalten werde, denn ich muß dort einen großartigen Prozeß einleiten. Dein Sohn könnte wohl seine Adresse bei mir lassen, damit ich ihn sogleich bei meiner Rückkehr auffinde.

An Lenz meinen herzlichen Gruß; ich bedaure sehr sein häusliches Unglück.

Aber er ist ja noch jung, warum verheiratet er sich nicht wieder? Des Improvisators Dernier von Globsow erinnere ich mich nicht mehr; ja, selbst der Name Globsow war mir längst entfallen. Von dem Müllergesellen findest Du in der Vorrede *[des Buches]* erwähnt, das Du nun bald von Giesecke & Devrient in Leipzig zugesandt kriegst, denn ich habe denselben Deine Adresse aufgegeben.

Einliegend Bco 60-n/S. auf Hamburg, deren Erlös ich Dich bitte an Carl Andreß auszuzahlen, sobald er Dir die Übersetzung des Endes meines Buches und der Vorrede desselben zeigt und diese finale Übersetzung in Deiner Gegenwart in einen Brief legt und an Herren Giesecke & Devrient in Leipzig schickt, denn sie würde mich nicht mehr in Paris finden.

Ich habe an Andreß bereits Reichstaler 30 à conto der Übersetzung geschickt, und glaube ich, der gute Mann ist damit für seine wirklich erbärmliche Übersetzung, die ich in Leipzig noch wieder ganz umarbeiten lassen mußte, sehr reichlich bezahlt[30].

Mit den herzlichsten Grüßen an Dich und Deine liebe Familie verbleibe ich

Dein alter Freund H. Schliemann

So herzlich die Korrespondenz auch in Fluß gekommen war, stockte sie nun für einige Jahre. Offensichtlich fällt diese Unterbrechung nicht Schliemann zur Last. Inzwischen war er ein berühmter Mann geworden, und es mag gegen Rusts Selbstbewußtsein gegangen sein, nun seinerseits die alte Freundschaft zu betonen.

Als Schliemann erneut die Verbindung suchte, war er schon der weltbekannte Ausgräber Trojas. In ›Ilios‹ schreibt er über die zurückliegenden Jahre:

»Endlich am 27. September [1871] konnte ich mich nach den Dardanellen begeben, und zwar diesmal in Begleitung meiner Frau, Sophia Schliemann, die, eine Griechin, aus Athen gebürtig und eine warme Bewunderin des Homer, mit freudigster Begeisterung an der Ausführung des großen Werkes teilnahm, das ich fast ein halbes Jahrhundert vorher in kindlicher Einfalt mit meinem Vater verabredet und mit Minna geplant hatte.« Schon während der ersten Grabungskampagne stieß Schliemann in seinem Drang in die Tiefe, da er sein homerisches Troja auf dem Grunde des Hügels glaubte, bis zehn Meter tief in den Berg hinein. »Meine Werkzeuge für die damaligen Ausgrabungen waren noch sehr mangelhaft: ich arbeitete nur mit Spitzhauen, hölzernen Schaufeln, Körben und acht Schiebkarren.«

»Gegen Ende März 1872 kehrte ich mit meiner Frau nach Hissarlik zurück und nahm die Ausgrabungen mit hundert Arbeitern wieder auf. Bald war ich im Stande, die Zahl der Arbeiter auf hundertdreißig zu erhöhen, und nicht selten beschäftigte ich sogar 150 Leute. Ich war jetzt vortrefflich für unsere Arbeit ausgerüstet, da mir meine verehrten Freunde, die Herren John Henry Schröder & Co. in London, eine genügende Anzahl der besten englischen Schiebkarren, Spitzhauen und Spaten verschafft und ich außerdem drei Aufseher und einen Ingenieur ... engagiert hatte.« Vom Nordhange aus ließ er nun »eine Plattform von 233 Fuß Breite abstechen«, ohne aber schon den Urboden zu erreichen. Dafür fand er sich plötzlich in der Steinzeit, also einer weit älteren Periode der Besiedlung Trojas. Verwirrt begann er nun im Süden des Hügels einen großen Graben zu ziehen und fand dabei eine Mauer, die er ihrer Schönheit halber erhalten wollte, obwohl sie seiner Meinung nach »nur« aus dem vierten Jahrhundert v. d. Z. stammte: Sie war, das offenbarte sich zwanzig Jahre später, ein Rest des homerischen Troja, das zu suchen er ausgezogen war.

Langsam wuchsen die Schwierigkeiten mit dem immer länger werdenden Weg, auf dem die ausgegrabenen Erd- und Mauermassen an den Rand des Hügels geschafft werden mußten – »da ich Troja in einer der unteren Städte zu finden erwartete, mußte ich manche interessante Ruine in den oberen Schichten zerstören« –, mit der Sommerhitze, dem Fieber der ganz malariaverseuchten Ebene, dem starken dauerhaften Nordwind, »der uns den Staub in die Augen trieb und uns oft blendete«. Der Sommer brachte aber auch die Aufdeckung des Unterbaus eines großen Turmes auf der Südseite des Hügels, einen der wichtigsten Punkte der sogenannten »verbrannten Stadt«.

Erst am 14. August 1872 stellte Schliemann die Grabungen ein. Schon am 1. Februar 1873 war er mit Sophia wieder an Ort und Stelle – »der scharfe eisige Nordwind ... blies so heftig durch die Fugen der Bretterwände unseres Hauses, daß wir abends unsere Lampen nicht einmal anzünden konnten und daß, trotzdem wir ein Feuer auf dem Herde unterhielten, das Thermometer doch minus vier Grad zeigte und das Wasser, welches neben dem Herde stand, zu festem Eise gefror. Während des Tages konnten wir die Kälte durch Arbeiten bei den Ausgrabungen einigermaßen ertragen, aber abends hatten wir außer unserer Begeisterung für das große Werk der Entdeckung Trojas nichts, was uns erwärmen konnte.«

Ein Tempel fand sich, viele große Häuser, alle deutlich im Feuer untergegangen, ein ganzes »Labyrinth von uralten Hausmauern«, Magazine mit riesigen Pithoi, Vorratskrügen (ca. 1,90 Meter hoch und 1,50 breit), eine Festungsmauer und dann, im März, eine breite, gepflasterte Straße, an deren Ende die Unterbauten eines großen Tores standen (für Schliemann das von Homer so oft genannte Skaiische Tor), und sogar der kupferne Riegel lag noch unter den Trümmern, der einst die hölzernen Torflügel verschlossen hatte.

Mußte diese Straße nicht zum Palaste des Königs Priamos geführt haben? Fieberhaft wurde sie weiter ausgegraben, und tatsächlich stieß man nach einiger Zeit auf die Reste eines auffallend großen Gebäudes. Das Ziel schien erreicht. Troja war nicht nur gefunden, sondern auch in den für Schliemann entscheidenden Teilen ausgegraben. Er konnte sein Werk abschließen. Für den 15. Juni wurde die Einstellung der Grabungen anberaumt. Am 14. fanden Heinrich und Sophia Schliemann den »Schatz des Priamos«.

»Während wir«, so erzählt Schliemann, »an dieser Umfassungsmauer vordrangen und immer mehr von ihr aufdeckten, traf ich dicht neben dem alten Hause, etwas nordwestlich von dem Tore, auf einen großen kupfernen Gegenstand von sehr merkwürdiger Form, der sogleich meine ganze Aufmerksamkeit um so mehr auf

sich zog, als ich glaubte, Gold dahinter schimmern zu sehen. Auf dem Kupfergeräte aber lag eine steinharte, 5 Fuß starke Schicht rötlicher und brauner kalzinierter Trümmer, und über dieser wieder zog sich die 5 Fuß dicke und 20 Fuß hohe Befestigungsmauer hin, die kurz nach der Zerstörung Trojas errichtet sein muß. Wollte ich den wertvollen Fund für die Altertumswissenschaft retten, so war es zunächst geboten, ihn mit größter Eile und Vorsicht vor der Habgier meiner Arbeiter in Sicherheit zu bringen: deshalb ließ ich denn, obgleich es noch nicht die Zeit der Frühstückspause war, unverzüglich zur Pause rufen. Während nun meine Leute durch Ausruhen und Essen in Anspruch genommen waren, löste ich den Schatz mit einem großen Messer aus seiner steinharten Umgebung, ein Unternehmen, das die größte Anstrengung erforderte und zugleich im höchsten Maße lebensgefährlich war, denn die große Befestigungsmauer, unter welcher ich graben mußte, drohte jeden Augenblick auf mich herabzustürzen. Aber der Anblick so zahlreicher Gegenstände, deren jeder einzelne für die Archäologie von unschätzbarem Werte sein mußte, machte mich tollkühn und ließ mich an die Gefahr gar nicht denken. Doch würde trotzdem die Fortschaffung des Schatzes mir nicht geglückt sein, wenn nicht meine Gattin mir dabei behilflich gewesen wäre; sie stand, während ich arbeitete, neben mir, immer bereit, die von mir ausgegrabenen Gegenstände in ihren Schal zu packen und fortzutragen.« ...

Der Rest des Jahres 1873 und ein Teil des folgenden gehörten der Schreibtischarbeit. Schliemann schrieb sein Buch ›Trojanische Altertümer‹, das in einem kleinen Textband und einem Band mit 218 Fotos in großem Format bei Brockhaus deutsch erschien, englisch bei John Murray in London.

Nun hatte der unermüdliche Forscher endlich wieder Zeit, sich dem Jugendfreunde zu widmen und sich des Kandidaten Andreß zu erinnern, der seit 1855 regelmäßige geldliche Unterstützungen erhalten, nun aber schon lange keinen seiner (ziemlich unerfreulichen) lateinischen Bittbriefe geschrieben hatte, in denen er es, um seine unbestrittene Notlage etwas auszunützen, bisweilen nicht sehr genau mit der Wahrheit nahm.

3

Mein lieber Freund! Athen, 20. Dezember 1874

Seit Jahren habe ich nicht mehr die Freude gehabt, von Dir und den lieben Deinigen zu hören. Von ganzem Herzen wünsche ich, daß diese Zeilen Euch alle beim besten Wohlsein antreffen mögen.

Ich hatte seit zwanzig Jahren die Gewohnheit, zu Weihnachten eine kleine Summe an den dortigen Kandidaten Carl Andreß senden zu lassen. Da ich aber bereits seit sechs Jahren nichts mehr von ihm gehört habe, so argwöhne ich, daß er nicht mehr am Leben ist und das ihm gesandte Geld verlorengeht; ich vermute dies um so mehr, als ich auch auf einen kürzlich an ihn geschriebenen Brief keine Antwort erhalten habe. Meine Bitte an Euch geht daher dahin, mir sofort zu melden, was von Andreß geworden ist.

Mit vielen Grüßen an Deine liebe Familie und mit den herzinnigsten Glückwünschen an Euch alle zum Neujahr verbleibe ich

Dein alter Freund Dr. H. Schliemann

Viele Grüße an Freund W. Lenz, den ich so gerne einmal wiedersehen möchte.

Viele Dinge bewegen Schliemann in der nun folgenden relativ ruhigen Zeit vor der mykenischen Grabung. In erster Linie ist es das Nachklingen der großen trojanischen Erlebnisse, aus dem heraus er Rust Bilder schickt — während alle übrigen in den Briefen erwähnten Bilder nicht erhalten sind, befinden sich die hier erwähnten bei den Briefen. Es sind zwanzig aufgezogene Photographien, eine Auswahl aus dem ›Atlas trojanischer Altertümer‹, die laut Aktenvermerk 1925 durch das damalige Neustrelitzer Hauptarchiv von Rentner Rust, dem Sohne des Empfängers, angekauft wurden. Sodann wird die Teilnahme für den Freund spürbar, der den Tod des geliebten ältesten Sohnes im siebziger Krieg nicht verwinden konnte — »alle unsere Hoffnungen mit ihm im Grabe«, hatte die Todesanzeige geschrieben —, die Teilnahme aber auch an seinem Geschäftsbetrieb. Dann die Erinnerung an die alten Bekannten, vor allem wieder Lenz und Minna, mit der erst 1879 eine sporadische Korrespondenz in Gang kam. Auf der Rückseite des Briefes hat Rust übrigens die von Schliemann gewünschten Adressen notiert: »Rentier Lenz in Dresden, Wilsdruffer Gasse No. 13. Minna: Frau Rentier Richers in Friedland Mecklenburg« und dazu noch »sein Bild« vermerkt — das Schliemann ihm dann auch mit dem folgenden Briefe schickte. Was Ernst Meincke anlangt, so hatte Schliemann recht und irrte sich. Ernst Meincke war laut Mecklenburg-Schweriner Staatskalender von 1847 bis 1855 Besitzer der Güter Rockow und Eickhof im Ritterschaftlichen Amt Stavenhagen, also in einer Blütezeit der mecklenburgischen Landwirtschaft, so daß der von Schlie-

mann genannte Ertrag durchaus glaublich ist. Er zog dann mit seiner Familie nach Neustrelitz und lebte dort als Rentier, ohne sich, nach Ausweis der Zeitungen, irgendwie im öffentlichen Leben hervorzutun. Es scheint, als hätten eigene Unvernunft und Spekulationen sein Vermögen ernstlich erschüttert, dem der Schwindel der Gründerjahre dann den Rest gab. 1877 kam es zum Konkurs. Obwohl von Freundschaft keine Rede sein konnte, gewährte Schliemann ihm laufende Unterstützungen.

Das Wichtigste sind natürlich aber doch Schliemanns eigenste Angelegenheiten. Zwischen Schliemann und der Türkei war es 1873 zu einem langwierigen Streit gekommen, da der Finder den »Schatz des Priamos« heimlich nach Griechenland gebracht hatte, während die Türkei auf dem Passus des Fermans (Grabungserlaubnis) bestand, nach dem die Funde zwischen der Türkei und Schliemann zu teilen seien. Schliemann glaubte sich zu seinem Vorhaben berechtigt, da die türkischen Behörden schon zuvor die Bedingungen des Vertrages verletzt hatten, vor allem aber auch, weil die Teilung eines derartigen Schatzfundes praktisch kaum möglich war und weil bei der Lage der Dinge zu erwarten stand, daß ein an die Türkei gehender Anteil für die Wissenschaft verloren sein würde. Zunächst hatte die Türkei in dem Streit nach einigen diplomatischen Aktionen bei der griechischen Regierung Schliemanns Haus beschlagnahmen lassen, dort aber nichts gefunden, da Schliemann den Schatz bei Verwandten und Bekannten seiner Frau versteckt hatte. Obwohl er sich im Rechte glaubte, blieb Schliemann durch die Gesandten in Konstantinopel um eine schnelle Beilegung des Konflikts bemüht, da ihm alles daran lag, seine Grabungen in Troja fortzuführen. An Brockhaus schrieb er am 5. Februar 1874: »Unter uns gesagt, habe ich in Konstantinopel mächtige Hebel ins Werk gesetzt, um mich wieder mit der hohen Pforte auszusöhnen.« Im nächstfolgenden Brief erwähnt er dann die Beilegung des Prozesses durch einen Vergleich, der ihn zur Zahlung von 10 000 Francs verurteilte. Freiwillig und um die Bereitschaft der türkischen Regierung zur Unterstützung seiner weiteren Grabungspläne zu fördern, erhöhte er die Summe auf 50 000.

Was den angeblichen Wert des Schatzes betrifft, so handelt es sich um eine der bei Schliemann bisweilen vorkommenden gewagten Zahlenangaben, mit der er in diesem Falle den ungeheuren Wert seiner Funde dem K a u f m a n n Rust klarzumachen wünschte, der den wissenschaftlichen Wert vermutlich nicht einsehen konnte. Da weder der »Schatz des Priamos« noch die sonstigen Funde ein Verkaufsobjekt darstellen konnten, war ein Handelswert überhaupt nicht zu errechnen. Man vergleiche im übrigen und grundsätzlich das schöne und bezeich-

nende Wort Schliemanns an Johanna Diestel, die ihm geschrieben hatte »Ich hoffe..., daß Ihre Mühe so belohnend sein wird, daß die verschiedenen Museen Ihnen recht hohe Preise... zahlen werden«, vom 2. März 1872: »Sie kennen mich nicht, wenn Sie glauben, ich grabe in Troja, um die gefundenen vorhistorischen Gegenstände zu hohen Preisen zu verkaufen. Ich grabe nur, um die allerinteressantesten Seiten der Weltgeschichte für die Wissenschaft zu Tage zu bringen... Ich bin stets Käufer, nie ein Verkäufer von Altertümern.«

4

Mein lieber Freund Rust! Athen, 13. März 1875

Um Dir einen kleinen Beweis meiner Dankbarkeit für Deinen lieben, höchst interessanten Brief vom 12. Januar zu geben, schicke ich Dir heute einige Photographien, wovon die meisten von Gegenständen aus dem Schatze des Priamos, die übrigen von anderen trojanischen Sachen. Du mußt sie Dir aufkleben lassen.

Dein lieber Sohn *[Gustav]* ist den ruhmvollsten Tod, den Tod fürs Vaterland, gestorben, und mußt Du Dich nicht darüber grämen. Sehr bedaure ich Deine längere Krankheit, freue mich aber ungemein, daß Du jetzt wieder so kräftig wie früher bist. Sehr wohl hast Du darum getan, das mühselige Warengeschäft Deinem Sohne *[Wilhelm]* zu übertragen und Dich jetzt nur mit Bankgeschäften abzugeben. Wenn Du nur nichts ohne doppelte Sicherheit ausleihst, so kannst Du nie dabei zu kurz kommen.

An Andreß ist das Geld gesandt. Zwei Menschen möchte ich ungeheuer gerne noch wiedersehen, ehe ich sterbe: nämlich Ernst Meinckes Schwester Minna und W. Lenz. Außerordentlich würdest Du mich verbinden, könntest Du mir ihre Adressen verschaffen. Das große Unglück bei Lenz ist, daß er den Handel verlassen hat, ohne im Stande zu sein, sich geistig zu beschäftigen. Nie sollte der Kaufmann sich zurückziehen, wenn er nicht für eine große Idee schwärmt und in deren Realisation seine lebenslängliche Wonne und seinen Ruhm zu finden weiß! Ich glaube, Du irrst Dich hinsichtlich Ernst Meinckes; er hatte ja ein schönes Vermögen, und auf seinem Gut allein soll er ja 70000 Reichstaler verdient haben. Von ganzer Seele wünsche ich, daß es ihm gut gehen möge.

Ich erwarte jeden Augenblick, daß es zwischen der Türkei und mir zu einer Abmachung kommt, kraft welcher ich die Ausgrabungen in Troja noch vier Monate, auf meine Kosten und zum Nutzen des Museums in Konstantinopel, fortzusetzen habe, aber meine ganze frühere Sammlung behalte. Du wirst alles aus den Zeitungen ersehen. Noch vor Ende 1875 wird die Entdeckung Trojas allgemein anerkannt werden. Die Sammlung hat einen Wert von einer Million Franken. Ich werde sie aber nie verkaufen, wahrscheinlich aber an das Museum in London oder Paris verschenken. Du mußt in den Zeitungen gelesen haben, daß ich sie schon im Mai vorigen Jahres als Geschenk dem Museum in Paris anbot, unter der Bedingung, daß Frankreich den Prozeß mit der Türkei beendige. Wegen des Ministerwechsels wurde aber nichts daraus. An Deutschland gebe ich sie nicht, denn dort werde ich von den neidischen Professoren fortwährend auf eine grauenhafte Weise beschimpft, und besonders in Berlin, wo ich sogar oft der Gegenstand der Lobgesänge im Kladderadatsch bin. In England, Frankreich und Amerika dagegen wird die Entdeckung Trojas in vollstem Maße anerkannt und als die größte Entdeckung aller Jahrhunderte angesehen. Der Großherzog von Schwerin, dem ich vor drei Jahren einen Abguß des herrlichen trojanischen Phoebus Apollo zum Geschenk anbot, antwortete nicht einmal, infolgedessen ich schon damals die Idee aufgab, ein Museum in Mecklenburg zu bauen und die trojanische Sammlung darin aufzustellen.

Es freut mich, daß Du Deinen Wein von meinem Bruder *[Stiefbruder aus des Vaters zweiter Ehe, Ernst, 1841–1899, Weinhändler in Bordeaux, später in Berlin]* in Bordeaux beziehst. Hoffentlich bist Du mit ihm zufrieden.

Du sagst mir nichts von Deiner lieben Frau; hoffentlich ist sie wohl; grüße sie sowie Deine lieben Kinder aufs herzlichste von mir.

Wir haben ein Töchterchen namens Andromache und sind nicht ohne Hoffnung auf einen kleinen Agamemnon. Meine beiden Kinder erster Ehe werden in Rußland erzogen.

Mit vielen Grüßen, auch seitens meiner Frau, an meinen alten Freund Rust verbleibe ich aufs freundschaftlichste

H. Schliemann

Schliemanns Heimat, Mecklenburg, hat selten ihre großen Söhne gewürdigt.

1872 sandte Schliemann an den Großherzog einen Brief mit einer Photographie der Heliosmetope, die er in Troja ausgegraben hatte. Der Kabinettschef des

Großherzogs, Flügge, hielt die Angelegenheit für gänzlich uninteressant und unwichtig – was wußte er schon von Troja! Außerdem mißfiel ihm der ungebührliche Ton dieses Briefes, der von Gleich zu Gleich sprach, statt an den Stufen des Thrones alleruntertänigst zu ersterben. Der Brief Schliemanns blieb daher unbeantwortet. Das steigerte den Zorn des Forschers gegen die Heimat so sehr, daß er äußerte: »Finde ich noch tausend Schätze, Mecklenburg soll kein Goldkörnchen davon erhalten, denn stets werde ich dort auf die erbärmlichste Weise beschimpft.«

Aber, wie stets, war Schliemann auch in diesem Falle nicht unversöhnlich, und das um so weniger, als dem Großherzog bei dem steigenden Ruhm Schliemanns der unbeantwortete Brief eingefallen war und er Schliemann gelegentlich seines Rostocker Vortrages 1875 durch den Schweriner Museumsdirektor Schlie bitten ließ, ihm ab und an über seine Forschungen zu berichten. Schliemann fand sich sofort dazu bereit, und als sein Rostocker Vortrag ›Troja und seine Ruinen‹ gedruckt war, schickte er ihn dem Großherzog. 1881 übersandte Schliemann sein ›Ilios‹ mit einem abhandengekommenen Brief, auf den der Großherzog am 8. April eine Antwort erteilte. Zugleich verlieh er dem Forscher die Goldene Medaille, eine hohe und nur sehr selten verliehene Auszeichnung.

Schliemann war kein Freund von Orden, und oftmals schickte er sie kurzerhand zurück. Die mecklenburgische Goldene Medaille behielt er. Aber seine Antwort ist typisch, erstens durch die sanfte Ironie, mit der er nach höfischem Brauche in der Antwort den Brief zum guten Teil wiederholt, zweitens dadurch, daß er, der große Schenker, zeigt, wie ungern er sich etwas schenken läßt.

Im Jahr 1881 schickte Schliemann dem Großherzog auch ein Exemplar seines »Orchomenos«. Auf der Rückseite des mit diesem Buch verbundenen Briefes vermerkte der Großherzog. »Dank. FFGM« – und so sauer es dem Geheimrat Flügge auch werden mochte, daß er mit Schliemann nun nicht mehr verkehren konnte wie mit einem mecklenburgischen Universitätsprofessor (der nach der Hofrangliste von 1704 mit den Leutnants und Kammerdienern der XIII. Klasse angehörte) –, so brachte er es doch über sich und verwandelte den Ton der Antwort aus dem unpersönlichen »der Dr. Schliemann« in das »Herr« der Adresse und das »Sie« der Anrede.

1883 starb Friedrich Franz II. Ihm folgte sein Sohn Friedrich Franz III., den Schliemann nicht kannte und dem er infolgedessen weder schrieb noch seine Werke übersandte. Damit endet der Akt Schliemann beim Großherzoglichen Kabinett, nicht eben zu dessen Ruhm. Allerdings durchbrach der neue Groß-

herzog oder vielmehr Einsicht und Temperament seiner Gattin, der Großfürstin Anastasia, die von Geheimrat Flügge gebauten Mauern. Wie die ›Mecklenburgischen Nachrichten‹ unter dem 7. Januar 1891 melden, besuchte die Großherzogin ihrerseits Schliemann, und zwar kurz vor seiner Abreise nach Halle. »Er schreibt darüber ausführlich an den Schweriner Museumsdirektor Schlie, daß der Großherzog durch Unpäßlichkeit an dem Besuch seines Hauses verhindert worden sei. Zugleich kündigt er die Sendung dreier Gipsbüsten an das Großherzogliche Museum an und bemerkt dabei, daß er jede Büste in zwei Exemplaren senden werde, wovon eins dem Museum verbleiben und das andere Ihrer Kaiserlichen Hoheit der Frau Großherzogin übergeben werden solle.« (Den gesamten Briefwechsel veröffentlichte der Herausgeber unter dem Titel: »Die Heliosmetope. Ein unveröffentlichter Briefwechsel zwischen Schliemann und Friedrich Franz II. von Mecklenburg« in der Zeitschrift »Klio«, Band V, Heft 1.)

5

Mein lieber Freund Rust! Athen, 24. April 1875

Auf dem Punkte, mit meiner Familie nach Neapel abzureisen, erhalte ich Deinen lieben, höchst willkommenen Brief vom 12. dieses, den ich mit lebhaftem Interesse gelesen habe. Meine Photographie erhältst Du einliegend.

Die Adresse von Freund Lenz habe ich mir notiert, um ihn besuchen zu können, sobald ich nach Dresden komme. An ihn schreiben werde ich nicht.

Auch Meinckes Schwester werde ich besuchen, sobald ich wieder nach Mecklenburg komme. Wir waren als siebenjährige Kinder sehr große Freunde; ich habe sie später nicht wiedergesehen.

Ein Gedächtnisfehler Schliemanns, denn in der ›Selbstbiographie‹ erzählt er, wie sie sich 1836 noch einmal in Neustrelitz wiedergesehen hatten.

Deine Mitteilungen über Ernst Meincke sind mir schmerzhaft, um so mehr, als ich immer gehört hatte, daß es ihm so wohl ginge.

Endlich am 15. April ist zwischen der Türkei und mir der Friede abgeschlossen; ich habe 50000 Franken bezahlt, und die Türkei hat dagegen auf alle Ansprüche auf mein trojanisches Museum verzichtet, welches ich daher eiligst aus den hundert Schlupfwinkeln, wo es seit elf Monaten versteckt war, hervorgeholt und in mein Haus gebracht habe. Den Schatz aber habe ich der griechischen Bank in Verwahr gegeben. Ich habe ihn in den Ruinen des Palastes von Trojas letztem König gefunden, der von Homer und der ganzen Tradition Priamos genannt wird, und werde ich ihn daher so nennen, bis es bewiesen wird, daß der gute Mann einen anderen Namen hatte. Über die Spottgedichte im Kladderadatsch habe ich mich nicht geärgert, wohl aber über die Ausbrüche des tierischen Neides der deutschen Philologen.

Ich sende Dir die Photographie des circa einen Meter hohen, zwei Meter langen trojanischen Meisterwerks, wovon Du einen herrlichen Gipsabguß im großen Universitätssaal der Universität in Rostock siehst. Da der Großherzog von Schwerin mich keiner Antwort gewürdigt hat, so ist's zwischen ihm und mir auf immer aus, und lieber würde ich den kostbaren Block zertrümmern, als ihm jetzt einen Abguß davon zu schicken.

Am Rande dieses Absatzes vermerkt Schliemann: Ich habe auch Abgüsse davon an die Museums in Berlin, Wien, München, Straßburg, London, Paris usw. geschickt.

Es handelt sich um die Heliosmetope. In seinem Brief an den Dekan der Philosophischen Fakultät (nicht an den Rektor) vom 25. Januar 1873 heißt es: »Zum Schmucke des großen Saals Ihres neuen Universitätsgebäudes schicke ich Ihnen heute ... einen Gipsabguß des von mir in Troja ... gefundenen Metopenblockes unschätzbaren Wertes. Möge das Bild dieses Meisterwerkes des klassischen Altertums dazu beitragen, in der Mecklenburger Jugend den Sinn für das Erhabene und Schöne zu erwecken und namentlich für die herrliche griechische Kunst und Literatur, deren Studium, nach den harten Kämpfen meines Lebens, das Labsal der Tage, die ich noch zu leben habe, sein wird.«

Wie ich Dir schon sagte, ist der Gelehrten Neid gegen mich in Deutschland und besonders in Berlin zu groß, als daß ich daran denken könnte, mich dort niederzulassen, denn wo mein Museum ist, muß ich auch selbst wohnen, um es, solange ich noch lebe, zu genießen. Ich kann und werde es daher n i c h t an Deutschland offerieren. Entweder lassen wir uns jetzt ganz und gar in Neapel oder in Paris nieder, und nach einer dieser Städte geht meine Sammlung jedenfalls.

Bitte, schicke mir auch Dein und Deiner lieben Frau Porträt per Adresse Herr Emile Erlanger & Co. in Paris und grüße Deine liebe Gattin und Deine ganze Familie aufs herzlichste von meiner Frau und mir, Deinem alten Jugendfreunde

H. Schliemann

Ich habe mit dieser Frau leider nur erst ein Töchterchen Andromache, denn viermal hat die Arme ausgeworfen und jetzt sogar zweimal in zwei Monaten, und vor allen Dingen und um jeden Preis muß ich sie daher wieder zu Kräften bringen lassen.

Die lange Pause zwischen den Briefen 5 und 6 ist nur zu begreiflich; denn in diese Zeit fiel die Ausgrabung von Mykene, die wieder einmal den Namen Schliemanns in die Sterne hob. »Es ist wohlbekannt«, sagt er im Ilios-Rückblick, »wie wunderbar glücklich die Erfolge waren, die meine Ausgrabungen begleiteten, wie ungeheuer groß und merkwürdig die Schätze, mit denen ich die griechische Nation bereicherte. Bis in die fernste Zukunft werden Reisende aus allen Weltteilen in der griechischen Hauptstadt zusammenströmen, um im dortigen Mykenemuseum [jetzt Ethnikon Museion] die Ergebnisse meiner uneigennützigen Tätigkeit zu bewundern und zu studieren.«

Schon bei seinem ersten Besuch in Mykene, 1868, hatte er intuitiv – allerdings warfen ihm die Philologen vor, daß es keine Intuition war, sondern ganz schlicht eine falsche Übersetzung des Baedekers der antiken Welt, Pausanias, – erkannt, wo er die Königsgräber zu suchen hatte. Eine kleine Probegrabung 1874 hatte ihm bestätigt, daß sein Gefühl ihn nicht getrogen haben konnte. Aber da die griechische Archäologische Gesellschaft ihn für einen Dilettanten und Nichtskönner hielt, verhinderte sie nicht, daß ihm die Genehmigung zur Ausgrabung erteilt wurde; denn dieser Laie konnte ja im Inneren der Burg weder etwas finden noch Schaden anrichten. Schon bald nach Beginn der Grabung, die zunächst ein Kuppelgrab und das Löwentor freilegte, stieß Schliemann an der dritten Arbeitsstelle, im Inneren der Burg, in einer Tiefe von drei bis fünf Metern auf drei Grabstelen (Grabsteine), deren Reliefs so altertümlich waren, daß die gesamte Kunstgeschichte ihnen nichts Ähnliches zur Seite zu stellen wußte. Fiebernd grub er weiter und legte zunächst einen doppelten Kreis von Steinplatten frei, den Plattenring, der mit einem Durchmesser von achtundzwanzig Metern die Gräber umschloß. Noch mehr hochaltertümliche Grabstelen fanden sich und unter ihnen erdgefüllte Schächte. Fünf Schächte waren es, und als die Erde aus ihnen weg-

geschafft war, lagen da fünfzehn Leichen auf Kieselgrund, buchstäblich überdeckt und beschüttet mit köstlichstem Goldschmuck; Goldplatten bedeckten die Brust, Goldmasken, porträtgetreu die Gesichtszüge nachbildend, die Gesichter, über denen sich prächtige Diademe erhoben. Tausende von Goldknöpfen und Kettengliedern, Zepter, Schwerter, Krüge und Becher aus Gold und Silber. Wieder einmal hatte Schliemanns blinder Glaube an Homer alle Zweifel besiegt und alle Zweifler mundtot gemacht. Am 28. November 1876 telegraphierte Schliemann dem griechischen König – nicht, daß er eine ganz neue Welt und tausendfältige Zeugnisse einer bis dahin unbekannten Kunst (die man später die mykenische nannte) gefunden hätte. Das wäre die Wahrheit gewesen. Er telegraphierte: »Ich habe das Grab Agamemnons und der Seinen entdeckt.« Und das war ein Irrtum, denn diese Gräber waren dreihundert Jahre älter als Agamemnon und der trojanische Krieg.

Im Dezember schloß Schliemann die Grabungen von Mykene ab, aber so sehr auch das neue Buch drängte – Zeit für einen Freundschaftsbrief blieb ihm doch am letzten Tage des bedeutungsschweren Jahres.

6

Mein lieber alter Freund Rust! Athen, 31. Dezember 1876

Dein lieber Brief vom 15. dieses ist eine große Freude für mich gewesen, denn ich sehe daraus, daß es Dir und Deiner lieben Familie gut geht und Du Dich noch wohlwollend Deines alten Schulfreundes erinnerst. Nimm meinen herzinnigsten Dank dafür entgegen, ebenso wie für Deine freundlichen Glückwünsche zum neuen Gelingen meiner Schatzgräberei. Diesmal habe ich mein Glück nur allein dem Umstande zu verdanken, daß ich die Stelle im Pausanias (II, 16) über die Lage der fünf Heldengräber ganz anders übersetzte, als sie jemals von den Gelehrten übersetzt worden ist; denn alle übersetzten, daß sie in der unteren, ich aber, daß sie in der oberen Stadt, d. h. in der Zitadelle, wären, und da habe ich sie auch unter Bergen von Schutt gefunden. Die Beschreibung der Schätze habe ich in sechs langen Artikeln an die Londoner Times geschickt, von wo sie in alle Zeitungen der Welt und vor allem in die deutschen Zeitungen übergehen.

Es tut mir leid, daß wir uns im vorigen Jahr nicht begegnet sind. Ich werde wohl mit Frau und Kind von März bis August in London bleiben, denn ich muß sehen, daß mein Werk über Mykene, das ich auf englisch geschrieben und an John Murray verkauft habe, genau nach meinem Wunsche mit allen 200 Photographien publiziert wird. Von da aber hoffen wir über Ankershagen nach Strelitz zu kommen.

Euer Großherzog *[Friedrich Wilhelm von Mecklenburg-Strelitz]* schickte voriges Jahr in London seine beiden Adjutanten zu mir und ließ mich zu sich bitten. Er schien meine Arbeiten mit Enthusiasmus zu verfolgen.

An Lenz meinen herzlichen Gruß; er ist höchst fähig und würde bei besserer Schule ein großer Gelehrter geworden sein, aber da er nicht nacharbeitete, so sind seine Anlagen verkümmert.

Andreß ist ein Lügner. Seit Ende 1855 kriegt er jährlich zwanzig Taler von Hamburg.

Wie herrlich tust Du, daß Du mit Deinen lieben Kindern Italien besuchst. Mit herzinnigsten Glückwünschen an Dich und Deine liebe Familie zum Neujahr verbleibe ich

Dein alter Freund H. Schliemann

Wieder waren anderthalb Jahre ins Land gegangen seit dem letzten Briefe, und auch sie waren wieder übervoll von Geschehen gewesen.

Schon vor der Aussöhnung mit der Türkei hatte Schliemann gespürt, daß die trojanische Grabung von 1873 nicht das Ende sein konnte, daß noch unendlich viel zu tun blieb. Bereits Ende 1875 reiste er wieder nach Konstantinopel, um selbst die Erteilung eines neuen Fermans zu betreiben; die Gesandten der USA, Englands, Italiens und sogar einige türkische Minister unterstützten ihn dabei. Tatsächlich erhielt er das ersehnte Dokument auch schon im April 1876, aber der Generalgouverneur in den Dardanellen, Ibrahim Pascha, war gar nicht damit einverstanden, da er gegen erkleckliche Gebühren »den zahlreichen Reisenden, welche meine Ausgrabungen sehen wollten, eine Art von Ferman zu erteilen pflegte, was bei Wiederaufnahme meiner Arbeiten natürlich nicht mehr nötig gewesen sein würde. So wurde ich zunächst unter dem Vorwande, daß er die Bestätigung meines Fermans noch nicht erhalten habe, fast zwei Monate lang von Ibrahim Pascha in den Dardanellen hingehalten, und als er mir dann endlich doch die Erlaubnis zum Beginn der Ausgrabungen gab, ordnete er mir ... einen Aufseher bei, dessen einziges Amt darin bestand, mir Hindernisse in den Weg zu legen. Bald genug sah ich ein, daß es unter diesen Umständen unmöglich sein würde, mein Werk fortzusetzen; ich kehrte deshalb nach Athen zurück und schrieb von hier aus einen Brief an die ›Times‹, in welchem ich das Verhalten Ibrahim Paschas der zivilisierten Welt unterbreitete ... und infolgedessen wurde der Gouverneur im Oktober 1876 in ein anderes Vilajet [Provinz] versetzt.« Nun war allerdings inzwischen die Genehmigung zur Ausgrabung von Mykene erteilt worden, und Troja mußte vertagt werden. Das Jahr 1876 gehörte Mykene, 1877 der deutschen und englischen Ausgabe des Buches über Mykene, die Zeit bis zum Sommer 1878 der französischen Ausgabe, »und so konnte ich erst im Juli jenes Jahres wieder an die Fortführung der trojanischen Ausgrabungen denken. Aber nun war auch der Ferman ... abgelaufen«, und der neue wurde erst im September erteilt. Die Zwischenzeit nützte Schliemann zu einer genaueren Erforschung der Heimat seines Lieblingshelden Odysseus, der Insel Ithaka.

Ende September 1878 nahm er dann wieder die Arbeit in Troja auf, die vor allem dem vermeintlichen Hause des Priamos und der Verlängerung der großen Straße galt. Dabei kamen noch einige weitere Goldschätze zutage. Am 26. November 1878 schloß er die Kampagne, also einen Tag vor Brief 9, und sogleich waren seine Gedanken wieder ganz in der alten Heimat. Rust hatte ihm offenbar mitgeteilt, daß ihre Schule, die Neustrelitzer Realschule, am 8. Oktober 1878 fünfzig Jahre bestehen würde. Schon im September hatte ein Festkomitee, dem auch Rust angehörte, einen Aufruf an alle ehemaligen Schüler erlassen: die Schule sollte zu einer Realschule erster Ordnung erhoben und ein Stipendium gestiftet werden. Die für bedürftige Schüler gestiftete Summe betrug am Festtag 5 029 Mark, wie die Neustrelitzer Zeitung Nr. 116 vom 11. Oktober berichtete; aber in Nr. 142 vom 13. Dezember brachte sie einen Nachtrag über den Beitrag Schliemanns und über Bedeutung und Arbeit des Forschers. Diese Notiz ist wohl von Rust formuliert worden, da Brief 8 darin verwendet wird. Die Kleinheit der Summe dürfte übrigens beweisen, daß Schliemann wohl gern an seine Schulzeit, aber weniger gern an die Schule selbst zurückdachte. Dafür würde auch sein Verhalten beim (späteren) Jubiläum des Prof. Collin sprechen. Brief 7 und 8 zeigen eine besonders zittrige Schrift, 8 ist obendrein in der Eile verlöscht.

7

Mein lieber alter Freund Rust! Konstantinopel, 31. Juli 1878

Seitdem ich die Freude gehabt habe, Dich in Paris wiederzusehen, habe ich oft an Dich gedacht und erfülle hiermit eine heilige Pflicht, Dich zu ermahnen, täglich wenigstens drei Stunden zu reiten, denn das Fahren nützt Dir nichts, und das Gehen ist Dir langweilig und beschwerlich. Folgst Du meinem Rat nicht, dann finde ich Dich nicht mehr unter den Lebenden, wenn ich nach Strelitz komme, denn daß Du, wie Du sagst, schon den Trieb zur Befruchtung verloren hast, ist in unserem Alter etwas Unerhörtes, es ist die Folge Deines vielen Sitzens, denn der Same geht bei Dir in Fett über; er kommt aber wieder, wenn Du durch viele Bewegung magerer wirst; der Trieb zur Befruchtung bleibt auch bei mir manchmal durch furchtbare geistige Anstrengung auf einige Zeit aus, stellt sich aber mit doppelter Kraft wieder ein, sobald ich mir etwas Muße gönne. Viele herzliche Grüße an Deine liebe Familie

Dein aufrichtiger alter Freund
Schliemann

Wenn Du Gelegenheit hast, so grüße Minna Meincke oder Richers in Friedland, denn sie war meine erste Liebe.

8

Mein lieber alter Freund! Troja, 22. Oktober 1878

Dein Brief angekommen; bitte habe Geduld, bis ich hier fertig bin. Ich arbeite mit 150 Mann und habe kaum Zeit, Luft zu holen.

Sei herzlich gegrüßt.
H. Schliemann

9

Mein alter lieber Freund Rust! Troja, 27. November 1878

Ich hatte das große Vergnügen, Deine lieben Zeilen vom 30. vorigen Monats zu erhalten, und danke Dir herzlich für alle mir erwiesene Ehre und Freundschaft. Ich sandte Dir bereits vor einigen Wochen 150 Mark für die Realschule und hoffe, Du erhieltest dieselben. In Fürstenberg war ich von Ostern 1836 bis September 1841, also nach Adam Riesens Rechenbuch fünfeinhalb Jahre, wie Du auch aus meinem ›Ithaka, der Peloponnes und Troja‹ ersiehst, welches ich Dir jedenfalls gesandt habe. Deine Beschreibung der Festlichkeiten und was Du sonst über die Realschule sagst, war mir von gewaltigem Interesse, will auch auf der Reise nach Paris mit Andacht die mir gesandte Broschüre durchstudieren; hier leider keine Zeit hineinzugucken.

Auch diesmal verließ mich Fortuna nicht in Troja, denn ich fand in des alten Königs Hause ein Messer, sage Dolch, aus Meteoreisen sowie drei kleine und einen großen Schatz von goldenen Schmucksachen, wovon die meisten die größte Ähnlichkeit mit denen von Mykene haben.

Sei mit Deiner lieben Familie herzlich gegrüßt

von Deinem alten Freunde
H. Schliemann

An Virchow schreibt Schliemann am 27. November 1878, daß er »... einen ... mit dicker Patina bedeckten, aber durchaus von Rost freien, eisernen Dolch gefunden habe, der noch jetzt sehr scharf ist und überall, wo das Metall durch Patina schimmert, eine stahlweiße Farbe hat, infolgedessen er mir Meteoreisen zu sein scheint.« Beachtlich ist der Unterschied in der Formulierung: Dem Gelehrten und Vorgeschichtler Virchow gegenüber wird das Aussehen des Dolches genau beschrieben und seine Substanz gemutmaßt, gegenüber dem sachkundigen Jugendfreund i s t er aus Meteoreisen.

10

Mein lieber Freund! Paris, 18. Dezember 1878

Von Troja schrieb ich Dir und schickte 150 Mark für die Realschule. Ich erhielt seitdem einen sehr lieben Brief von Dir, auch die Übersicht der Schüler seit der Stiftung, bin aber erst vor einigen Tagen dazu gekommen, das Blatt zu lesen. Es war mir ganz gewaltig interessant, aber vieles Unwahre steht darin, so z. B., daß Wilhelm Lenz und Jürgens tot sind. Du hast mir ja noch im Sommer erzählt, daß sie wohl sind. Sollte Lenz wirklich tot sein! Das wäre schmerzlich, denn ich hätte ihn gerne noch wiedergesehen. Bitte schreibe mit darüber nach Athen, wohin ich am Freitag dieser Woche zurückkehre.

Dir und Deiner lieben Familie ein frohes Fest und glückliches neues Jahr wünschend verbleibe

Dein alter Freund H. Schliemann

Ich möchte den Erbprinzen von Meiningen *[Bernhard von Sachsen-Meiningen, 1851–1925, Erbprinz, seit 1914 Herzog von Sachsen-Meiningen, Schwiegersohn Kaiser Friedrichs III. seit 1878; er besuchte Schliemann schon 1872 in Athen und setzte sich von dieser Zeit an stets lebhaft für ihn ein, vor allem dem preußisch-deutschen Staatsapparat gegenüber, ein durchaus musischer Mensch, Ehrendoktor von Breslau. Die Originale der Schliemannbriefe an ihn wurden von seinen verständnislosen Erben vernichtet]*, mit dem ich sehr befreundet bin, nach Knochenhauer *[wahrscheinlich Mitschüler Schliemanns]* fragen. Ich fürchte, letzterer starb an Schwindsucht.

11

Mein lieber guter alter Freund Rust! Athen, 22. Februar 1879

Tausendmal bitte ich Dich um Vergebung, daß ich erst heute bei meiner Abreise nach Troja Deine freundlichen höchstinteressanten Zeilen beantworte und Dir meinen wärmsten Dank dafür sage. Ich bin aber seit meiner Rückkunft am 26. Dezember mit Arbeiten überladen gewesen, zumal ich mit einem neuen Werke über Troja beschäftigt bin. Ich gebe mir alle Mühe, daß letzteres allen Ansprüchen genüge und für alle künftigen Zeiten eine Autorität über die trojanische Frage bleibe.

Rudolf Virchow von Berlin und E. Burnouf von Paris wollen zwei Monate bei mir in Troja bleiben, wo ich jetzt auch die Heldengräber ausgrabe.

Mit herzinnigsten Wünschen, auch seitens meiner Frau, für Dein und Deiner lieben Deinigen Glück verbleibe ich auf Wiedersehen im Sommer

Dein alter aufrichtiger Freund
Schliemann

Meincke ist nie mein Freund gewesen. Hat ein Spottgedicht auf mich und meinen Vater gemacht.

Adresse in Troja bei den Dardanellen.

Die Verse bezogen sich zweifellos auf die Amtsenthebung von Schliemanns Vater, über die Meincke, dessen Vater damals noch das Ankershagen benachbarte Zahren

gepachtet hatte, gut im Bild sein mußte, und setzten Schliemann dem Spott und der üblen Nachrede der Neustrelitzer Mitschüler aus.

»Nach längerem Aufenthalt in Europa«, schreibt Schliemann in ›Ilios‹, »kehrte ich gegen Ende Februar 1879 nach den Dardanellen zurück ... und begann die Ausgrabungen am 1. März.« Die kurze Spanne zwischen den beiden Kampagnen hatte er dazu benützt, an seinem größten Buch über Troja zu arbeiten, das unter dem Titel ›Ilios‹ Ende 1880 mit der Jahreszahl 1881 herauskam. Aus den scharfen Kritiken an seinen früheren Arbeiten, die den Fachgelehrten mit Recht mehr als Tagebücher denn als gelehrte Werke erschienen waren, hatte er gelernt und wollte nun alles vermeiden, was ihm Tadel einbringen konnte.

Zwei bedeutende Gelehrte der Zeit hatten inzwischen den Weg zu ihm gefunden — oder er den Weg zu ihnen —, Rudolf Virchow, den er auf dem Umweg über den britischen Staatsmann und Homerforscher Gladstone kennengelernt hatte, und der Franzose Émile Burnouf, seinerzeit Leiter des französischen archäologischen Instituts (École Française) in Athen. »Der letztere war von der französischen Regierung ... auf eine wissenschaftliche Expedition nach Troja gesandt worden.« Sie trafen Ende März in Troja ein und »unterstützten mich nach besten Kräften in meinen Arbeiten. Professor Virchow beschäftigte sich mit der Erforschung der botanischen, zoologischen und geologischen Verhältnisse der Ebene von Troja sowie der Beschaffenheit der im Verlauf meiner Ausgrabungen in den verschiedenen Tiefen zu Tage geförderten Trümmer- und Schuttmasse. Burnouf, der als Ingenieur und Maler vorzügliches leistete, zeichnete die Pläne und Karten sowie viele der in diesem Buche enthaltenen Ansichten.« Virchow steuerte außerdem einen Aufsatz über ›Troja und Hissarlik‹ und die köstliche Plauderei über ›Ärztliche Praxis in der Troas‹ bei.

Bei der neuen Grabung ging es Schliemann vor allem darum, »die Mauern in ihrem ganzen Umfange aufzudecken. So ließ ich östlich und südwestlich von dem Tore ... sowie nordwestlich und nördlich von dem Hause des Stadtoberhauptes und östlich von meinem großen Graben die neuen Ausgrabungen vornehmen«. Hierbei machte Schliemann die ersten Versuche in der dann klassisch gewordenen Schichtgrabung, d. h., er trug die übereinanderliegenden Schichten von oben nach unten ab, und das mit größerer Sorgfalt als bisher. Wieder wurde ein größerer Schatzfund gemacht. Daß freilich sieben Achtel der Stadt freigelegt waren, war eine Fehlschätzung des Forschers, denn wie er wenig später selbst erkannte, war die Ausgrabung noch lange nicht beendet und ist es auch heute noch nicht.

Einen besonderen Abschnitt der diesjährigen Grabung stellte die Erforschung der sogenannten Heroentumuli dar. Die Ansicht, die Schliemann auch noch in ›Ilios‹ vertrat, sie seien Kenotaphe, also Leer- und Schaugräber, mußte später korrigiert werden. (Der folgende Brief, dessen Original Rust verliehen oder verschenkt haben mag, ist nur in Abschrift erhalten; die mehrfachen Schreibfehler werden deshalb stillschweigend berichtigt.)

12

Mein lieber alter Freund Rust! Troja, 28. Mai 1879

Ich habe das Vergnügen, Dich zu benachrichtigen, daß ich nach neuen dreimonatlichen riesigen Anstrengungen jetzt endlich mit den Ausgrabungen hier fertig bin, denn ungefähr sieben Achtel des homerischen Iliums habe ich jetzt ans Licht gebracht, und der kleine noch übrige Teil mag stehenbleiben, damit die Besucher sehen, wie schwierig die Exploration hier ist. Von ungeheurem Nutzen ist mir Professor Rudolf Virchow von Berlin gewesen, der einen Monat bei mir blieb und viele wichtige Entdeckungen hier gemacht hat, so zum Beispiel die, daß die Ebene von Troja nicht, wie man schon im Altertum glaubte, ein Erzeugnis des Skamander und des Simoeis und größtenteils erst nach dem trojanischen Kriege entstanden, sondern daß sie aus Süßwasserdepositen – wahrscheinlich einem einst hier gewesenen See – erzeugt, und jedenfalls viel älter ist als die Flüsse und älter sogar als der Hellespont.

Folglich fällt jetzt die alte und neue Theorie zu Boden, daß Hissarlik nicht mit Troja identisch sein kann, weil es einst so nahe am Meere lag und für die großen Taten der Ilias kein Raum war. – Der Erbprinz von Sachsen-Meiningen schreibt mir, daß Virchow viel bei seinen kaiserlichen Schwiegereltern verkehrt. Ich antworte ihm: dreimal gesegnet sind die Völker, deren Fürsten sich mit solchen Leuten wie Virchow umgeben und in deren Unterhaltung ihre Wonne finden. Auch der große französische Gelehrte Émile Burnouf ist seit zwei Monaten hier bei mir in Troja und hilft mir eifrig. – Auch sechs der Tumuli oder sogenannten Heldengräber habe ich erforscht und bin mit den beiden größten, dem von Besica sowie dem Udjek Tepeh genannten, noch beschäftigt. Letzterer ist dreiundachtzig Fuß hoch und 433 Fuß im Durchmesser. – Ich habe einen Schacht von oben nach unten, auch vier Galerien vom Grunde des Schachts gegraben und jetzt festgestellt, daß die riesigen Tumuli gar keine Gräber, sondern nur Denkmäler sein können. Auch habe ich in den Topfscherben den Schlüssel zur Chronologie derselben gefunden und zum Beispiel festgestellt, daß der Udjek Tepeh, den man für so alt hielt wie die Pyramiden, unmöglich älter sein kann wie das siebente Jahrhundert vor Christus, daß dagegen Besica Tepeh zur Zeit gebaut ist, als noch die erste auf der Baustelle Trojas gestandene Stadt bewohnt war.

Ich hoffe, Dich jedenfalls im Sommer mit Frau und Kindern zu besuchen, erst aber müssen wir nach Paris und London. Ich denke am 5. Juni hier ganz fertig zu sein.

Mit herzlichen Grüßen an Dich und Deine liebe Familie, auch seitens meiner Frau, verbleibe ich

Dein alter Freund Schliemann

Wie geplant, reiste Schliemann am 5. Juni aus Troja ab und fuhr Ende Juni nach Paris, dann zur Kur nach Kissingen und Mitte August nach London, um die englische Ausgabe seines ›Ilios‹ vorzubereiten.

In Kissingen wünschte Bismarck den großen Forscher kennenzulernen. Nach einem Brief an Virchow fand die Begegnung am 23. Juni statt, und da Schliemann bisweilen – wenn auch nur selten – Diplomat sein konnte, versäumte er nicht, sich die Gunst des allmächtigen Mannes zu erhalten; denn er veröffentlichte auch Bismarcks (ihm wahrscheinlich von Schliemann suggerierte) Theorie über das Brennen der riesigen Pithoi in seinem ›Ilios‹. Wie der folgende Brief zeigt, ist Schliemann nicht immer frei von Befangenheit und der für seine Zeit typischen Verherrlichung hochgestellter Persönlichkeiten, so selbstbewußt er als Forscher in anderen Fällen auch auftritt.

13

Mein lieber alter Freund Rust! Kissingen, 27. Juli 1879

Meine Frau und ich, wir danken Dir herzlich für Deinen lieben Brief vom 23. dieses. Allerdings gehen wir von hier ins Seebad und würden unbedingt Deinem Rate folgen und uns auf zwei Monate in Warnemünde niederlassen, wenn ich nicht gerade jetzt ein neues englisches Werk über Troja schriebe, wozu die Karten, Pläne und Bilder in London gestochen werden; auch wird das Werk dort gedruckt, und da ich notgedrungen die Graveure überwachen und die Probebogen korrigieren muß, so denken wir bis 1. Oktober unsern Wohnort im Seebad von Boulogne-sur-Mer, der englischen Küste gegenüber, aufzuschlagen. Die Zeit unseres Besuchs in Strelitz hängt davon ab, ob ich zum Anthropologischen Kongreß in Straßburg gehe. Sollte ich vor Deiner Rückkunft Strelitz besuchen, dann sehe ich Dich in Rostock oder Warnemünde.

Dein Schwiegersohn Dr. Koeppel wird mir hier als ein ganz ausgezeichneter Mann beschrieben, und diesen Eindruck hat er auch auf mich in Paris gemacht. Vor einigen Tagen war ich hier beim Fürsten von Bismarck zu Tisch eingeladen und war erstaunt über seine und seines Sohnes, Graf Herbert, tiefen, gründlichen Kenntnisse von Geschichte und Altertumskunde sowie über die Einfachheit und Liebenswürdigkeit der ganzen Familie.

Mit vielen herzlichen Grüßen an Dich und die lieben Deinigen

Dein alter Freund
H. Schliemann

Auf der Fahrt von Kissingen nach London kehrte Schliemann in Fürstenberg und Neustrelitz ein. Er besuchte alte Bekannte und fuhr auch nach Ankershagen, wie die Neustrelitzer Zeitung berichtet.

14

London, 22. August 1879
Athenaeum Club

Mein lieber alter Freund!

Ich sage Dir, Deinem lieben Sohne und Deinem ganz ausgezeichneten Schwiegersohn meinen herzinnigsten Dank für alle meiner Frau und mir während unseres Aufenthaltes in Strelitz erwiesene Liebe und Freundschaft.

Jemand ersuchte mich dort um fremde Briefmarken, nur weiß ich nicht recht, ob es Dein Schwiegersohn, Dr. Goetz oder ein anderer war. Sei so gut, Dich wenigstens bei diesen Freunden danach zu erkundigen.

Dir und Deiner lieben Familie der Götter reichsten Segen wünschend, verbleibe ich

Dein alter Freund
H. Schliemann

Meine Frau grüßt Dich und Deine liebe Familie herzlich.

Auch in ernstem Kreise darf man zuweilen lächeln. Schon der vorige Brief zeigte, daß die Neustrelitzer Briefmarkensammler den berühmten Landsmann als hervorragendes Ausbeutungsobjekt ihrer Leidenschaft angesehen hatten und daß Schliemann gute Miene zum nicht bösen Spiel machte. »Poststempel« ist ein Anglizismus für Briefmarke; auf dem zweiten, leeren Blatt des folgenden Briefes befindet sich ein viereckiger Ausschnitt, daneben von Schliemanns Hand mit Bleistift »Egyptier« – also eine gesondert aufgeklebte ägyptische Marke!

15

Mein lieber alter Freund Rust! London, 5. September 1879

Ich sage Dir meinen herzlichsten Dank für Deine liebe Zuschrift. Leider bin ich so mit Arbeiten überladen, da es mir unmöglich ist, die Poststempel für Deinen ausgezeichneten Schwiegersohn auszuschneiden. Ich schicke Dir daher die mir hier seit vierzehn Tagen zugekommenen Enveloppen; bitte lasse die Briefmarken ausschneiden und den Rest wegwerfen.

Mit vielen herzlichen Grüßen an Deine ganze Familie verbleibe ich Dein alter Freund

H. Schliemann

Die Londoner Zeit war sowohl durch die Fülle der Arbeit als auch durch die Fülle der Ehrungen besonders anstrengend, was am besten die außerordentlich zitterige Schrift des folgenden Briefes beweist. »Orient« gebrauchte Schliemann nicht selten im weitesten Sinne – er fuhr von Paris nach Athen.

16

Mein lieber alter Freund! Paris, 9. Oktober 1879

Endlich bin ich mit meinen Arbeiten in London und hier soweit gekommen, daß wir heute abend nach dem Orient abreisen können. Meine Frau und Andromache schicken Deiner lieben Frau nebst vielen Grüßen ihre Bilder sowie einige Poststempel, die sie heute morgen für Dich ausgeschnitten haben. Gewiß sind darunter viele für Euch unbrauchbar, dagegen aber auch griechische, ägyptische und türkische.

Mit vielen herzlichen Grüßen an Deine ganze Familie

Dein alter Freund
H. Schliemann

In Strelitz hat man uns Lotos zu essen gegeben und zieht es uns daher gewaltig wieder dahin.

Schliemann spielt auf Homers Odyssee und das Abenteuer des Odysseus bei den Lotophagen an,

»— sie gaben den Fremdlingen Lotos zu kosten.
Wer nun die Honigsüße der Lotosfrüchte gekostet,
dieser dachte nicht mehr an Kundschaft oder an Heimkehr,
sondern sie wollten stets in der Lotophagen Gesellschaft
bleiben und Lotos pflücken und ihrer Heimat entsagen.«

Zu Ende der siebziger Jahre begann in Schliemann die Sehnsucht nach einem längeren Ausruhen in der Kinderheimat immer lebhafter zu werden. Rust lud ihn immer wieder ein und hielt die gemeinsamen Erinnerungen wach. Aber immer wieder stellte sich dringende Arbeit zwischen den Wunsch und seine Erfüllung, vor allem die Arbeit an ›Ilios‹, einem Wälzer von nahezu 900 Seiten in Quartformat. Trotzdem nahmen aber die Beziehungen zur Heimat fortan nicht nur einen größeren Raum in der Korrespondenz, sondern auch in den Gedanken ein, wie zahlreiche andere Briefe beweisen.

Sodann trat wieder die Bedürftigkeit Ernst Meinckes an ihn heran, dessen Neustrelitzer Haus 1878 zwangsversteigert wurde, so daß Rust den gemeinsamen Freund oder Nichtfreund um Hilfe gebeten haben dürfte. Schließlich war eine neue, bei dem kurzen Aufenthalt des Sommers entstandene Beziehung da: zu der Witwe und Tochter des Strelitzscher Ministerpräsidenten, Frau von Bernstorff, die ganz der Wissenschaft und Kunst lebte. (Ein Brief Schliemanns an sie vom 13. September 1879, den Meyer noch sah, scheint abhanden gekommen zu sein.)

17

Mein lieber alter Freund Rust! Athen, 25. Dezember 1879

Ich erhielt Deinen lieben Brief und gratuliere Dir und Deiner lieben Frau herzlich zum frohen Familienereignis. *[Rusts Tochter Ida hatte den Neuruppiner Fabrikbesitzer Mootz geheiratet.]* Leider kann ich nicht im nächsten Jahr zu Euch kommen, da ich ein großes Werk in zwei Bänden auf englisch schreibe, welches am 10. November gleichzeitig auch in Paris und Leipzig auf französisch und deutsch erscheint, und mich daher in Ostende oder Boulogne mit meiner Familie niederlassen muß, um einigermaßen in der Mitte der drei Orte zu sein, damit die grauenhafte Korrektur der Probebogen keinen Aufenthalt erleidet. Allerdings ist es herrlich in Strelitz, und die Strelitzer sind die liebenswürdigsten Leute der Welt, aber jetzt ist Not an dem Mann; die große Arbeit muß erst fertig geschafft werden.

Drei Bitten habe ich an Dich. 1.) Grüße Freund Lenz und frage ihn, ob vielleicht der ausgezeichnete Carl Gotthold Lenz, dieser Riese der Wissenschaft, der Ende des achtzehnten Jahrhunderts in Neustrelitz florierte und der das merkwürdige Buch Die Ebenc von Troja, Neustrelitz 1798, geschrieben hat, sein Großvater war? 2.) Grüße Obermedizinalrat Goetz und bitte in meinem Namen um Nachsicht, daß ich noch keine trojanischen Altertümer fürs Museum geschickt, da ich Berge von literarischer Arbeit vor mir habe. 3.) Schicke in meinem Namen und mit meinem Gruße den Ertrag des einliegenden Wechsels an Ernst Meincke. Auch bitte, unter meiner gehorsamsten Empfehlung, Exzellenz von Bernstorff-Dewitz, mir zu verzeihen, daß ich noch nicht im Stande war, ihren höchst interessanten Brief zu beantworten.

Mit vielen herzlichen Grüßen an Dich und Deine liebe Familie und schönsten Glückwünschen

Dein alter Freund
H. Schliemann

18

Mein lieber alter Freund Rust! Athen, 10. April 1880

Leider komme ich erst heute dazu, Dir für Deinen lieben, höchst interessanten Brief vom 19. Januar zu danken, denn ich war sehr mit meinem neuen Werk ›Ilios‹ beschäftigt. Aber heute ist alles im Druck in London, und ich fange wieder an zu atmen. Die deutsche Übersetzung werde ich selbst diktieren müssen, und gehe ich daher am 7. Mai oder besser am 15. mit meiner Familie nach Leipzig, wo wir den ganzen Sommer bleiben werden, um die deutsche Ausgabe zu beschleunigen. Für Ernst Meincke erhältst Du M fünfzig von Hamburg zugesandt. Ungemein freut es mich zu hören, daß es Dir und allen lieben Deinigen wohl geht und Du nun auch Dein jüngstes Töchterchen so gut in Neuruppin verheiratet hast.

Mit den trojanischen Altertümern für Euer Museum müßt Ihr Geduld haben, bis mein Buch herauskommt, denn ich muß der Erste sein, die Sachen zu publizieren.

Lenz tut mir leid.

An Exzellenz von Bernstorff schreibe ich heute.

Es sollte mich freuen, Dich diesen Sommer zu sehen. Aber in Leipzig habe ich furchtbare Arbeiten und keine Zeit zum Besuch nach Mecklenburg.

Mit herzlichsten Grüßen, auch seitens meiner Frau, an Euch alle verbleibe ich Dein alter Freund

H. Schliemann

Vielen Dank für den Schulbericht *[Jahresbericht der Neustrelitzer Realschule]*.

19

Mein lieber alter Freund! Leipzig, 16. Juni 1880

Dein lieber Brief, woraus ich sehe, daß es Dir und den lieben Deinigen wohl geht, hat mir viel Freude gemacht. Habe aber Erbarmen mit mir, wenn ich Dir nur wenige Worte antworte, da ich unter der Last der Arbeiten ersticke.

Ich habe schon längst 300 Mark jährlich für E. Meincke bestimmt; wenn ihm hundert andere ebensoviel geben, kommt er ganz gut aus. Einliegend die Restzahlung an ihn für dies Jahr. Mit herzlichen Grüßen an die lieben Deinigen

Dein alter Freund
H. Schliemann

Eben hatte Schliemann seine Arbeit am Ilios-Manuskript in Leipzig abgeschlossen, als schon eine neue Arbeit auf ihn wartete, wiederum die Praxis. Vier Orte waren es, die Homer als besonders prächtig und goldreich gerühmt hatte: Troja, Mykene, Orchomenos und Tiryns. Die beiden letzten hatte Schliemann noch nicht erforscht. Im November/Dezember 1880 und in einer zusätzlichen Kampagne des folgenden Jahres grub er das sogenannte Schatzhaus des Minyas im bötischen Orchomenos aus. Freilich, von gar so »großen Entdeckungen« konnte kaum die Rede sein, denn außer der eingestürzten und später wieder zusammengesetzten Decke des Thalamos, einem prunkvollen Teppich aus grünem Stein, ergab die Grabung nichts Bedeutendes oder aus dem Rahmen Fallendes, so daß Schliemann im Grunde recht enttäuscht war. Derartige Enttäuschungen zuzugeben lag ihm allerdings nicht, und so hören wir nicht nur in dem Brief an Rust die Siegesfanfaren erklingen, sondern auch, in ähnlicher Lautstärke, in einem tags zuvor geschriebenen Brief an Virchow.

Kaum von Orchomenos zurückgekehrt, eilt er nach London, nicht so sehr wegen des Erfolges seines ›Ilios‹, von dem der Verleger am ersten Tage 600 Exemplare verkauft hatte, als vielmehr aus Sorge um den im South Kensington Museum ausgestellten »Schatz des Priamos«. »Sie stehen nach ihren Statuten nicht für Diebstahl ein. Da nun mehrere der Beamten Schlüssel zu meinen Schränken haben, so läßt mich die Furcht nicht mehr schlafen, und habe ich daher jetzt fest beschlossen, die Sammlung entweder schon in diesem Monat oder spätestens bis 15. Januar aus dem South Kensington Museum wegzunehmen« (an Virchow, 8. Dezember 1880).

20

Mein lieber alter Freund Rust! Athen, 9. Dezember 1880

Heute bei meiner Rückkehr von Orchomenos, wo ich in meinen Ausgrabungen abermals recht glücklich war und große Entdeckungen machte, fand ich hier Deinen höchst interessanten Brief vom 19. vorigen Monats, wofür ich Dir herzlich danke.

Recht sehr freut es mich zu hören, daß es Dir und den lieben Deinigen wohl geht.

Ungemein bedaure ich das nahe Dahinscheiden der würdigen Frau Großherzogin-Mutter *[Marie von Hessen-Kassel, Witwe des Großherzogs Georg, die am 30. Dezember 1880 starb].* Auch Lenz und Meincke tun mir leid; wie himmelweit verschieden war ersterer vor vierundvierzig Jahren! Für Meincke erhältst Du Geld.

Verzeihe, ich muß schließen, denn dringende Angelegenheiten rufen mich nach London.

Viele herzliche Grüße auch seitens meiner Frau an Dich und Deine Familie.

Dein alter Freund
H. Schliemann

Jedenfalls war die für Meincke ausgesetzte Summe schon mit der im vorigen Brief erwähnten Zahlung erreicht gewesen. Von nun an ist kaum mehr von ihm die Rede, wohl aber gehen die regelmäßigen Zuwendungen Schliemanns bis zu dessen Tode weiter. Meincke scheint es verstanden zu haben, dem reichen Mann in Athen immer wieder seine Bedürftigkeit nahezubringen. Wem die von Schliemann ausgesetzte Summe zu gering erscheint oder wer den Ton, mit dem sie im vorigen Briefe angekündigt wurde, zu lieblos findet, möge in den Zeitungen der folgenden Jahre nachlesen, wie Familie Meincke regelmäßig in den Kurlisten Warnemündes zu finden ist – mit Ausnahme jener Jahre, in denen Schliemann sich dort aufhielt.

21

Mein lieber alter Freund Rust! Athen, 27. Januar 1881

Mit Schrecken ersehe ich aus der mir soeben von meinem Leipziger Verleger eingesandten Liste, daß er es rein übersehen hat, Dir ein Exemplar meines ›Ilios‹ zu senden, obwohl er – wie ich mich in meinem Kopierbuch überzeuge – Auftrag hatte, Dir bei Erscheinen des Werkes im November ein solches zu senden. Ich setze ihn heute darüber zurecht, und erhältst Du das Buch jetzt sofort. Es war nicht meine Schuld, daß Du es nicht schon zweieinhalb

Monate früher erhieltest, und wirst Du mich daher entschuldigen. Ich hoffe, es wird Dir gefallen, und bitte ich Dich, es als kleines Andenken von mir anzunehmen. Ich hoffe, Du und Deine liebe Familie seid alle wohl.

Mit herzlichsten Grüßen an Euch alle

Dein alter Freund
H. Schliemann

»Meine großen Sammlungen trojanischer Altertümer haben einen unschätzbaren Wert, doch sollen sie nie verkauft werden. Wenn ich sie nicht noch bei meinen Lebzeiten verschenke, so sollen sie kraft letztwilliger Bestimmung nach meinem Tode dem Museum derjenigen Nation zufallen, die ich am meisten liebe und schätze.« Diese Worte hatten die Leser des Buches ›Ilios‹ am Schlusse des selbstbiographischen Einleitungskapitels gefunden und sich gewiß so manchen Spekulationen hingegeben, welches Land durch diese immense Schenkung geehrt und beglückt werden würde. Sollte es die Wahlheimat werden, Griechenland? Oder England, das dem Forscher die größten und gewichtigsten Ehrungen erwiesen hatte, wo seine Schätze schon zwei Jahre lang im South Kensington Museum dauernder Anziehungspunkt für Hunderttausende begeisterter Betrachter waren? Oder Amerika, dem er sich durch seinen Pioniergeist verbunden fühlte und dessen junge Altertumswissenschaft sich ihm besonders verpflichtet wußte? Oder vielleicht auch Rußland, das ihm jenes Vermögen gegeben hatte, das er nun seit Jahren für seine Forschungen ausgab? An Deutschland dachten die wenigsten, denn zu oft war Schliemann hier von den Gelehrten und den Zeitungen und auch den amtlichen Stellen beleidigt und gekränkt worden.

Und doch war Schliemann im Herzen schon der Heimat zurückgewonnen: durch den Freund Rudolf Virchow, durch den Schüler, Helfer und großen Fortsetzer Wilhelm Dörpfeld, durch den Jugendfreund Wilhelm Rust, und nicht zuletzt auch, erstaunlich zu sagen, durch Sophia. So beschloß er denn zu Anfang 1881, seine trojanischen Sammlungen dem deutschen Volke zu schenken. Schon wenige Monate später kam er selbst nach Berlin, um in den Sälen des Museums für Völkerkunde, die fortan seinen Namen trugen, selbst seine Gaben aufzustellen – unter anderem den »Schatz des Priamos« –, und zugleich kam er, um den Dank Berlins entgegenzunehmen, die Ehrenbürgerwürde.

Rust gedachte die räumliche Nähe zu nützen und lud Schliemann erneut zu einem Besuche ein. In der Hoffnung, ihn vielleicht am ehesten mit einem Objekt der Altertumsforschung locken zu können, wies er ihn auf die Bemühungen jener

Jahre hin, Rethra aufzuspüren, ein slawisches Hauptheiligtum, das man an den verschiedensten Stellen im Lande Mecklenburg-Strelitz gesucht hatte und dessen Lage bis heute nicht feststeht. 1881 waren Heimatfreunde auf den Schloßberg bei Feldberg verfallen, wohin auch noch 1882 Berliner Vorgeschichtsforscher Exkursionen veranstalteten.

22

Berlin, 19. Juni 1881
Tiergarten-Hotel

Mein lieber alter Freund!

Herzlichsten Dank für Deine und Deiner lieben Frau ganz ausgezeichneten Bilder sowie für Eure freundliche Einladung, der wir möglicherweise Folge leisten am nächsten Sonntag. Wir wollen uns das noch überlegen. Nur dann nicht nach Feldberg, denn wo so viele und große Leuchten der Wissenschaft vergeblich nach Rethra gesucht haben, da wäre es doch wahrscheinlich eine unverzeihliche Vermessenheit, meinerseits solches zu wagen.

Nach der Karlsbader Kur gedenken auch wir nach der Schweiz zu gehen, und läßt Du uns wohl wissen, wo Du Dich dort aufhältst.

Mit herzlichsten Grüßen an Euch alle

Dein alter Freund
H. Schliemann

23

Mein lieber alter Freund! Berlin, 20. Juni 1881

Leider wird aus unserer Reise am Sonntag nach Neustrelitz nichts werden, da wir mit der Familie des Geheimrats Virchow, den Du dort sahst, verabredet haben, an jenem Tag Dresden zu besuchen. Wir sind Dir für Deine freundliche Einladung aber nicht weniger herzlich dankbar.

Dein Freund
H. Schliemann

Wie schon in Brief 22 angekündigt, ging Schliemann vom 20. Juli bis 15. August zur Kur nach Karlsbad, anschließend in die Schweiz. Das neue Jahr, 1882, gehörte wieder dem Ausgangs-, End- und Wendepunkt in Schliemanns Leben, Troja.

Gewiß, er hatte sein ›Ilios‹ in der Meinung geschrieben, er habe dort nun endgültig abgeschlossen. Wer konnte es aber besser wissen als der große Forscher, daß eine Forschung nie abgeschlossen ist! Die »verbrannte Stadt« war in ihren Hauptlinien ausgegraben und schien Schliemanns Traum recht zu geben, aber leider, Homer gab sie nicht recht, denn wie war dessen Bericht von der wohlgebauten, vielstraßigen Stadt mit dem kleinen, wenige hundert Meter Durchmesser einnehmenden Areal zu vereinbaren, das Schliemann freigelegt hatte? Und wie bescheiden war das vermeintliche Haus des Priamos! Sollte Homer, an dem Schliemann noch nie gezweifelt hatte, aber recht haben, so mußte Schliemann unrecht gehabt haben. Wiederum also ergriff er Spitzhacke und Spaten, und wiederum zog er nach Troja, um gemeinsam mit Wilhelm Dörpfeld weiterzusuchen. Vom März bis in den Juni dauerte die neue Kampagne, die dann auch, durch die Tätigkeit des jungen Architekten, Klarheit über Grundrisse und Schichtenfolge brachte und das labyrinthische Gewirr der Mauern in Ordnung auflöste.

Gegenpol zum Drängen in die Tiefen Trojas bildete immer noch die Sehnsucht nach der Kinderheimat, in die es den Alternden mehr und mehr zog – das beweist der lebhafte Briefwechsel mit den mecklenburgischen Bekannten und Verwandten – und das um so stärker, als infolge der Anstrengungen der Grabungen und der schweren Malaria Todesgedanken den Forscher bedrängten.

24

Mein lieber alter Freund Rust! Athen, 29. Januar 1882

Dein lieber Brief vom 16. dieses beweist mir, daß Du mich noch nicht vergessen hast, und sage ich Dir meinen herzlichsten Dank dafür. Es freut mich gar sehr zu hören, daß Du Dich mit den lieben Deinigen wohl befindest und daß Ihr Euch so gut in der Schweiz gefallen habt. Leider machen die Schweizer Naturschönheiten gar keinen Eindruck mehr auf mich, und habe ich mich Ende August, während unseres vierzehntägigen Aufenthalts in Interlaken und Thun, vergebens bemüht, den riesigen Gletschern auch nur den allergeringsten Reiz abzugewinnen. Unendlich mehr Reiz haben für mich die Berge Griechenlands, die ich aus meinen Fenstern sehe, denn sie sind die Schauplätze vieler großer Begebenheiten im griechischen Altertum gewesen, in welchem letzteren ich jetzt ganz lebe und atme.

Meines Bruders Ernst Assoziation mit Deinem Neffen wurde mir nur als vollendete Tatsache, ohne jegliche Détails, mitgeteilt, und konnte ich nur meine Freude darüber ausdrücken, da ich ersteren bei seiner ungeheuren Schwäche schnell seinem Ende entgegengehen sah. Von der Art des Geschäfts habe ich gar keine Idee.

Allerdings beabsichtige ich, die Ausgrabungen in Troja am 1. März und unaufhörlich bis 1. August fortzusetzen. Dann möchte ich aber einen Monat ausruhen, ehe ich mich in Paris der schweren Arbeit unterwerfe, die französische Ausgabe von ›Ilios‹ zu vollenden. Wir sind noch in Zweifel, ob wir den Monat in Neapel oder in Ankershagen ausruhen wollen. Für den Fall wir uns für letzteres entscheiden sollten, bitte ich Dich, gütigst in Erfahrung zu bringen, ob wir beim Pfarrer, Hans Becker, gegen dreitausend Mark Honorar auf einen Monat vier Stuben im Pfarrhause sowie Kost für meine Frau, mich, die Gouvernante, meine beiden Kinder und eine Wärterin finden. Ich trinke keinen Wein; nur Bier. Ich kann nicht an den Mann schreiben, weil er zwei Briefe unbeantwortet gelassen und nicht einmal den Empfang von ›Ilios‹ angezeigt hat. Im Schlosse, beim ausgezeichneten Winkelmann, ist es zu gênant, und möchte ich durchaus nur im Pfarrhause, wo ich acht Jahre meiner frohen Kindheit zugebracht, wohnen. Könntest Du nicht von Becker in Erfahrung bringen, was aus dem, vom alten Pastor Schröder (1709–1741) geschriebenen, in Schweinsleder gebundenen Kirchenbuche geworden ist, welches ich seines Alters wegen als Kind immer mit Minna anstaunte und welches auch auf dem vor mir hängenden Porträt des alten Schröder mit abgemalt ist? Sollte es vielleicht zur Aufbewahrung in den Kirchenarchiven nach Schwerin eingesandt sein? Conradi hat⟨te⟩ es nicht. Es kann doch nicht verloren sein.[31]

Meine Frau grüßt herzlich und wünscht sehr, Deine und der lieben Deinen Bekanntschaft zu machen. Mit den herzlichsten Wünschen für Dein und Deiner lieben Familie Wohlergehen

Dein alter Freund
H. Schliemann

Bitte, grüße Frau Laue; auch Lenz, der [dem] leider nicht zu helfen ist. Wenn Du Dich bei Becker erkundigst, dann frage ihn gleichzeitig, ob er Platz hat für zwei Reitpferde und Futter für dieselben. Sage mir auch, ob ich in Strelitz oder wo sonst zwei Reitpferde auf einen Monat mieten kann.

Frage auch gelegentlich den vortrefflichen Winkelmann, mit vielen herzlichen Grüßen an ihn und seine vortreffliche Frau, ob er mir erlaubt, den »Hügel mit der goldenen Wiege« auszugraben?

25

Mein lieber alter Freund Rust! Athen, 27. Februar 1882

Leider kommt mir Dein hochinteressanter, lieber Brief erst heute, in der Stunde meiner Abreise nach Troja, zu, und bleibt mir nur kaum die Zeit, Dir tausend herzlichen Dank für Deine übergroße Gefälligkeit zu sagen. Zu meinem unendlichen Bedauern glaube ich kaum, daß ich schon diesen Sommer auf einen Monat nach Ankershagen übersiedeln kann, da die großen Arbeiten in Troja bis 1. August dauern und ich dann wahrscheinlich gezwungen werde, über Hals und Kopf nach Paris zu eilen, um die französische Ausgabe meines ›Ilios‹ zu vollenden, denn, obgleich ich hier seit November daran gearbeitet habe, so bin ich doch noch lange nicht damit fertig und brauche noch drei Monate dazu. Auch will mein Pariser Verleger, Firmin Didot, das Buch jedenfalls schon Ende November publizieren.

Dringend bitte ich Dich, Carl Andreß zu besuchen, auch Deinen vorzüglichen Schwiegersohn *[Dr. Koeppel]* zu fragen und mir umgehend zu schreiben, wie es ihm geht, denn ich befürchte, er hat Wassersucht. Ich sandte ihm seit zwei Monaten zweimal Geld, bitte Dich aber, falls er in Not sein sollte, ihm auch noch den Ertrag einliegenden Wechsels zu geben. Ist er aber wiederhergestellt und nicht in großer Not, dann gib ihm das Geld nicht, sondern schreibe es mir gut, denn sonst wird er verwöhnt. 10000 herzlichste Grüße, auch seitens meiner Frau, an Dich und Deine herrliche Familie.

Dein alter Freund
H. Schliemann

Meine Adresse ist H. Schliemann Troja (bei den) près des Dardanelles.

26

Troja bei den Dardanellen,
Mein lieber alter Freund Rust! 15. März 1882

Meinen herzlichsten Dank für Deine lieben Zeilen vom 6. dieses, die ich mit höchstem Interesse gelesen habe. Vollkommen billige ich Dein freundliches Anerbieten wegen Verwendung der fünfzig Mark für Andreß.

Verzeihe, ich kann nicht mehr schreiben, denn ich habe hier gewaltige Arbeiten, unter deren Last ich ersticke.

Die Zeitungsnachricht ist irrig. Mein französischer Katalog *[Catalogue des trésors de Mycènes au Musée d'Athènes. Avec un plan de l'Acropole de Mycènes. 12. 1882]* des mykenischen Museums ist fertig; alle Gegenstände des Museums sind numeriert, und 3000 gebundene Exemplare meines Katalogs habe ich dem Ministerium in Athen zum Geschenk gemacht. Ich weiß nicht, wie sich die Tribüne solche irrige Nachricht zuschicken läßt. [Außer dieser nicht nachprüfbaren Falschmeldung der Tageszeitung ›Tribüne‹ gab es gerade um Person und Werk Schliemanns eine Fülle von Falschmeldungen.]

Tausend herzlichste Grüße an Dich und Deine[r] liebe[n] Familie

Dein alter Freund
H. Schliemann

Bitte, schreibe der Tribüne:

Heinrich Schliemann, der seit dem 1. März wieder die Troas exploriert, erklärt die der Tribüne von Athen gewordene Nachricht für durchaus irrig, da er mit der griechischen Regierung stets in allerbestem Einverständnisse gewesen ist und es auch bis zu seinem Tode bleiben wird. Sein neuer französischer Katalog, wovon er dem Ministerium zu Athen – behufs Verkauf zum Nutzen des Mykenischen Museums – 3000 gebundene, mit einer schönen Karte der Akropolis in Mykene versehene Exemplare zum Geschenk gemacht hat, stimmt natürlich haarklein mit der neuen Numerierung des Museums, die in allerbester Ordnung ist.

Schliemann arbeitet in Troja in großartigem Maßstab, denn er beschäftigt 125 Arbeiter sowie eine große Menge Pferdekarren. Er ist jetzt beschäftigt, den ganzen Rest des eigentlichen Trojas (Hissarlik) sowie das große Theater auszugraben und wird darauf in dem aeolischen Ilion

250 Schachte abteufen, um sich genau mit dessen unterirdischer Topographie bekannt zu machen. Er beschreibt das Leben in den Tiefen Trojas bei dem fortwährenden eiskalten Nordsturm, der ihm und seinen Arbeitern den Staub in die Augen peitscht, als unerträglich. Die täglichen Kosten seiner Exploration übersteigen 400 Mark.

27

Troja bei den Dardanellen,
Mein teurer alter Freund Rust! 1. Mai 1882

Dein lieber Brief vom 13. des Monats erheischt meinen herzlichsten Dank. Du hast sehr weise für Andreß gesorgt. Es freut mich, daß Dir die trojanische Sammlung in Berlin gefallen hat. Ich hatte für die diesjährige Kampagne die beiden vorzüglichsten Architekten Deutschlands engagiert *[Dörpfeld und den Stipendiaten der Wiener Akademie, Höfler]* und habe infolgedessen höchst merkwürdige Entdeckungen machen können, die für die alte Baukunst von kolossalem Interesse sind. Höchst interessant sind auch meine diesjährigen Funde.

So wie's jetzt schaut, würden wir vielleicht nach Ankershagen gehen können; aber wiederum verfährt der Pastor Becker auf rohe, unhöfliche Weise. Auf einen Brief von ihm, den ich am 16. März erhielt, antwortete ich an demselben Tage sehr freundlich und schickte einen Wechsel von 150 Mark auf Hamburg als Hochzeitsgeschenk für seine Tochter. Aber kein Wort hat er darauf geantwortet. Bitte, schreibe ihm eine Zeile und frage, ob er den Brief erhalten hat.

Meine besten Wünsche begleiten Dich nach Wiesbaden. Vielleicht kommen wir auch ins Ostseebad. Der kleinen Kinder wegen ist meine Frau in Athen geblieben. Sie wird aber bald auf einen Monat kommen.

Herzlichste Grüße an Dich und Deine ganze ausgezeichnete Familie. Du hast eine herrliche Karriere gemacht, so daß ⟨ich⟩, wenn ich nicht Heinrich Schliemann wäre, Wilhelm Rust sein möchte.

Dein alter Freund
H. Schliemann

28

Troja bei den Dardanellen,
17. Juni 1882

Mein lieber guter alter Freund!

Erst heute komme ich dazu, Dir für Deine lieben Briefe vom 31. vorigen Monats zu danken, aus denen ich mit Freude ersehe, daß Du mit Deiner würdigen Frau in bestem Wohlsein von Wiesbaden heimgekehrt bist und daß Ihr beabsichtigt, später ins Seebad von Heringsdorf zu gehen. Wie gerne kämen wir auch dorthin! Aber vor August ist gar nicht daran zu denken, von hier zu reisen, und falls Virchow Ende Juli kommt, dann kommen wir vor Ende August nicht von hier weg, müssen dann noch erst vierzehn Tage in Athen bleiben, und darauf wohl jedenfalls auf fünf Wochen nach Karlsbad; jedoch nur für meine Frau, denn ich arbeite dort die neuen Ausgaben vom ›Ilios‹ aus *[gemeint ist »Troja«]* und esse Erdbeeren. Somit wird es Ende September, ehe wir von Karlsbad wegkommen, und dann ist's zu spät für Heringsdorf oder Ankershagen. Magdalena Beckers Briefe habe ich bekommen; da aber darin, wie es bei Beckers immer geschieht, auf die Fragen in meinem Brief gar nicht geantwortet wird, so habe ich auch natürlich nicht darauf geantwortet. Im November dieses Jahres wollen wir auf einen Monat nach Ägypten; vielleicht auch auf zwei Monate. Von einliegenden 200 Mark bitte ich Dich, die Hälfte an Frau Mathilde Meyer, die Tochter meines alten Prinzipals Theodor Hückstaedt in Fürstenberg, für ihr Töchterchen Nausikaa zu geben; die andere Hälfte aber an meine liebe Freundin Ida Frölich, Tochter des Präpositus E. Frölich in Neubrandenburg. Bitte, ziehe Deine Kosten von den Zahlungen ab. *[Nausikaa, wie alle mecklenburgischen Kinder jener Zeit mit griechischen Vornamen, war Schliemanns Patenkind.]*

Bitte, erkundige Dich, ob die Handlung von Meyer (Theodor Hückstaedt) in Fürstenberg gut geht, oder wie es damit steht.

Mit herzlichsten Grüßen, auch seitens meiner Frau (die die diesjährige trojanische Kampagne mitmacht), an Dich und Deine ausgezeichnete Familie

Dein treuer alter Freund
H. Schliemann

Das Zittern in den Händen habe ich elf Jahre lang gehabt. Plötzlich entdeckte ich, daß ich einen Bandwurm hatte. Sofort vertrieb ich diesen, und verlor sich danach auch das Händezittern vollends. Sieh doch mal nach, ob Du nicht auch einen Bandwurm hast?

Eine der für Schliemann typischen gewagten Hypothesen! Schon die Korrespondenz mit Rust zeigt, daß Schliemanns Schrift immer dann zitterig wird, wenn er überanstrengt ist, also ein ganz selbstverständlicher und bandwurmferner Vorgang. Als ihm Rusts zitterige Schrift auffiel, war dieser immerhin schon 62 Jahre alt und hatte sein Leben lang die ganze umfängliche kaufmännische Korrespondenz eigenhändig geführt.

29

Mein lieber alter Freund Rust! Dardanellenstadt, 22. Juli 1882

Für Deinen interessanten Brief vom 10. dieses sowie für gefällige Besorgung der kleinen Geldsendungen sage ich Dir meinen allerverbindlichsten Dank. Sehr freut es mich zu hören, daß es Dir und den lieben Deinigen wohl geht und daß Du mit den Pflanzungen Deiner herrlichen Villen *[im italienischen Sprachgebrauch, der nicht nur das Haus, sondern in erster Linie den umgebenden Garten darunter versteht]* beschäftigt bist, denn das gibt Dir schönen Zeitvertreib. Meine Frau ist schon vor drei Wochen abgereist, und habe ich in Hissarlik zu lange fortgearbeitet, denn ich habe das furchtbare trojanische Malaria-Fieber gekriegt, gegen welches selbst Dosen à dreißig Gran Chinin gar nichts vermochten, und habe über Hals und Kopf abreisen müssen, um zu versuchen, durch den Luftwechsel zu genesen. Oft habe ich die nur vier deutsche Meilen betragende Strecke von Hissarlik in drei Stunden geritten; aber jetzt, in vollem Fieber, bei der Sonnenglut von 41° und einer Körperhitze von 40° Reaumur reitend, brauchte ich sechseinhalb Stunden dazu und kann nicht sagen, daß ich mich dabei amüsierte, denn von Mattigkeit schlief ich oft ein, und mußten daher zwei Diener fortwährend neben mir reiten. Sollte ich leben, dann reise ich sogleich nach der Teilung mit der Türkei, nämlich am 27. des Monats, nach Athen ab, um mit meiner Familie nach Karlsbad zu gehen, wo ich einmal einen Monat ausruhen (aber keine Kur machen) möchte. Für den 13. August habe ich einen Vortrag im Deutschen Anthropologischen Kongreß in Frankfurt am Main zugesagt und bringe dafür trojanische Sachen mit.

Sehr freut es mich zu hören, daß es der kleinen Handlung von Th. Hückstaedt in Fürstenberg wohl geht. Ich hatte ja aber Euren Erbprinzen nebst seinen Eltern vor drei Jahren in Neustrelitz gesehen; er schien mir aber kaum sechs Monate alt und muß verstorben sein, so daß Ihr jetzt abermals die Geburt eines Erbprinzen feiern konntet? *[Ein Gedächtnisfehler Schliemanns. Der Erbgroßherzog, Adolf Friedrich, wurde erst am 17. Juni 1882 geboren. Schliemann hatte dessen älteste Schwester Jutta, geb. 1878, gesehen.]*

Andreß hoffe ich im Sommer 1883, wenn ich jetzt das Fieber überstehe, einen Monat lang bei mir zu haben, denn er ist einer der gelehrtesten Philologen Deutschlands, und wahrscheinlich sogar der gelehrteste, und weiß viele griechische Dichter Wort für Wort auswendig. Neustrelitz scheint aber gar viele berühmte Gelehrte hervorgebracht zu haben, so zum Beispiel Carl G. Lenz, der dort gegen Ende des vorigen Jahrhunderts florierte und dessen Werk »Die Ebene von Troja« beweist, daß er einer der allergrößten Homergelehrten aller Zeiten war.

Der jetzige Lenz hatte riesige Anlagen; leider waren bei ihm aber selbst die Fundamente der Schulbildung schwach; als Kleinhändler in Penzlin hatte er ja etwas Außerordentliches geleistet. In 1836 und 1837 in Fürstenberg war er ein eleganter Schwätzer, und denke ich noch immer daran, als er einmal Schauspieler werden wollte. *[Abgesehen davon, daß Schliemanns Menschenkenntnis nicht bedeutend war, muß bemerkt werden, daß er höchstens achtzehn Jahre alt war, als er Lenz zum ersten Male gesehen hatte.]*

Buchhändler Barnewitz war ein hochwürdiger Mann, und bedaure ich seinen frühen Tod gar sehr.

Vick hatte wohl kein Talent, das Seinige zu bewahren! Denn er war ja mal vermögend. Fritz Puls kennen Du und ich gar nicht aus der Schule; ich traf ihn in Kissingen; er lud mich nach Charlottenburg ein, schickte mir aber in der Stunde meiner Abreise dahin ein Telegramm, bittend nicht zu kommen, da er nach Warschau abreisen müsse. Er ist reich wie Du und lebt in seinen Gärten gerade wie Du, Euch beiden geht aber der Genuß der Kenntnis der griechischen Klassiker ab, ohne welche man, wie es mir scheint, nur halb lebt.

Grüße Exzellenz von Bernstorff, sowie Andreß, den ich sehr hoch schätze, denn er wußte mir eine unbeschreibliche Sehnsucht für griechische Literatur einzuflößen, vierundzwanzig Jahre früher, als ich im Stande war, auch nur daran zu denken, mich damit zu beschäftigen. Ohne ihn wäre ich auch längst im Grabe, denn als Kaufmann arbeitete ich zu schwer, als daß es möglich gewesen wäre, mich jemals vom Handel zurückzuziehen, ohne mich auch gleichzeitig einer anderen Beschäftigung hinzugeben, in der ich mit Leib und Seele aufgehe.

Mit herzinnigsten Grüßen an Dich, Deine würdige Frau und Eure ganze Familie

Dein alter Freund
H. Schliemann

Im letzten Julidrittel hatte das Fieber Schliemann »so sehr entkräftet ..., daß ich wie ein Betrunkener herumtappe ... mein Gehirn muß bei den Fieberanfällen zusammengeschrumpft sein, da ich kein Denkvermögen mehr habe« (an Schöne, Dardanellen, 23. Juli 1882).

Deshalb auch bediente Schliemann sich in dieser Zeit Dörpfelds (und anderer Helfer) und diktierte ihm den folgenden Brief an Rust, in dem nur die zitternde Unterschrift eigenhändig ist. Auch Brief 31 ist noch Diktat, allerdings nicht an Dörpfeld.

Trotz dieser Schwäche dachte Schliemann an den ihm mehrfach nahegelegten Wunsch der Neustrelitzer nach trojanischen Altertümern.

30

Mein lieber alter Freund Rust! Dardanellen, den 26. Juli 1882

Ich hatte schon seit Jahren dem Museum in Strelitz einige trojanische Altertümer versprochen und sende Dir einliegend ein Connossament über mit dem Dampfboot via Triest an dasselbe abgefertigte HSNo 20, eine Kiste trojanischer Handmühlen und anderer Werkzeuge. Ich bitte Dich, dem Direktor des Museums dies Dokument einzuhändigen, aus welchem er ersieht, daß ich die Fracht bis Triest bezahlt habe; weiter war es nicht möglich.

Ich beabsichtige, morgen früh abzureisen, und begrüße Dich und die lieben Deinigen freundschaftlichst

H. Schliemann

Die annoncierte Sendung kam auch gut an, denn die Neustrelitzer Zeitung Nr. 119 vom 15. Oktober berichtete triumphierend: »Neustrelitz, 15. Oktober. Unser berühmter Landsmann Dr. Heinrich Schliemann, der unermüdliche Trojaforscher, hat vor kurzem der Großherzoglichen Altertümersammlung eine kleine Kollektion von Altsachen aus der Troas gesendet. Es sind acht Mahlsteine, sogenannte Handmühlen ... Reib- und Quetschsteine, wie sie zu Tausenden in dem Schutt der prähistorischen Stätte von Hissarlik gefunden worden sind. Sie stellen die primitivste Form von Geräten dar, welche zur Verarbeitung des Getreides gedient haben, und bieten uns einen Vergleich mit den im hiesigen Museum befindlichen Mahl- und Reibsteinen, welche dem vaterländischen Boden entnommen sind.« (Diese und die später noch von Schliemann geschickten Gegenstände sind mit Museum und Schloß 1945 untergegangen.)

31

Mein lieber alter Freund Rust! Athen, den 21. Oktober 1882

Dein liebes Schreiben vom 12. September fand ich vor einigen Tagen bei meiner Ankunft hier vor und sage Dir meinen herzlichsten Dank für Dein freundliches Andenken. Ich werde die trojanische Sammlung im Strelitzer Museum nach und nach zu verbessern suchen und sende Dir heute fünf trojanische Wirtel mit der Bitte, sie derselben beifügen zu wollen.

Sehr freut es mich zu hören, daß Du einen so angenehmen Aufenthalt in Heringsdorf bei Swinemünde gehabt hast. Wir waren dieses Jahr in Marienbad, nicht in Karlsbad, jedoch habe ich selbst dort eine Kur gebraucht. Das trojanische Malariafieber ist fortwährend wieder bei mir aufgetreten, und habe ich in Paris sehr schwer krank daran gelegen.

Die langen Reden im September in Frankfurt habe ich bei furchtbarem Fieberanfall halten müssen, was mich ungemein angegriffen hat. Ich hoffe aber, es wird jetzt nicht wiederkommen, besonders da ich bei dem jetzigen herrlichen Frühlingswetter täglich in der Frühe reite und den ganzen Winter hindurch in der See bade.

Wir sind dies Jahr nicht nach Berlin gekommen, haben aber Freund Puls oft in Marienbad gesehen.

An Andreß werde ich dieser Tage schreiben. – An Lenz meine Grüße. Wie hat sich der Mann seit der Zeit (1837) verändert, wo er Schauspieler werden wollte! Damals war er der lebhafteste, ausgelassenste Bursche der Welt.

Du hast wohl daran getan, Dir einen einen Garten beim Haus anzulegen; ich habe dasselbe getan und über 1 000 Apfelsinen- und Zitronenbäume um mein Haus herum gepflanzt, die jetzt gleichzeitig mit Früchten und Blüten bedeckt sind und deren Duft hohen Reiz für mich hat, aber die vielen Bäume, die ich als kleiner Knabe im Pfarrgarten zu Ankershagen pflanzte, haben ein noch viel höheres Interesse für mich, und sind wir fest entschlossen, wenn kein Unfall dazwischen kommt, jedenfalls nächsten Sommer einen Monat lang unsern Aufenthalt bei Pastor Becker zu nehmen. Wahrscheinlich werden wir den Monat Juli dazu wählen, denn wir sind durch die orientalische Hitze gewaltig verwöhnt.

Mit herzlichsten Grüßen, auch seitens meiner Frau, an Dich und Deine liebe Familie.

Dein alter Freund
H. Schliemann

Ich habe den Wirteln noch zwei Topfscherben aus der ersten Stadt in Troja beigefügt, deren Ornamentation mit Kalk gefüllt ist.

32

Mein lieber guter alter Freund Rust! Athen, 30. November 1882

Du hast mich mit Deinem lieben Briefe vom 28. vorigen Monats hoch erfreut. Verzeihe, wenn ich erst heute darauf antworte, denn ich habe Berge von literarischer Arbeit vor mir *[an ›Troja‹, das Ende 1883 mit der Jahreszahl 1884 erschien].* Virchow ist sehr schwer an blutender Nierenentzündung krank; der Ärmste diktiert dennoch immer lange Briefe an mich, und ich darf ihm, auf des Arztes Rat, nicht antworten *[statt dessen schrieb Schliemann an Frau Virchow und bat sie, dem Kranken seine Fragen über Troja zu stellen].* So ziemlich bin ich genesen, nur der Keuchhusten ist noch immer da. Puls hoffe ich im Sommer zu sehen.

Sehr betrübt mich die schwere Krankheit des hochwürdigen Geheimen Medizinalrats Koeppel, dessen ich mich sehr wohl von 1833–36 her erinnere.

Du genießt Deinen Garten viel mehr als ich den meinigen; denn leider bin ich nur eine Minute darin, wenn ich des Morgens vom Seebade komme. Denke Dir, selbst die Pappeln und Pfefferbäume, die doch immer ihre Blätter zum Winter verlieren, sind noch belaubt, ebenso Äpfel-, Birnen- und Kirschenbäume. Ich habe auch sehr viele Dattelpalmen in meinem Garten.

Ich schickte Dir Blüten des Kassia-Baumes[32], wovon hier alle Gärten duften, und sende Dir nächstens Samen davon. Schon übermorgen.

Ungemein soll es mich freuen, Dich und die lieben Deinigen im Sommer wiederzusehen. Bei Winkelmann kehren wir wahrscheinlich Sommer 1884 auf einen Monat an, in 1883 beim Pfarrer.

Mein alter Freund, Baron von Schröder *[Chef des Bankhauses und der Firma John Henry Schröder & Co., Hamburg, London, Liverpool]*, ist schon neunundneunzig Jahre alt, und ich möchte ihn nicht gerne mit zu vielen kleinen Geldsendungen belästigen. Ich schreibe ihm daher, das, was in Deiner Umgegend zu verteilen ist, nämlich 1 000 Mark, an Dich zu senden.

Bitte gib davon
300 Mark an Ernst Meincke
300 Mark an seine Schwester, meine einstige Braut, Minna Richers in Friedland
200 Mark Frau Bürgermeisterin Friederike Ahlers in Neubrandenburg
100 Mark Seiner Gelehrsamkeit, dem Kaiserlichen Oberhofprofessor Karl Andreß in Neustrelitz

900 Mark

Für die restierenden 100 Mark finde ich später schon Liebhaber; ich besinne mich nicht gleich des Kandidaten dafür. Schreibe den Leuten nur eine Postkarte; sie holen das Geld bei Dir ab, so daß Du keine Mühe davon hast.

Dir und Deiner ganzen Familie meiner Frau und meine herzinnigsten Glückwünsche zum Neujahr; möge dasselbe Euch allen nur Freude und Segen bringen.

Dein alter Freund
H. Schliemann

Bitte, gib auch etwas Kassia-Samen an Winkelmann. Im Freien kommt der Baum bei Euch aber nicht fort.

Aus den vorhandenen Dokumenten über die Werte, die Schliemann bei Schröder & Co. deponiert hatte, ergibt sich für 1886 eine Summe von insgesamt 65 500 Dollar und 37 949 Pfund, nach damaligem Wert also mehr als eine Million Mark. Wahrscheinlich würde die nähere Untersuchung dieser nur bei einer Firma deponierten Werte durch einen Bankfachmann wertvolle Aufschlüsse über Schliemanns Fähigkeiten als Financier ergeben können.

Das Jahr 1883 war für Schliemann literarisch besonders fruchtbar. Er schrieb sein ›Troja‹ deutsch und englisch und sein ›Ilios‹ französisch. In die französische Ausgabe wurden gleich die Ergebnisse der neuen Grabung von 1882 mitaufgenommen, so daß sie also keine Übersetzung des deutschen und englischen ›Ilios‹ darstellt. Auch bei dieser neuen Arbeit war er redlich bemüht, alle früheren Ungenauigkeiten und alles Subjektive auszuschalten – um auch von den Fachleuten als wirklicher Gelehrter anerkannt zu werden. Wenn das Verhältnis zu seinen bisherigen schärfsten Gegnern, den deutschen Professoren, in den letzten Jahren auch erfreulich besser geworden war, so kamen nun die Angriffe aus England, besonders von seiten des Glasgower Professors R. C. Jebb, der sich im ›Journal of Hellenic Studies‹ mehrmals gegen Schliemanns Schichteneinteilung gewendet hatte. (Im Kapitel ›Meine Kritiker‹ in ›Troja‹ setzte sich Schliemann temperamentvoll mit ihm auseinander.)

In aller äußeren und inneren Unruhe gab es in Schliemanns Leben zwei Ruhepunkte: zum einen den Bau seines Hauses, das er in Erinnerung an die Hütte, in der er mit Sophia auf dem Hügel von Hissarlik gewohnt hatte, Iliou Melathron nannte – was Schliemann selbst ebenso verkleinernd als ›Hütte von Ilion‹ ins Deutsche übersetzte, wie die Presse es vergrößernd als ›Palast von Ilion‹ bezeichnete. Melathron heißt ganz einfach Haus.

Der zweite Ruhepunkt: die Gewißheit, im Sommer 1883 endlich für einige Wochen in die Kinderheimat, das Pfarrhaus von Ankershagen, zurückkehren zu können. »Ich bin so überarbeitet, daß ich durchaus den ganzen Juli hindurch in Ankershagen ausruhen muß, fern von aller Arbeit, sonst bricht die Maschine zusammen.«

33

Mein lieber alter Freund! Athen, 18. Februar 1883

Vergib mir, daß ich Dich so lange auf Antwort warten ließ, denn ich habe diesen Winter drei Bücher zu schreiben und habe nicht Zeit zum Essen.

Vielen Dank für die Zeitungsartikel. Im Gegenteil, die Resultate der fünfmonatigen Grabungen in Troja in 1882 sind gar viel großartiger gewesen wie alle meine früheren, und wirst Du Dich davon bei Erhalt meines neuen Werkes überzeugen. Das hat aber in England gar vielen giftigen Neid hervorgerufen, und überstürmte man mich daher mit Schmähschriften. Übrigens habe ich ja in den Londoner ›Times‹ vom 25. Januar auf jenes Libell geantwortet, wovon Du mir die im ›Courier‹[33] reproduzierte Übersetzung sendest, und wurde schon am 27. Januar meine Antwort in den süddeutschen Zeitungen wiedergegeben. Es wundert mich daher, daß die norddeutschen Blätter nur Schmähschriften gegen mich und nicht meine Antwort geben.

Dies ist die Wahrheit, die Du gerne publizieren kannst.

Ja, wie glücklich würden wir sein, Dich und die lieben Deinigen auf unserem Ball zu sehen! Viel Glück zur herrlichen Reise. Für das schöne Bild Deines Hauses erhältst Du bald die Photographie unserer »Hütte von Ilion«. Von den hundert Mark habe ich schon längst fünfzig Mark an meine lieben Freundinnen Ida Frölich, per Adresse Praepositus F. Frölich in Neubrandenburg, und Frau Theodor Hückstaedt in Fürstenberg zugedacht und nur keine Zeit gefunden, es Dir zu schreiben. Auch ich sorge für arme Mecklenburger und habe seit zwanzig Jahren keinen Pfennig Zinsen gesehen von 50000 Dollars siebenprozentiger amerikanischer Hypotheken, die bei Schröder in Hamburg liegen, denn der Ertrag derselben erfreut so viele Mecklenburger, und stirbt einer davon, so sind schon immer wieder neue Kandidaten, die ihre Stelle einnehmen.

Ich bin von der Universität Oxford zum Doktor ernannt und eingeladen, dort am 14. Juni mein Diplom in feierlicher Sitzung entgegenzunehmen; ich hoffe, wir gehen von dort nach Ankershagen, aber nur unter der Bedingung, daß Du mir versprichst, fortan täglich drei Stunden zu reiten und schwedische Gymnastik zu treiben, denn sonst wird es mit Dir nicht gut gehen. Wie ist es nur bloß möglich, daß Dein ausgezeichneter Schwiegersohn Dich nicht längst dazu gezwungen hat, diese einfachen Mittel zu gebrauchen. Schröder ist jetzt neunundneunzig Jahre alt, weil er täglich reitet und schwedische Gymnastik treibt.

Willst Du mich daher wiedersehen, so tue dasselbe.

Mit herzlichsten Grüßen

Dein alter Freund H. Schliemann

Leider wurde aus der ersehnten Ruhe in Ankershagen nicht viel. Abgesehen davon, daß der Besuche von Verwandten und Bekannten kein Ende war – die Schwestern, Andreß, Niederhöffer, Minna Meincke –, häuften sich gerade in jenen Wochen die Korrekturen am deutschen und englischen ›Troja‹ wie am französischen ›Ilios‹. Kein Wunder also, daß Schliemann zu dem Jahresfest des mecklenburg-strelitzschen Sängerbundes ›Vandalia‹, das 1883 in Neustrelitz stattfand und zu dem Rust ihn einlud, weder Zeit noch Lust hatte.

Am Schluß der Rustschen Briefsammlung liegt ein nicht von Rust selbst, sondern nach dem Übergang der Briefe in das Neustrelitzer Archiv vom Empfänger, dem Konservator Hustaedt, dort eingeordnetes Schreiben von Auguste Becker, der Tochter des Pastors Becker. Es spiegelt den Besuch Schliemanns aus der Sicht des Beckerschen Hauses (wie Schliemann selbst ihn sah, werden seine späteren Briefe noch zeigen) und enthält neben einigen sachlichen Irrtümern, die dem Leser als solche kenntlich sind, wertvolle Einzelzüge, die eine Veröffentlichung dieses Briefes rechtfertigen:

»Neubrandenburg, den 24. 10. 1911

Heinrich Schliemann, der von seinem neunten Jahre in Ankershagen lebte, wollte noch einmal die schöne Zeit seiner Jugend durchkosten und war deshalb vier Wochen 18? im Sommer bei uns. Seine Frau, seine Kinder wollten seine schöne Heimat kennenlernen, vor allem die alte Linde, in deren Stamm er als Knabe seinen Namen mit dem Beil eingehauen hatte, so groß, daß er vom Weg aus lesbar war. Noch jetzt kann man das HS mit einiger Mühe erkennen. Sein Tag war genau eingeteilt. Um vier Uhr stand er auf, ritt nach Bornhof, ließ sich auf den See fahren und badete. Dem Fährmann hatte er tausend Mark versprochen, wenn er einmal zuerst den rechten Strumpf anzöge, denn ›den' linken mööt man tauierst antrecken, denn kriegt man väl Geld‹. Er amüsierte sich, wie genau der Mann aufpaßte, während er [Schliemann] doch [nur] der Macht der Gewohnheit folgte. Auf diesen Morgentouren suchte er gern alte Bekannte auf und unterhielt sich mit ihnen von vergangenen Zeiten. Zurückgekehrt, nahm er sein Frühstück und arbeitete dann ununterbrochen bis Mittag. Seine Briefe trocknete er am Herdfeuer, denn ›Streusand beleidigt den Empfänger!‹ Um sich Altgriechisch unterhalten zu können und wohl auch, um dem Mann einen Gefallen zu tun, hatte er den alten Professor Andreß (seinen früheren Lehrer) aus Neustrelitz eingeladen. Seine Kinder sprachen Neugriechisch, konnten sich wenig mit dem Vater unterhalten, da er Altgriechisch von ihnen forderte. Damit seine Frau Unterhaltung hätte, erschien urplötzlich ihr Bruder, Dr. Kastromenos, und mußte sie dem täglich deutsche Stunden geben. In der Heimat wollte Herr Schliemann ganz einfach leben und, so schwer es seiner Frau auch wurde, ließ sie ihren Tee und aß mit ihm allabendlich Buchweizengrütze. ›Dick Grütt mööst Du äten!‹

Ist Ihnen Schliemanns ›Ilios‹ bekannt? Darin hat er seine Lebensgeschichte niedergelegt und auch seiner ersten Liebe gedacht. Und diese seine erste Liebe ›Minna‹ mußte auf einen Tag nach Ankershagen kommen. Es mußte eben alles sein wie in seiner Jugend.

Mit großer Liebe sprach er von seiner Mutter und sorgte für ihr Grab. Sehr freigebig war Schliemann, aber gegen Bettelei sehr empfindlich. Er hatte sich das Seine erarbeitet, andere konnten's auch tun ... Auguste Becker.«

34

Mein lieber alter Freund Rust! Athen, 26. Mai 1883

Ich hoffe, daß Du eine angenehme Reise gehabt hast und mit den lieben Deinigen in bestem Wohlsein zurückgekehrt bist. Wir denken am 30. dieses von hier zu reisen und gegen den 9. Juni in Strelitz anzukommen, von wo ich sofort nach Oxford weitergehen muß. Meine Familie bleibt bis zu meiner Rückkunft in Strelitz oder siedelt auch sofort bei unserer Ankunft nach Ankershagen über. Da ich nur eine kleine Reisetasche mitnehme und nur wenige Sachen darin beherbergen kann, so habe ich die mir in Ankershagen nötigen Bücher an Pastor Becker gesandt. Andere, die ich auf der Reise nach England benötige, schicke ich Dir, um sie bei unserer Ankunft dort wieder von Dir in Empfang zu nehmen.

Auf frohes Wiedersehen!

Dein alter Freund
H. Schliemann

35

Mein lieber alter Freund Rust! Ankershagen, 20. Juni 1883

Ich bitte Dich recht sehr, gütigst von meinem Gelde 350 Mark (sage dreihundertfünfzig Mark) an Fräulein Elise Schliemann *[die älteste Schwester]* in Warnemünde zu senden und mir die Portokosten zu belasten.

Meine Familie ist gestern hierher zurückgekehrt *[von Warnemünde, wo sie die Rückkehr Schliemanns aus Oxford abgewartet hatte]*, und würden wir glücklich sein, Euch alle recht oft hier bei uns zu sehen. Bitte, kommet aber erst nächste Woche, denn ich bin augenblicklich sehr mit Arbeiten überhäuft.

Viele herzliche Grüße, auch seitens meiner Frau, an Dich und die lieben Deinigen.

Dein alter Freund
H. Schliemann

36

Mein lieber alter Freund Rust! Ankershagen, 3. Juli 1883

Bitte, benachrichtige mich, sobald von J. H. Schröder & Co. in Hamburg ein Geldbrief für mich ankommt, behalte aber diesen bis zu unserer Dortkunft in Deinem eisernen Schrank.

Leider finde ich auch hier die langersehnte Ruhe nicht, denn die Probebogen stürmen von drei Seiten auf mich los, und kamen gestern nicht weniger als sechs Packen davon an, die alle korrigiert werden müssen.

Mit herzlichen Grüßen, auch seitens meiner Frau, an Dich und Deine liebe Familie

Dein alter Freund
H. Schliemann

37

Ankershagen, 6. Juli 1883

Habe tausend Dank, mein lieber alter Freund, für Deine liebevolle Einladung, von der wir aber leider nicht profitieren können, da hier Berge von Probebogen vorliegen, die korrigiert werden müssen.

Wir werden daher wohl nicht vor dem 16. nach dort kommen.

Bitte, hebe den Geldbrief für mich auf.

Mit herzlichen Grüßen von Haus zu Haus

Dein alter Freund
H. Schliemann

38

Mein lieber alter Freund Rust! Ankershagen, 7. Juli 1883

Du weißt, daß meiner Frau Bruder in Deutschland ist, um vor allen Dingen Deutsch zu lernen und darauf die Kollegien auf der Universität zu besuchen. Meinst Du nicht, daß er am schnellsten zum Ziele käme, wenn er sich in einer kleinen Stadt wie zum Beispiel Penzlin oder Strelitz niedersetzt und einen jungen Mann annimmt, der mit ihm zusammen ist, seine Aufsätze korrigiert und ihn unterrichtet? Falls Du meine Ansicht teilst, so bitte ich Dich, ihm behilflich zu sein, einen solchen jungen Mann unter billigen Bedingungen zu kriegen. Ein Zimmer mit zwei Betten und mit Kost würde wohl leicht erhältlich sein. Vor fünfzig Jahren bezahlte ich bei Laue achtzig Taler im Jahr. Natürlich ist es jetzt viel teurer; könntest Du mir aber nicht ungefähr angeben, was jetzt für zwei junge Leute, die in einem Zimmer wohnen, monatlich zu bezahlen wäre (Logis, Kost und Waschen)? Verzeihe die Dir verursachende Mühe. Mit herzlichen Grüßen

freundschaftlichst
H. Schliemann

39

Mein lieber alter Freund Rust! Ankershagen, 11. Juli 1883

Bitte, schicke mir von dem bei Dir liegenden Gelde zweihundertundfünfzig Mark. Das wird bis zu unserer Abreise hinreichen.

Freundschaftlichst
H. Schliemann

40

Mein lieber alter Freund Rust! Ankershagen, 11. Juli 1883

Sängerfeste sind nichts für mich, solange ich nicht im Stande bin, mir auch nur die allerdringlichsten Arbeiten vom Halse zu schaffen; später, wenn ich erst zur Ruhe gekommen bin, und zwar hoffe ich, daß dies schon vom 20. August ab, wo wir die Seebäder auf der Isle of Wight anzufangen denken, der Fall sein wird, bin ich wiederum der eifrigste Bewunderer von

Musik. Wie gerne kämen auch wir ins Seebad zu Warnemünde! Da ich aber notwendigerweise, meiner Häuser wegen, einen Monat im Jahr in Paris sein muß, so sind uns die Bäder im Ozean bequemer; außerdem finde ich auch in dem hohen Wellenschlage mehr Harmonie mit meinem bewegten Leben.

Meine Frau und ich, wir sind Dir unendlich dankbar für Dein freundliches Anerbieten, Dich nach einer Wohnung und einem Kameraden für meinen Schwager umsehen zu wollen, und bitten Dich recht herzlich, demselben bis Sonnabend morgen, wenn möglich, beides besorgen zu wollen. Jedenfalls wäre es am besten, wenn Du einen Volksschullehrer fändest, der nur Deutsch versteht, denn unsere deutschen Primaner und Studenten sind zu begierig, von meinem Schwager Griechisch zu lernen, und außerdem mit ihren eigenen Arbeiten zu beschäftigt, als daß er etwas von ihnen lernen könnte.

Wir gehen mit dem letzten Zuge am Sonnabend nach Berlin weiter. Mit herzlichen Grüßen, auch seitens meiner Frau freundschaftlichst

H. Schliemann

41

[Undatierte, mit Bleistift beschriebene Visitenkarte. Da Rust sie zwischen 40 und 42 eingeordnet hat und dies mit der Chronologie übereinstimmt, dürfte sie um den 20. Oktober herum geschrieben sein.]

Ich wollte morgen früh nach Italien abreisen, bleibe aber Deinetwegen hier, um im Grand Hotel, Boulevard des Capucines, um sechs Uhr mit Dir und Deinem Sohne zu speisen. Ich erwarte Euch daher morgen abend um sechs Uhr im großen Lesesaal (Salle de Lecture) des Grand Hotel.

Rastlosigkeit und Ruhelosigkeit von Schliemanns Leben werden in kaum einem anderen Jahr so deutlich wie 1883. Auch während des Kuraufenthaltes in Wildungen war er, wie vorher in Ankershagen, mit Korrekturen, Polemik, Korrespondenz überhäuft. Während des einen Monats in Wildungen schrieb er allein an Brockhaus fünfundzwanzig Briefe!

Wieder einmal war Schliemann überzeugt, die Arbeit in Troja »für immer beendet« zu haben. »Sie hat mehr als zehn Jahre gedauert — eine Zeitperiode, die mit der Legende der Stadt in einem gewissen Verhältnis steht. Wie viele Jahrzehnte lang ein neuer Streit darüber hinwüten mag, überlasse ich den Kritikern: das ist ihr Werk; das meinige ist vollendet«, schreibt er in ›Troja‹.

Als nächstes großes Werk nahm Schliemann sich seit Ende 1882 die Erforschung von Kreta vor, wo er mit Recht die Wurzeln der von ihm entdeckten mykenischen Kultur vermutete. Um die Jahreswende 1882/83 war er bereits in Verbindung mit dem Generalgouverneur von Kreta, Photiades Pascha, um die Grabungserlaubnis für Knossos zu bekommen. »Meine Frau und mich zieht es unbeschreiblich nach Kreta«, schrieb er am 8. Februar 1883 an Virchow. Dieser Plan beschäftigte Schliemann bis zu seinem Tode.

42

Mein lieber alter Freund! Athen, 30. Dezember 1883

Verzeihe, wenn ich Dir erst heute für Dein liebes Schreiben vom 1. des Monats danke, denn ich bin ganz von der Ausarbeitung der französischen Ausgabe meines ›Ilios‹ in Anspruch genommen, worin das neue Werk ›Troja‹ inkorporiert wird, und liegen Hunderte von Briefen unbeantwortet. Es freut mich, daß Dir ›Troja‹ gefällt; auch habe ich bis jetzt aus Deutschland, England und Amerika nur günstige Kritiken darüber gesehen.

Deinen Reisebericht habe ich mit vielem Interesse gelesen. Die Götter sind meine Zeugen, daß ich mit unendlichem Vergnügen mit der ganzen Familie den Sommer über in Neustrelitz zubrächte; aber meine Tage sind gezählt, und möchte ich so gerne noch Kreta explorieren, ehe es zu Ende geht. Wahrscheinlich werden wir daher dort den Sommer in Ausgrabungen zubringen.

Leider hat mir Wildungen nicht genützt, wahrscheinlich, weil ich während der Kur zwölf Stunden täglich arbeiten mußte.

Du tust jedenfalls wohl daran, nach Wiesbaden und darauf in die Schweiz zu gehen; marschiere nur viel zu Fuß. Ich glaube, Franzensbad wäre ein Paradies für Dich, denn Du wirst dort in einem Monat mager.

Mit meiner Frau sende ich Dir und Deiner ganzen lieben, ausgezeichneten Familie herzinnigste Glückwünsche zum neuen Jahre.

Dein alter Freund H. Schliemann

Aus dem Jahre 1884 liegen in Rusts Sammlung keine Briefe vor. Daß gerade nach dem Jahre 1883, in dem Schliemann zum ersten Mal für längere Zeit in seiner Heimat geweilt und Rust öfter als sonst gesehen hatte, eine einjährige Stockung in den nun schon seit Jahren ziemlich regelmäßigen Briefwechsel gekommen sein sollte, erscheint unglaubhaft. Der erste Brief von 1885, Nr. 43 unserer Sammlung, enthält nicht die geringste Andeutung darüber – und die könnte man von dem gewissenhaften Kaufmann Schliemann erwarten. Weiter: Gewiß war das Jahr 1884 nicht eben leicht für Schliemann, leichter aber als 1883 und 1885, in denen er Zeit genug fand, sich mit seinem Jugendfreunde brieflich zu unterhalten. Nun enthält aber der Jahrgang 1884 der Neustrelitzer Zeitung auffallend viele Schliemanniana, und zwar nicht die üblichen Kurzmeldungen, die in jenen Jahren alle deutschen Zeitungen füllten, sondern gerade solche Dinge, die sich anderswo nicht finden. Der Herausgeber neigt also zu der Vermutung, daß erstens die beiden verlorenen Briefe in das Jahr 1884 gehören und daß zweitens einige der Veröffentlichungen der Neustrelitzer Zeitung von 1884 auf Schliemann selbst zurückgehen, indem er seinem Freunde Rust einige Nummern der neugriechischen Zeitschrift ›Hestia‹ und andere geeignete Aufsätze zuleitete, die dieser dann, seiner nun schon alten Mittlerrolle treu, der heimischen Presse übergab.

Daher erscheint es dem Herausgeber berechtigt, diese Stücke oder Auszüge aus ihnen hier einzuschalten, zumal sie einiges Neue zum Bilde Schliemanns, seiner Arbeit und seines Lebens beitragen.

Der erste Beitrag, »Schliemann in seiner Häuslichkeit«, erschien in einer Übersetzung aus der neugriechischen Zeitschrift ›Hestia‹ in den Nummern 10 bis 13 der Neustrelitzer Zeitung und umfaßt acht engbeschriebene Schreibmaschinenseiten. Er ist offenbar von einem Amerikaner verfaßt. Die Übersetzung ins Deutsche ist einfach schauderhaft: »Das Haus ist zwar ein Viereck, aber die Trennung der modernen Aussicht durch eine doppelte Reihe von Hallen nimmt ihm jede ungefällige Einförmigkeit. Die an der linken Seite des Hauses angebrachte Treppe gewährt einen herrlichen Anblick von der Platte desselben ... In Gestalt von Meerbusen geben sie [die Balkone] dem Anblick Mannigfaltigkeit, obgleich sie ein einfaches Viereck vollenden, und fügen ausgewählte Symmetrie und Schönheit hinzu ... Drei Reihen mit Büchern gefüllter Kisten dehnen sich rings um das Zimmer aus.« Diese drei beliebig herausgegriffenen Beispiele mögen genügen. Der Herausgeber hat daher den Aufsatz frei und verkürzt nacherzählt.

Ein anderer Beitrag aus der Neustrelitzer Zeitung Nr. 30 vom 14. März stammt gleichfalls aus der ›Hestia‹, ist aber gut übersetzt. Der Artikel, der hier nicht wiedergegeben wird, behandelt eine Versuchsgrabung in Marathon. Die Vermutung liegt nahe – kann aber einstweilen nicht begründet werden –, daß die Übersetzung von dem gemeinsamen Bekannten Rusts und Schliemanns, dem Lexikographen Professor Daniel Sanders in Alt-Strelitz, herrührt.

Weitere Berichte aus der Neustrelitzer Zeitung dieses Jahrgangs folgen. Der zweite, aus der Nr. 39 vom 4. April, trägt so unverkennbare Eigenheiten der Schliemannschen Diktion, daß es sich um den gleichen Fall handeln dürfte wie bei Brief 26, zu dem Schliemann eine Notiz mit der Überschrift »Bitte, schreibe der Tribüne« legte.

Ein weiterer Zeitungsabdruck zitiert einen verschollenen Brief Schliemanns an einen unbekannten Empfänger und wird deshalb weiter unten eingeschaltet. Inhaltlich deckt sich der Brief weithin mit dem vom 12. April an Schöne, und der vom gleichen Tage an Virchow beginnt mit den Worten »Hoch lebe Pallas Athene, unter deren Schutz ich hier ...«

Der vierte Beitrag enthält wieder einen Brief Schliemanns an einen unbekannten Empfänger. Da er sich nur in der Neustrelitzer Zeitung findet, aus der er auch in Meyers erste Briefsammlung übergegangen ist, mag er in unsere Sammlung eingeschaltet werden. An Rust kann er nicht gerichtet sein, denn dann würde er zu dem Namen von Carl Andreß nicht »aus Neustrelitz« setzen. Nicht unmöglich wäre, Frau von Bernstorff als Empfängerin anzunehmen, bei der Schliemann natürlich nicht voraussetzen konnte, daß sie den kleinen Kandidaten kannte. In Frage käme schließlich noch ein weiterer reglemäßiger Korrespondent Schliemanns in der Nähe, der Hofrat Ahlers in Neubrandenburg. Eine Entscheidung kann wahrscheinlich erst gefällt werden, wenn sich der Brief irgendwo im Original oder in Schliemanns Kopierbüchern findet.

Als letztes und fünftes Stück aus der Zeitung folgt schließlich ein ausführlicher Auszug aus Schliemanns Rede vor dem Breslauer Anthropologenkongreß, in der er zugleich über das letzte große archäologische Unternehmen der Jahre 1884/85 Rechenschaft gibt, die Ausgrabung von Tiryns.

1. Schliemann in seiner Häuslichkeit

(Neustrelitzer Zeitung 1884, Nr. 10–13, nach der neugriechischen Zeitschrift Hestia)

Wer heute nach Athen kommt, besucht außer dem Parthenon auch den großen

Altertumsforscher Dr. Schliemann. Er ist allerdings nicht so leicht kennenzulernen wie der Parthenon. Sein Haus ist nur an jedem Donnerstag der Gesellschaft Athens offen, und jeder Fremde, der im Laufe der Woche seine Karte abgibt, kann mit einer Einladung rechnen.

Sein Haus, das prächtigste des neuen Athen, ist von Ernst Ziller gebaut, dem Schliemann ganz freie Hand ließ. Er sagte ihm nur: »Ich habe mein ganzes Leben hindurch in einem kleinen Hause gewohnt, aber den Rest meiner Lebensjahre will ich in einem großen verbringen. Ich suche weite Räumlichkeit und nichts weiter; wählen Sie den Baustil, den Sie wollen; meine einzigen Bedingungen sind eine breite Marmortreppe und auf dem Dache eine Terrasse.«

890 000 Francs hat Schliemanns Marmorpalast gekostet; er liegt an der Universitätsstraße, der volkreichsten Straße der Stadt, und ist rings von Gärten mit Statuen und Springbrunnen umgeben.

Im Erdgeschoß ist Schliemanns Museum untergebracht, über dessen Eingang ein Gipsabguß der Heliosmetope eingemauert ist, des einzigen Bildwerks, das Schliemann in Troja entdeckt hat. Eine breite Treppe aus weißem Marmor führt in den ersten Stock, über dessen Eingang eine große hölzerne Eule hockt, denn jeder Schmuck des Hauses steht in irgendeiner Beziehung zu den archäologischen Funden des Forschers. Das ganze erste Stockwerk nehmen die Gesellschaftsräume ein. Die Fußböden sind aus Mosaik, die Wände in pompejanischem Stil gleichfalls mit Mosaiken geschmückt: Putten, die ausgraben, Inschriften lesen usw. Dazwischen stehen Homerverse, im Tanzsaal solche, die sich auf den Tanz, im Speisesaal solche, die sich auf Gastmähler beziehen. Dreihundert bis vierhundert Gäste finden in diesem Stockwerk mühelos Platz.

Im zweiten Stockwerk liegen die Bibliothek, die Studierzimmer des Doktors, die Räume der Familie. Die Fußböden schmücken Motive aus Mykene und Troja, und die Wände sind im pompejanischen Stil bemalt.

Über dem Tanzsaal liegt die Bibliothek, daneben die beiden Arbeitszimmer, das eine für den Winter, das andere für den Sommer. Wände und Decke der Bibliothek, die durch die drei zum Balkon führenden Glastüren ihr Licht empfängt, sind in pompejanisch Rot gehalten. Auf den drei Reihen Regale liegen allerlei antike Gefäße, darüber hängen Gemälde, darunter solche von Guido Reni, ein Bild des Doktors, das ihn als Jüngling darstellt, und die Porträts von Personen seiner Heimat (gemeint sind die Schröderschen Porträts). Außerdem sind die Wände noch mit Homerversen in goldenen Buchstaben geschmückt, und oberhalb der Türen stehen allerlei griechische Sinnsprüche: Erkenne dich selbst.

Nachdenken ist alles. Alles Maß ist am besten. Lästig ist Unwissenheit. Nicht übertreiben. Keiner, der nicht Geometrie getrieben hat, soll hier eintreten. Der Seele Heilanstalt.

Die eine Schmalseite nimmt ein marmorner Kamin ein, auf dessen Sockel eine Homerbüste steht, die stets mit einem frischen Ölzweig bekränzt ist. Über dem Kamin hängt die Photographie Frau Schliemanns in Landestracht, auf dem Kopfe eines der trojanischen Diademe. Daneben hängen viele Diplome für Herrn und Frau Schliemann, die ihnen von den verschiedenen archäologischen Gesellschaften und Akademien Europas zuerteilt worden sind.

In der Mitte des Raumes stehen drei Tische, zwei mit einer Sammlung griechischer Münzen, einer mit Zeitungen und Zeitschriften, die Dr. Schliemann als ein Allesverschlinger liest. Die Bibliothek selbst ist nicht groß und mehr die eines Fachmannes als die eines Enzyklopädisten. Außer den klassischen Schriftstellern, Handschriften, archäologischen Reisewerken, gebundenen Zeitschriften und Zeitungen finden sich in ihr die Autoren, die Schliemann besonders wert sind: Leibniz, Kant, Goethe, Schiller, Racine, Victor Hugo, Bulwer und Dikkens.

Während wir am Tische saßen und die letzten englischen Zeitungen lasen, wurde uns Kaffee gebracht. Im gleichen Augenblick öffnete sich die Tür des Winter-Studierzimmers; der Doktor trat ein, die Feder in der Hand, und sprach mit uns über die Lebensmittelvorräte, die er für die neue Ausgrabungskampagne nach Troja schicken wollte. Dann bat Dr. Schliemann uns in sein Studierzimmer.

Hier standen mehrere Schreibtische, in der Mitte des Raumes ein hohes Pult, denn der Doktor ist gewöhnt, im Stehen zu arbeiten. Schränke mit Altertümern standen an den Wänden, und darüber hingen die wichtigsten Diplome des Doktors. Er zeigte uns auch einige Briefe, einen von Gladstone, einen anderen von Kaiser Wilhelm und einen dritten von einem Kaufmann (vermutlich in La Guaira), der ihm in seiner Jugend einen jährlichen Lohn von fünfundvierzig Pfund zusagte. Dieser Brief hat bei einem Schiffbruch gelitten und ist vom Seewasser zitronengelb geworden, aber Schliemann bewahrt ihn sorgfältig auf und zeigt ihn jedem Besucher mit Stolz als Beweis des geringen Anfangs. Hier bewahrt er auch Photographien aus seinem Geburtslande auf, darunter das Haus Minnas, seiner ersten Liebe.

Dann gingen wir wieder in die Bibliothek und fanden hier die Familie. Die Hausfrau ist schön und reizvoll und hat einen bräunlichen Teint. Sie spricht

Italienisch, Englisch, Deutsch und Griechisch gleich geläufig. Daß sie Ilias und Odyssee ganz auswendig weiß, ist nicht wahr, aber einen großen Teil derselben kann sie fließend hersagen. Andromache, ihr ältestes Kind, wetteifert bereits mit der Mutter, denn schon mit ihren elf Jahren spricht sie Deutsch, Französisch, Englisch und Griechisch mit Leichtigkeit. Agamemnon, ein hübscher blonder Junge von fünf Jahren, ist natürlich noch nicht so vielsprachig. Sein Vater rezitiert ihm aber täglich drei Stunden Homer, in der Hoffnung, daß sich ihm so das Altgriechische schon im Wachsen einprägen wird. Der Doktor selbst kann ihm hierin Vorbild sein, denn während eines Essens erzählte er uns in altgriechischer Sprache seinen Lebenslauf. Sein ganzes Privatleben ist griechisch gefärbt. Die olympischen Götter stehen als Wächter auf dem Dache des Hauses, und von den Inschriften und Wandmalereien war schon die Rede. Aber auch auf die Hausgenossen dehnt sich sein griechischer Geist aus. Der Türsteher, welcher Demetrios hieß, erhielt den Namen Bellerophontes, der Gärtner wurde in Priamos umbenannt, der Kutscher in Kalchas, die frühere Erzieherin in Hekate, die beiden jetzigen in Danae und Polyxena. Mit seiner Familie spricht er, auch bei Tische, Altgriechisch, und während des Diners wird Homer vorgelesen, was der Doktor Musik nennt.

Seine große Arbeitskraft verdankt er größtenteils seiner regelmäßigen Lebensführung. Jeden Tag wandert oder reitet er zum Hafen Phaleron, wo er eine eigene Badeanstalt hat, in der er bei jeder Temperatur badet. Obwohl er bereits das 60. Lebensjahr überschritten hat, erscheint er noch wie ein Jüngling. Er hat einen durchleuchtenden Blick und eine frische Gesichtsfarbe. Obwohl er mittelgroß ist, wirkt er durch seinen großen Kopf kleiner, als er ist. Im Gespräch schiebt er die Brille auf die Stirn und gleicht dann dem Vogel der Minerva.

Eines Abends waren wir zum Ball eingeladen und betraten um 9 Uhr das Erdgeschoß, wo Diener in Livree unsere Einladungskarten in Empfang nahmen. Oben an der Treppe empfing der Doktor die Gäste, die dann Frau Schliemann begrüßten. Männer aller Völker und Berufe waren anwesend, griechische Staatsmänner und Professoren der Universität, athenische Journalisten, Archäologen des französischen und deutschen Instituts, auch Engländer, Amerikaner, Russen und dazu Mitglieder der verschiedensten Gesandtschaften. Die Damen waren in ihrer Mehrheit Griechinnen, denen sich einige wenige Engländerinnen, Amerikanerinnen und Deutsche zugesellten. Alle Sprachen schwirrten durcheinander, aber keine war dem Doktor und seiner Gattin unzugänglich.

2. Neustrelitzer Zeitung 1884, Nr. 39, vom 1. April

Heinrich Schliemann hat sich nach Tiryns begeben, um in der dortigen uralten Akropolis Ausgrabungen vorzunehmen. Er gedachte dieselben am 13. dieses Monats zu beginnen. Zweifelsohne wird durch diese Arbeit des unermüdlichen Forschers die Kenntnis des alten Griechenlands wieder neue Bereicherung erfahren. Die Ruinen von Tiryns, in der Nähe von Argos und Nauplia gelegen, gehören zu den ältesten Bauwerken Griechenlands, und die dortigen kyklopischen Mauern wurden im ganzen Altertum als ein Wunderwerk angesehen. Tiryns ist eine der sagenreichsten Stellen Griechenlands; Alkmene, die Mutter des Herakles, war eine Königstochter von Tiryns, und Herakles selbst hatte dort, wie die Sage berichtet, längere Zeit seinen Wohnsitz. Der Ort heißt jetzt Palaiokastron. Schon im August 1876 stellte Schliemann mehrere Tage lang erfolgreiche Nachforschungen in Tiryns an, denen die epochemachenden Ausgrabungen in Mykene sich anschlossen. Bei diesen Forschungen in Tiryns kam Schliemann zu der Ansicht, daß die kyklopischen Mauern dort in der Zeit von 1800–1600 v. Chr. erbaut worden seien.

3. Schliemannbrief an einen unbekannten Empfänger über Tiryns

(Neustrelitzer Zeitung 1884, Nr. 50, 4. Mai)

Dr. Schliemanns Brief, in welchem er seine neuesten großartigen Entdeckungen auf der Akropolis von Tiryns in Argolis mitteilt, datiert vom 11. April. Der Brief, vom ›Athenäum‹ mitgeteilt, lautet:

»Dreimal hoch Pallas Athene! Wahrhaftig, es ist mir hier wunderbar geglückt. Ich habe einen immensen Palast ans Licht gebracht, mit unzähligen Säulen, der die ganze obere Akropolis von Tiryns einnimmt und dessen Fußboden und sämtliche Wände wohlerhalten sind. Von allerhöchstem Interesse sind die Wandmalereien, die mein Architekt und Mitarbeiter Dr. Dörpfeld jetzt in denselben Farben kopiert. Von besonderem Interesse sind auch die Malereien an den Vasen mit ihren höchst primitiven Darstellungen von Menschen und Tieren. Der Plan des wunderbaren prähistorischen Palastes läßt sich mit der größten Genauigkeit herstellen. Er wird das höchste Erstaunen erregen, denn Ähnliches ist nie zu Tage gekommen. Das gefundene Kapitell ist von der ältesten je entdeckten dorischen Ordnung.«

4. Schliemannbrief an einen unbekannten Empfänger über die Anfänge seiner literarischen Laufbahn

(Neustrelitzer Zeitung 1884, Nr. 83, 25. Juli)

»Der erste Grund zu meinen literarischen Arbeiten ist wohl jedenfalls durch Dr. Collier in London gelegt worden, der mir, als ich ihm einst mit Pathos aus dem Gedächtnis eine Rede herdeklamierte, die ich im Jahre 1851 auf einem Festmahl in Washington von Kossuth gehört hatte, spöttisch bemerkte, daß es meiner unwürdig wäre, fremde Reden herzusagen und daß ich vollkommen dazu fähig wäre, selbst Reden zu halten und Bücher zu schreiben. Dies gab mir Mut, und ich fing von der Stunde an, überall auf meinen größeren Reisen Notizen zu machen. Die auf meinen Reisen in China und Japan im Jahre 1865 von mir gemachten Aufzeichnungen gaben mir reichen Stoff zu meinem ersten Werke ›La Chine et le Japon‹. Eine Übersetzung davon habe ich nicht gemacht. Mein zweites Werk, welches ich 1868 ebenfalls in französischer Sprache niederschrieb und welches Herr Carl Andreß in Neustrelitz auf Deutsch übersetzte, war ›Ithaque, le Péloponnèse et Troie‹. Dies Werk erregte von Seiten der deutschen Zunftgelehrten einen Sturm von Indignation, erstens, weil ich mich erdreistet hatte, die durch meine späteren Entdeckungen berühmt gewordene Stelle im Pausanias (II, 16.4) ganz anders zu übersetzen, als sie bis dahin von allen Gelehrten übersetzt worden war, und sie so gedeutet hatte, daß Pausanias notwendigerweise die Gräber des Agamemnon und seiner mit ihm geschlachteten Gefährten innerhalb der kleinen Akropolis von Mykene, und die Gräber des Aigisthos und der Klytaimnestra außerhalb derselben gesehen haben müsse, während alle anderen Gelehrten geglaubt hatten, Pausanias spreche hier lediglich von den fünf offenen und leeren Kuppelgräbern in der Unterstadt, obwohl im Text kein Wort steht, was darauf hindeutet. Zweitens, weil ich in jenem Werke gegen die allgemeine Meinung erklärte, Troja habe nicht auf Bunarbaschi, sondern auf dem Hügel Hissarlik gelegen, der nach meiner Meinung größtenteils aus den Trümmern aufeinanderfolgender Städte bestände. Die Folge hat bewiesen, daß ich durchaus ungerechterweise verspottet wurde, denn genau auf der Stelle, die ich in dem Buche bezeichnet hatte, fand ich die mykenischen Königsgräber mit ihren unermeßlichen Schätzen, und obige Stelle in Pausanias wird daher fortan von jedem Philologen so übersetzt werden müssen, wie ich sie von Anfang an verstanden hatte, und alle Welt stimmt jetzt mit mir überein, daß nicht Bunarbaschi, sondern Hissarlik

für alle Angaben Homers paßt und daß der Hügel Hissarlik größtenteils aus den Trümmern von sieben aufeinander gefolgten Städten besteht, wovon die zweite von unten das in einer furchtbaren Katastrophe durch Feuer untergegangene Troja der Legende ist.«

5. Schliemann über seine Ausgrabungen in Tiryns

(Neustrelitzer Zeitung 1884, Nr. 91, 92, 94)

In der zweiten Sitzung des Anthropologenkongresses in Breslau am 5. dieses Monats sprach unser berühmter Landsmann Herr Dr. Schliemann über seine Ausgrabungen in Tiryns.

»In der südöstlichen Ecke von Argos, nur acht Stadien vom Golf entfernt, liegt die Burg von Tiryns, der Geburtsort des Herakles. Die Blütezeit und Geschichte Tiryns' gehören einer prähistorischen Zeit an, wie meine Forschungen bewiesen haben. Schon zu Homers Zeit war die Burg zerstört und lag öde, unter Schutt begraben. Dennoch drückt Homer seine Bewunderung über die Mauern der Zitadelle aus. Im ganzen Altertum hat man von diesem Baue als einem außerordentlichen Wunderwerke gesprochen. Pausanias stellt dasselbe den Pyramiden Ägyptens gleich. Er sagt: ›Die Mauern Tiryns' sind von Kyklopen gebaut und bestehen aus unbehauenen Steinen, deren jeder so groß ist, daß ein Gespann von zwei Maultieren nicht einmal den kleinsten von der Stelle bewegen könnte.‹ Die Zwischenräume sind mit kleinen Steinen ausgefüllt. Die Steine der Ringmauern sind durchschnittlich zwei Meter lang und neunzig Zentimeter breit, die Dicke der Gesamtmauer muß mindestens fünfzehn Meter betragen haben ...«

Nach einem Rückblicke auf die Geschichte Tiryns' von seinem ersten König an führt der Vortragende den Nachweis, daß die Zerstörung Tiryns' in eine viel frühere Zeit hinauszurücken ist, als gewöhnlich angenommen wird ...

»Um nichts für die Wissenschaft verlorengehen zu lassen, habe ich mit meinem Gehilfen, Dr. Wilhelm Dörpfeld aus Berlin, ... die ganze obere und mittlere Akropolis abgegraben. Die Mauern sind durchschnittlich 7,50 Meter, an der oberen Akropolis sogar an einigen Stellen bis 15 Meter stark. Sie bestehen aus großen, fast ganz unbearbeiteten Steinblöcken, die ohne jede Bindemittel aufeinandergetürmt sind. An einigen Stellen finden sich Reste von Türmen, ein Turm am Haupteingang ist noch ziemlich gut erhalten und oberhalb der Mauer sieben Meter hoch ... Wahrscheinlich führte um die ganze Mauer ein bedachter Gang, der wahrscheinlich aus einer mit Luken durchbrochenen Mauer bestand,

die mittels hölzerner Klappen geschlossen wurden. Die Mauer selbst bestand aus roten Lehmziegeln, was durch die große Masse des vorstehenden Schutts bewiesen wird. Der Haupteingang zur Burg befand sich an der Ostseite neben dem schon erwähnten Turme. Eine mächtige Rampe führte an der Mauer entlang zur Burg hinauf ...

Von dem Tore führt ein steil aufsteigender Weg zur oberen Akropolis. Oben angelangt, erweitert er sich zu einer Art Hof, und man steht vor einem Propylaion. Nach Osten besteht dieser Bau aus einer Vorhalle, die von zwei kolossalen Säulen gebildet wird, nach Westen zu befindet sich eine vollkommen gleiche Vorhalle. Die Mittelwand zwischen beiden Hallen enthält die große Tür, die durch zwei Torflügel verschlossen war; auch hier sind die Zapfen noch erhalten. Westlich vom Propylaion war ein Hof, gegen den sich an der Nordseite zwei Zimmer öffneten. Wie die Baulichkeiten an der Südseite des Hofes waren, läßt sich leider nicht mit Sicherheit bestimmen, weil man in byzantinischer Zeit hier eine kleine Kirche erbaut hat. Rings um die Kirche herum haben wir zahlreiche, nach Osten gerichtete Gräber gefunden.

Vom Propylaion ging ein 1,40 Meter breiter Weg zu den inneren Räumen des Palastes hinauf, der Hauptweg dagegen führte zu einem zweiten Propylaion, durch das man zum Haupttor des Palastes gelangte. Dieses Propylaion hatte denselben Grundriß wie das erste, nur im kleineren Maßstabe. Östlich vom Hauptsaale gruppiert sich um einen zweiten kleineren Hof eine größere Anzahl von Zimmern, in denen man wohl die Frauenwohnungen erkennen darf, während der große Hof und der Saal die Männerwohnungen gewesen sein dürften. Der kleinere Hof ist auf zwei Seiten von Säulenhallen umgeben. Die einzelnen Zimmer sind teils direkt, teils durch Korridore miteinander verbunden. Zum kleineren Hof führt auch der erwähnte schmale Gang vom Propylaion hinauf.

Die östlich von diesem Gange liegenden Zimmer sind in ihrer Form nicht mehr deutlich zu erkennen, weil hier mehrfache Umbauten stattgefunden haben. Überhaupt lassen sich an mehreren Stellen Umbauten erkennen. Jedenfalls gehört der ganze Palast in seinen Haupträumen derselben Zeit an wie die äußeren Festungsmauern, also dem zweiten Millenium vor Christo. Die Fundamente der Hausmauern ruhen auf dem Felsen, die Wände bestehen aus unbearbeiteten größeren und kleineren Bruchsteinen. Die Wände sind ebenfalls aus Bruchsteinen mit Lehmmörtel hergestellt. Die fehlenden Oberteile der Mauern bestanden teils aus demselben Material, teils aus an der Sonne getrockneten Lehmziegeln, vollkommen so wie alle großen Gebäude von Pergamos und Troja.

Die Wände waren an ihrer Außenseite zuerst mit einem Lehmputz und darüber mit einem Kalkputz überzogen. Dieser letztere zeigt noch an mehreren Stellen Spuren einer früheren Bemalung. Die Malereien sind in fünf Farben, rot, schwarz, gelb, blau und weiß, hergestellt und stellen meist Ornamente dar, für welche die mykenische Periode schon nachgewiesen ist. Eigentlich griechische Ornamente aus der klassischen Zeit finden sich darunter gar nicht. Außer diesen Ornamenten kommen auch figürliche Darstellungen vor.

Wie reich der ganze Palast ausgestattet war, beweisen die vielen Stücke skulpierter Ornamente, die wir auf der Akropolis gefunden haben.

Der ganze Palast ist durch Feuer zerstört worden, wie die Masse von Holzkohle, verbrannten Ziegeln und Steinen beweist. Besonders stark sind die Mauern in der Nähe der Türpfosten mitgenommen, weil die starken Holzpfosten dem Feuer reichliche Nahrung boten. Die Bruchsteine sind zum Teil zu Kalk, der Lehmmörtel zu fester Terrakotta geworden, so daß die Mauer nur mühsam mit der Spitzhacke zerschlagen werden konnte. Daher hat auch hier eine [spätere] Bebauung nie stattfinden können.

Bei der Ausgrabung der mittleren Terrasse sind in verschiedener Höhe übereinander schmale Mauern aus Bruchsteinen und Lehm aufgedeckt worden, deren Grundriß leider nicht mehr zu erkennen ist. Es müssen hier Wirtschaftsgebäude gelegen haben, die schlechter konstruiert waren und öfter erneuert wurden. Daraus erklärt sich auch die hier vorhandene größere Schuttanhäufung.

Bei der Betrachtung des Planes von Tiryns drängt sich unwillkürlich die Frage auf, wo denn nun eigentlich die Wohnsitze des Volkes waren, deren Könige die Zitadelle bewohnten, und wo die Gräber der Könige sich befanden. Die von mir um die Akropolis herum und nach allen Richtungen gegrabenen Schachte, neben welchen dieselben Topfwaren wie auf der Akropolis und viel verbrannter Ziegelschutt sich fanden, lassen keine Zweifel darüber, daß sich die Stadt rings um die Burg ausdehnte. Was die Gräber betrifft, so habe ich lange darüber nachgedacht, wo dieselben sein könnten. In Tiryns sind sie keinesfalls, denn der Palast ist vollkommen ausgegraben, dort liegt kein Pfund Schutt mehr. Auf der mittleren Terrasse können sie auch nicht sein, denn auch diese ist ausgegraben. Außerhalb der Akropolis können wir sie uns auch nicht denken, denn sie würden unmöglich ohne irgendwelchen Oberbau sein. Ich glaube daher, daß sie in der Nähe von Nauplia zu suchen sind, eine Stunde zu Fuß von Tiryns entfernt, denn dort führt Strabo sehr merkwürdige Höhlen mit kyklopischen Bauten an. Wozu sollte man kyklopische Bauten in Höhlen machen? Leider habe ich trotz allen

Suchens nichts entdecken können. Jedenfalls sind sie dort unter den jetzigen Häusern zu denken und daher vorderhand nicht zu finden. Vielleicht können die Häuser von einer künftigen Generation abgebrochen und die Gräber gefunden werden.«

Schließlich wandte sich der Redner gegen gewisse Anfechtungen und Kritiken, die seine Arbeiten von einer Seite erfahren, und sprach die Hoffnung aus, daß seine Ausgrabungen von einigem Nutzen für die Wissenschaft gewesen sein mögen. Wenn die Versammlung finden sollte, daß die Resultate seiner mühevollen Arbeit dem geliebten deutschen Vaterlande zur Ehre gereichen, dann werde das für ihn ein mächtiger Sporn zur weiteren Fortsetzung seiner Forschungen auf dem Gebiete der Wissenschaft sein. Der Redner erläuterte seinen fesselnden Vortrag, dem das äußerst zahlreiche Auditorium fortgesetzt mit gespanntester Aufmerksamkeit folgte, durch den steten Hinweis auf eine große Auswahl ausgestellter Illustrationen, einen Situationsplan von Tiryns, die Ansicht eines Turmes, Wandmalereien und Abbildungen von Vasen.

43

Mein lieber alter Freund Rust! Athen, 6. Januar 1885

Dir und Deiner lieben Frau meiner Frau und meinen wärmsten Dank für Eure freundlichen Glückwünsche zum neuen Jahre, die wir aufs wärmste erwidern. Sehr bedaure ich, daß Deine Frau an rheumatischen Schmerzen leidet – und rate Euch dringend, im April oder Mai nach Aachen zu gehen, denn es gibt in der Welt keine bessere Kur gegen Rheumatismus als dort.

Aus Versehen ist das Geld an Andreß und Meincke anstatt an Dich, direkt gesandt. Andreß ist grundgelehrt, aber nicht mehr fähig, die kleinste Bibliothek zu katalogieren *[Andreß war seit langen Jahren als Hilfskraft für die bis 1884 eines Leiters entbehrende Bibliothek tätig]*, denn das ist eine schwere Arbeit, die ich aus Erfahrung kenne, denn meine Bibliothek ist genau katalogiert. Der neue Bibliothekar, von Buchwald, muß sehr tüchtig sein, wenn er 100 000 Bände katalogieren kann. Ich muß ihn kennenlernen, wenn ich nach dort komme. Jawohl, zu Collins Jubiläum werde ich auch ein Scherbchen beitragen.

Ihr habt wohl schon Schlittschuhbahn? Wie beneide ich Dich darum! Hier haben wir herrlichen Frühling und fortwährend Sonnenschein.

Ich habe bis April vier Werke (zwei französische, ein englisches in zwei Ausgaben und ein deutsches) *[noch immer das französische ›Ilios‹, dazu sein Tirynswerk in der englischen, französischen und deutschen Ausgabe]* zu publizieren, bin daher sehr beschäftigt und bitte somit meine Kürze zu entschuldigen.

Mit herzlichsten Grüßen von Haus zu Haus

Dein alter Freund
H. Schliemann

44

Lieber Freund Rust! Athen, 15. März 1885

Da ich in meiner Unterhaltung mit Collin sein Wissen auf einer so niedrigen Stufe fand, so dachte ich, fünfzig Mark wären zu seinem Jubiläum genug. Da Du aber meinst, daß es zu wenig ist, so schließe ich noch ebensoviel hier bei. Verzeihe mir, daß ich nicht mehr schreibe, denn ich habe bis Ende nächsten Monats drei Ausgaben von ›Tiryns‹ und eine von ›Ilios‹ herauszubringen und bin zum Ersticken überladen. Ich fürchte, Professor Andreß wird nicht bis zum Sommer leben! Ich möchte ihn gern noch wiedersehen, denn er ist ein tiefgelehrter Mann. *[Er starb nach langer Krankheit am 29. April 1885.]* Wann ist Euer Gymnasium gegründet? *[1806]*

Dein alter Freund
H. Schliemann

Den Juli und August 1885 verbrachte Schliemann mit seiner Familie in der Schweiz. Das jetzt sechsundachtzigjährige Fräulein Helene Schellberg in Dresden-Weißer Hirsch schrieb dem Herausgeber ihre Erinnerungen an jene Monate auf:

»Täglich habe ich in St. Moritz mit Andromache und Agamemnon Schliemann gespielt. Beliebt war ›Troja ausgraben‹. Meine Mutter spendierte ein großes Praliné oder eine kleine, in Stanniol eingewickelte Tafel Lindt-Schokolade. Sie wurden eingegraben und ein großer Stein daraufgelegt; er stellte die Grabstele dar. Eifrig wurde dann gegraben, bis die Schokolade als Schatz des Priamos zum Vorschein kam.

Wir sangen auch deutsche Volkslieder miteinander, ›Weißt du, wieviel Sternlein stehen‹ und andere. Andromache begriff schnell, aber ich lernte die griechischen Volkslieder nicht.

Meine Mutter brachte uns Tennis- und Krokettspielen bei. Frau Schliemann lag auf dem Balkon und schaute zu. Eines Tages sagte ich zu Andromache: ›Da kommt Dein Großpapa.‹ ›Es ist mein Papa‹, antwortete sie.

Wenn ich Herrn Schliemann sah, machte ich einen Knicks und sagte: ›Guten Morgen, Herr Doktor‹, aber er nahm nie Notiz davon, und deshalb wich ich diesem Brummbär immer aus. Mein Vater war wie Herr Schliemann überarbeitet und ruhelos; sie gingen beide des Morgens um vier bis zum Frühstück spazieren. Gemeinsame Interessen führten sie zusammen. Mein Vater war Großkaufmann und lange in Amerika und England gewesen.

Herr Schliemann hatte einen großen Briefwechsel und trug täglich viele Briefe zur Post. — Meine Mutter sagte: ›Mit Herrn Schliemann kann man sich nicht gut verständigen, er hört schwer. Es ist gut, daß er viel von seinen Ausgrabungen erzählt.‹

Das Hotel veranstaltete einmal ein Gartenfest. Dazu trug Frau Schliemann Schmuckstücke aus den Ausgrabungen. Sie war eine schöne Frau, einen halben Kopf größer als ihr Mann, mit starkem, schwarzem Haar. Ihr Gesichtsausdruck war immer ernst, ich habe sie nie lachen sehen.

Die Kinder, Frau Schliemann und die Kinderfrau hatten großen Respekt vor Herrn Schliemann und waren in seiner Gegenwart stets sehr zurückhaltend und bescheiden. Frau Schliemann und die Kinder trugen meist die griechischen gestickten Kleider, Nesselstoff mit bunten Kreuzstichkanten. Die Kinder sahen mehr der Mutter ähnlich.

In St. Moritz hielten sich viele hochstehende Persönlichkeiten auf, auch Fürsten und Grafen. Sie stellten sich Herrn Schliemann vor — er sagte: ›Ja, ja‹, lüftete den Hut und ging weiter.« —

Die tiryntische Ausgrabung und die pausenlose literarische Arbeit der vergangenen Jahre hatten Schliemanns Gesundheit, vor allem seine Nervenkraft, stark untergraben — »die gleichzeitige Ausgabe von so vielen Büchern war eine alles Maß übersteigende Arbeit, die meine Kräfte erschöpft und mich sozusagen ausgepumpt hat. Beim Zeus, diese anstrengenden Arbeiten haben mich so mitgenommen, daß ich unbedingt längere Zeit ausspannen muß, sonst geht es mit mir in kurzer Zeit zu Ende«, hatte er schon am 30. November 1885 an Helbig geschrieben. Kurz entschlossen floh er in eine »kleine Reise«, die einen wohltuenden räumlichen Abstand zur Tagesfron schaffen sollte. Im letzten Dezemberdrittel reiste er ab und traf Mitte Februar 1886 wieder in Paris ein. Nach seiner Meinung kehrte er »vollkommen wiederhergestellt« (an Schöne, 18. April 1886) zurück. Dagegen spricht allerdings gerade die Schrift des Briefes 45, die außergewöhnlich großräumig, hastig und zitterig ist, ebenso auch die gesteigerte Nervosität in den Verhandlungen mit Winkelmann und schließlich auch, daß er beim Datum ursprünglich »Dezember« schrieb und erst dann in »Februar« korrigierte.

45

Mein lieber alter Freund Rust! Paris, 13. Februar 1886

Soeben von einer kleinen Erholungsreise nach St. Thomas, Sant Domingo, Porto Rico und Cuba zurückgekehrt, finde ich Dein liebes Schreiben vom 17. Dezember vor, woraus ich mit größter Freude ersehe, daß Du und Deine liebe Familie wohlauf seid. Ich habe Dir bereits vor Jahren gesagt und wiederhole, daß Du durchaus täglich wenigstens zwei Stunden reiten, auch passive Gymnastik treiben mußt, sonst geht's nicht gut.

Deiner ganzen Familie herzliche Grüße; ebenso meine Empfehlungen an Euren gelehrten Bibliothekar *[Gustav von Buchwald]*, den ich diesen Sommer kennenzulernen hoffe, denn wahrscheinlich quartieren wir uns wieder auf einen Monat in Ankershagen ein. Winkelmann schrieb mir nach Havanna, bei ihm zu wohnen; ich fragte ihn darauf, ob er mir für den Monat ein ausgezeichnetes Reitpferd zur Verfügung stellen könne. Darauf hat er nicht geantwortet, und scheint ihm daher unser Verbleib bei ihm nicht zu passen.

Ich glaube aber, wir bezahlen reichlich und finden für das Kostgeld überall herzliche Aufnahme.

Wieder eine Überempfindlichkeit Schliemanns. Er hatte am 20. Januar aus Havanna an Winkelmann geschrieben, so daß unmöglich schon eine Antwort vorliegen konnte. Zum Glück hat Rust, der sofort nach Empfang des Briefes an Winkelmann schrieb, auch dessen Antworten aufbewahrt, die das gegenseitige Mißverstehen klären können. Winkelmann wollte danach kein Kostgeld nehmen, sondern hatte Schliemann eingeladen und fühlte sich durch Schliemanns Form der Ablehnung verletzt.

Mit herzlichsten Wünschen für Euer aller Wohlergehen

Dein alter Freund H. Schliemann

Von Paris fuhr Schliemann gleich nach Berlin. Im Sommer 1885 hatte er von der türkischen Regierung alles zurückgekauft, was diese bei den Grabungen von 1878, 1879 und 1882 als ihren Zweidrittelanteil erhalten hatte. In einem Briefe an Virchow, 20. Juli 1885, spricht er von ›Tausenden von Paketen‹. 18. April 1886 an Schöne: »Ich habe seit Anfang November fortwährend fünf Künstler beschäftigt und wahrlich keine Kosten gespart, die von der Türkei gekauften Topfwaren mir würdig wieder instand setzen zu lassen. Die Mühe war sehr groß, da die zu einer einzigen Vase gehörigen Bruchstücke oft aus siebenundzwanzig Kisten zusammengesetzt werden mußten; ja, ein Künstler hat manchmal einen ganzen Monat an einem Gefäß gearbeitet. Jetzt ist aber der größte Teil fertig und von mir selbst wohlverpackt an Sie abgegeben, zusammen mit den besten Steinwerkzeugen, den interessanteren trojanischen Inschriften, und alle Bruchstücke von trojanischen Skulpturen, die ich in meinen Ausgrabungen früherer Jahre gesammelt hatte.«

46

Berlin, 23. Februar 1886
Hotel Kaiserhof

Mein lieber alter Freund Rust!

Zu meinem größten Erstaunen fand ich gestern abend bei meiner Ankunft hier ein Schreiben von Herrn Winkelmann, den ⟨das⟩ ich seiner Sonderbarkeit wegen hier beilege. Bitte sende es mir wieder zurück.

Du erinnerst Dich jedenfalls, daß Du auf meine Bitte in 1882 zu Pastor Becker fuhrst und zu 3000 Mark mit ihm abmachtest; und daß Du mir bei Deiner Rückkunft nach Strelitz dies bestätigtest und dabei bemerktest, Du seiest bei Herrn Winkelmann angefahren, der seine größte Bereitwilligkeit ausgedrückt hätte, uns unter gleichen Bedingungen aufzunehmen.

Dies schrieb er mir auch damals direkt nach Athen und bat dringend, ihm den Vorzug zu geben, falls wir noch nicht fest mit dem Pastor abgemacht hätten. Ich versprach ihm darauf, das nächste Mal bei ihm zu wohnen.

Unter diesen Umständen konnte ich seine kürzlich in Havanna erhaltene Einladung unmöglich anders verstehen, als daß er meinte, wir sollten vier Wochen bleiben und 3000 Mark dafür bezahlen. Beim Pastor hat es uns nicht gefallen, und werden wir daher nicht wieder nach Ankershagen kommen, denn lieber möchte ich einen Monat in einer Schäferhütte wohnen und trocknes Brot essen als Winkelmanns Gastfreundschaft annehmen.

Ich bin hier, um die neuen Sachen im Schliemann-Museum aufzustellen, und reise, sobald ich damit fertig bin, nach Rom weiter. Vielleicht kaufe ich hier bis dahin noch ein Haus, um es zu vermieten, denn ich habe leider viel bares Geld liegen und weiß es nicht höher als ⟨zu⟩ $3^1/_2\%$ unterzubringen.[34]

Viele Grüße an die lieben Deinigen

Dein alter Freund
H. Schliemann

47

(Diktat mit eigenhändiger Unterschrift)

Mein lieber alter Freund Rust!

Berlin, 28. Februar 1886

Meinen wärmsten Dank für Dein liebes ausführliches Schreiben vom 25. dieses Monats, durch welches ebenso wie durch einen heute von Herrn Winkelmann empfangenen Brief das Mißverständnis aufgeklärt ist. *[Winkelmann hatte Rust gebeten, die Vermittlung in der Regelung der Geldfrage zu übernehmen.]* Ich werde mit meiner Frau vielfach über Ankershagen sprechen und, wenn ich es, wie ich hoffe, durchführen kann, in diesem Sommer einen Monat in Neustrelitz oder in Ankershagen mit meiner Familie zuzubringen, so verfehle ich nicht, Dich wenigstens vier Wochen vorher in Kenntnis zu setzen. Ich bin hier so in Anspruch genommen, daß es mir beim besten Willen nicht möglich ist, Dir heute mehr zu schreiben, und verbleibe mit den herzlichsten Grüßen an Dich und Deine ganze liebe Familie.

Dein alter Freund
H. Schliemann

48

Mein lieber guter alter Freund Rust!

Athen, 4. November 1886

Seit fast einem Jahr habe ich kein Lebenszeichen mehr von Dir erhalten, jedoch hoffe ich, daß es Dir und den lieben Deinigen wohl geht, und würde mich gar sehr freuen, dies von Dir bestätigt zu hören.

Dies Jahr sind wir leider nicht dazu gekommen, Strelitz oder Ankershagen zu besuchen, jedoch werden wir hoffentlich nächsten Sommer den längst gehegten Wunsch, einmal wieder einen Monat in Eurer Gegend zuzubringen, erfüllen können. Ich muß aber vorher bestimmt wissen, ob es Herrn Oberamtmann Winkelmann konveniert uns gegen 3000 Mark Kostgeld einen vollen Monat aufzunehmen und uns gut zu unterhalten, immer fette Milch, wirklichen Bordeaux-Wein, meiner Familie einen Wagen, mir ein Reitpferd mit starken, gesunden Beinen geben kann. Ich muß gewiß sein, daß es bei dem Herrn bequem und angenehm ist und daß wir ihn und seine Familie auf keine Weise genieren, denn sonst gehen wir lieber nach Capri.

Am 27. dieses Monats bin ich entschlossen, mit meiner Frau nach Ägypten zu reisen, uns in Kairo ein Schiff zu mieten und den Nil bis zu den zweiten Wasserfällen in Nubien hinaufzufahren. Wir nehmen nur unsern Diener Pelops mit, weil er schwindsüchtig ist und er in Oberägypten durch die trockene Luft sehr bald genesen kann. Die Kinder bleiben hier und lernen fleißig.

Ab Strelitz bis 17. November in Athen; später, bis Ende Januar, per Adresse Messrs. Thomas Cook & Son in Kairo.

Mit herzlichen Grüßen an Euch alle

Dein alter treuer Freund
H. Schliemann

Wie wenig die »kleine Reise« nach Mittelamerika geholfen hatte, dem Alternden die von ihm als selbstverständlich geforderte jugendliche Kraft zurückzugeben, beweist am besten, daß er Ende 1886 wiederum eine Reise antrat, die weniger als Bildungs- oder Forschungs-, denn als Erholungsreise angelegt war: die Nilfahrt, die am besten dem Ruhebedürfnis des Fünfundsechzigjährigen entsprechen mochte, der sie als Siebenunddreißigjähriger schon einmal gemacht hatte, im Winter 1858/59. Die arabische Schiffsmannschaft war Schliemanns einzige Gesellschaft. In einem griechisch geführten, noch nicht veröffentlichten Tagebuch schildert er den Tagesablauf: »Trotz aller Mißhelligkeiten, wenn Windstille oder Gegenwind das Fortkommen hindert, ist mein einziger Kummer die Eile der Zeit. Wahrlich, nirgends ist mir die Zeit so schnell vergangen als jetzt, wo ich allein bin. Das macht, wie mir scheint, die Mannigfaltigkeit meiner Beschäftigungen. Um sieben Uhr stehe ich auf und wandle eine halbe Stunde auf dem Verdeck auf und ab, trinke Tee, esse drei Eier und *gehe noch eine Stunde umher, indem ich rauche ... Sogleich danach nehme ich eine Stunde ein arabisches Buch vor und zwei Stunden den Euripides. Darauf frühstücke ich, gehe wieder eine Stunde und lese weiter wissenschaftliche Bücher bis $^1/_2$5 Uhr. Später gehe ich bis sechs, diniere und wandle noch eineinhalb Stunden, den erquickenden Lufzug der Wüste genießend. Bevor ich mich niederlege, schreibe ich mein Tagebuch.*

Freilich, er war nicht immer auf seiner Barke. Sie landete auch, wo es schön oder interessant war, und nun konnte Schliemann sich an der Kunst des Pharaonenlandes und nicht weniger an den hohen Geschichtszahlen der Dynastien begeistern, aber auch alle erdenklichen volkskundlichen, meteorologischen, botanischen und zoologischen Beobachtungen anstellen. Die Briefe von dieser und der folgenden Nilreise sind besonders plastisch und bunt.

49

Mein lieber alter Freund Rust! Kairo, 6. Dezember 1886

Deinen lieben interessanten Brief erhielt ich bei meiner Abreise von Athen; auch das mir gesandte Buch von W. Gentz *[Briefe aus Ägypten und Nubien, 1853]*, welches ich mit viel Vergnügen auf meiner morgen anzutretenden Nilreise lesen werde. Ich sage Dir meinen herzlichsten Dank für Dein freundliches Andenken.

Du wärest nie dick geworden, hättest Du meinen Rat befolgt, täglich wenigstens zwei Stunden zu reiten. Sehr freut es mich zu hören, daß es Dir und den lieben Deinigen sonst wohl geht.

Leider konnte sich meine Frau nicht entschließen, die Kinder zu verlassen, und mußte ich daher allein reisen. Ich habe mir ein schönes Schiff auf drei Monate gemietet; die Kosten belaufen sich, inclusive Beköstigung, auf fast 100 Mark täglich; ich tröste mich aber in dem Gedanken, daß ich, wenn ich jetzt – wie es beabsichtigt war – in Kreta ausgrübe, das Dreifache ausgeben würde. Ich nehme nur meinen Dir bekannten Diener Pelops mit, um zu sehen, ob nicht das Klima seine weit fortgeschrittene Schwindsucht heilt. Eine interessantere Tour als die Nilreise bis zu den zweiten Wasserfällen gibt es auf der Erde nicht. Das einzige Übel sind die großen Kosten.

Ich habe den gestrigen Tag bei den Pyramiden von Giseh zugebracht und bin auf der Pyramide des Cheops sowie in derselben gewesen. Wie Du aus beifolgender Photographie ersiehst, ist es gar nicht so leicht hinaufzukommen. Ich füge eine andere bei, die die Pyramide aus der Ferne gesehen darstellt.

Mit herzlichsten Grüßen und Glückwünschen zum Neujahr an Dich und Deine liebe Familie

Dein alter treuer Freund
H. Schliemann

Mit Entsetzen höre ich von Dir, daß Carl Lenz *[Bruder von W. Lenz]* sich selbst entleibt hat. Das muß den alten Wilhelm Lenz sehr schmerzen; grüße ihn.

50

Mein lieber alter Freund Rust! Abu Simbel in Nubien, 30. Januar 1887

Obgleich ich die Nilreise schon vor achtundzwanzig Jahren gemacht habe, so ist mir doch fast alles neu in Ägypten und Nubien, denn die schweren Arbeiten, die ich seitdem gehabt habe, haben beinahe alles aus dem Gedächtnis verwischt. Vor allem muß ich Dir sagen, daß dies die herrlichste Reise ist, die man überhaupt in der Welt machen kann; der herrliche wolkenlose Himmel, die schöne Frühlingsluft, die goldene Ruhe, der unaufhörliche Wechsel der prachtvollsten Landschaften, die riesigen Tempel aus dem fernsten Altertum – alles dies wirkt wohltätig auf Geist und Körper, und empfehle ich die Nilreise ganz besonders allen Neuvermählten. Da ich aber von Neuvermählten spreche, so muß ich hinzufügen, daß der Augenblick, so man das Gestade von Abu Simbel *[Schliemann schreibt Abu Simbl]* betritt, epochemachend im Leben ist und daß, gleichwie ein glückliches Ehepaar sich stets mit Wonne seines Hochzeitstages erinnert, geradeso der Tag, wo der Reisende Abu Simbel besuchte, die schönste Erinnerung seines Lebens bleibt. Hier nämlich sind die gewaltigsten Kunstwerke der Welt; die riesigsten Werke der Griechen und Römer, ja selbst die Pyramiden sind nur Arbeiten von Zwergen dagegen. Hier in der Wüste hat König Ramses II. *[Schliemann schreibt Rameses]* in der Mitte des vierzehnten Jahrhunderts vor Chr. *[Breasted setzt in seiner Geschichte Ägyptens die Regierungszeit Ramses II. in die Jahre 1298–1232, Ed. Meyer in seiner Geschichte des Altertums in die Zeit 1310–1244]* in einsamer Felswand zwei ungeheure Tempel mit allen ihren Säulen und Bildsäulen ausgespart, und enthält der eine derselben vierzehn Säle, wovon einer siebzehn Meter lang, sechzehn Meter breit und zwölf Meter hoch ist; und vor dem Tempel sind vier sitzende Kolosse des Ramses, jeder neunzehn Meter hoch. Die bildlichen Darstellungen und Inschriften, welche die Wände und Decken aller vierzehn Säle bis aufs kleinste Fleckchen bedecken, wurden in Relief in den Fels gemeißelt, mit dünnem Stuck überzogen und bemalt. Bewunderungswürdig ist die Farbenfrische dieser 3200 Jahre alten Wandgemälde, die Schlachten, Belagerungen, Friedensabschlüsse, Opferszenen usw. darstellen. Der kleinere Tempel, vor dem sechs aus dem Felsen gesparte, neun Meter hohe Bildsäulen des Königs und der Königin stehen, ist ebenso mit Skulpturen und Wandgemälden geschmückt wie der große.

Ich schicke Dir heute, mit vielem Danke, das mir freundlichst geliehene Buch von Wilhelm Gentz zurück. Es ist das Werk eines jugendlichen Schwärmers und ohne jeglichen wissenschaftlichen Wert. Wie er die Kolosse hier vor dem Tempel sah, so schlug er in Gedanken auch sogleich sein Zelt auf dem Kopfe des einen derselben auf und legte sich in eins ihrer Ohren hin, während in der Wirklichkeit nur Götter solche Heldentaten auszuführen vermögen, da ja jegliche physische Möglichkeit fehlt; denn wie zum Beispiel willst Du Dich in ein senkrecht stehendes nur einen Meter langes Ohr hinlegen, das, wie jedes Ohr, aus zwei Muscheln besteht, deren jede nur 0 Meter 30 Zentimeter lang und 0 Meter 15 breit ist, so daß ein neugeborenes Kind darin keinen Raum finden würde. Bei ihm aber wurden die Träume immer sogleich als Tatsachen niedergeschrieben.

Mit herzlichsten Grüßen an die lieben Deinigen

Dein alter Freund
H. Schliemann

Meine Adresse ist Athen. Ich lege einige Briefmarken bei, da Du mich einmal um solche für Kinder von Freunden ersuchtest.

Wenngleich die Reise nur der Erholung gewidmet sein sollte und Schliemann noch aus Ägypten selbst an den Afrikaforscher Schweinfurth geschrieben hatte (3. Januar): »Es ist mir absolut unmöglich, auf der Nilreise eine Sammlung von Tonwaren zu machen, die von irgendwelchem Werte für die Wissenschaft wäre, es sei denn, ich selbst veranstaltete Ausgrabungen«, so war er doch zu gleicher Zeit schon in Verbindung mit Emil Brugsch und, durch Vermittlung der Berliner Ägyptologen, mit dem sachkundigen deutschen Konsularagenten in Luxor getreten, die ihn bei seinen Käufen berieten.

51

Mein lieber alter Freund Rust! Assiut, 3. März 1887

Dein liebes Schreiben vom 1. vorigen Monats fand ich am 15. Februar in Theben vor und freue mich zu hören, daß Du wohl und mit den Photographien zufrieden bist. Ich sende Dir daher noch einige von Kairo und jedenfalls auch die Ansicht der Tempel von Abu Simbel, mit den vor denselben stehenden Kolossen Ramses' II., dem Sesostris der Bibel, und seiner schönen Frau Nefert-ari[35]. Jedenfalls ist es der Koloß zur Rechten, auf dessen Kopf Gentz sein Zelt aufgestellt und in dessen Ohr er sich hingelegt hat. Denke ja an diese Heldentat bei Ansicht des Bildes.

Ich muß es durchaus verneinen, daß in oder neben oder in der Umgebung von dem Amonstempel in Theben irgendwelche Ausgrabungen in den letzten Jahren gemacht sein sollten, und selbst in den dort früher gemachten Forschungen können unmöglich je Mumien gefunden sein, denn der Amonstempel liegt ja in dem heiligen Tempelbezirk von Karnak, wo nie Begräbnisse stattgefunden haben. Gräber findet man nur am Fuß oder in den Seiten des Felsengebirges.

Ich bin auch auf dem Nil für das Schliemann-Museum in Berlin tätig gewesen, und es ist mir geglückt, circa dreihundert altägyptische Vasen zu erwerben, die ich von Kairo nach Berlin schicke. Dieselben werden willkommen sein, denn kein ägyptisches Museum der Welt hat etwas von Topfwaren aus der Pharaonenzeit. Es soll mich freuen zu hören, daß Dir die trojanische Sammlung gefallen hat.

Du willst, ich soll im Sommer nach Mecklenburg kommen. Alle Götter sind meine Zeugen, daß ich mich gar sehr dahin sehne und ganz besonders nach Strelitz und Ankershagen. Ich kann aber noch nicht bestimmt sagen, ob wir dazu kommen. Wenn ich komme, so komme ich natürlich mit der ganzen Familie. Es ist jammerschade, daß meine Frau die Nilreise nicht mit mir gemacht hat, denn wir hatten uns seit siebzehn Jahren dazu gefreut;

auch waren alle Sachen schon für unsere Abreise gepackt. Als aber die Stunde des Abschieds von den Kindern kam, konnte meine Frau sich nicht entschließen, diese zurückzulassen, und mitnehmen konnten wir sie auch nicht, da sie ihre Studien nicht unterbrechen dürfen.

Man sieht hier aber zu viel; der majestätische Fluß, der ewig wolkenlose Himmel, die fortwährenden Palmwälder, die überwältigende Masse von Kunstschätzen aus Zeiten, die der Erbauung Roms um 600–4000 Jahre vorangehen – dieser Überfluß, ja, dieser unendliche Überfluß des Schönen verwirrt den Geist. Man sollte drei Jahre haben, um das zu sehen, was man hier in drei Monaten sehen muß.

Mit herzlichsten Wünschen für Dein und der lieben Deinigen Wohlergehen und vielen Grüßen an alle

Dein alter Freund
H. Schliemann

An Exzellenz von Dewitz *[richtig Bernstorff]*, Lenz, Behm und wer sonst noch da ist, meine besten Grüße. Was macht Frau Laue? Ich hoffe am 18. März in Athen zu sein. Grüße Winkelmann.

Wenig zuvor hatte Schliemann einen Reisebericht für Virchows Anthropologische Gesellschaft geschrieben, den Virchow in der Sitzung vom 19. März 1887 vorlegte. Ein Sonderdruck, auf der Rückseite von Schliemanns Hand »Drucksache. Herrn Commerzienrath W. Rust Neu Strelitz Mecklenburg«, befindet sich bei den Briefen.

51a

Sonderdruck »Aus den Verhandlungen der Berliner Anthropologischen Gesellschaft, Sitzung vom 19. März 1887.

Hr. Schliemann schreibt d. d. *[de dato]* Theben (Luxor), am 19. Februar über seine

ägyptische Reise:

Da ich die Keramik für einen hochwichtigen Teil der Altertumsfunde ansehe und dieselbe – was das Pharaonenland betrifft – bis jetzt ganz vernachlässigt und unbeachtet geblieben ist, so daß kein Museum der Welt Nennenswertes davon aufzuweisen hat, so glaubte ich der Gesellschaft für

Anthropologie, Ethnologie und Urgeschichte in Berlin einen großen Dienst damit zu erweisen, wenn ich meine Nilreise dazu benutzte, altägyptische und nubische Topfwaren zu sammeln. Zu meiner Freude ist es mir denn auch gelungen, meistenteils hier in Theben circa 300 wohlerhaltene Gefäße charakteristischer Formen zu erwerben, worunter fast alle die neben dem Granittor Thutmes' III. in Karnak, in dem Grabe Ramses' III. und im großen Tempel in Abydos sowie im Tempel von Abu Simbel in Nubien abgebildeten Vasen vertreten sind.

In Nubien konnte ich zwar nur wenige ganze Gefäße erwerben, ich bin aber unablässig bemüht gewesen, auf den dortigen uralten Baustellen charakteristische Topfscherben zu sammeln, und hoffe, daß Ihnen auch diese willkommen sein werden. Ich unterlasse es, Ihnen hier die Formen der Gefäße zu beschreiben, zumal Sie dieselben binnen kurzem in den Sälen der trojanischen Sammlung im neuen ethnologischen Museum aufgestellt sehen werden; nur möchte ich bemerken, daß überall, wo an den Seiten der Gefäße Auswüchse vorkommen, diese waagerecht durchbohrt sind und senkrechte Röhrchen zum Aufhängen, wie sie in Troja vorkommen, durchaus fehlen. Jetzt werden alle Topfwaren Ägyptens auf der Scheibe gedreht, jedoch beweisen die vielen glänzend roten aus der Hand gemachten Gefäße meiner Sammlung, daß in uralten Zeiten die ägyptischen Vasen genau so gemacht worden sind, wie sie noch jetzt in den Dörfern unterhalb Kalabsche in Nubien fabriziert werden, wo ich der Anfertigung mehrfach beigewohnt habe. Letztere geschieht durch die Frauen. Das Material ist der Alluvialboden der Straße, welcher vor dem Durchbruch der einstigen Wasserfälle im Engpaß von Kalabsche abgelagert und daher wenigstens 3000 Jahre alt ist, denn jetzt ist der höchste Wasserstand der periodischen Überschwemmungen um acht bis neun Meter niedriger als die Bodenfläche der Dörfer. Nachdem die Erde angefeuchtet und geknetet ist, macht die Nubierin das Gefäß aus der Hand, fast ebenso schnell, als es mit der Scheibe möglich ist, zwar etwas dick, aber doch graziös. Nachdem etwa fünfzig Gefäße angefertigt, in der Sonne getrocknet, mit einem glatten Stein poliert und mittels eines Lumpens mit einer in Sesamöl aufgelösten roten Erde, die man in unmittelbarer Nähe im Arabischen Gebirge findet, bestrichen sind, packt man sie in trockenen Kamel- und Büffeldung auf eine Art von Tenne, die einen etwa 0,20 Meter hohen Rand hat. Darauf zündet man den Dung an und läßt ihn ruhig zu Asche verbrennen, worüber mehrere Tage vergehen, und bringt dann die vollkommen fertigen Gefäße zum Verkauf. Der Preis der Vasen und Schüsseln ist durchschnittlich einhalb Piaster oder ein Silbergroschen per Stück, und ich habe selbst einige davon gekauft, die ich gerne nach Berlin sende, sollte dieses wünschenswert sein. Wenn diese Topfwaren und namentlich die Schüsseln einige Jahre in Gebrauch gewesen sind, so nehmen sie den Schein an, als wenn sie uralt wären und werden, was das Aussehen betrifft, den glatten roten Gefäßen der zweiten oder verbrannten Stadt von Troja vollkommen ähnlich, nur ist ihre Form verschieden.

Aber nicht nur das Handwerk des Töpfers, sondern auch das Spinnen und Weben wird noch auf die uralte Weise betrieben, wie sie uns die Ilias und Odyssee beschreiben; ja, das Spinnrad scheint in den Dörfern Nubiens und Ägyptens ganz unbekannt geblieben zu sein. Das Spinnen wird aber nicht nur von Frauen, sondern auch von Männern betrieben.

Zwar habe ich hier und da in Nubien die Frauen beschäftigt gesehen, das Getreide mit einer kleinen Drehmühle zu zermalmen, meistenteils aber geschah die Operation zwischen zwei Steinen aus Trachyt, wovon der untere groß war, der obere aber genau die Form der trojanischen Mühlsteine hatte.

Da ich von den Nubierinnen spreche, so muß ich bemerken, daß sie im Alter von zehn Jahren zur Reife kommen, aber selten vor dem zwölften Jahre verheiratet werden. Übrigens habe ich in Dakkeh eine Frau von dreizehn Jahren gesehen, die schon zwei Kinder hatte. Nach unseren Begriffen verunstalten sich die jungen Damen zwar gewaltig durch das Tätowieren beider Lippen und verschiedener Stellen im Gesichte sowie durch das Tragen eines großen goldenen Ringes in der Oberlippe, ganz besonders aber durch ihre sonderbare Haartracht. Das Haar wird nämlich in etwa vierzig Flechten geflochten, wovon fünfzehn auf jede der Schläfen und zehn auf die Stirn herunterhängen, und deren Enden in kleine tönerne Zylinder befestigt werden. Diese Operation geschieht aber nur zweimal im Jahr. Inzwischen werden die Flechten täglich mit einer Abundanz von Sesamöl benetzt, infolgedessen sie mit der Zeit in Schmutzklumpen umgewandelt werden; auch betrachten es die Nubierinnen als einen essentiellen Beitrag zur Schönheit, wenn sie sich die Nägel an Händen und Füßen mit Henna-Blättern braun färben. Aber trotz dieser sonderbaren Toilette, die so wenig nach unserem Geschmack ist, müssen wir doch eingestehen, daß die Nubierinnen, ungeachtet ihrer ebenholzähnlichen Hautfarbe, zu den schönsten Frauen der Welt zu zählen sind. Noch vor etwa zweihundert Jahren war ganz Nubien christlich, und scheinen die Ruinen der vielen Klöster und Kirchen, die man zwischen Assuan und Wadi Halfa sieht, zu beweisen, daß die guten Leute sehr gottesfürchtig waren. Vielleicht erklärt sich durch die gewaltsame Bekehrung der erschreckliche Haß der Nubier gegen die Araber, infolgedessen auch kein Nubier je ein arabisches Weib heiratet.

Nubien muß einst bei dem hohen Wasserstande des Nils vor dem Durchbruch der Katarakte von Kalabsche ein sehr fruchtbares, reiches Land gewesen sein; davon zeugen die Tausende von zum Schutze der Felder angelegten, uralten, aus riesigen Blöcken hergestellten, etwa drei Meter breiten, drei bis vier Meter hohen Wälle, die alle auf dem hohen Niveau des Alluvialbodens anfangen und unter rechtem Winkel in den Fluß hineingehen, sowie auch die Ruinen so vieler uralter Städte, während jetzt meistenteils nur ein sehr schmaler Landstreifen an beiden Ufern kulturfähig ist. Es gibt daher jetzt fast nur armselige Dörfer in Nubien, und ist ein großer Teil der männlichen Bevölkerung gezwungen, seinen Unterhalt in Kairo und Alexandrien zu suchen, wo die Nubier wegen ihrer proverbialen Treue und Ehrlichkeit als Hausdiener hoch geschätzt werden. Alle Männer und selbst die Knaben sprechen außer Nubisch auch ziemlich geläufig Arabisch; aber nicht so die Weiber, die von letzterer Sprache nur wenige Worte verstehen. Das nubische Volk zeichnet sich durch große Reinlichkeit aus, wobei ihm aber das Klima behülflich ist, denn Flöhe und Wanzen können in Nubien nicht leben und sind dort nicht einmal dem Namen nach bekannt.

Rohe Hämmer aus Diorit und Kornquetscher aus verschiedenen Steinarten habe ich auf den uralten Baustellen Nubiens zu Hunderten gesammelt und auf jedem derselben den Fundort bemerkt; mehrfach sah ich, auf dem Kamel reitend, solche Steininstrumente auf dem harten Sande liegen, habe sie aber stets aufnehmen lassen. Nur einmal fand ich in der Wüste eine schöne Axt aus Diorit und in der aus Rohziegeln der Pharaonenzeit errichteten Festung Kubban, dem alten Metakompso oder Contra-Pselcis, eine Lanzenspitze aus Silex. Messerartige Klingen aus Silex fand ich ausschließlich auf Strata von Silex am Fuß der Gebirge; ich halte diese Klingen daher für natürliche Absprünge und habe keine davon mitgenommen. Nur eine schöne Säge aus Silex fand ich bei den Pyramiden von Sakkara und eine Lanzenspitze aus Silex in den Schutthaufen der uralten bedeutenden Stadt Thinis (bei Abydos), die schon zu Strabos Zeit nur noch ein erbärmliches Dorf war. Man hat dort in dem Kom-es Sultan oder Königshügel genannten höchsten Schutthaufen gegraben in der Hoffnung, darin Altertümer aus der Zeit des in Thinis geborenen Königs der ersten Dynastie, Menes, zu finden. Die Ausgrabung hat aber nur ein Gebäude, wahrscheinlich einen Tempel, mit der Kartusche Ramses' II., des Sesostris der Bibel, ans Licht gebracht. Trümmer aus der ersten Dynastie mögen aber immerhin anderswo in den Schuttbergen von Thinis begraben liegen, die mir etwa eine halbe deutsche Meile und eine viertel Meile breit zu sein scheinen.

Der Bogen, der in dem Abendlande so spät in Anwendung kam, muß in holzlosen Ländern wie Ägypten und Nubien, wo von jeher alle Wohnhäuser aus Rohziegeln von Alluvialerde gebaut worden sind, schon in urältesten Zeiten in Gebrauch gewesen sein; jedenfalls beweisen die Felsengräber neben den Pyramiden von Giseh, daß der Bogen schon zur Zeit der vierten Dynastie, und die großen, langen gewölbten Gebäude neben dem Ramesseum hier in Theben, daß derselbe zur Zeit der neunzehnten Dynastie angewandt wurde. Diese letzteren Bauten bestehen nämlich aus Rohziegeln, deren jeder den Stempel (die Kartusche) Ramses' II. trägt; die Wände haben Kalkputz. Aber nicht nur als Bewurf, sondern auch als Bindemittel diente Kalk in Nubien und Ägypten seit urältesten Zeiten. So zum Beispiel habe ich mich überzeugt, daß in den Pyramiden von Giseh und Sakkara alle Blöcke mit abundantem Kalk verbunden sind, und auf gleiche Weise verhält es sich mit allen Tempeln und Palästen beider Länder.

Lampen kommen in den ägyptischen Skulpturen und Wandgemälden gar nicht vor; auch ist noch nie eine Spur davon in altägyptischen Gräbern gefunden. Es ist daher mit Bestimmtheit anzunehmen, daß es keine Lampen gab.

Dieser Punkt ist Schliemann deshalb von Wichtigkeit, weil Homer niemals Lampen erwähnt und weil er in Troja I bis VI ebensowenig welche gefunden hatte wie in Mykene, Tiryns und Orchomenos, wobei allerdings ein Fundstück aus Tiryns doch eine Lampe gewesen sein dürfte. Daß die alten Ägypter Lampen gekannt und benutzt haben, ist inzwischen erwiesen.

Ich möchte nun die Frage aufwerfen: welche Beleuchtungsmittel die Leute bei der langjährigen Anfertigung der Felsentempel und palastähnlichen Königs- oder Priestergräber und der darin mit beinahe mikroskopischer Feinheit ausgeführten Wandskulpturen und Wandgemälde angewandt haben? Zwar kommen Gefäße vor, die als Fackelhälter gebraucht sein müssen, und ich bin auch imstande, mehrere schöne Exemplare davon nach Berlin zu schicken. Dennoch kann ich nicht umhin, zu fragen: ob es denkbar ist, daß zum Beispiel bei der riesigen, viele Jahre in Anspruch nehmenden Arbeit der Aushauung und Verzierung des aus vierzehn großen Sälen bestehenden Felsentempels von Abu Simbel Fackelbeleuchtung hat angewandt sein können? An den Wänden und Säulen ist kein zollgroßer Raum, der nicht mit Skulptur und Malerei bedeckt wäre; Tausende von Künstlern müssen daher viele Jahre lang gleichzeitig beschäftigt gewesen sein, und wie hätten sie in einem tropischen Klima die furchtbare Hitze und den Qualm der Fackeln ertragen und dabei Meisterwerke der Kunst ausführen können? Auch würden ja Decken und Wandgemälde durch den Qualm von Anfang an geschwärzt und verdorben worden sein, während sie im Gegenteil trotz ihres Alters von 3300 Jahren eine Farbenfrische bewahrt haben, welche die Besucher in Staunen und Bewunderung setzte.

Professor Dr. H. Grapow schreibt dazu: »Das Problem, das Schliemann beschäftigt hat, ist eines, das auch mir Kopfzerbrechen gemacht hat, als ich die mit unwahrscheinlicher Genauigkeit und Schönheit ausgemeißelten und bemalten Königsgräber in Theben besuchte ... Ich habe damals (1932) mit dem sehr bedeutenden Ägyptenforscher Ludwig Borchardt über die Sache gesprochen, und er hat mir gesagt, daß diese Arbeiten aller Wahrscheinlichkeit nach beim Licht der Öllampen ausgeführt worden sind, die dadurch nichtblakend gemacht wurden, daß man dem Öl Salz beigefügt habe. Es bleibt gleichwohl ein Rätsel, ja man kann sagen ein Wunder, wie die ägyptischen Künstler diese unerhörten Leistungen zustande gebracht haben.«

Die Temperatur war im Dezember und Januar bei Nordwind des Morgens bei Sonnenaufgang durchschnittlich fünf, um Mittag vierzehn Grad Reaumur. Am kältesten war es vom 20. bis 24. Januar in Wadi Halfa an den zweiten Katarakten (22° nördlicher Breite), wo das Thermometer des Morgens nur vier, mittags acht Grad zeigte. Hier in Theben haben wir dagegen seit sechs Tagen frühmorgens zwanzig und später vierundzwanzig Grad Reaumur im Schatten. Da man hier den ganzen Tag über mit Besichtigungen der alten Bauten beschäftigt ist, so ist die Sonnenglut sehr angreifend ...

Schließlich bitte ich Sie im Namen der Wissenschaft, Ihre Stimme laut werden zu lassen, daß etwas zur Erhaltung der im Bulak-Museum ausgewickelt liegenden Mumien so vieler großmächtiger Könige geschieht, wovon einige, wie zum Beispiel Thutmes III. und Ramses II., ihre Eroberungen über sechsunddreißig Breitengrade ausdehnten, was eine Strecke ist wie die von Stockholm zu den ersten Katarakten des Nils bei Assuan. Es ist jammerschade, daß man diese Königsmumien überhaupt ausgewickelt hat; da aber der Frevel einmal geschehen ist, so muß ihnen doch irgendwelche Droge beigelegt werden, oder es muß irgend etwas anderes zu ihrer Erhaltung getan werden, denn sie verkrümeln sonst in wenigen Jahren. Ich meine, man soll sie in gläserne Särge legen und hermetisch verschließen.

52

Mein lieber alter Freund Rust! Athen, 24. März 1887

Ich bin schon seit sechs Tagen von meiner Nilreise heimgekehrt, komme aber erst heute dazu, Dir die versprochene Photographie des Haupttempels von Abu Simbel zu senden, dessen Dimensionen Du nach dem auf dem Fuße des linken Kolosses sitzenden Nubiers beurteilen kannst. Bedenke, daß die Gesichter der Kolosse die vollkommensten, die getroffensten Porträts des großmächtigen Königs Ramses II. (14. Jahrhundert vor Chr.) sind, welche je gemacht sind. Rechts ist vom Winde angetriebener Sand.

Mit herzlichsten Grüßen

Dein alter Freund
H. Schliemann

Voll neuer Kraft und neuer Initiative kehrte Schliemann aus Ägypten zurück. Sogleich wurde eine neue Reise für den künftigen Winter beschlossen, zusammen mit Virchow und Schweinfurth. Zunächst wollten die Gelehrten den Fayûm anthropologisch durchforschen, sodann Schliemann und Virchow gemeinsam in Alexandrien graben. Was noch keinem Forscher gelungen war, das Grab Alex-

anders des Großen und den Palast Kleopatras zu finden, traute Schliemann seinem Scharfsinn und seinem Glück zu. Da Virchow dann allerdings wegen beruflicher Beanspruchung nicht schon im September reisen konnte, verschob sich die Ausführung des Plans. Zum zweiten Male hatte Schliemann nun in den nubischen Tempeln die Darstellungen von den Feldzügen Ramses' II. gegen die Hethiter und von der Belagerung der Stadt Kadesch am Orontes durch den Pharao gesehen. Schon Jahre zuvor glaubte er, Zusammenhänge in den Kulturen der Hethiter und der Trojaner zu bemerken, nachdem A. H. Sayce ihn darauf aufmerksam gemacht hatte, und erwog nun den Plan, Kadesch auszugraben, um irgendwie weiter zu den Wurzeln von Troja vorzustoßen. Der Ausbruch der Pest im Vorderen Orient vereitelte den Vorsatz.
Zu den Wurzeln sollte noch ein anderer gleichfalls schon seit längerer Zeit bewegter Plan führen: die Ausgrabung von Knossos, der Hauptstadt des minoischen Kreta. Langwierige Verhandlungen mit dem Besitzer der Ländereien zögerten den Beginn dieser Grabung so lange hinaus, bis politische Unruhen auf Kreta jede wissenschaftliche Arbeit dort unmöglich machten – wie denn auch Europa in jenen Jahren voll von Kriegsgerüchten war, die das Wettrüsten von Frankreich, Deutschland und Rußland nährten, Schliemann allerdings nicht weiter in Sorge versetzten.

Statt der großen Pläne verwirklichte Schliemann dann nur einen kleinen, der im Grunde nur recht am Rande seines Arbeitsgebietes lag: er untersuchte den Aphroditetempel von Kythera. –

53

Mein lieber Freund Rust! Athen, 15. Mai 1887

Ich kann Dir leider nur wenige Zeilen auf Deine lieben Briefe vom 2. März und 25. April antworten, denn ich bin mit Arbeiten überhäuft. Vor allem meinen herzlichsten Dank für Dein freundliches Andenken. Du hast gut getan, Auszüge aus meinen Briefen vom Nil zu veröffentlichen[36], denn dieselben haben nicht nur die Runde in den Zeitungen Deutschlands und Österreichs gemacht, sondern sie sind auch von der englischen, amerikanischen und russischen Presse reproduziert, ja, zu meinem Erstaunen sehe ich sie heute auch – obwohl sehr verstümmelt und fehlerhaft – in der griechischen Zeitung »Akropolis«, die ich Dir der Merkwürdigkeit halber einsende. In dieser findest Du eine Photographie meines Nilschiffs, auf welchem Du mich mit meinem Haushofmeister, Koch, allen meinen Matrosen und meinem abessinischen Bedienten Telamon siehst, den ich mit nach Athen genommen habe. Ich bedaure Dein Unwohlsein. Sollte der Rheumatismus zurückkehren, so gehe doch sofort nach Aachen-Burscheid ins Rosen-Hotel, wo ich voriges Jahr durch zwölf Duschen, wie es scheint, vollkommen von meinem Rheumatismus befreit worden bin. Nichts derart kann den dortigen Duschen widerstehen. Wende Dich dort an Dr. Brandis.

Es freut mich zu hören, daß Du mit dem Schliemann-Museum zufrieden bist.

Ungemein gerne brächte ich mit meiner Familie einen Monat in Winkelmanns Schloß zu. Aber leider wird auch in diesem Jahr nichts daraus werden, denn Virchow schickte meine Frau, die seit dem letzten Wochenbett leidend ist, nach St. Moritz in Engadin in der Schweiz, wo sie jedenfalls bis Ende August bleiben soll, und dann haben wir in Berlin und hier zu tun; auch will ich im Oktober mit Virchow nach dem Nil, besonders um den Fayûm zu erforschen, und somit wird keine Zeit für Ankershagen übrigbleiben. Ich höre mit Bedauern das Ableben von Exzellenz von Dewitz *[richtig Bernstorff]*.

Meine herzlichsten Grüße an Deine liebe Familie und an alle alten Freunde.

Trotz des Deutschenhasses in Rußland ist kein Krieg zu befürchten.

Wenn wir in Berlin sind, kommen wir jedenfalls auch auf ein paar Tage nach Mecklenburg, und hoffe ich, Dich zu sehen. Um Dir die Photographie besser zu erhalten, habe ich sie in eine englische Zeitung gepackt.

Mit vielen Grüßen, auch seitens meiner Frau,

Dein alter treuer Freund
H. Schliemann

54

Mein lieber alter Freund Rust! Athen, 3. November 1887

Deinen lieben hochinteressanten Brief vom 22. August fand ich heute bei meiner Rückkehr von einer zweimonatlichen Reise *[nach Wiesbaden und Paris]* vor, und ich beeile mich, Dir für Dein freundliches Andenken meinen wärmsten Dank darzubringen.

Deine überaus schmeichelhaften Worte in der Rundschau halte ich Deiner Freundschaft zugute. Leider habe ich Dich in diesem Jahr nicht besuchen können, da meine Frau unwohl ist und ich sie nicht von Wiesbaden mitnehmen konnte; sie ist den ganzen Sommer in St. Moritz Engadin gewesen; ich aber bis Ende August in Athen, da ich hier mehrere Häuser baue, unter anderem ein Kaiserlich Archäologisches Institut.

Sehr erfreut bin ich zu hören, daß Du und Deine ganze liebe Familie wohlauf seid und den Sommer so herrlich in Baden-Baden, Dresden usw. zugebracht habt.
Der Schurkenstreich von Andreas Reincke und das tragische Ende seines armen Schwiegersohns hat meine Frau und mich tief erschüttert.

Der Kornhändler Andreas Reincke, Mitschüler Schliemanns und Rusts, war laut Neustrelitzer Kirchenbuch bereits am 12. April 1886 in Berlin an Nierenleiden gestorben. Die Zeitungen des Jahrgangs 1887 sprechen mehrfach von der Konkursmasse. Es könnte sich also um einen sog. betrügerischen Bankrott gehandelt haben, dem auch der Schwiegersohn zum Opfer fiel.

Ich glaube zwar nicht an Krieg, halte aber Vorsicht in Geschäften jetzt ⟨für⟩ nötiger als je. Ich habe daher noch mehreres von nicht ganz felsenfesten Papieren zurückgezogen und dafür hier in der Mitte der Stadt viel Grundeigentum gekauft, auf dem ich Häuser baue, denn diese geben doch wenigstens vier Prozent. Das Haus Potsdamer Straße, Berlin, gibt schon $4^3/_4$%, die Pariser Häuser $5^1/_4$%; vor dem Kriege gaben sie 6% rein. In Paris habe ich als Deutscher nicht zu leiden. Mein Verwalter dort ist Franzose, aber der bravste und ehrlichste Mensch der Welt.

Pelops, den Du in Strelitz mit uns sahst, hatte nur einen Anfang von Schwindsucht, wurde aber in Ägypten so krank, daß ich ihn nach Athen zurückschicken mußte, wo er bald starb.

Dein Geschäft ist eine Hochschule für Geschäftsmänner, und gewiß haben viele angesehene Kaufleute in allen Teilen der Welt Dir ihr Glück zu verdanken.

Seit Jahren schicke ich zweimal jährlich etwas Geld an den jetzt fünfundachtzigjährigen, mir aber aus den Kinderjahren bekannten Tagelöhner Suhrweyer in Friedrichsfelde bei Ankershagen. Von Herrn Winkelmann junior, den ich in Wiesbaden traf, hörte ich, daß er wahrscheinlich nicht mehr am Leben wäre. Er versprach mir bestimmt, darüber zu schreiben, hat es aber nicht getan. Sehr bitte ich Dich daher, Dich sogleich erkundigen zu wollen und mir zu melden, ob er noch lebt, damit ich im entgegengesetzten Fall nicht das Geld vergebens schicke.

Ich habe der Regierung versprochen, die Insel Cerigo (Kythera) zu erforschen, und denke in einigen Tagen damit anzufangen. Im Februar habe ich mit Virchow eine Nilreise und die Erforschung der Provinz Fayûm vor.

Mit herzinnigsten Wünschen für Dein und der lieben Deinigen Wohlsein verbleibe ich mit tausend Grüßen, auch seitens meiner Frau,

Dein alter treuer Freund
H. Schliemann

55

Mein lieber alter Freund Rust! Athen, 11. Dezember 1887

Dein überaus freundliches Schreiben vom 24. vorigen Monats erheischt meinen wärmsten Dank und ermutigt mich, Dir von neuem beschwerlich zu fallen, indem ich Dich bitte, von den Dir von R. Warschauer & Co. in Berlin zugehenden 350 Mark 300 Mark an Ernst Meincke und die übrigen fünfzig Mark an den Tagelöhner Suhrweyer in Friedrichsfelde zahlen zu wollen. Du bist wohl so freundlich, den Inspektor Gortz zu ersuchen, Dir den fünfundachtzigjährigen Greis, den ich noch als Jüngling von fünfundzwanzig Jahren gekannt habe, mit einem Beglaubigungsschreiben seiner Hand zum Empfang des Geldes zuzuschicken. Ich weiß nicht, wie ich es anders machen soll, da Gortz schreibt: der Alte habe nur Weihnachtsgeschenke von mir erhalten, während ich ihm doch auch manchmal im Frühling und jedenfalls im April dieses Jahres fünfzig Mark geschickt habe. Ich bitte dich, ihn zu fragen, ob er nicht im April 1887 diesen Betrag von Berlin erhalten hat? Ferner bitte ich Dich, ihn zu befragen: ob er Kunde davon hat, daß der einstige Pastor von Schröder in Ankershagen, dessen Tochter bei ihm (Suhrweyer) in 1802 Pate gewesen ist, als Hülfsprediger bei seinem Vater in Ankershagen diesen bei der Justizkanzlei in Güstrow der Unzucht angeklagt hat, infolgedessen der alte ehrwürdige Pastor, der fünfzig Jahre lang Pfarrer in Ankershagen gewesen war, abgesetzt und sein Sohn (von Schröder) als Lohn seines Verrats an seine Stelle gesetzt worden ist? Das Sprichwort ›Unrecht gedeiht nicht‹ hat sich aber dort als falsch erwiesen, denn der boshafte Teufel hat die Ankershäger Pfarre auch fünfzig Jahre lang verwaltet und ist angesehen und glücklich gewesen.

Ob hier eine lückenhafte Erinnerung Schliemanns vorliegt, der als Knabe in den Pfarrakten geblättert hat, oder ein üblichermaßen entstellter Dorfklatsch, der bei dem Prozeß von Schliemanns Vater aufgelebt sein mag, oder auch eine ihm erst kürzlich zugekommene Nachricht, läßt sich nicht entscheiden.

Wie die Akten des Landeshauptarchivs Schwerin ausweisen, gaben der alte Pastor Schröder (1680–1761) und sein Sohn Gottfriederich von Schröder, der dem Vater 1740 bis zu seinem Tode 1799 folgte, viel Ärgernis wegen ihres Lebenswandels und ihrer Uneinigkeit. 1753 griff das Konsistorium ein. In der Angst vor einem gründlichen Verfahren nahmen beide die gegenseitigen Anschuldigungen zurück und versöhnten sich angesichts des Fiskals »von Herzen gern«.

Daß der Sohn ein »angesehener Mann« gewesen sei, ist ein Irrtum Schliemanns, denn bei dem Prozeß gegen Schliemanns Vater waren die Sünden seiner drei Amtsvorgänger (Schröder, von Schröder, von Rußdorf) der Gemeinde noch sehr gegenwärtig. 1783 wurde gegen von Schröder ein Konsistorialverfahren »wegen liederlichen Lebenswandels« geführt.

Mit Bewunderung und mit Freude höre ich von Frau Laues neunzigjährigem Jubiläum *[Geburtstag]* und ihrer Rüstigkeit, denn sie war nicht mehr jung, als ich vor vierundfünfzigeinhalb Jahren in ihr Haus kam. Vielen Dank für die Grüße von ihr und ihrem Sohn von Dresden. Grüße sie, wenn Du sie siehst.

Obgleich ich zwanzig Jahre lang in Petersburg zugebracht, so habe ich doch nie russische Papiere gehalten; aber ebensowenig österreichische, denn zu beiden fehlt mir das Vertrauen. Wenn Dir Grundbesitz nur 3% bringt, so rechnest Du den jetzigen Wert und nicht Deinen Kaufpreis, denn Deine Häuser und Grundstücke haben doch jetzt wenigstens den fünffachen Wert dessen, was Du dafür bezahlt hast.

Auf der Insel Cerigo habe ich den uralten, von den Phönikern aus Askalon gebauten Tempel der Aphrodite Urania wiederentdeckt.

Es muß Dir Freude machen zu sehen, daß die aus Deiner Schule hervorgegangenen großen Männer sich dankbar ihrer Lehrzeit und Deiner Güte erinnern und nicht vergessen, daß sie Dir alles verdanken. Ich habe auch in Petersburg tüchtige Leute herangebildet, aber nur Undank davon gehabt.

Wie du weißt, werde ich auch diesen Winter wieder eine Nilreise bis zu den zweiten Wasserfällen in Nubien machen. Wenn ich lebe, so kommen wir, so die Götter wollen, im Sommer jedenfalls nach Mecklenburg, und soll es mich sehr freuen, Dich und die lieben Deinigen dann bei bestem Wohlsein anzutreffen. Zum Neujahr wünsche ich Dir und Deiner ganzen Familie des Himmels reichsten Segen. Meine Frau grüßt aufs herzlichste.

Freundschaftlichst der Deinige
H. Schliemann

Das Jahr 1888 begann mit der gemeinsamen Nilreise Schliemanns und Virchows. Schliemann selbst kam schon am 1. Februar in Ägypten an, während Virchow erst drei Wochen später zu ihm stieß. Im Gegensatz zur vorjährigen Reise stand diese ganz unter archäologischen und anthropologischen Vorzeichen.

Die Neustrelitzer Zeitung Nr. 22 berichtete von ziemlich ergebnislosen Ausgrabungen am Ramleh-Bahnhof in Alexandrien; die gesuchten Bauten aus Kleopatras Zeit wurden jedoch nicht gefunden. Auch über die Ägypten-Reise mit Virchow schreibt die Zeitung ausführlich in Nr. 49.

Die Neustrelitzer Zeitung Nr. 40 zitiert einen am 5. März in Abu Simbel in Nubien geschriebenen Brief, der am 12. März von Wadi Halfa an den zweiten Katarakten des Nils abgeschickt wurde, am 26. März in Neubrandenburg ankam und zweifellos an Bürgermeister Ahlers gerichtet war, jedoch verloren ist: »Wir sind hier unter 23° nördlicher Breite, sehen daher das südliche Kreuz schon nach Sonnenuntergang und haben eine Tagestemperatur von 76° Celsius [natürlich ein Druckfehler!]. Die Gegend ist unbeschreiblich schön und der hiesige Tempel das großartigste Werk von Menschenhand, und selbst die Pyramiden sind nicht in Vergleich damit zu ziehen. Die Menschen sind aber sehr unzivilisiert, und ich habe bis jetzt in Nubien nur erst einen Priester gefunden, der arabisch lesen und schreiben kann; Nubisch ist die Volkssprache, niemand aber schreibt sie. Die meisten Nubier verstehen Arabisch genug, um sich mit uns verständlich zu machen. Wir hoffen, in vierzehn Tagen in Theben (Luksor) zu sein.«

56

Kairo, 13. April 1888
Shepheard's Hotel Th. Zech

Mein lieber alter Freund Rust!

Schon vor einer Woche sind Virchow und ich von unserer Nilreise zurückgekommen, aber erst heute wird es mir möglich, Dir ein Lebenszeichen zu geben und Dir einige Photographien zu senden, die ich von Interesse für Dich halte; besonders empfehle ich Dir das Bild des Sphinxes sowie die Bilder der Pyramiden; dann die Photographie von Kairo sowie die der unermüdlichen Wasserträgerinnen und der herrlichen ägyptischen Esel. In der Tat, wenn Du frägst, was uns auf dieser Reise am meisten interessiert hat, so muß ich gestehen, daß es die klugen ägyptischen Esel und die aufgewickelten Mumien der großmächtigen Pharaonen sind; von diesen letzteren verdient die größte Beachtung die Mumie Ramses' II. (1400 bis 1350 vor Chr.) *[Schliemann schreibt irrtümlich 1350–1400]*, denn der Mann hat Ägypten und Nubien mit riesigen Tempelbauten überfüllt und das Reich nach Norden bis zum Kaukasus, nach Süden bis zum Äquator, nach Osten bis zum Euphrat und nach Westen bis nach Tunis ausgedehnt und wirklich fabelhafte Beweise persönlicher Tapferkeit gegeben. Dennoch ist er kaum größer als Du, denn vom Kopf bis zu den Zehen mißt er nur 1,72 Meter. Höchstmerkwürdigerweise hat er sich im Tode wenig oder gar nicht verändert, und erkennt man an der Mumie auf der Stelle die Gesichtszüge des Helden, den wir in Abydos als Knaben von zehn Jahren (zwei Papyrusrollen haltend und auf die Namen fünfundachtzig seinem Vater Seti I. vorhergegangener Pharaonen zeigend) und aus unzähligen Statuen und Wandgemälden in reiferem Alter sehen.

Da Virchow erst am 22. Februar in Alexandrien ankam, so war der eintretenden großen Hitze und des schnell fallenden Wasserstandes im Nil wegen nicht mehr daran zu denken, die Reise in ⟨einer⟩ Dahabije zu machen, und mußten wir uns damit begnügen, mit dem Postdampfer zu fahren. Auf diese Weise gelangten wir denn auch schon am 28. Februar nach Assuan und am 3. März nach Abu Simbel, wo wir eine Woche blieben. Einige Tage hielten wir uns auch an den zweiten Wasserfällen (Wadi Halfa), eine Woche in Theben (Luksor), vier Tage in Abydos auf usw., so daß wir die merkwürdigsten Sehenswürdigkeiten mit Muße studieren konnten. Über zu große Hitze konnten wir uns nicht beklagen, denn die

Tagestemperatur überstieg nicht 37° im Schatten, und die Nächte waren angenehm kühl. Gefahrlos war die Reise aber doch nicht, denn bei dem Ort Gebel Alagi in Nubien, an einer Stelle, wo das Dampfboot wegen der Sandbänke gezwungen ist, unmittelbar neben dem östlichen Ufer zu fahren, wurde unser Dampfboot am 1. März plötzlich von den hinter den Mauern eines alten Festungswerkes versteckten aufständischen Derwischen oder anderen Verbündeten vom Stamme Ababde mit einem Regen von Kugeln begrüßt, den die vierzig Soldaten, welche wir an Bord hatten, lebhaft erwiderten; die Schlacht dauerte nur zehn Minuten, da ein oberhalb der Stelle befindliches Kanonenboot das Schießen hörte und durch Kanonenschüsse kundgab, daß es uns zu Hülfe eilte, infolgedessen die Feinde das Feuer einstellten; von denselben wurde einer getötet und vier verwundet, während, wunderbarerweise, auf unserem Schiff niemand getroffen war, denn die Feinde zielten zu niedrig, und fielen ihre Kugeln neben dem Schiff ins Wasser.

Wie ich Dir voriges Jahr aus Theben schrieb, war ich, da mein Diener Pelops seinem Brustleiden unterlegen und ich mehrere, die ich früher als kräftige, gesunde Leute gekannt hatte, mit Schwindsucht behaftet sah, ganz davon zurückgekommen, Ägypten als ein Paradies für Schwindsüchtige anzusehen, und meinte, man würde gar viel besser tun, die Brustkranken nach der Riviera zu schicken als nach dem Pharaonenlande. Die Schwindsüchtigen zweiten Grades sollten überhaupt nicht von Hause weggeschickt werden, denn sie kommen überall um. Dagegen ist Virchow ganz meiner Meinung, daß den im ersten Grade an der Brust Leidenden der Winteraufenthalt in dem nur eine Dreiviertelstunde per Bahn von hier entfernten auf dem Ostufer des Nils gelegenen Heluan mehr zu empfehlen ist, denn man genießt dort staub- und miasmenreine *[frei von schädlichen Ausdünstungen]*, vollkommen trockne, milde Wüstenluft; aber scheint uns der dortige Arzt, Dr. Winkler, ein sehr erfahrener Mann zu sein und ebenso empfehlenswert als das Grand Hotel des Bains in Heluan.

Von Virchows ethnologischen Forschungen auf dieser Reise und besonders von seinen genauen Messungen der Schädel aller alten Königsmumien hier im Bulak-Museum verspreche ich mir den größten Nutzen für die Wissenschaft.

»Bei der Besichtigung der alten Tempel hatte sich Professor Virchow zur Aufgabe gemacht, die ethnographischen Merkmale der in den figürlichen Darstellungen daselbst auftretenden Völkertypen festzustellen«, heißt es im Bericht der Neustrelitzer Zeitung Nr. 49.

Aber auch ihm selbst ist die Reise gut bekommen, und sieht er heute um zwanzig Jahre frischer und gesünder aus als bei seiner Ankunft vor zweiundfünfzig Tagen.

Sehr soll es mich freuen zu hören, daß es Dir und den lieben Deinigen wohl geht. Mit herzlichsten Grüßen an Euch alle

Dein alter treuer Freund
H. Schliemann

Adresse in Athen

Hatten die vorigen Briefe ganz in die große Welt geführt, so lenkt der folgende in die kleine zurück, die von Ankershagen und Neustrelitz, zum Tode des Tagelöhneraltenteilers Suhrweyer, eines der vielen Schützlinge Schliemanns, der sich am Tode des alten Mannes irgendwie ein wenig mitschuldig fühlte. Die Entfernungen, die Schliemann in 57 gibt, entsprechen nicht ganz den Tatsachen. Von Friedrichsfelde bis Klockow sind es etwas über fünf Kilometer, und auch die Bahnfahrt dauerte damals eine gute halbe Stunde.

In der kleinen Welt von Neustrelitz sodann interessierte ihn eine Mitteilung Rusts von einer Japanerin. Vielleicht handelte es sich um einen diplomatischen Besuch, der allerdings in den sonst zuverlässigen Hofannalen nicht aufgeführt ist. Oder sollte Rust etwa Herrn »A. Ahlers aus Hamburg, Besitzer des goldenen Lorbeerkranzes« und sein »großes und altberühmtes Affentheater und Circus, Specialitäten- und Pantomimentruppe« im Auge gehabt haben, das gerade unter seinen Fenstern auf dem Neuen Markte gastierte und in dem »Fräulein Meluzine Ahlers als japanische Jongleurin und Taubenkönigin« auftrat? Möglicherweise ging diese Dame japanisch gekleidet durch Neustrelitz Reklame, und Rust wußte ihren Namen und Beruf noch nicht, als er seinen Brief schrieb.

57

Mein lieber alter Freund Rust! Athen, 10. Juni 1888

Zwar fand ich Deinen lieben hochinteressanten Brief vom 23. April hier schon bei meiner Rückkehr mit Virchow aus Afrika vor, aber ich war seitdem sehr in Anspruch genommen, erst durch Virchows Aufenthalt in meinem Hause und darauf durch eine Reise mit meiner Frau nach Paris, so daß ich erst heute bei unserer Rückkehr dazu komme, Dir meinen herzlichsten Dank dafür auszusprechen.

Bei Lesung Deines freundlichen Schreibens, vor sechs Wochen, hatte ich mich so sehr darüber gefreut, daß es Dir und den lieben Deinigen wohl geht, sowie daß der alte Suhrweyer bei Dir gewesen und wohlwollend meiner gedacht hat; heute aber finde ich hier von Becker in Ankershagen einen Brief, der mein Haus mit Trauer erfüllt; er meldet mir nämlich, daß Suhrweyer nach zehnwöchentlichem Krankenlager am 26. Mai verstorben ist, und es ist um so viel jammervoller für mich, als ich seines Todes Quelle bin; er hatte sich nämlich auf der Reise zu Dir erkältet und das Übel nicht mehr überwinden können. Hätte mir nur Becker telegraphiert, daß der Mann krank war, so hätte ich ihm täglich einen Arzt von Strelitz zugeschickt und ihn pflegen lassen. Leider hat er es aber unterlassen. Mein einziger Trost ist, daß Suhrweyer noch am 7. Mai wieder fünfzig Mark von Warschauer & Co. in Berlin direkt zugesandt erhalten und daher keine Not gelitten hat. Mit ihm ist leider das letzte Mitglied des alten Ankershagen, wie ich es vor siebenundfünfzig Jahren kannte, verstorben. Dennoch möchte ich Ankershagen gern wiedersehen, aber beim Pfarrer ist es doch etwas zu unbequem, auch setzte er uns stets nur abgerömte *[abgesahnte]* Milch vor, und bei Winkelmanns ist es uns zu gênant, da die Leute zu reich sind, als daß ihnen daran gelegen sein könnte, 3000 Mark für einen Monat Kost, Logis und Pferd einzunehmen.

Leider beurteilen wir immer, mehr oder weniger, andere Verhältnisse von unserm Standpunkte aus, und da wir hier das Klima Palermos haben und ich bis zu meiner Abreise am 27. Januar täglich zur See ins Bad reiten konnte, so war es mir unmöglich, im Geiste zu realisieren, daß die Witterung bei Euch so sehr verschieden und es nur bloß möglich sein könnte, sich auf einer liliputanischen, halbstündigen Reise von Friedrichsfelde nach Klokkow oder auf der viertelstündigen Fahrt von dort nach Strelitz zu erkälten und sich sogar den Tod dabei zu holen. Übrigens lief das Geld ja nicht weg, und war kein Grund vorhanden, die Reise zu übereilen. Man möchte sagen, daß der Tod Gelegenheiten sucht!

Es muß für Dich eine große Genugtuung sein, so viele große Männer herangebildet zu haben. Auch ich hatte eine gute praktische Schule der Art in meinem Geschäft in Petersburg, habe aber stets nur Undank von meinen Leuten gehabt. Eine Japanerin in Strelitz, das ist etwas nie Dagewesenes, Wunderbares, muß viel Aufsehen gemacht haben. Ich schicke Dir einliegend eine in den Trümmern Iliums gefundene Gemme, die eine auf den Gott Pan losspringende Ziege darstellt. Der Gott hat Ziegenfüße und Hörner, weil sein Vater Hermes (Merkur), um einem schönen arkadischen Mädchen, der Tochter des Dryops, beizukommen, sich in einen Ziegenbock verwandelt hatte. Du mußt die Einfassung, welche meine Frau hat machen lassen, abnehmen und den Stein in einen Fingerring setzen lassen, diesen aber zu unserm Andenken tragen.

An Frau Laue, Lenz und Meincke herzliche Grüße sowie die angelegentlichsten Grüße an Deine würdige Frau und Deine lieben Kinder.

Ich bin noch mit Hausbauten beschäftigt; das Kaiserlich Deutsche Archäologische Institut wird gegen 15. Juli fertig; mit seinen Bildern von Musen an den Außenmauern und seinen Statuen auf der Terrasse nimmt es sich prachtvoll aus; die von mir aus den griechischen Klassikern ausgewählten passenden Inschriften an den Wänden aller Zimmer haben etwas besonders Feierliches und werden viele Generationen von Gelehrten mit Ehrfurcht erfüllen. Auf ähnliche Weise wird auch das andere Haus eingerichtet.

Wir sind hier in vollem Sommer, und unser Garten, wo jetzt die Aprikosen reif sind, ist mein großes Labsal.

Viele Grüße, auch von meiner Frau, an Euch alle.

Lebe wohl, Dein alter Freund

H. Schliemann

58

Mein lieber alter Freund Rust! Athen, 21. Juni 1888

Am 10. dieses schrieb ich Dir und sandte Dir gleichzeitig eine Gemme aus Ilion zum Angedenken. Dagegen erhielt ich gestern Deinen lieben Brief vom 14. des Monats, in dessen Beantwortung ich ungemein bedaure, in keinem Erholungsort in diesem Sommer mit Dir zusammentreffen zu können, da – wegen der verschiedenen Bauten – meine Anwesenheit hier täglich nötig ist.

Ich hoffte mit dem Kaiserlich Deutschen Archäologischen Institut bis 15. Juli fertig zu werden, jetzt aber sehe ich, daß es nicht vor 15. August fertig wird, und den andern Bau darf ich sogar kaum hoffen, vor Ende August beenden zu können. Somit werde ich vor 1. September schwerlich zum Reisen kommen. Wahrscheinlich wird meine Familie schon früher reisen, vielleicht schon Mitte Juli, Reiseplan hat aber meine Frau noch nicht gemacht.

Ungemein gerne begleite ich Dich nach Wildungen, denn dort ist es herrlich. Suche im Kurhaus Logis zu kriegen und wende Dich, mit meiner Empfehlung, vertrauensvoll an den dortigen Sanitätsrat Krüger, denn die beiden anderen Ärzte, Kohn und Röhrig, sind erbärmliche, unwissende Pfuscher.

Gehe ja jetzt gleich nach Wildungen und nach St. Moritz erst, wenn Du dort fertig bist, denn jetzt ist es noch viel zu kalt in Engadin. Es ist sehr gut, daß Du mit Deiner ausgezeichneten Frau allein reist, denn größere Gesellschaft von Verwandten sagt in den Bädern nicht zu. Es ist sehr gut, daß Deine Enkelin den Sommer über in London bleibt, denn sie wird dort gut Englisch lernen.

Auf frohes Wiedersehen im September verbleibe ich – mit herzlichsten Grüßen von meiner Frau –

Dein alter Freund
H. Schliemann

59

Mein lieber alter Freund Rust! Athen, 23. Juni 1888

Gestern erhielt ich Dein interessantes Schreiben vom 16. des Monats mit Deinem ausgezeichnet gelungenen Bilde, welches ich in meiner Frau Empfangszimmer aufhänge. Jeder, der dasselbe bis jetzt gesehen hat, fragt mich, wer der schöne General ist, denn Du hast entschieden das Ansehen eines Kommandanten. Sehr freue ich mich zu sehen, daß die Zeit noch nicht an Dir genagt hat, denn Du hast noch immer ein jugendliches Aussehen. Aber Du mußt Dir dies auch zu bewahren suchen und darfst nicht aus den heißen Bädern in Wiesbaden nach Ostende gehen, denn da stets Tausende von Menschen im Kurhause sind und es in diesem Eingänge von allen Seiten gibt, so herrscht stets eine grauenhafte Zugluft, die Du durchaus vermeiden mußt. Wir waren vor zwei Jahren dort, und obwohl wir nicht aus dem warmen Süden kamen, so haben meine Frau und ich sowie die beiden Kinder und die Gouvernante, wir alle uns schrecklich erkältet, und es hat uns viele

Monate gekostet, den Husten loszuwerden. Nie haben wir im Kurhause ein Plätzchen ausfindig machen können, wo keine Zugluft war.

Die Leiden des Kaisers und sein früher Tod hat mein Haus mit tiefster Trauer erfüllt; jedesmal, wenn ich nach Berlin kam, mußte ich ihn besuchen, und waren er und die Kaiserin immer so überaus freundlich und nahmen so regen Anteil an allen neuen Entdeckungen; beide schienen nur für die Wissenschaft zu leben. *[Friedrich III. war am 15. Juni 1888 gestorben. Er und seine Frau, die Tochter der Königin Victoria von England, waren stets in hohem Maße Förderer Schliemanns gewesen. Schliemann hatte, wie auch Rust, von der Regierung Friedrichs eine stärkere Liberalisierung erhofft und vor allem eine Hinwendung zu Wissenschaft und Kunst.]*

Ich bin hocherfreut zu hören, daß Du meinst, Winkelmann wäre an unserm einmonatlichen Aufenthalt gegen das bewußte Kostgeld gelegen. Jedenfalls werde ich dankbar Dein freundliches Anerbieten annehmen, den Vermittler zu machen, sobald wir bestimmt wissen, wann wir kommen. Leider muß ich befürchten, daß wir in diesem Jahr nicht dazu kommen, denn ich habe hier noch viel zu tun und muß auch noch wieder nach Paris, ehe ich Mecklenburg besuchen kann, und der Monat Oktober ist schon zu spät für Südländer zum Aufenthalt auf dem Lande. Wenn wir aber leben, so hoffe ich ganz bestimmt, Juni oder Juli 1889 für Ankershagen zu reservieren.

Ich baue hier kein Kaiserlich Deutsches Archäologisches Institut für Rechnung oder im Auftrage der Deutschen Regierung, sondern für meine eigene Rechnung und auf meinem eigenen Boden, habe das Gebäude aber als Kaiserlich Deutsches Archäologisches Institut auf fünfundzwanzig Jahre an die Deutsche Regierung vermietet. Die Sache kam nämlich so: Der Mietskontrakt des bisherigen Institutsgebäudes hier, welches nicht länger den Anforderungen entsprach, läuft am 1. September dieses Jahres ab, und da ich ein geeignetes Grundstück in der Mitte Athens habe, so schrieb mir die Zentraldirektion der Museen in Berlin, daß ich ihr einen riesigen Dienst erweise, wenn ich das geeignete Gebäude, wozu ich den Plan erhielt, rasch bauen wollte, so daß es am 1. September dieses Jahres bewohnt werden könnte. *[Die Anregung war allerdings ursprünglich von dem Geschäftsmann Schliemann ausgegangen.]* Ich nahm es an, gegen 10000 Mark jährliche Miete und Kontrakt auf fünfundzwanzig Jahre, indem ich hoffte, der Reichstag würde es bestätigen, was auch wirklich geschehen ist, leider aber nur unter der Bedingung, daß ich 20000 Mark bei der Reichsbank deponiere, die Staatseigentum werden, falls ich vor Ablauf des Kontrakts sterben und das Kaiserlich Deutsche Archäologische Institut von meinen Erben hinausgeschmissen werden sollte. Das Gebäude ist zwar viel zu prachtvoll für eine Miete von 10000 Mark, auch nur aus Stein und Eisen, dabei ganz auf pompejanische Weise ausgemalt. Mehr aber konnte ich n i c h t fordern. Der eigentliche Bau fing erst im Dezember an, und ist daher alles Mögliche geleistet worden, wenn er jetzt als vollkommen vollendet angesehen werden kann.

Mit herzlichsten Grüßen
Dein alter Freund
H. Schliemann

Der große Wunsch Kreta blieb wegen der weiterhin ungünstigen politischen Konstellation unerfüllbar. Wieder nahm Schliemann sich eine Kleinigkeit vor, um seinen unzähmbaren Drang nach Tätigkeit zu befriedigen. Im Dezember ging er auf die Suche nach Bauten der homerischen Zeit in Pylos, der Residenz des alten Nestor (wo man in den letzten Jahren sehr erfolgreiche Grabungen veranstaltet hat), Pharai und Sparta. Zuvor hatte er Sophia aus der Heidelberger Klinik abgeholt und sich selbst einer kleinen Operation (bei der er, stets hart gegen sich selbst, die Narkose ablehnte) und im Anschluß daran einer Ovation durch die Heidelberger Welt unterzogen.

Eine Zusammenfassung aller Zeitungsberichte ergibt, daß nach der Operation durch Geheimrat Czerny Schliemanns Freunde eine gesellige Zusammenkunft im roten Zimmer des Museums veranstalteten, an der über fünfzig Personen teilnahmen. Den ersten Trinkspruch brachte der bekannte Archäologe Professor von Duhn aus. Darauf gab Schliemann selbst einen Lebensbericht, den er mit dem Hinweis auf seine geplante Ausgrabung von Kreta (Knossos) schloß. Dann sprach Geheimrat Schröder plattdeutsch, da auch er ein »germanischer Slawe sei«, dann Gymnasialdirektor Uhlig, der Schliemann als glänzendes Vorbild für die Jugend feierte, während General von Horn ihn als ersten Pionier Deutschlands begrüßte. Der Student Quilling sprach den Dank der deutschen Studenten aus, und schließlich brachte Geheimrat von Scherer ein Hoch auf den betrunkenen Müllergesellen aus, da »ohne ihn Schliemann sein Lebenswerk vielleicht nicht getan haben würde«.

60

Mein lieber alter Freund Rust! Athen, 20. November 1888

Deine lieben Briefe vom 25. vorigen Monats und zwölften dieses habe ich mit großer Freude entgegengenommen und sage Dir für Dein freundliches Andenken meinen herzlichsten Dank. Auch ich litt zwei Jahre lang an rheumatischen Schmerzen im rechten Arm und Fuß und bin durch zwölf Lokal-Duschen in 1886 im Rosen-Hotel in Burscheid-Aachen vollkommen davon befreit worden; vielleicht haben aber auch die Massagen, die ich mir seitdem unausgesetzt von meinem Bedienten alle Abend machen lasse, wesentlich dazu beigetragen. Jetzt im Winter kannst Du nicht nach Aachen gehen. Ich glaube aber, daß Massage von sehr kräftiger Hand allein schon hilft oder wenigstens große Linderung bringt. Lasse Dich doch sogleich zum Versuch einen Monat lang von Deinem Bedienten, so stark wie Du es irgend aushalten kannst, an den schmerzhaften Stellen massieren. Später in Aachen empfehle ich Dir Dr. Brandis.

Alle Götter seien gelobt, die Kur des Dr. Kußmaul in Heidelberg, welche hier fortgesetzt wird, wirkt segensreich auf meine Frau, die jetzt auf dem vollen Wege der Besserung ist.

Sehr freut es mich zu hören, daß Du mit den lieben Deinigen den Sommer so angenehm in Wiesbaden, Ostende, Köln, Brüssel und Ludwigslust zugebracht und kürzlich in vier Wochen drei Hochzeiten verwandter Freunde gefeiert hast.

Du schreibst vom kalten Wetter bei Euch. Vielleicht ist gar schon der Zierker See mit Eis bedeckt. Wie gerne käme ich auf einen Monat nach dort, um Schlittschuh zu laufen. Leider aber habe ich der griechischen Regierung versprochen, morgen nach Pylos und von dort nach Pharae und Lakedaemon zu gehen, um auszuforschen, ob nicht in dem einen oder anderen dieser urältesten Königssitze ein Palast verborgen liegt, wie ich einen solchen in Tiryns gefunden und ausgegraben habe.

Es freut mich, daß Dir die Heidelberger Zeitung angenehm und interessant gewesen ist. Wenn mir die Ovationen, mit denen man mich jetzt überall begrüßt, sowie die vielen hohen Orden, die ich von den Regierungen erhalte, vor dreißig bis vierzig Jahren zuteil geworden wären, so hätte ich mir sehr viel darauf eingebildet. Ja, hätte ich in Petersburg einen einzigen Orden gehabt, so hätte ich enormes Geld verdienen können. Jetzt aber kommt das alles viel zu spät, und anstatt mir Vergnügen zu machen, macht es mir die größte Last.

Ich weiß gar nicht, wie ich Dir für Dein freundliches Anerbieten danken soll, Agamemnon zum Weihnachtsfest zu Dir zu schicken. Er ist aber nur solange, als wir da waren, auf dem Heidelberger Gymnasium geblieben und jetzt wieder in Athen auf dem Gymnasium, denn vor allem muß er fertig Alt- und Neugriechisch lernen, was hier sehr leicht ist, in Deutschland dagegen unüberwindliche Schwierigkeiten bietet. So aber die Götter wollen, besucht er Dich später, wenn er erst in Berlin studiert. Auch nächsten Sommer hoffen wir, mit ihm und seiner Schwester nach Mecklenburg zu kommen.

Meine Operation in Heidelberg beschränkte sich auf die Ausschneidung eines kleinen, aber manchmal blutenden Drüsengeschwulstes an der Unterlippe; dieselbe dauerte kaum eine Minute; dennoch ließ mich der Chirurg Czerny 360 Mark bezahlen, was ich unerhört finde, denn jeder andere hätte es ebensogut machen können.

Wir kamen nur kurz vor dem Ende der Jubiläumsfeier an, haben aber noch einiges davon gesehen.

Meine Frau vereinigt sich mit mir in herzlichsten Wünschen für Dein und Deiner lieben Frau und Kinder Wohlergehen, und hoffen wir sehnlichst, Euch alle im Frühjahr bei bester Gesundheit anzutreffen.

Dein alter Freund
H. Schliemann

61

Mein teurer alter Freund Rust! Athen, 1. Januar 1889

Mit größter Freude haben meine Frau und ich Deinen lieben Brief vom 21. vorigen Monats entgegengenommen, und beeilen wir uns, Deine Glückwünsche aufs herzlichste zu erwidern; möge das neue Jahr Dir sowohl im Kreise Deiner lieben Familie als auch in Deinen Geschäften viel Glück, Freude und Segen bringen. Jedenfalls hoffen wir, Euch alle im bevorstehenden Sommer bei bestem Wohlsein in Strelitz zu begrüßen.

Weder in Pylos noch in Pharae oder in Lakedaemon ist irgendeine Spur eines vorgeschichtlichen Palastes erhalten; ich habe aber doch eine wichtige Entdeckung gemacht, nämlich die uralten Festungswerke, die – wie

Thukydides (IV, 31) erwähnt – auf der Insel Sphakteria von den Spartanern (in 425 vor Chr.) vorgefunden und benützt wurden. Ich möchte die Arbeiten meines Lebens mit einem großen Werk schließen, nämlich mit der Ausgrabung des uralten prähistorischen Palastes der Könige von Knossos in Kreta, den ich vor drei Jahren entdeckt zu haben glaube. Leider muß ich aber zu diesem Behufe ein ganzes Landgut, welches die Baustelle von Knossos einschließt, kaufen, denn auf keine andere Weise kann ich zum Ziele kommen. Die Sache ist um so verdrießlicher, als ich alle Funde an das Museum in Herakleion (jetzt Candia genannt) abliefern muß. Der Wissenschaft aber erwiese ich durch dieses Werk einen ungeheuren Dienst. Bitte, publiziere nichts hiervon, ehe ich den Ankauf abgeschlossen habe. Das Gut hat mehrere tausend Olivenbäume, ist aber schwer zu verwalten und wird kaum drei Prozent einbringen, da ich es dort nur mit Türken zu tun habe, mit denen sich schwer Nüsse knacken läßt.

Lenz war einst der lebenslustigste Mensch der Welt, und seine große Tüchtigkeit hat er ja in Penzlin bewiesen. Wie er aber jetzt als Einsiedler leben kann, ohne jegliche wissenschaftliche Kenntnis – das ist mir unverständlich. Grüße ihn aber von mir; ebenso Behm und Meincke, sowie Frau Laue.

Mit herzlichsten Empfehlungen, auch seitens meiner Frau, an Dich, Deine ausgezeichnete Frau und Eure herrlichen Kinder

Dein alter treuer Freund
H. Schliemann

Laß Dir doch Füße und Arme alle Abend stark von Deinem Diener massieren. Dein Schwiegersohn wird Dir angeben, wie es zu machen ist. Ich bade hier alle Morgen in der See.

Seit Jahrzehnten war der Jahreswechsel für Schliemann in seiner Korrespondenz ein Termin des Rückblicks und Ausblicks. Es ist doppelt aufschlußreich, daß er gleich den ersten Tag des neuen Jahres benützte, sich mit dem alten Freunde zu unterhalten und ihm seine optimistischen Hoffnungen für 1889 mitzuteilen: endlich in Kreta weiterkommen zu können, Hoffnungen, die sich allerdings zerschlugen. Die Athener Presse und danach die Neustrelitzer Zeitung brachten völlig unzutreffende Meldungen über diesen Plan.

62

Mein lieber alter Freund! Athen, 22. April 1889

Heute bei meiner Rückkunft von einer kleinen Reise vom Peloponnes, wo ich Tegea, Mantineia, Megalopolis, Lykosura, sowie von Akarnanien und Epirus, wo ich Nikopolis, Cassiopaea sowie den Eingang zum Golf von Ambrakien und Actium – wo am 2. September des Jahres 31 vor Chr. die Schlacht um die Herrschaft der Welt stattfand – besuchte, fand ich Deinen lieben Brief vom 23. vorigen Monats vor, woraus ich mit Freude ersehe, daß es Dir und den Deinigen wohl geht und daß Deine ausgezeichnete Frau von der Verletzung am Fuß vollkommen wiederhergestellt ist.

Es ist schade, daß Du und Deine Frau nicht Euren Plan, im März die Riviera zu besuchen, ausgeführt habt, denn es ist dort herrlich. Meine besten Wünsche für guten Erfolg begleiten Euch nach Kissingen, wohin wir leider dieses Jahr nicht kommen werden; denn ich beabsichtige, nächste Woche über Neapel und Rom nach Paris und London zu gehen und Anfang Juni zurückzukehren, um dann mit Frau und Kindern nach Berlin, Mecklenburg, Hamburg, Paris usw. zu reisen.

Aus dem Ankauf der Baustelle von Knossos auf Kreta ist nichts geworden, weil die Besitzer rasende Preise verlangen. Noch wahnsinnigere Forderungen wurden aber in Alexandrien, Ägypten, gemacht, ja, eine dortige Koptenfamilie bietet mir heute durch den Doktor Paul Walther an, mir gegen Erlegung von 20000 Pfund, gleich 408000 Mark, das Geheimnis zu verraten, wo das Grab Alexander⟨s⟩ des Großen ist. Die guten Leute müssen denken, daß wir das Geld scheunenvoll liegen haben.

Mit herzlichsten Grüßen, auch seitens meiner Frau und Kinder, an Dich und Deine liebe Familie

Dein alter treuer Freund
H. Schliemann

Das ganze Jahr zerging Schliemann in Kleinkram. Während des Sommers war er einige Zeit in Berlin, wo er im Museum für Völkerkunde die neuen Funde aus Troja und aus Ägypten ordnete und sichtete.

Von Berlin aus besuchte Schliemann seine Schwestern in Röbel, und es ist nicht uninteressant, einen kleinen Ausschnitt aus dem Privatleben der Familie in den Erinnerungen der nunmehr dreiundachtzigjährigen Frau Marie Schröder-Passow

in Röbel zu betrachten: Ihr ist vor allem im Gedächtnis geblieben, wie Heinrich Schliemann durch seinen Tropenhelm viel mehr als durch seine wissenschaftlichen Leistungen in Röbel Aufsehen erregte und wie Sophia zwar nicht spinnend durch die Straßen des Städtchens ging, wie die Frauen des Balkans auch heute noch zu tun pflegen, wohl aber strickend: »Das Knäuel lief hinter ihr her.«

Von Röbel ging es dann nach Schwerin und von dort zur Weltausstellung nach Paris – 24. Mai an Virchow: »Der große Anziehungspunkt der Exposition ist natürlich Eiffels Turm, den Sie in einigen Tagen ... bis zur Spitze ersteigen können; vorläufig geht aber die Escalade nur bis zur zweiten Terrasse (115 Meter Höhe) zu Fuß vor sich. Die zweite Terrasse ist, im Vergleich zum Oberbau, so sehr niedrig und doch, wunderbar zu sagen, viermal höher als der Kirchturm in Ankershagen, den ich als Kind immer als den höchsten Punkt der Welt ansah.«

63

Mein lieber guter alter Freund Rust! Berlin, 14. Juli 1889

Es ist mir sehr schmerzlich, Dich hier verfehlt zu haben, zumal ich, falls Du nächsten Sonnabend Strelitz verläßt, wenig Aussicht habe, Dir in diesem Sommer zu begegnen, denn ich habe hier noch einige Tage recht schwer im Museum zu arbeiten, muß dann einen Tag in Hannover bleiben und darauf nach Schwerin, wohin meine Frau und Kinder heute abgereist sind. Von dort dachten wir meine Schwestern in Röbel und Dargun zu besuchen und darauf nach Boulogne-sur-Mer zu reisen, wo meine Frau längere Zeit bleiben will. Dort haben wir auch die Pariser Ausstellung in der Nähe, die ich jedenfalls meiner Frau und Kindern zeigen möchte. Mir selbst ist sie schon bekannt, da ich bereits im Mai sechzehn Tage lang darin zugebracht habe.

Ich sage Dir und Deiner lieben Frau meinen herzinnigsten Dank für Euer freundliches Anerbieten, Euer Gast zu sein, kann aber leider keinen Gebrauch davon machen, denn wenn wir nach Strelitz kommen, seid Ihr längst im Kurort, wohin unsere besten Segenswünsche Euch begleiten.

Hochinteressant war's mir zu hören, daß Winkelmann Ankershagen zu dem riesigen Preise von 835 000 Mark verkauft hat. Also steigen die Landgüter immer noch in Mecklenburg trotz aller Klagen, daß es mit der Landwirtschaft so schlecht geht und daß das Getreide billiger importiert als produziert werden kann! Das ist mir unerklärlich. Winkelmann wird bestimmt auch Dambeck *[das von ihm behaltene Nachbargut]* zu einer Goldquelle machen.

Nochmals meinen wärmsten Dank für deine freundliche Einladung.

Mit herzlichsten Grüßen an Euch alle,

Dein alter treuer Freund
H. Schliemann

64

Mein lieber alter Freund Rust! Berlin, 18. Juillet 1889

Soeben bei meiner Abreise nach Hannover trifft Dein liebes Schreiben vom 16. dieses mit dem abessinischen Manuskript ein, und beeile ich mich, Dir und meinem alten Freund und Schulkollegen Carl Kelpien für diesen Beweis Eurer freundlichen Aufmerksamkeit meinen herzinnigsten Dank zu sagen *[über die Art des Manuskripts war nichts festzustellen].* Kelpien war der fleißigste Schüler unserer Klasse, und sah ich ihn zuletzt im September 1839, also vor fünfzig Jahren – als ich krank auf einem Leiterwagen durch Altstrelitz fuhr – als Handlungsdiener in einem Laden, wo er eine gute Stellung zu haben schien. Ich hoffe, daß sein Lebensberuf ein glücklicher gewesen ist, und soll es mich freuen, ihn wiederzusehen. Aber Du gehst in Deinem freundlichen Wohlwollen zu weit. Ovationen habe ich nie verdient, und da sie mir dennoch auf den Anthropologischen Kongressen dargebracht werden, so besuche ich diese gar nicht mehr und gehe nirgends hin, wo dergleichen in Aussicht steht. Meinen herzlichen Dank wiederholend, verbleibe ich Dein alter treuer Freund

H. Schliemann

Ende 1889, etwa ein Jahr vor Schliemanns Tod, wurde ihm als Ersatz für die nichtausgeführten schönen Pläne wieder eine große und wichtige Aufgabe gestellt. Seit 1883 hatten ihn die Attacken eines verrückten Dilettanten verfolgt, des kgl. preußischen Artilleriehauptmanns a. D. Bötticher, der Troja nie gesehen hatte, aber in einer Serie von Broschüren und Aufsätzen (die der noch immer nicht ganz beschwichtigte Neid der Philologen selbst in namhafte Zeitschriften aufnahm) seine irrsinnige Theorie verfocht, Troja sei nie eine Stadt gewesen, sondern nur eine große Feuernekropole, also ein antikes Krematorium. Schliemann, Dörpfeld, Virchow und zahlreiche andere Gelehrte hatte er beschuldigt, bewußt falsche Pläne gezeichnet und veröffentlicht und alle diejenigen Reste, die ihren Meinungen widersprachen, bewußt zerstört und unkenntlich gemacht zu haben. Auf dem Internationalen Kongreß der Anthropologen und Archäologen in Paris im August 1889 hatte Bötticher sogar in dem namhaften französischen Forscher Salomon Reinach einen Befürworter gefunden, wiewohl Schliemann selbst gegen ihn auftrat und »als unbestrittener Sieger aus der Debatte hervorging« (Neustrelitzer Zeitung Nr. 126 vom 6. September 1889).

Hatte Schliemann bislang Bötticher ignoriert, so war das Maß nun voll. Die Arbeit in Troja mußte noch einmal aufgenommen werden, um vor einem internationalen Kreis von Gelehrten die Richtigkeit und Sachlichkeit der bisherigen Forschungen zu beweisen. Kurz entschlossen und jung wie je, lud Schliemann seinen Feind nach Troja ein, um ihm zwischen den Ruinen die Torheit seiner Behauptungen darzulegen. »Hoch lebe Pallas Athene«, waren die ersten Worte des Briefes, in dem er von Paris aus Dörpfeld diesen seinen Plan darlegte.

Die Zeitungen der Welt, einschließlich der Neustrelitzer, hatten darüber berichtet, so daß Schliemann ihn bei Rust als bekannt voraussetzen konnte. Am 8. November, in Nr. 162, druckte die Neustrelitzer Zeitung einen schönen, seither verschollenen Brief Schliemanns an den Rostocker Schriftsteller Erwin Volckmann ab, der seine Stimmung bei der Wiederaufnahme der Arbeiten gut widerspiegelt: »Genehmigen Sie meinen herzlichsten Dank für das mir gütigst zugesandte prachtvolle Werk ›Rostock, Warnemünde, Doberan und der Heilige Damm‹, welches soeben, in der Stunde meiner Abreise nach Troja, eintrifft und bei dessen Empfang ich tief gerührt wurde. Es kommt mir vor als ein Fingerzeig von Mecklenburg, mich auch bei den neuen schweren Kämpfen, die mir bei den Ausgrabungen in Ilion bevorstehen, seiner würdig zu zeigen. Ja, der Gedanke daran, daß in Mecklenburg liebe Leute wohnen, die jede Nachricht von meinem Gelingen mit Jubel begrüßen und die sich über ihren Landsmann freuen, wird mir ein mächtiger Stachel bei den Arbeiten in den Ruinen Trojas sein.«

Die sogenannte Erste Gelehrtenkonferenz von Hissarlik fand Anfang Dezember 1889 statt. Von der Pariser Akademie kam niemand, unter dem Druck des damals schon fast allmächtigen Salomon Reinach; von Berlin wurde Steffen, von Wien Niemann delegiert. Die Genannten stellten fest, daß Schliemanns und Dörpfelds Berichte und Zeichnungen in jedem Punkte der Wahrheit entsprächen und Böttichers Vorwürfe unberechtigt wären. Bötticher mußte das Protokoll anerkennen, weigerte sich aber, eine öffentliche Ehrenerklärung zu geben und die Beleidigten um Verzeihung zu bitten. Sogleich nach seiner Rückkehr erließ er sein

»5. Sendschreiben«, in dem er alle alten Theorien und Beschuldigungen aufrecht erhielt.

Trotz dieser ungewöhnlich starken Beanspruchung hatte Schliemann noch Zeit, des siebzigsten Geburtstages von Daniel Sanders zu gedenken, der am 12. November gefeiert wurde. Der bekannte Lexikograph, den Schliemann wohl als Schüler am Gymnasium in Alt-Strelitz kennenlernte, hatte in Berlin und Halle studiert und war mit dreiundzwanzig Jahren Leiter der jüdischen Schule in Strelitz geworden. Sanders hatte an der Revolution von 1848 tätigen Anteil genommen, und zwar auf dem radikalsten Flügel, gemeinsam mit Adolf Glaßbrenner, der damals in Neustrelitz lebte, und hatte sich, nachdem die Reaktion seine Schule 1852 geschlossen hatte, ganz seinen wissenschaftlichen Arbeiten gewidmet. In der jahrzehntelangen Freundschaft hatte Schliemann ihm zahllose Briefe geschrieben, die Sanders' Erben als Altpapier betrachteten und vernichteten. Die von Schliemann erwähnte Festschrift, die im Verlag Lupelow-Strelitz erschien, enthielt auf rund drei Bogen eine Biographie, eine Bibliographie und Glückwunschadressen befreundeter Gelehrter und Dichter, unter denen aber Schliemann nicht vertreten war, weil er vermutlich keine Zeit gefunden hatte, eine längere Widmung abzufassen.

65

Mein lieber alter Freund Rust! Troja, 29. November 1889

Ich habe mich sehr über Deinen lieben Brief vom 9. dieses gefreut, den ich hier heute in den Ausgrabungen Trojas erhielt, und bringe Dir, Deiner Frau sowie Deiner Tochter und Deinem Schwiegersohn meine herzlichen Glückwünsche zur Verlobung Deiner Enkelin dar. Du hast recht: Seit länger als sechs Jahren ist mein Schmähschreiber, Hauptmann a. D. E. Bötticher, unablässig bemüht gewesen, meine Arbeiten herabzuwürdigen, meine gelehrten Mitarbeiter als Fälscher hinzustellen und aus Troja eine Feuernekropole zu machen. Zuletzt wurde er uns allen unerträglich, und habe ich daher die Ausgrabungen hier fortgesetzt. Heute noch erwarte ich hier die Delegierten von drei Akademien sowie meinen alten Schmähschreiber selbst, und bezahle ich jedem dieser vier Herren die Reisekosten mit 1000 Mark, denn andernfalls würde ich den Greuel der Lästerungen nie losgeworden sein. Die Herren werden ihre Untersuchungen hier in elf Tagen beenden; die Kosten der Einrichtung aber in dieser Wüste sind so kolossal, daß die Wissenschaft davon profitieren soll, und denke ich daher die Ausgrabungen zwei Jahre lang fortzusetzen.

Ich bedaure ungemein, in diesem Sommer nicht das Vergnügen gehabt zu haben, nach Strelitz zu kommen und Dich zu besuchen. Wir reisen aber fünf Mann hoch, und ist somit der Besuch vieler Orte ungemein beschwerlich. Wenn wir aber bis zum nächsten Sommer leben, hoffe ich bestimmt, nach dem lieben Strelitz zu kommen.

Frau Laue hatte ein für Mecklenburg sehr hohes Alter erreicht und kann zufrieden sein *[sie starb zweiundneunzigjährig am 27. IX. 1889]*. Vielen Dank für das mir gesandte Exemplar der Festschrift zu Daniel Sanders Geburtstag. Ich habe die höchste Verehrung für diesen ausgezeichneten Gelehrten, der unserm Mecklenburg die größte Ehre macht, und bitte Dich, ihm bei Gelegenheit die Einlage zuzustellen. Meine Frau in Athen erwidert Deine und Deiner Frau freundliche Grüße aufs herzlichste.

Vielen Dank für Deine guten Wünsche

Dein alter treuer Freund
H. Schliemann

Adresse Athen, denn ich kehre zu Weihnachten zurück.

Ich schicke meinen Brief an Sanders direkt. Grüße ihn, wenn Du ihm begegnest.

66

Mein lieber alter Freund Rust! Athen, 10. Januar 1890

Meine Frau und ich, wir haben uns sehr gefreut, aus Deinem lieben Briefe vom 27. vorigen Monats zu ersehen, daß Du das Weihnachtsfest in bester Gesundheit und vergnügt im Kreise Deiner ausgezeichneten Frau, Deiner Kinder und Kindeskinder verbracht hast, und erwidern wir Eure freundlichen Glückwünsche zum neuen Jahr aufs herzlichste; ebenso bin ich Dir dankbar für Deine Gratulation zum Sieg über Bötticher. Den ganzen Bericht der beiden Delegierten der Akademien von Wien und Berlin findest Du in der Berliner Nationalzeitung vom 13., 14. oder 15. Dezember *[dsgl. in der Neuen Freien Presse und der Kölnischen Zeitung, sodann auch als Sonderdruck, von Niemann herausgegeben, und auch von Schliemann in seinen ›Bericht‹ aufgenommen]*, jedoch will ich Dir auch ein Exemplar des Protokolls schicken, sobald es in Leipzig gedruckt ist und hier ankömmt.

Da ich aber zwei Eisenbahnen in Troja zur Fortschaffung des Schutts eingerichtet, auch ein Dorf zur Beherbergung meiner Mitarbeiter und Gäste gebaut und andere enorme Kosten gehabt habe, auch bestimmt glaube, daß der halbwahnsinnige Bötticher bald wieder anfangen wird, gegen mich zu schreien, so bin ich entschlossen, die Ausgrabungen dort am 1. März wieder aufzunehmen und zwei Jahre lang fortzusetzen, denn auf diese Weise wird die Wissenschaft sehr großen Nutzen daraus ziehen, und ich werde den lästigen Schmähschreiber los.

In einem von der Berliner Philolog. Wochenschrift lt. Neustrelitzer Zeitung Nr. 38, 1890, veröffentlichten privaten Brief sagte Schliemann: »Auch habe ich in Troja sehr viele Holzhäuser gebaut und mit wasserdichter Leinwand überzogen, weil ich im Frühjahr und Sommer viele Besucher meiner Ausgrabungen erwarte, darunter die ersten wissenschaftlichen Größen.«

Wegen der vorliegenden großen Arbeit kann ich noch gar nicht wissen, ob und wann ich in diesem Jahre nach Mecklenburg komme; ich sehne mich aber gar sehr danach, und mit großer Freude denke ich an unsern Besuch in Strelitz und Ankershagen. Winkelmann hat sehr wohl daran getan, Ankershagen zu verkaufen, und soll ihm zu enormem Preise gelungen sein. Grüße ihn von uns, wenn Du ihn siehst. Auch herzlichste Grüße von uns allen an Deine liebe Familie und an die alten Freunde in Strelitz.

Dein treuer Freund
H. Schliemann

Nach kurzer winterlicher Pause nahm Schliemann die Grabungen in Troja erneut auf, denn begreiflicherweise genügte es ihm nicht, daß die Abgesandten der Akademien seine Forschungen in Troja anerkannt und sanktioniert hatten. Schließlich war Troja sein größtes (und umstrittenstes) Werk, und er war bemüht, die Ergebnisse seiner zwanzigjährigen Grabungen noch unwiderleglicher zu machen, um so mehr, als Bötticher keine Ruhe gab. Die Versöhnung mit den Fachgelehrten war nun endlich vollkommen, und deshalb lag Schliemann daran, nicht nur seine Forschungen weiterzuführen, sondern sie auch einem möglichst großen Kreis von Wissenschaftlern zu zeigen. Ende März 1890 fand denn auch in dem scherzhaft Schliemannopolis genannten Barackendorf die zweite internationale Gelehrtenkonferenz statt, die ungeteilt und uneingeschränkt Schliemanns Werk anerkannte.

Trotz Frühlingsstürmen und Sommerfieber hielt Schliemann in den Ruinen aus und beendete seine diesjährige, für ihn letzte Kampagne erst am 31. Juli, denn ihm war die Ahnung gekommen, die für ihn selbst nicht mehr Gewißheit wurde, daß er gar nicht die Stadt des Priamos, sondern eine viel ältere entdeckt und an der richtigen vorbeigegraben hatte. Jetzt mit einem Male fanden sich Hausreste, gleich denen, die er schon 1871 bewundert und geschont hatte, und in ihnen Topfscherben – »das Füllhorn archäologischer Weisheit« hatte er die Scherben als erster genannt und als erster ihre Bedeutung für die Chronologie der Ausgrabungen erkannt –, die eindeutig die Verbindung zu den Scherben von Mykene, Tiryns, Orchomenos und Kreta zeigten.

Erst als Sommerhitze und Fieber und ein seit Jahren bestehendes, plötzlich wieder unerträglich auftretendes Ohrenleiden die Weiterarbeit unmöglich machten, stellte Schliemann die Grabungen einstweilen ein. Am 1. März 1891 wollte er sie wieder aufnehmen, um alle neuen Aspekte zu klären, um – vielleicht – den größten Irrtum seines Lebens sich selbst zu beweisen. Aber er erlebte den 1. März 1891 nicht mehr.

67

Mein lieber alter Freund Rust! Athen, 2. September 1890

Du hast seit geraumer Zeit nicht mehr geschrieben, und würde ich glücklich sein zu hören, daß weder Krankheit noch anderes Unglück die Schuld an Deinem Schweigen tragen.

Ich habe, mit kurzer Unterbrechung im Winter, vom 1. November bis 1. August im Schweiße meines Angesichts in Troja gearbeitet, von wo ich höchst befriedigt zurückgekehrt bin, denn Pallas Athene ist mir dort diesmal überaus günstig gewesen. Ich denke die Ausgrabungen noch vom 1. März 1891 bis 1. August fortzusetzen. Du wirst meine Artikel in der Neuen Freien Presse gelesen haben.

Die Arbeit an Troja endete mit einer kleinen Kuriosität. Der Aufsatz erschien in der Neuen Freien Presse vom 13. August 1890. Danach hatten die allezeit regsamen Zeitungen das Märchen verbreitet, Schliemann habe die Grabung endgültig eingestellt, weil in den tieferen Schichten so viele Schlangen aufgetreten wären, daß die Arbeiter ihm den Dienst gekündigt hätten. Schliemann wandte sich noch in einer Zuschrift an Levant Herald (der auch seine ersten Verlaut-

barungen über Troja gebracht hatte!), die in mehrere Zeitungen überging, dagegen und betonte, daß er sein Werk im kommenden Jahre fortsetzen werde.

Ich projektiere hier einen großen Bau und hoffe, sobald der Kontrakt mit dem Bauunternehmer gezeichnet sein wird, auf einen Monat abkommen zu können und diesen zu einer Ohroperation in Halle a. S. zu benutzen, denn dort wohnt ja der berühmte Ohrenarzt Schwartze. Vielleicht wäre somit Aussicht da, daß ich auf einen Tag nach Strelitz käme.

Viele Grüße an Deine liebe Familie. Dein alter Freund
H. Schliemann

Schon während Schliemanns Ostasienreise hatte sich die erste Spur eines Ohrenleidens gezeigt. Da er sich aber niemals die Zeit zum Kranksein gegönnt und auch nach einer 1877 in Würzburg durchgeführten Behandlung keine Rücksichten genommen hatte, war nunmehr eine Operation unvermeidbar geworden, denn während der letzten Grabung waren völlige Taubheit auf dem einen und starke Gehörstörungen auf dem anderen Ohr aufgetreten.

Nun wollte er sich die »Ruhe« einer gründlichen Behandlung gönnen, um für die drängenden Pläne wieder ganz leistungsfähig zu sein — erstens für den endgültig geglaubten Abschluß in Troja, sodann für den Plan Kreta.

Am 13. November 1890 fand die Operation statt. Schon zwei Tage darauf las Schliemann die Korrekturen seines letzten Büchleins, des Berichts über die letzte Kampagne in Troja, und korrespondierte eifrig mit Brockhaus. Dreizehn Tage nach der Operation schrieb er an Rust, und dieser Brief ist nach zwei Seiten hin besonders beachtlich: erstens durch die ausgeglichene Schrift, die so ruhig ist wie lange Jahre nicht mehr, zweitens durch die ungeheuer starke Bezogenheit auf Heimat und Jugend in dem Manne, der, ohne es zu wissen, kurz vor seinem Tode steht.

68

Halle a. S., 26. November 1890
2 Krukenberger Straße

Mein lieber alter Freund Rust!

Ich empfange soeben Deinen lieben von gestern datierten Brief, der mich daran erinnert, wie nahe ich dem lieben Strelitz bin, und mir ungeheures Verlangen gibt, es, wenn auch nur auf eine Stunde, wiederzusehen, denn es liegen für die nächste Zukunft sehr schwere Arbeiten vor, und wer weiß, wann oder ob ich noch mal später nach dieser Gegend komme. Ungemein würde mich freuen, Dich und die noch übrigen Gefährten der Jugendzeit wiederzusehen. Aber hinsichtlich der Zahl derselben irrst Du Dich, denn es müssen noch viele am Leben sein, so zum Beispiel Jürgens, Klemm, Hacker und vor allem der Junge mit den ›grünen‹ Haaren, der neben mir saß und der von uns ›Maikäferjäger‹ genannt wurde; Kelpien erinnert sich bestimmt seiner. Wie gerne liefe ich auf dem Zierker See Schlittschuh, denn es sind im Leben drei Künste, die man nie wieder vergißt, und ist die eine davon das Schlittschuhlaufen. Für Dich würde letzteres von großem Nutzen sein, denn Du wirst mir zu dick, und da ich Dich nicht zum Reiten habe bringen können, so möchte ich doch, daß es mit dem Schlittschuhlaufen der Fall wäre.

Aus den vielen Aufträgen, die Du mir gibst, Grüße zu bestellen, scheint hervorzugehen, daß Du meinst, Leute, die wegen Ohroperation hierher kommen, amüsierten sich hier. Bis jetzt kann ich nicht gerade sagen, daß ich mich amüsiert hätte, und besonders nicht bei der Operation, die auf einem mit weißem Wachstuch überdeckten Gestell stattfand, welches die größte Ähnlichkeit hat mit den Bahren, auf denen die toten Körper seziert werden. Der Anblick dieses Gestells war in der Tat nicht sehr erquickend; als ich aber darauf ausgestreckt war, machte mich das Chloroform schnell alle irdischen Dinge vergessen, daß ich gar nichts von der Operation bemerkt habe, die 1¾ Stunde gewährt hat. Während dieser ganzen Zeit hat der unübertreffliche Geheimrat Professor Schwartze unter heftigem Hammerschlag erst im rechten und darauf im linken Ohr gemeißelt und eine Menge von Exostosenknochen herausgenommen. Da diese im linken Ohr tief saßen und nicht gehörig daranzukommen war, so schnitt er mir die ganze linke Ohrmuschel heraus und nähte sie nach geschehener Operation wieder fest. Alles dies geschah am 13. November, und sitze ich seitdem einsam in einer Privatklinik, beschäftige ⟨mich⟩ mit Lektüre und darf weder ausgehen noch Freunde empfangen. Es ist aber Hoffnung vorhanden, daß ich in vier Wochen, von der Operation gerechnet, wieder genese und abreisen kann. Ich muß dann auf einige Tage nach Paris gehen und möchte zwei Tage in Neapel und ebensolange in Palermo bleiben, ehe ich nach Athen zurückkehre, wo mich Frau und Kinder jedenfalls zum Weihnachten erwarten.

Du fragst, was ich dort baue: Südlich von dem in 1887 von mir gebauten Gebäude, welches ich auf fünfundzwanzig Jahre an die Deutsche Regierung als Kaiserlich Archäologisches Institut vermietet habe, errichte ich – um den mir gehörigen wertvollen, gerade in der Mitte Athens gelegenen Platz nicht nutzlos liegen zu lassen, ein siebzig Meter langes, für zwölf Familien eingerichtetes, dreistöckiges Wohnhaus, und hoffe, daß es fünf Prozent Zins geben wird. Viel kostbarer Platz geht uns in Griechenland durch die vielen Treppen verloren, da jede Familie ihren besonderen Eingang haben muß.

Sollte sich Andromache einmal verloben, so erhältst Du direkte Nachricht *[bezieht sich wohl auf ein irriges Gerücht]*.

Herzlichen Dank für Deinen freundlichen Glückwunsch zur gelungenen Operation. Ich glaube, Du würdest gut tun, Dich auch hier an Schwartze zu wenden, denn wie Virchow behauptet, ist er der geschickteste aller Ohrenärzte. Zu Deinem siebzigsten Geburtstag gratuliere ich Dir zwar etwas spät, aber von inniger Seele. Mein Junge ist auf dem Gymnasium in Athen.

Die Kronprinzessin Sophie ist ungemein beliebt in Griechenland, und sie verdient ihre Popularität in vollstem Grade.

Die Ausgrabungen in Troja sollen am 1. März wieder anfangen; ich habe dort ein kleines Dorf von hölzernen, mit Teerpappe überzogenen Häuschen gebaut und kann daher eine Menge Gäste gleichzeitig aufnehmen.

Du sagst: »Strelitz ist still und geschäftlich schlechter geworden.« So urteilst Du von Deinem jetzigen Standpunkte aus; jedenfalls aber ist dort heute zehnmal mehr Handel und Wandel als vor fünfundfünfzig Jahren!

Lenz und Kelpien möchte ich gern sehen; bitte, grüße sie herzlich. Vor allem aber meine herzlichen Grüße Deiner verehrten Gemahlin und Deinen lieben Kindern.

Dein alter Freund
H. Schliemann

Wie geht es Winkelmann, und ist er jetzt reicher geworden? und wie gehts Pastor Becker? Da Ankershagen jetzt einen Millionär als Besitzer hat *[A. Graf von Bernstorff]*, so ist leider nicht mehr daran zu denken, daß wir dort jemals gegen Kostgeld (3000 Mark) einen Monat lang Aufnahme fänden. Beim Pastoren gefiel es uns nicht.

Schliemann, der sein Leben lang so viel — und manchmal zu viel — auf Ahnungen gegeben hatte, dachte nicht an den nahenden Tod. Noch in seinem letzten Briefe an Rust, der wieder in recht zitteriger Schrift geschrieben wurde, klingen ebenso wie in dem letzten Brief an Brockhaus nur seine Arbeitspläne an. Hier sind es die bevorstehenden Besuche, in Leipzig bei Brockhaus, in Berlin bei Virchow. Allerdings wissen wir, daß er bei diesem Besuch mit Virchow durch »sein« Museum ging und dabei allerlei Wünsche äußerte, vor allem über die als Erbe zu erwartenden Reste seiner athenischen Sammlungen.

69

Mein lieber alter Freund Rust! Halle a. S., 10. Dezember 1890

Du hast mir mit Deinem gestrigen hochinteressanten Brief eine sehr große Freude gemacht, für die ich Dir sehr dankbar bin. Leider kann ich Deinen Wunsch, Professor Brauns zu besuchen, nicht ausführen, da mir das Schwatzen noch sehr schwer wird und das linke Ohr zu sehr dabei leidet. Ich muß alle meine Kräfte für Leipzig und Berlin aufsparen, wo ich ein paar dringend nötige Besuche zu machen habe. Am Sonntag ein Uhr nachmittags hoffe ich von Berlin nach Paris abzureisen.

Ungemein schmeichelnd ist es mir zu hören, daß Deine verehrte Gemahlin mir ein freundliches Andenken bewahrt. Ich empfehle mich derselben aufs gehorsamste und wünsche Euch allen ein recht frohes glückliches Jahr. Hoffentlich sehen wir uns nach Beendigung der trojanischen Campagne.

Dein alter Freund
H. Schliemann

»26/12 1890 beantw. nach Athen«, schrieb Wilhelm Rust auf den Rand dieses letzten Briefes, den er von seinem Freunde erhalten hatte. Als er seine Antwort in den Postkasten steckte, war Heinrich Schliemann schon gestorben, und als nach dem Weihnachtsfest die Zeitungen auf Rusts Tisch gelegt wurden, las er in Nr. 201 der Neustrelitzer Zeitung:

»Noch kurz vor Jahresschluß ist die deutsche Gelehrtenwelt in tiefe Trauer versetzt worden, und nicht nur die deutsche Nation, sondern die ganze gebildete Welt nimmt an derselben Anteil. Wie nämlich eine Nachricht aus Neapel meldet,

ist am Freitag nachmittag [26. Dezember 1890] Heinrich Schliemann in dieser Stadt gestorben.

Auf der Rückreise nach Griechenland wurde unser berühmter Landsmann vom Tode ereilt. Vor kurzem hatte sich Heinrich Schliemann bei Professor Schwartze in Halle a. S. einer Operation am Ohre unterzogen, wobei es sich um die Entfernung von Knochenauswüchsen im Gehörgang handelte. Die Operation und die Heilung verliefen in befriedigender Weise. Als Schliemann nach seiner Genesung Halle verließ, begab er sich nach Paris. Von dort wurde noch gemeldet, daß er bereits ein neues Arbeitsprogramm für das nächste Jahr plane, und nun hat der Tod allen diesen Plänen und Entwürfen ein rasches Ende bereitet.

In Neapel mußte er seine Weiterreise unterbrechen. Das Ohrenleiden war neuerdings aufgetreten, und eine starke Ohrenentzündung zwang den Forscher, ärztlichen Rat aufzusuchen. Leider komplizierte sich der Zustand Schliemanns in so bedenklicher Weise, daß der behandelnde Spezialarzt, Dr. Cozzolini, den Universitätslehrer Professor Dr. von Schroen zuzog. Bis Donnerstag war der Kranke, obwohl sehr leidend, dennoch in halbwegs guter Stimmung, so daß er am Vormittag seinen gewohnten Spaziergang unternahm. Mittags wurde er jedoch in einer Seitenstraße der Toledostraße bewußtlos aufgefunden. Als er nach dem Gasthofe zurückgebracht wurde, war er im Stande, etwas Fleischbrühe zu genießen. Er konnte seine Wünsche nur durch Zeichen ausdrücken, und bald verlor er gänzlich das Bewußtsein. Die behandelnden Ärzte bezeichneten den Fall sogleich als lebensgefährlich, da zu dem Ohrenleiden ein Gehirnabszeß mit Meningitis (Entzündung der Hirnhäute) hinzugetreten war. Seit Freitag morgen verschlimmerte sich der Zustand, welcher durch akute Bronchitis noch erschwert wurde. Nachmittags trat ein Consilium von acht Ärzten zusammen, um über den Vorschlag Professor von Schroens, eine Trepanation des Schädels als letztes Rettungsmittel vorzunehmen, zu beraten. Während die Ärzte in einem Zimmer neben der Krankenstube konferierten, kam um 3½ Uhr die Krankenwärterin heraus und kündigte an, daß Schliemann plötzlich gestorben sei ...«

Wenig später mag die Todesanzeige bei Rust eingegangen sein, die Sophia Schliemann an den Freund ihres Mannes schickte. »Frau Sophia Schliemann und ihre Kinder Andromache und Agamemnon beehren sich, Ihnen den schmerzlichen Verlust anzuzeigen, den sie in der Person Herrn Heinrich Schliemanns, ihres Gatten und geliebten Vaters, erlitten haben, der am 14/26. Dezember 1890 in Neapel verstorben ist. Das Begräbnis findet am Sonntag, dem 23/4. Januar 1891 in Athen statt«, lautete sie, aus dem französischen Original übersetzt (wobei das

Doppeldatum auf den griechisch-orthodoxen Kalender Rücksicht nimmt, der damals zwölf Tage hinter dem europäischen herhinkte). Dann kam eine schwarzgeränderte Visitenkarte aus Athen. »Madame H. Schliemann et ses enfants« gedruckt auf der einen Seite, auf der anderen von der Hand der Witwe die Worte: »Herzlichen Dank für warme Teilnahme sendet Herrn und Frau Rust Sophia Schliemann und ihre Kinder. Athen, Januar 91.«

Auch diese Karte legte Rust zu den Briefen, und einen Ausschnitt aus der Kreuzzeitung, die über die Trauerfeier in Athen berichtete: der König und der Kronprinz von Griechenland waren in Galauniform zugegen, Kaiserin Friedrich und zahlreiche andere Fürstlichkeiten, die Gesandten Deutschlands, Englands, Österreichs, Rußlands, der Vereinigten Staaten mit ihren Damen und dem vollzähligen Gesandtschaftspersonal, sämtliche Minister, auch die ehemaligen, die Spitzen der Militär- und Zivilbehörden, Abordnungen aller wissenschaftlichen und gewerblichen Vereine Athens. Der türkische Sultan hatte seinen persönlichen Adjutanten entsandt. Die Trauerrede hielt der evangelische Hofprediger Petersen in deutscher Sprache; darauf folgte eine längere englische Rede des amerikanischen Gesandten Snooden, und dann sprach Dörpfeld die Worte: »Die ganze gebildete Welt sendet ihre Trauerklage zu deinem Sarge, in welchem du jetzt schlummerst den ewigen Schlaf. Ruhe aus von deiner Arbeit, denn du hast dein Werk vollbracht.« Um drei Uhr setzte sich der Leichenzug in Bewegung; voran wurde ein florumhülltes großes Kreuz getragen, dahinter die Auszeichnungen und Orden. Hinter dem Leichenwagen ging der evangelische Geistliche mit der Witwe und den Kindern und den übrigen Familienangehörigen. Eine unübersehbare Menschenmenge folgte dem Sarge. Auf dem Friedhof hielt der Direktor des amerikanischen archäologischen Instituts in Athen, Waldstein, eine griechische Rede. Dann rief der Diplomat, Archäologe und Dichter Alexander Rangabé, ein Freund Schliemanns, ihm einen poetischen Scheidegruß in Hexametern nach, in dem der Dank des ganzen hellenischen Volkes dem Manne ausgesprochen wurde, dessen Werk von den Göttern gesegnet und von echt homerischem Geiste durchdrungen war. Mit Psalmengesang wurde dann der Sarg in die Erde gesenkt.

Wilhelm Rust las diesen Bericht und viele andere in dem Hause, in dem Schliemann so manches Mal zu Gaste gewesen war, mit dessen Bewohnern ihn eine jahrzehntelange Freundschaft verbunden hatte. Immer und immer wieder tauchte in den Zeitungen des Jahres 1891 der Name Schliemann auf, so oft wie in den Jahren seiner sensationellsten Erfolge. Das Telegramm des deutschen Kaisers an die Witwe wurde abgedruckt und Sophiens Antwort. Lange Spalten widmeten die Blätter dem am 10. Januar 1889 in griechischer Sprache abgefaßten Testament. Erben seines Vermögens wurden Schliemanns vier Kinder, Sohn und Tochter der ersten und Tochter und Sohn der zweiten Ehe. Die beiden Kinder der ersten Ehe erhielten je ein Haus in Paris und je 50 000 Francs, der Sohn obendrein eine Tabakplantage in Amerika. Andromache und Agamemnon erbten gleichfalls zwei Häuser in Paris und dazu das ganze bewegliche und unbewegliche Eigentum mit folgenden Ausnahmen: für Sophia war das Haus in Athen mit allen darin befindlichen Sammlungen und der Bibliothek bestimmt (ausgenommen die trojanischen Sammlungen, die dem deutschen Volke als Gabe an das Berliner Museum für Völkerkunde zufielen), ferner das Haus in Berlin. Schliemanns Stiefbruder bekam ein Legat von 25 000 Francs und die beiden noch lebenden Schwestern je 50 000 Francs. Ein noch lebender Jugendgespiele in Ankershagen bekam 2 000 Francs, eine alte Frau dort 5 000, Dörpfeld 10 000 und Virchow 20 000, die geschiedene erste Frau 100 000 Francs. Dazu kamen noch zahlreiche weitere Legate, für die Wohltätigkeitsanstalten Berlins und Athens sowie für Einzelpersonen.

Andere Zeitungen wieder brachten Erinnerungen an Schliemann, aus deren Fülle der Bericht eines ungenannten Verfassers aus der Neustrelitzer Zeitung Nr. 8, übernommen aus den Hamburger Nachrichten, hier wiedergegeben werden soll:

»Vor einigen Jahren [1881] weilte der Verewigte mit seiner Frau, einer echten Vollblutgriechin nach Gestalt, Gesichtszügen und geistiger Lebendigkeit, und zwei halberwachsenen Kindern mehrere Wochen in Warnemünde. Der Zufall machte mich auf einer abendlichen Dampfschiffahrt von Rostock nach Warnemünde zuerst mit ihm und seiner Gattin bekannt, und ich verkehrte darauf ziemlich häufig mit ihm. Mit der einheimischen Bevölkerung sprach er möglichst viel Plattdeutsch, das er noch ziemlich fertig konnte. Auch seiner Frau und den Kindern, die ganz gut Deutsch verstanden und sprachen, versuchte er einzelne plattdeutsche Sprichwörter und Redensarten beizubringen. So entsinne ich mich noch, daß er seiner Frau einst das echt mecklenburgische Wort ›Döskopp‹ wiederholt vorsagte und dessen Bedeutung erklärte. Für Fritz Reuter hegte er eine große Verehrung; er äußerte, daß dessen Werke einen Ehrenplatz in seiner Bibliothek in Athen einnähmen. Vorzugsweise gern genoß Schliemann in Warnemünde echt mecklenburgische Gerichte, wie derben Speckpfannkuchen, sogenanntes zusammengekochtes Essen, Erbsen mit Schweinsohren, und wollte auch seine Frau bewegen, solche Speisen in Athen einzuführen, was indessen schwerlich gelungen

sein wird. Er verkehrte viel mit der unteren seemännischen Bevölkerung. Wenn ein eleganter Kellner im Gasthof für ein Trinkgeld sich mit einem: ›Merci‹ bedankte, so gab Schliemann ihm sicherlich nie einen Pfennig wieder, belohnte dagegen die alten Bootsleute, welche ihn plattdeutsch anredeten und sich in ihrer Landessprache bedankten, stets sehr reichlich. Vielfache Unterhaltung pflog er mit einem alten, graubärtigen Lotsen von ungewöhnlicher Größe und Stärke, der so recht das Muster eines norddeutschen Seebären war, der über vierzig Jahre lang als Matrose und Steuermann in allen Meeren der Welt umhergekreuzt hatte. Er erzählte dem Alten einst, daß er in seiner Jugend hätte zur See gehen wollen und als Schiffsjunge gefahren sei. Da verzog dieser sein breites Gesicht zu einem spöttischen Grinsen, spuckte seinen Primtabak aus und sagte: ›Mit Verlööw, Herr, dor warden Se woll nich to döcht hewwen, dor hewwen Se keen Knaken to, Se sünd man för de Schriewstuw good.‹ Der Alte erzählte ihm auch einst sehr lebendig, wie die mecklenburgische Brigg, auf welcher er als Steuermann diente und die er in Abwesenheit des erkrankten Kapitäns führte, im Archipel von griechischen Seeräubern überfallen und geentert worden sei. ›Se keemen mit ehr Felucke an eenen düstern Abend ganz liesing an uns ran, un in'n Oogenblick wier äwer een Dutzend von dat Hunn'tüg an unsern Buurd kladdert. Ick harr söß Matrosen, luter echte Meckelbörger von't Fischland bi mi un reep: Jungs, nähmt de Handspaaken und döscht se up de Köpp, un dat geschach denn ook, un den' eenen Kirl, wat de öbberste von se was, de mit sinen Dolch eenen Schlitz in min Bost steek, packt ick in de Görgel un schmeet em öwer Buurd un to den' Stürmann reep ick: Krischan, nu holl man drup, un so sägelten wi ehr Felucke in den Grund, dat Mann un Muus versuupen müßt. De Griechen sünd dat düllste Räuwervolk in de ganze mittellännsche See.‹«

Aber nicht nur humorvoll-anekdotische Stimmen ertönten, sondern auch andere, wenn z. B. die Neustrelitzer Zeitung Nr. 86 berichtet, daß die Grabung in Troja »der Barbarei und dem Unverstande der Bewohner« preisgegeben sei und als Steinbruch diene, da seit Schliemanns Tode die von ihm besoldeten Wächter nicht mehr dort wären. Der »Stambul« in Konstantinopel habe bereits einen Appell an die gelehrten Gesellschaften Europas gerichtet, damit die kostbaren Reste der Antike erhalten würden. Diese Sorge, die erfahrungsgemäß bis heute alle Grabungen bedroht, besonders in Kleinasien, wurde noch 1891 behoben, als Sophia Schliemann bekanntgab, daß sie das Lebenswerk des Verstorbenen fortzusetzen gedächte. Sie tat es auch, bis dann im Auftrage des Reiches Dörpfeld die weitere Arbeit übernahm.

Daß sich übrigens das Reich Schliemanns Witwe gegenüber taktvoll benommen hätte, kann niemand behaupten. Denn kaum war die Leiche des Forschers beigesetzt, begann der deutsche Gesandte auf den Abtransport der kostbaren Erbschaft zu drängen. Im Herbst 91 gingen dann auch über 50 große Kisten nach Berlin ab.

Dann wurde es in den Zeitungen stiller um Schliemann. Die große Öffentlichkeit hatte nun andere Sorgen, Kriegsdrohungen, törichte Kaiserreden, Aufrüstung an allen Enden, das Wachsen des Sozialismus und was sonst in dem zu Ende gehenden Jahrhundert die Welt bewegte.

Im Hause Rusts blieb freilich das Andenken Schliemanns so lebendig wie eh und je. Aus zwei den Schliemannbriefen beigefügten Schreiben ergibt sich, daß Rust den verstorbenen Freund in ganz besonderer Weise ehrte. Im Frühjahr 1893 sammelte er einen Kreis um sich, dem er nach und nach, in »Schliemann-Abenden«, die Briefe des Toten vorlas. Ob er sie alle las, ob er sie lückenlos las, wissen wir nicht. Am letzten dieser Abende – und daher die Kenntnis der Veranstaltungen – dankte ihm einer der Gäste, L. Horn, in herzlichen und wohlgemeinten Versen, von denen Rust dann eine Abschrift erbat, die er nach Athen sandte.

Wie oft er selbst wieder in seiner Briefsammlung geblättert hat, wissen wir auch nicht. Es mag oft genug geschehen sein, und als dann 1897 die Leipziger Illustrierte das Grabmal Schliemanns abbildete, schrieb Rust an den Rand der Traueranzeige, daß es die Inschrift »Dem Heros Schliemann« trüge und daß auf der Oberschwelle der Grabkammer griechisch zu lesen stünde:

Ich berge Heinrich Schliemann, den weithin Berühmten.
Ahme ihm nach, der den Sterblichen vieles erschloß.

ANHANG

ANMERKUNGEN

Es wurde bereits in der Einleitung gesagt, daß dieses Buch sowohl für Leser bestimmt ist, die sich für Schliemanns Leben und Werk allgemein interessieren und gern mehr darüber erfahren möchten, als bisher bekannt gewesen ist, als auch für den Kreis der Spezialisten und Fachgelehrten, denen in diesem Buch ganz oder zum Teil unbekannte Aufzeichnungen und Briefe zugänglich gemacht werden sollen. Diesem doppelten Zweck mußte die Anordnung und Bearbeitung des Materials gerecht werden. Das ist durchaus möglich, denn wenn es nicht gerade um die Feinheiten der demotischen oder altschottischen Grammatik oder um Probleme der Infinitesimalrechnung und dergleichen Schrecknisse geht, kann nahezu jedes Thema einer wissenschaftlichen Disziplin so dargestellt werden, daß es für einen Leser mit durchschnittlichem Bildungsniveau verständlich ist, ohne dadurch seine wissenschaftliche Zuverlässigkeit einzubüßen. Der Herausgeber ist der vielleicht sehr ketzerischen (und ihn bei einigen Gelehrten wahrscheinlich diskreditierenden) Meinung, daß ein wissenschaftliches Buch unter Umständen spannend oder gar erheiternd sein kann, ohne dadurch seine wissenschaftliche Substanz zu verlieren.

Eine rein wissenschaftliche Publikation pflegt die vorzulegenden Texte buchstabengetreu zu bringen, d. h. in der Sprache, in der Rechtschreibung, in der Zeichensetzung, mit den Schreibfehlern der Originale. Solange nun aber nicht jeder Leser, gleich Schliemann, viele Sprachen beherrscht, ist ein mehrsprachiges, in unserem Fall ein viersprachiges – deutsch, englisch, französisch, spanisch – abgefaßtes Buch nur für einen recht kleinen Leserkreis von Wert. Die fremdsprachigen Texte mußten also übersetzt werden. Für die Übersetzung der französischen und spanischen Teile ist der Herausgeber allein verantwortlich, für den englischen Komplex arbeitete er mit Uwe Johnson zusammen.

Rechtschreibung und Zeichensetzung wurden dem heutigen Gebrauch angepaßt. Da Schliemann für die deutsche Sprache, ihre Prägung und ihre Weiterbildung, durchaus unwichtig ist, konnte sich der Herausgeber leichten Herzens zu dieser Abweichung vom wissenschaftlichen Brauch entschließen. Nicht allgemein verständliche Abkürzungen, wie S. R., s, Rr, wurden ausgeschrieben, gleichfalls Eilkürzungen wie »u« statt »und« und ähnliches mehr. Der W o r t bestand der deutschsprachigen Originaltexte ist streng gewahrt, einschließlich der von Schliemann durchgeführten Unterstreichungen, die als Sperrdruck erscheinen. Verschreibungen, die Schliemann selbst auskorrigierte, wurden nicht hervorgehoben, Auslassungen vom Herausgeber in spitzen Klammern ⟨ ⟩ ergänzt, Erläuterungen in eckigen Klammern [ ] eingeschaltet.

In diesem Zusammenhang muß auch von den Absätzen die Rede sein. In der sogenannten Selbstbiographie wie im Ostasien-Tagebuch entsprechen die Absätze unseres Druckes den von Schliemann selbst kontrollierten Originalausgaben in den Drucken von 1881 bzw. 1867. Das Amerika-Tagebuch läßt keinerlei Prinzipien erkennen, und deshalb hielt sich der Herausgeber für berechtigt, Absätze nach sachlichen Gesichtspunkten dort anzubringen, wo sie ihm nötig und richtig erschienen. Bei den Briefen hat er sie nach bestem Wissen und Gewissen dort gesetzt, wo sie in den Originalen auftreten. Aber dabei ist zu bedenken, daß Schliemann, im kleinen oft geizig, den verfügbaren Raum bis an die Grenze des Möglichen ausnützte, so daß es nicht immer leicht erkennbar ist, ob an einer Stelle lediglich eine Zeile zu Ende geht oder ein Absatz gedacht war.

Schließlich hat der Herausgeber die vorkommenden deutschen Eigennamen, die Schliemann in den verschiedenen Perioden seines Lebens verschieden schrieb, auf ein und dieselbe, und zwar möglichst die amtliche Schreibweise gebracht. Was die griechischen Namen anlangt, so weiß der Herausgeber seit einigen Jahrzehnten, daß die Schreibung »Troja« falsch ist und die Stadt des Priamos «Troia« geschrieben werden muß, wie Schliemann es auch, mit einigen Ausnahmen, in den Briefen an Rust schreibt. Da aber seit Jahrhunderten die Schreibweise »Troja« eingebürgert ist, glaubte er sich dem üblichen Brauch anschließen zu müssen. Schliemann schreibt ferner einmal die griechische Namensform Priamos und einmal die lateinische Priamus, er schreibt Mycenae, Mykenae, Mykenai oder Mykene – in diesen und ähnlichen Fällen wurde die Schreibung in der griechischen Form durchgeführt, also Priamos und Mykene (obwohl Mykenai gleichfalls richtig wäre).

Von den neunundsechzig erhaltenen Briefen Schliemanns an Rust wurden die nachstehend genannten von Meyer auszugsweise veröffentlicht

Brief Nr. 4, 5, 29, 40, 42, 50, 51, 56, 57, 59, 61, 66, 68.

Über die Anmerkungen wurde in der Einleitung das Notwendigste gesagt. Um ihre Zahl nicht zu sehr anschwellen zu lassen, wurden alle biographischen Notizen sowie Sacherklärungen in den Index verwiesen. Sooft Schliemann unrichtige Jahreszahlen und dergleichen gab, wurden seine Angaben nicht im Texte, wohl aber im Index stillschweigend berichtigt.

Nun hat der Herausgeber noch denen zu danken, die ihm beim Werden dieses Buches geholfen haben. Er nennt die Professoren Karo-Freiburg, von Lücken-Rostock, Engel-Quito, von Guttenberg-Rostock, Grapow-Berlin, Unverzagt-Berlin, Dr. Topping-Athen. Er nennt diejenigen, die Schliemann und seine Familie noch gekannt haben und ihre lebendigen und interessanten Erinnerungen mitteilten: die 94jährige Seniorin des Schliemannstammes, Frau Maria Petersen geb. Schliemann in Rostock, Tochter von Schliemanns jüngstem Kalkhorster Vetter, das 86jährige Fräulein Helene Schellberg in Dresden-Weißer Hirsch, die 83jährige Frau Marie Schröder-Passow in Röbel, die Enkelin Wilhelm Rusts, Frau Otti Schüder in Auerbach-Bensheim an der Bergstraße und Fräulein Wilma Stoll in Mannheim, die Enkelin von Schliemanns Freund Louis Stoll. Er nennt das Hauptstaatsarchiv in Schwerin, dessen Direktor, H. Cordshagen, samt seinen Mitarbeitern die Benützung der Rustbriefe und der sonst noch nötigen Archivalien mit aller Hilfsbereitschaft und Zuvorkommenheit förderte; das Archiv des Oberkirchenrats in Schwerin; die Akademie der Wissenschaften zu Berlin; die Zentraldirektion des Deutschen Archäologischen Instituts in Dahlem; die Universitätsarchive Halle/Saale und Heidelberg, das Zoologische Institut der Universität Rostock, den † Konservator a. D. Walter Karbe in Neustrelitz, Dr. Robert Anthony Inman in San Francisco/USA. Er nennt schließlich die Landesbibliothek Schwerin, die Universitätsbibliothek Rostock, die Bezirksbibliothek Neustrelitz, die zahlreiche Bücher langfristig zur Verfügung stellten, und schließlich auch die Kreisbibliothek Parchim, die im Fernleihverkehr mit unermüdlicher Geduld unzählbare Bücherwünsche erfüllte.

Als Quellen für das vorliegende Buch wurden benutzt

I. die Bücher Heinrich Schliemanns:

1. La Chine et le Japon au temps présent, Paris 1867
2. Ithaka, der Peloponnes und Troja, Leipzig 1869
3. Trojanische Alterthümer *und* Atlas trojanischer Alterthümer, Leipzig 1874
4. Mykenae, Leipzig 1878
5. Ilios, Stadt und Land der Trojaner, Leipzig 1881
6. Bericht über meine Ausgrabungen im bötischen Orchomenos, Leipzig 1881
7. Reise in die Troas im Mai 1881, Leipzig 1881
8. Troja, Leipzig 1884
9. Tiryns, Leipzig 1886
10. Bericht über die Ausgrabungen in Troja im Jahre 1890, Leipzig 1891

II. sonstige Quellen:

1. Selbstbiographie, bis zu seinem Tode vervollständigt, herausgegeben von Sophie Schliemann, 3. Aufl. Leipzig 1939
2. Briefe von Heinrich Schliemann, gesammelt und mit einer Einleitung in Auswahl herausgegeben von Ernst Meyer, Berlin/Leipzig 1936
3. Schliemann's first visit to America 1850–1851. Edited by Shirley H. Weber, Librarian of the Gennadeion, Athens. Published for The American School of Classical Studies at Athens. Cambridge, Massachusetts. Harvard University Press, 1942
4. Heinrich Schliemann. Briefwechsel. Aus dem Nachlaß in Auswahl herausgegeben von Ernst Meyer. 1. Band von 1842 bis 1875, Berlin 1953

1 Zahlreiche Briefe bezeugen das vorzügliche Einvernehmen zwischen den Chefs und ihrem Agenten, der dann bald zum selbständigen Geschäftsfreund wurde. Es ist nicht ersichtlich, warum Meyer Wert darauf legte, vorübergehende Verstimmungen, die in jedem Briefwechsel vorkommen und die gerade bei Schliemanns Charakter naheliegen, durch seine einseitige Auswahl als Norm hinzustellen.

2 Ernst Meyer und andere Forscher haben gerade diesen Abschnitt der Selbstbiographie und einige andere, die sich mit Schliemanns Jugendliebe befassen, als romantisierende Übersteigerung des rückblickenden Sechzigers angesehen. Diese Auffassung ist unhaltbar, und das wird unter anderm auch durch einen Brief Schliemanns bewiesen, den er schon 1861 – zwanzig Jahre vor der Sb. und zu einer Zeit, als er schon neun Jahre verheiratet war und alle drei Kinder der ersten Ehe bereits geboren waren – an seinen Jugendfreund Lenz schrieb und in dem er ihn bittet, ihm eine Photographie Minnas zu beschaffen, »welche ich in einen Rahmen von gediegenem Golde setzen lasse und über meinen Schreibtisch im Kontor aufhängen würde. Sagen Sie ihr, daß ihre Photographie, das Bild des Gegenstandes meiner ersten Liebe und daher die Erinnerung der glücklichsten Zeit meines Lebens fortan der schönste und kostbarste Schmuck meines Hauses sein wird, und sagen Sie ihr ferner, daß ich das Geschenk ihrer Photographie wohl verdiene, da weder Zeit noch Entfernung die Erinnerung an sie löschen

konnten und ich in der Mitte der Orkane auf den tobenden Ozeanen und im Gewühle des großen Handels, in den Zeiten der großen Betrübnis und im Getümmel der Vergnügungen, täglich im Geiste mit ihr beschäftigt war. Als ich in Armut und Unglück war, verbot mir der Stolz, nach ihr zu fragen; die Hoffnung, sie erlangen zu können, wenn ich reich würde, feuerte meine Energie an und bahnte mir den Weg zu Vermögen und Ansehen. Ich erlangte beides erst im Winter von 1847 auf 1848 und schrieb damals sogleich an Herrn Laue in Strelitz wegen Minna Meincke, erhielt aber die verzweifelnde Nachricht, sie wäre bereits an einen Gutsbesitzer verheiratet; wäre dies nicht geschehen, dann wäre sie jetzt seit dreizehneinhalb Jahren Madame Schliemann und seit drei Jahren Frau Kommerzienrätin und russische Ehrenbürgerin.«

3 Ein Gedächtnisfehler Schliemanns. Am 4. Juli 1850 befand er sich noch in St. Petersburg, konnte also nicht gut schon amerikanischer Staatsbürger werden. Er kam erst im Februar 1851 in New York an, am 2. April in San Francisco. – Außerdem hat der erste Herausgeber des Amerika-Tagebuchs, Shirley M. Weber, festgestellt, daß Californien nicht am 4. Juli, sondern erst am 9. September 1850 selbständiger Staat wurde. Und schließlich haben Nachforschungen des gleichen Gelehrten bei der Amerikanischen Gesandtschaft in Athen ergeben, daß Schliemann erst im März 1869 die amerikanische Staatsbürgerschaft erhielt – also zur Zeit seines Aufenthalts in Indianopolis, während dessen er seine Scheidung betrieb. Damals war er allerdings selbst überzeugt, die Staatsangehörigkeit schon zu besitzen.

4 Die Inschrift am (1864 abgerissenen) Grünen Tor in Königsberg hatte Schliemann schon in einem Brief an den Vater sorgenvoll erwähnt, bevor er überhaupt von dem Brande in Memel wußte, vgl. den Brief des Vaters vom 9. Oktober 1854.

5 Hier ist die Übersetzung nur ein anfechtbarer Versuch. Schliemann schreibt wörtlich: »We had rows to our postcarriage.« Rows (= Sitzreihen, Ruderpartien, Schlägereien) gibt keinen Sinn. Die Möglichkeit eines Lesefehlers bei Weber scheidet aus, da das Original noch einmal kontrolliert wurde.

Folgende Deutung wäre möglich: Das Postfahrzeug konnte in dem hohen Schnee schlecht vorwärts kommen, wenn es nicht als Schlitten, sondern als Wagen fuhr, also Räder statt Kufen hatte. Möglicherweise war Schliemann das passende Wort für »Rad« entfallen und er bildete sich, wie wir noch mehrfach beobachten werden, selbst eins – vielleicht aus rowel, dem Rädchen am Sporn, das ihm als gutem Reiter vertraut sein mußte.

6 Diese Übersetzung bleibt fraglich. Schliemann schreibt »chichica«. Pflanzen und Tiere tragen in Südamerika oft Lokalnamen, die von einem Ort zum anderen wechseln; zudem schreibt Schliemann gerade die spanischen Wörter häufig rein akustisch, so daß in manchen Fällen eine Bestimmung schwerfällt. Das Wort chichica konnte lexikalisch nicht festgestellt werden, ebensowenig durch Anfragen bei Landes- und Sachkundigen. Es gibt nun aber in Südamerika einen Maisschnaps, der Chicha heißt. Daraus leitete der Herausgeber seine Übersetzung ab. Weber verzichtete bei allen Pflanzen- und Tiernamen auf eine Übersetzung und übernahm die von Schliemann benutzten spanischen Wörter ohne Kommentar.

7 Schliemann schreibt Bahuco, meint wohl aber bejuco = Liane. Allerdings gibt es in Quito unter diesem Namen auch einen dornigen Strauch.

8 Ein Vogel Parao oder Paraos konnte nicht festgestellt werden, so daß es sich wieder um einen Lokalnamen handeln dürfte.

9 Schliemann schreibt »buzzards«, also einwandfrei Bussarde. Zweifellos meinte er aber Geier.

10 Schliemann schreibt statt rusted = rostig roasted = geröstet, ebenso weiter unten.

11 Schliemann schreibt supper-deck, also Abendbrotsdeck. Ihm schwebte offenbar ein sprachlich nicht vorgesehenes superdeck, Oberdeck, vor, da er sich auf die »Crescent City« bezieht, die ein Quarterdeck und el puente superior, also ein Oberdeck besaß.

12 »abergläubisch« ist eine fragliche Übersetzung. Schliemann schreibt »subjected to despondencies«; wahrscheinlich fehlte ihm das richtige Wort.

13 Schliemann schreibt irrtümlich »ports of interior«, Häfen des Binnenlandes.

14 Eine Korrektur des Schliemannschen Englisch. Er schreibt, wie auch später noch einmal, statt sewn = genäht sowed = gesät.

15 Schliemann schreibt irrtümlicherweise »to our left«.

16 Wenig nach Schliemann kam ein Landsmann nach Californien, dessen Aufzeichnungen Julius von Wickede, »Ein deutscher Landsknecht der neuesten Zeit«, 3 Bände, Jena 1870, veröffentlicht hat und die alle Aussagen Schliemanns bestätigen.

17 Schliemann schreibt »pik«.

18 Die Abschnitte über den Brand hat E. Meyer mit zahlreichen Lesefehlern und stillschweigenden Korrekturen des Schliemannschen Englisch englisch abgedruckt.

19 Im Druck steht Alexander Tavrilovir R. Offensichtlich schrieb Schliemann den russischen Namen auch mit russischen Buchstaben, die Weber dann irrtümlich als lateinische las.

20 Schliemann schreibt »fire«, zweifellos ein Schreibfehler.

21 Selbst wenn wir, um Schliemann zu entlasten, Weber einen Lesefehler (10 Fuß statt 40) zuschreiben wollten, bliebe noch immer ein Konflikt mit Brehm unvermeidbar, der selbst dem größten Leguan, Iguana tuberculata, nur 1,40–1,60 m, also ca. 5 Fuß Gesamtlänge zubilligt.

22 Schliemann verwendet hier, wie auch später noch einmal, das von ihm mißverstandene Verbum linger.

23 Weber druckt begpa, was durchaus keinen Sinn hat. Schliemann schrieb das russische Maß offenbar in russischen Buchstaben – **вебра**. 1 Gallone = 3,785 Liter, 1 Wedro = 12,3 Liter.

24 Schliemann schreibt somer mansions, dürfte wohl Sommerhäuser gemeint haben.

25 Auch in dem diesem Tagebuch vorangestellten englischen Lebenslauf bezeichnet Schliemann Ankershagen als seinen Geburtsort – um so erstaunlicher, als er auf seinen um diese Zeit gemachten Reisen durch Mecklenburg mehrfach durch seinen Geburtsort Neubukow gekommen war.

26 Offenbar ein Dauerzustand. Am 5. November 1857 schrieb Schliemanns Schwester Luise an ihn: »... aber es sah so wüste aus, hohes Unkraut und vertrocknetes Gras waren nur auf dem Grabhügel zu sehen, und ich machte mich natürlich dabei, dies auszuwieten, und meine Arbeit sollte belohnt werden, denn tief am Grunde, ganz versteckt von Unkraut, blühten die schönsten Veilchen und sahen mich so freundlich an, als brächten sie mir Grüße von unserm Mutting und ein Zeichen ihrer Liebe. Beiliegend sende ich dir einige davon ...« Erst in neuester Zeit ist das Grabkreuz aus dem Turmraum der Kirche wieder auf das Grab zurückversetzt worden, und das Grab selbst wird stets gut gepfelgt.

27 Den Begleitbrief Grims datiert Meyer auf den 8. Juli 1853. Wenn dieses Datum richtig wäre, könnte Schliemann den dem Brief beigefügten Zeitungsausschnitt nicht gut unter dem 15. Januar 1853 (neuen Stils) in sein Tagebuch aufgenommen haben. Im Briefkopf kann also keinesfalls «July« stehen und auch nicht XII, was Meyer als VII gelesen haben könnte, sondern XI.

28 Nach dieser laienhaften Schilderung Schliemanns ist es nicht möglich, die Tiere bzw. Eier näher zu bestimmen.

29 Schliemann hatte seit seiner Petersburger Zeit die Gewohnheit, die meisten Briefe zu kopieren, so daß viele in den Originalen verlorene in seinen Kopierbüchern erhalten sind. Allerdings beweist gerade der Briefwechsel mit Rust, daß es recht zahlreiche Ausnahmen gab, die nicht kopiert wurden, ebenso wie natürlich die bei Schliemann häufigen Nachschriften und Randnotizen nicht in den Kopierbüchern enthalten sind.

30 Meyers Annahme, daß Andreß als Gesamthonorar für die Übersetzung des Ithakabuches 90 Taler erhalten habe, ist irrig. Er setzte vermutlich die hamburgische Münze der Überweisung dem Taler gleich. Andreß erhielt insgesamt 60 Taler, also für die damalige Zeit bei rund 200 Druckseiten kleinen Formats das Übliche.

31 Die Kirchenbücher waren tatsächlich an den Oberkirchenrat abgegeben worden, so daß Pastor Conradi sie Schliemann bei seinen früheren Besuchen nicht hatte zeigen können. Die Originale befinden sich zur Zeit noch im Meckl. Kirchenbuchdepot in Ratzeburg, Fotokopien im Landeshauptarchiv Schwerin. Es handelt sich um vier Bücher. Schliemann dürfte nach seinen Angaben das zweite (1692–1758) im Auge haben.

32 Schliemann schreibt an dieser Stelle Gazia, in der Nachschrift Gasia. Gemeint ist eine in rund vierhundert Arten in den Tropen und Subtropen verbreitete Kassia, ein Baum oder Strauch mit paarig gefiederten Blättern und gelben Blütentrauben.

33 Eine deutsche Zeitung dieses Namens war für jenes Jahr bisher nicht nachzuweisen. Unter Umständen könnte ein Lesefehler vorliegen, da gerade dieses Wort sehr undeutlich geschrieben ist.

34 Er kaufte das Haus Potsdamer Straße 5, das bei der Erbteilung 1891 mit 1 200 000 M bewertet wurde.

35 Meyer schreibt in einer Anmerkung »Gemeint ist Nofretete«. Das ist ein Irrtum, denn erstens ist sie hier nicht dargestellt und zweitens war sie nicht die Frau Ramses' II. Diese hieß Naptera; bei der verzwickten Transkription ägyptischer Namen ist Schliemanns Schreibung zu entschuldigen. Die sog. Nofretete, Neferne-fruatôn, lebte hundert Jahre früher, als Gattin Amenophis' IV., Echnaton.

36 An welche Blätter Rust Auszüge gegeben hat, ließ sich noch nicht feststellen, jedenfalls nicht an die Neustrelitzer Zeitung.

Schliemann und seine Familie

Ernst Schliemann (1780–1870), der Vater Heinrich Schliemanns, war zweimal verheiratet. In seiner ersten Ehe mit *Luise Therese Sophie Bürger* (1793 bis 1831) hatte er neun Kinder:

Johann Joachim *Heinrich* (1814–1822)

Karoline Luise *Elise* Auguste (1816–1890)
Sophie Friederike Anna *Dorothea* (1818–1912)
Friederike Juliane *Wilhelmine* (1819–1883)
Johann Ludwig *Heinrich* Julius (6. 1. 1822–26. 12. 1890)
Karl Friedrich *Ludwig* Heinrich (1823–1850)
Franz Friedrich Ludwig Theodor (1825–1826)
Maria *Luise* Helene (1827–1909)
Paul Friedrich Ulrich Heinrich (1831–1852)

Die Kinder aus der zweiten Ehe mit *Sophia Behnke* (1814–1890)
Karl (1839–1842)
Ernst (1841–1899)

Heinrich Schliemann war zweimal verheiratet. Aus der ersten Ehe mit *Katharina Petrowna Lyshina* (Petersburg) stammen die Kinder:
Sergius (geb. 1855, gest. nach 1925)
Natalia (1858–1868)
Nadeshda (geb. 1861)

Heinrich Schliemanns Kinder aus der zweiten Ehe mit *Sophia Kastriotis* (Athen):
Andromache (geb. 1871)
Agamemnon (1878–1937).

REGISTER UND ERLÄUTERUNGEN

Davenport, Fanny, geb. Vining: bedeutende Schauspielerin der berühmten Mowatt-Company. Starb 1891 74

Davidson: Leiter der Zweigstelle des Bankhauses Rothschild in San Francisco 113f.

Davis, Henry Winter: 1817–1865, nordamerikanischer Politiker, der sich 1865 im Kongreß für die Wahlberechtigung der Neger einsetzte 72

Dick, Thomas: 1772–1857, schottischer Theologe und Astronom 92

Didot, Firmin: Pariser Verleger Schliemanns 19, 229

Diestel, Johanna: Gutsbesitzersfrau in Grambow/Meckl., entfernte Verwandte Schliemanns 203

Dime: Zehn-Cents-Stück amerikanischer Währung

Dörpfeld, Wilhelm: 1853–1940, Architekt, bedeutender Archäologe, Mitarbeiter Schliemanns, führte später dessen Werk fort 14, 20f., 25, 225, 227, 231, 235, 252, 254, 294f., 305f.

Douglas, Stephen Arnold: 1813–1861, demokratischer Politiker in den USA, Gegner der Sklaverei in den Südstaaten 72

Duhn, Friedrich von: 1851–1930, Archäologe, 1880–1919 ordentlicher Professor in Heidelberg 288

Duro: bis 1868 gebräuchliche spanische Silbermünze, 1 Duro = 20 Realen

Euripides: 480–406 v. d. Z., griechischer Dramatiker 264

Farthing: 1/4 Penny, etwa = Heller

Fehleisen: Bankier und Kaufmann in St. Petersburg, Geschäftsfreund Schliemanns 132

Fénelon, François de Salignac de la Mothe: 1651–1715, Erzbischof von Cambrai und Schriftsteller, Verfasser der »Aventures de Télémaque« (1699) 42f.

Ferman (türk.): Paß, Erlaubnisschein, Urkunde

Fillmore, Millard: 1800–1874, Advokat, 1848 Vizepräsident, 1850–1853 Präsident der USA 73

Friedrich III.: 1831–1888, Deutscher Kaiser, König von Preußen 214, 216, 287

Friedrich, Kaiserin Victoria: 1840–1901, Tochter der Königin Victoria von England 287, 305

Friedrich Franz II.: 1823–1883, Großherzog von Mecklenburg-Schwerin 205ff.

Friedrich Wilhelm: 1819–1904, Großherzog von Mecklenburg-Strelitz 188f., 210

Fuß: angelsächsisches Längenmaß = 30,5 cm, der alte deutsche Fuß = 12 Zoll = 31,39 cm

Gallone: altes Flüssigkeitsmaß = 3,785 Liter

Gentz, Wilhelm: 1822–1890, Maler, Verfasser des 1853 erschienenen Reisebuchs »Briefe aus Ägypten und Nubien« 264, 266

Georg I.: 1845–1913, König von Griechenland 186, 209, 305

Giesecke & Devrient: Schliemanns erster Leipziger Verleger 15, 197

Libell: Schmähschrift 19, 240

Lind, Jenny: 1820–1887, »die schwedische Nachtigall«, die berühmteste Sängerin ihrer Zeit. Sie kam 1850 auf Einladung Barnums nach den USA, heiratete dort 1851 den Pianisten Otto Goldschmidt und kehrte im Juni 1852 nach Europa zurück 74, 121

Lyshin: Bruder von Schliemanns erster Frau 64

Lyshina, Katharina: Schliemanns erste Frau, geschieden 1868 126, 131, 196, 306

Macready, William Charles: 1793–1873, bedeutender englischer Schauspieler, nahm 1852 seinen Abschied von der Bühne 66

Marie, Großherzogin von Mecklenburg-Strelitz: 1796–1880, geb. Prinzessin von Hessen-Kassel, Witwe des Großherzogs Georg, Mutter des Großherzogs Friedrich Wilhelm 224

Mason, James Murray: 1798–1871, nordamerikanischer Politiker, der im Senat der USA für die Sklaverei eintrat 72

Meile: Längenmaß, die deutsche Meile = 7,42 km, in angelsächsischen Ländern die Landmeile (statute mile) = 1,609 km, und schließlich die Seemeile (nautical mile) = 1,853 km

Meincke, Ernst: Mitschüler Schliemanns, Gutsbesitzer in Mecklenburg, dann Rentier in Neustrelitz 25, 191, 195, 201, 203, 206, 214, 220 ff., 224, 238, 257, 278, 285, 291

Meincke, Luise: Schwester des Vorigen, verheiratet mit Präpositus Frölich 32

Meincke, Minna: Schliemanns Kinderliebe, verheiratet mit dem Landwirt Richers in Friedland 25, 32, 37, 41, 44 f., 55, 190, 198, 201, 203, 206, 212, 228, 238, 241 f., 250, 312 f.

Menes: etwa 3400 v. d. Z., der erste Pharao der I. Dynastie in Ägypten 272

Meng-tse: 372–289 v. d. Z., chinesischer konfuzianischer Philosoph 171

Meyer & Co.: Handelshaus in Memel 46 ff.

Meyer, Mathilde: geb. Hückstaedt, die Tochter von Schliemanns Lehrherrn in Fürstenberg, Theodor Hückstaedt, und Frau von dessen Geschäftsnachfolger 232, 240

Meyer, Nausikaa: deren als Kind verstorbene Tochter, Schliemanns Patenkind 232

Minyas: Mythischer König der Minyer. Als seine Residenz gilt Orchomenos, in dem Schliemann ein von den späteren Griechen als »Schatzhaus des Minyas« bezeichnetes Kuppelgrab aufgedeckt hat 223

Murray, John: Londoner Verleger Schliemanns 19, 200, 210

Nefert-ari: 13. Jahrhundert v. d. Z., eine der zahllosen Frauen des Pharao Ramses II. 267

Nekropole: vorgeschichtliche und antike große Begräbnisstätte

Nestor: griechischer Held des Trojanischen Krieges. Konnte wegen seines hohen Alters nicht mehr an dem Kampfe teilnehmen. Wurde zum Inbegriff des »weise beratenden« Alters 288

Neugranada: alter Name für Kolumbien 108

Niederhöffer, Hermann: 1813–1889, Sohn des Pastors Mag. Dr. Niederhöffer in Röbel, des Herausgebers der Meckl. Volkssagen in vier Bänden, Leipzig 1854–62, unter denen sich auch einige der von Schliemann erwähnten Ankershäger Sagen finden 38, 195, 197, 241

Washington, George: 1732–1799, erster Präsident der USA 74, 173

Webster, Daniel: 1782–1852, amerikanischer Politiker, ab 1813 Mitglied des Kongresses und des Senats, 1841–1843 Staatssekretär 73

Wendt, J. F.: Schiffsmakler in Hamburg, Jugendfreund von Schliemanns Mutter 39f.

Werst: altes russisches Wegemaß; 1 Wersta = 1 066,8 m

Wied, Maximilian Prinz zu: 1782–1867, von Schliemann irrig als Duke of Newwied angeführt. Er bereiste 1815–1817 Brasilien und 1832–1834 die Vereinigten Staaten von Amerika, um naturwissenschaftliche Studien zu betreiben 106

Winckelmann, Johann Joachim: 1717–1768, Begründer der klassischen Archäologie und der Kunstwissenschaft 11, 13

Winkelmann, Ernst: Besitzer des Gutes Ankershagen 192, 228f., 238, 260ff., 268, 276, 284, 287, 293, 298, 302

Wöllert, Daniel Bernhard Christian: 1779–1855, genannt Peter Hüppert 31, 33

Yedo: alter Name Tokios, der Hauptstadt Japans 150, 165ff.

Yokohama: wichtige Hafenstadt Japans; liegt auf der Hauptinsel Hondo, an der Tokiobucht des Stillen Ozeans 154, 160ff., 176f.

Zoll: altes Längenmaß, länderweise verschieden, ungefähr 2,5 cm

Fotonachweis: Deutsche Fotothek Dresden: 1, 4a, 4b, 5, 6, 7a, 7b, 8a, 9, 13, 14a, 16a, 16b, 17, 18, 19a–c, 20a, 20b, 21, 25–27, 30/31;
D. Puttkammer: 2, 3;
Staatliche Museen zu Berlin: 10a–d, 11a, 11b;
Archiv: 14b, 15, 28;
A. Paszkowiak: 22/23;
F. Hinkel: 29;
ADN: 32.
Die Abbildungen 12 und 24 entnahmen wir dem Buch Heinrich Schliemann, Briefwechsel. Aus dem Nachlaß in Auswahl herausgegeben von Ernst Meyer. Berlin.